Wilhelm Heinrich Riehl

Wanderbuch

Wilhelm Heinrich Riehl

Wanderbuch

ISBN/EAN: 9783743361799

Hergestellt in Europa, USA, Kanada, Australien, Japan

Cover: Foto ©Andreas Hilbeck / pixelio.de

Manufactured and distributed by brebook publishing software (www.brebook.com)

Wilhelm Heinrich Riehl

Wanderbuch

Wanderbuch

als zweiter Teil zu „Land und Leute".

Von

W. H. Riehl.

Dritte vermehrte Auflage.

Stuttgart 1892.
Verlag der J. G. Cotta'schen Buchhandlung
Nachfolger.

Inhalt.

I. **Einleitung.** Handwerksgeheimnisse des Volksstudiums	1
1. Zu Fuß	3
2. Einsame Wanderschaft	5
3. Erstes Probestück der Vorbereitung	7
4. Zweites Probestück	11
5. Vom Kleinen zum Großen	17
6. Das Tagebuch	20
7. Anekdoten und Charakterzüge	23
8. Litterarische Wanderung nach der Heimkehr	28
Vorwort	34
II. **Auf dem Wege nach Holland**	43
Erstes Kapitel. Uebergänge auf dem Lande, Gegensätze in der Stadt	45
Zweites Kapitel. Grundlinien des friesischen Weges	56
Drittes Kapitel. Streifzüge längs der Nordseeküste	66
Viertes Kapitel. Grundlinien des rheinfränkischen Weges	83

	Seite
Fünftes Kapitel. Der Tiefweg von Neuß nach Kevelaer ...	88
1. Die Mauern von Neuß	88
2. Architekturzone	92
3. Crefeld. Cornelius de Greiff	97
4. Maasländisches Tuch und maasländische Holzschuhe	100
5. Aus der deutschen und holländischen Kirchengeschichte	105
6. Boden und Landschaft bei Geldern .	109
7. Drei Wunder von Kevelaer	116
Sechstes Kapitel. Die Höhenstraße von Xanten nach Nymwegen .. .	122
1. Sage und Geschichte ..	122
2. Die Xantener Viktorskirche ..	125
3. Rast in Calcar . .	133
4. Ueber Cleve nach Nymwegen .	138

III. Ein Gang durchs Taubertbal — 145

Erstes Kapitel. Allgemeine Umschau	147
Zweites Kapitel. Von Stadt zu Stadt	159
1. Rothenburg	159
2. Creglingen .	164
3. Weikersheim	168
4. Mergentheim ...	169
5. Das untere Taubertbal .	173

IV. Bauernland mit Bürgerrechten . — 181

Erstes Kapitel. Der Name und die Landesfreiheiten des Rheingaues	183
Zweites Kapitel. Abschließung des Gaues nach außen; Mangel eines Mittelpunktes im Innern ..	190
Drittes Kapitel. Wandelbarkeit der Ortschaften	198
Viertes Kapitel. Gewerbebetrieb auf dem Lande .	204
Fünftes Kapitel. Handel und Geisteskultur	210

	Seite
V. **Eine geistliche Stadt**	217
Erstes Kapitel. Einleitung	219
1. Die Bischofsstadt Freising	219
2. Andre Bischofsstädte	220
3. Klerikale Litteraturquellen	223
Zweites Kapitel. Der Freisinger Domberg	230
Drittes Kapitel. Die Stadt hinter dem Domberge	241
1. Häuser und Straßen	241
2. Charakter der Kunstarchitektur	248
Viertes Kapitel. Geistliche Herrschaft	251
1. Aus der Freisinger Kriegsgeschichte	251
2. Aus der Freisinger Revolutionsgeschichte	254
3. Gedankenkämpfe	257
Fünftes Kapitel. Bürgerliche Betriebsamkeit	261
1. Gewerbe und Handel	261
2. Verfall und Wiederaufbau	269
Sechstes Kapitel. Schenkung, Stiftung und Almosen	271
VI. **Die Holledau**	277
Erstes Kapitel. Holledauer Volkshumor	279
1. Namen und Grenzen der Holledau	279
2. Das Schelmenländel	286
3. Kleine Charakterzüge	290
Zweites Kapitel. Holledauer Landhopfen	295
1. Wirtschaftliche Resultate	295
2. Gesittungsresultate	297
VII. **Das Gerauer Land und seine Kaiserstätten**	303
Erstes Kapitel. Geographie im Volksmunde	305
Zweites Kapitel. Tribur	310
Drittes Kapitel. Das Feld der Königswahl bei Kamba	321
Viertes Kapitel. Die Schwedensäule und die Schwedenburg	327
Fünftes Kapitel. Ein Land der Phantasie	331

		Seite
VIII.	Aus dem Leithawinkel .	337
	Erstes Kapitel. Rohrau	339
	Zweites Kapitel. Eisenstadt .	351
IX.	Elsässische Kulturstudien	. 377
	Straßenland	. 381
	Kriegsland .	397
	Zwischenland	. 415

I.

Einleitung.

Handwerksgeheimnisse des Volksstudiums.

1.

Zu Fuß.

Der Erforscher des Volkslebens muß vor allen Dingen auf Reisen gehen. Das versteht sich von selbst. Ich meine aber ge h en im Wortsinne, und das verstehen viele nicht von selbst.

In alten Zeiten mochte man zu Roß oder Wagen unser deutsches Vaterland bereisen, und brachte Neues die Fülle mit nach Hause zur Erkenntnis von Land und Leuten. So mag man heute auch noch ferne, fremde, wenig ausstudierte Länder vom Schiff, vom Wagen, vom Maulesel oder Kamel herab näher kennen lernen, als irgend ein Vorläufer. Mitten im civilisierten Europa aber, wo es so viele Bücher und Eisenbahnen gibt, reicht solche Beobachtung aus der Vogelschau auf flüchtiger Fahrt langst nicht mehr aus: wer Neues entdecken und beschreiben, ja wer auch nur das Altbekannte neu beurteilen und verknüpfen will, der ist notwendig auf den Fußweg gewiesen. Der Botendienst ist fast allwärts überflüssig geworden, der fußwandernde Bote ward im drängenden Verkehrsleben zum hinkenden Boten, und von Botenlohn und Botenbrot lesen wir fast nur noch in alten Volks= und Rittergedichten: für die Wissenschaft dagegen kann man in Deutschland noch immer Botendienst zu Fuße thun und frisch voranschreitend, einen Fuß vor dem andern, Botenlohn verdienen.

Wie der moderne Historiker bei einem quellenhaften Ge= schichtsbuche nicht mehr bloß Buchstudien, sondern auch Archiv=

studien fordert, so fordere ich bei einem Beitrage zur deutschen Volkskunde mindestens Wanderstudien. Wandern heißt auf eigenen Füßen gehen, um mit eigenen Augen zu sehen, mit eigenen Ohren zu hören.

Am allerbesten freilich wäre es, wenn man mit dem Gehen auch das Sitzen verbände, doch ist dies nur wenigen und nur in Einzelfällen vergönnt. Ich meine zu der Wanderung durch ein Land sollte sich ein längerer oder kürzerer Wohnsitz in demselben gesellen, so daß der Forscher gleichsam nomadisierte, denn das Doppelsymbol des Nomaden ist nicht bloß der Wanderstab, sondern auch das Zelt. Wer aber sein Zelt nicht aufzuschlagen vermag in dem Lande, welches er wandernd studiert, der mag sich getrösten, daß im Wandern selbst doch der nächste Ersatz für das Wohnen liegt. Der Fußwanderer lebt mit den Leuten, wenn auch nur vorübergehend, nur abgekürzt und im Auszuge; darum ist jede gründliche Wanderung wenigstens eine halbe Einbürgerung, und wer acht Tage im Lande umhergeht, der wird dort seßhafter als ein andrer, der zwanzigmal hindurch gefahren ist.

Nun könnte man in allerlei Weise das Wandern lehren — je nach dem verschiedenen Wanderzweck. Ein Turner würde zeigen, wie man wandern soll, um frisch und stark und gesund zu werden, ein Poet, wie man ausziehe, um sich die niemals ausgesungene Poesie des Wanderns zu erwandern; — ich begnüge mich hier mit einer kurzen und faßlichen Anleitung, wie man wandere um dem Volk und Land ins Gesicht zu sehen und aus den Augen zu lesen. Den Gewinn von frischer Kraft an Leib und Seele und von verjüngender Poesie fürs Gemüt findet dann auch noch jeder nebenbei, der Stab und Tasche ergreift und die Sache probiert.

Ich gebe also in diesem Buch meine Methode des Wanderstudiums und belege sie mit selbst erwanderten Beispielen. Man wird daraus erkennen, daß ich Schule gemacht habe in meinem Fache, nicht zwar die Schule eines Dritten, aber doch wenigstens meine eigene, und ich hege dann weiter die erlaubte Absicht andre für meine Schule zu gewinnen, vorab die frisch aufstrebende Jugend, welche in anderweitiger Schule ihre Beine noch nicht derart versessen hat, daß sie gar nicht mehr ordentlich gehen können und ihre Augen noch nicht derart an papierenen und pergamentenen Quellen verlesen, daß sie für die Quellen des leibhaften Lebens blöde geworden sind.

2.
Einsame Wanderschaft.

Wer forschen und lernen will auf der Wanderschaft, der gehe allein.

Nur der einsame Wanderer lebt mit den Leuten, nur wer allein kommt, wird überall angeredet und ins Gespräch gezogen; kommen ihrer zwei, so läßt man sie vielmehr für sich gewähren, in der Meinung, daß sie sich selbst genug seien. Zum Vergnügen reise man mit einem Freunde, zum Studium für sich allein.

Aber nicht bloß die fremden Leute erschließen sich leichter dem Einsamen, auch wir selber sammeln uns und arbeiten doch nur eigentlich, wenn wir einsam wandern. Frei durch die Welt zu streifen, das Auge stets geöffnet für Natur und Volk ist eine lustige Arbeit, ein lustiges Spiel ist es nicht. Man muß seine Gedanken von früh bis spät gespannt halten auf die Hauptgesichtspunkte, welche man verfolgt; da nun aber tausend andre, oft sehr verlockende Eindrücke uns beständig zu zerstreuen drohen, da wir mitten im Studium auch zu gehen, unser Gepäck zu tragen und um Weg und Steg und Quartier zu sorgen haben, so rechne ich die Doppelarbeit des gleichzeitigen Wanderns und Forschens für besonders anstrengend, für anstrengender als das gründlichste Bücherstudium am Schreibtische.

Ich vergleiche diese lustig-ernsthafte Arbeit gerne dem gleichfalls lustig-ernsthaften Beruf eines Kavallerietrompeters. Der Mann muß ein Virtuos im Reiten und zugleich im Blasen sein. Es gibt Volksforscher, die blasen vortrefflich, können aber das Reiten nicht vertragen: das sind die Stubengelehrten; es gibt andre, die reiten prächtig über Berg und Thal, haben aber das Blasen schlecht gelernt und kommen im Galoppieren aus dem Ton und Takt: das sind die Touristen.

Nur der einsame, kunstgeübte Wanderer, der sein Reisegepäck selber auf dem Rücken trägt und seinen Schulsack obendrein, findet den raschen Blick und die nie erlahmende Spannkraft zum rastlosen Beobachten.

Mit dem bloßen Beobachten ist es aber noch nicht gethan; es gilt auch zu gleicher Zeit das eben Erfaßte zu ordnen und durchzudenken. Wer sich auf dem Wege den Stoff sucht und hinterdrein daheim die Gedanken dazu, der ist nicht auf der rechten Fährte. Die besten Gedanken findet man immer dort, wo man die unmittelbare Anschauung der Thatsachen gefunden hat und die Gedanken wollen auf der Landstraße, auf dem Lagerplatz, im Abendquartier auch gleich frischweg erfaßt und festgehalten sein. Dies ist das sicherste Mittel gegen die Gefahr, hinterher Fremdes in den gewonnenen Stoff hineinzudenken und die Thatsachen unsren Ideen zu beugen.

Jede Reisegesellschaft stört solches gesammelte und originale Durchdenken im Augenblick des Beobachtens. Erst nach vollbrachter Fahrt tausche man seine Gedanken aus, so viel man will, und prüfe und läutere sie im Austausche.

Um aber recht gründlich allein zu reisen, nehme ich nicht einmal ein Buch mit auf die Wanderschaft: ich will gezwungen sein durchs Entbehren jeder andern geistigen Anregung Geist und Auge fortwährend auf die umgebenden Dinge zu richten und dieselben nach ihrem Zusammenhange augenblicklich und in meiner Weise durchzudenken. Als einziger litterarischer Freund begleitet mich die Landkarte und zur gemütlichen Ansprache allenfalls mein

Hund: beide halten mich nicht ab vom steten Verkehr mit den Leuten des Landes, noch stören sie die Sammlung meiner Gedanken.

Der Hunger nach neuem Stoff ist Vorbedingung, zugleich aber auch der größte Segen für den forschenden Wanderer, und dieser Hunger bringt dann von selbst die verdoppelte geistige Verdauungskraft, deren man unterwegs nicht entbehren kann. Rasch, sicher und vielseitig auffassen, sich einbürgern, indem man weitergeht, Stunden in Tage, Tage in Wochen verwandeln, das ist die schwierige Aufgabe und zugleich eine anderswie kaum zu übende Gymnastik des Geistes.

Darum mag einer wochenlang starke Tagemärsche machen können ohne zu ermüden und eines besondern Rasttages zu bedürfen, verbindet er aber die Arbeit der Forschung mit dem Gang, so wird er's kaum über fünf Tage in einem Zuge aushalten. Man wird stumpf und muß dem Kopfe eine Weile Ruhe gönnen, bevor man den Beinen zumutet, daß sie uns zu neuer Arbeit wieder fröhlich fürbaß tragen.

3.

Erstes Probestück der Vorbereitung.

Es gilt bei der Wanderschaft, was vom Kriege gilt: der Haupterfolg muß gewonnen sein, bevor man auszieht, und in diesem Sinne kann auch ein kurzer Gang reiche Frucht bringen, wenn nur die Vorbereitung tüchtig war.

Ich fordere zweierlei Probstücke einer genügenden Vorbereitung: erstlich daß man im fremden Lande niemand um den Weg zu fragen brauche, und zweitens daß man bereits mehr von des Landes Geschichte und heutigem Zustande wisse, als die große Mehrzahl der gebildeten Einwohner selber weiß. Wer nicht mindestens so viel vorgelernt hat, der macht eine Reise ins Blaue.

Man soll niemand um den Weg fragen. Dies ist eine goldne Regel für jeden Fußwanderer in Ländern, welche Spezialkarten besitzen, gleichviel was sonst der Reisezweck des Wanderers sei. Denn wer sich aufs Fragen verläßt, der fällt aus einem Irrweg in den andern; auch gefährdet der einsam Wandernde nicht leichter seine Sicherheit als durchs Wegefragen. Vollends aber einen Führer mitzunehmen, zerstört alle Poesie des Wanderns, denn die tiefste Wanderpoesie ist Selbstsuchen, Selbstfinden, Selbstverfehlen, kurzum durchaus auf eigenen Füßen gehen und sein eigener Herr sein. Und neben der frischesten Wanderpoesie ruht dann auch die strengste Schulung des Forschens im Selbstsuchen. Nur jenseit der Schneelinie und auf den Gletschern behauptet der Führer sein unantastbares Recht, weil man auch auf der besten Karte den Schnee nicht schmelzen und wachsen, das Eis nicht bersten und zusammenfrieren sieht. Dort hören aber auch die Volksstudien auf.

Wenn nun schon der vornehme, das heißt der denkende und dichtende Vergnügungsreisende seinen Weg sich selber suchen soll, weil eben im Suchen und Finden an sich bereits das Hauptvergnügen liegt, der geistige Reiz praktischer Erkenntnis, — so fordern wir vom forschenden Wanderer doppelt und dreifach, daß er im fremden Lande Bescheid suche durch seinen eigenen Verstand und nicht durch blindes Fragen.

Vor dem Ausmarsch studiere man zu Hause die genauesten Terrainkarten im Zusammenhalt mit einer geognostischen Karte und unter Beihilfe der einschlagenden geographischen Litteratur. Wir werden dadurch in stand gesetzt, die Kreuz- und Querlinien unsres Weges planvoll festzustellen, und erproben zugleich, welche Karte die beste sei und also der Ehre würdig, uns als Führerin zu dienen und als treue Freundin auf einsamer Fahrt zu geleiten. Erst wenn wir auf der Karte völlig eingebürgert, sind wir reif, den fremden Boden mit Erfolg zu betreten, erst wenn wir das ganze Land, wie vom Berge herab bereits im Geiste vorgeschaut, sollen wir es durchwandern. Es bietet dann unerschöpflichen Reiz und Gewinn, den Anblick der wirklichen Landesart mit jenem aus dem Studium geschöpften Bilde zu vergleichen, welches wir im Kopfe mitbringen.

Mit gut studierter Karte ungefragt seinen Weg zu finden, ist dann freilich wieder eine besondre Kunst, für welche Einer angeborenen Ortssinn besitzen und die er täglich lernen und üben muß. Da sie aber in nichts andrem beruht als in der steten genauesten Beobachtung der Einzelheiten und in ihrer Uebertragung von dem großen Maßstabe des Originals auf den kleinen des Abbildes, so ist die Kunst zugleich eine treffliche Vorschule für die ganze Aufgabe des Beobachtens, Individualisierens und Generalisierens, welche unsern letzten Reisezweck bildet. Im Wegesuchen ahnen wir die Methode wie auch das Volk planmäßig zu suchen sei.

Zugleich aber werden wir gezwungen, das Land fort und fort als Grundlage des Volkslebens im Auge zu behalten; wer sich das Land nicht neu entdeckt, der entdeckt auch nicht viel Neues im Volke. Ein wegkundiger eingeborener Forscher, welcher Natur und Art seiner eigenen Landsleute darstellen will, muß sich darum gleichsam künstlich zurückversetzen in jene erste Entdeckung der Bodenplastik, der Verkehrslinien und des Bodenanbaues, die der fremde Wanderer notgedrungen an der Hand seiner Landkarte macht.

Nun mögen wir aber noch so begabt und erfahren sein in der Kunst kreuz und quer nach der Karte zu gehen, so begegnet es uns doch zuweilen, daß wir die Karte mißverstehen, oder die Merkzeichen der Gegend falsch deuten, oder daß ein Fehler in der Karte gemacht wurde, kurzum, daß wir auf den Holzweg geraten. Allein selbst dieser Irrtum gereicht uns zum Nutzen; denn indem wir ihn hinterdrein erkennen, erkennen oft auf Kosten unsrer Zeit, unsrer Beine, unsres hungernden Magens, unsrer dürstenden Kehle, gewinnen wir erst die recht vielseitige Erkenntnis von der Landesart und werden hier und da wohl gar weiser als unsre eigene Karte. Wie oft verdanke ich nicht die wertvollsten

Eindrücke solchem Irregehen! Sich verirren, wenn man blind
fragend von einem dummen Bauern auf den falschen Weg ge=
wiesen wird, ist immer verdrießlich, aber irre gehen, wenn man
mit Verstand verkehrt gesucht hat, ist gar oft ein rechter Segen.
Wer mit Verstand und Studium irre geht, der macht überhaupt
gar keine Irrwege, er macht höchstens Umwege. Denn wie scharf
prägt man sich die Bodenplastik ein, wenn man nur einmal recht
gründlich fehl gegangen und hinterdrein zur Erkenntnis und ge=
nauesten Begründung seiner Verkehrtheit gekommen ist! Treffe
ich auf einer ganzen Wanderung immer sofort den geraden Weg,
so wird mir's angst, ich sei oberflächlich gewandert. Doch gleich=
viel ob man gerad oder krumm gegangen: ein Land, welches wir
uns im selbständigen Pfadfinden erobert, sitzt fest in unsrem
Geiste; wir sind halbwegs eingebürgert in demselben, auch wenn
wir nur hindurchgegangen sind.

 Nicht einmal in der Stadt soll man um den Weg fragen
oder vollends gar in Droschken und Omnibussen fahren oder einen
Lohndiener mitnehmen! Dabei lernt man nichts. Wer dagegen
die Quartiere und Straßen nach ihrem geographisch und historisch
bedingten Erwachsen studiert hat, bevor er zum Thore herein=
gekommen ist, und nun mit dem Stadtplan in der Tasche aus=
geht und die Stadt gleichsam vor seinen Augen aufbaut, indem
er sie suchend durchwandert, der findet nicht bloß die gesuchten
Straßen und Häuser, sondern zugleich auch den Schlüssel des
organischen Aufbaues und des topischen Charakters der Stadt.
Man fängt auf diese Weise nicht mit den Teilen an, sondern
mit dem Ganzen. Am liebsten richte ich darum meine ersten
Schritte auf den Kirchturm, um auch in Wirklichkeit zuerst das
Ganze zu übersehen und mit dem Abbild des Ganzen, mit dem
wohl eingeprägten Plane zu vergleichen, bevor ich mich in die
Teile verliere. Eine Stadt ist ein Organismus, Glied an Glied
gefügt, hundert selbständige Teile und doch ein einheitlicher Leib;
indem man aber seinen Weg vernünftig sucht, findet man diesen
Organismus, ob man auch zwanzigmal sich verirrt.

In der Darstellung dieses Organismus aber, des großen Aufbaues und der notwendigen Grundzüge erkennen wir nachgehends den Meister, mag er uns nun ein bloßes Städtebild gezeichnet haben oder die Charakterskizze eines ganzen Landes.

4.

Zweites Probestück.

Der Wandrer soll die Landkarte im Kopf und in der Tasche haben, damit er nicht nach dem Wege zu fragen braucht, und das Land findet, indem er den Weg sucht.

Andrerseits muß man aber die Leute zu fragen verstehn und fleißig fragen, nicht über den Weg, sondern über sie selbst. Dieses Fragen ist eine Kunst, die nur derjenige voll besitzt, welcher dem zweiten von mir geforderten Probestücke genügt, daß er nämlich vor dem Ausmarsche bereits mehr von des Landes Geschichte und heutigem Zustande wisse als die große Mehrzahl der gebildeten Einwohner selber weiß.

Solche Wissenschaft findet sich in unsern geographischen, historischen, statistischen und naturwissenschaftlichen Büchern zur Genüge aufgespeichert. Es gilt nur sich dieselbe anzueignen und für die Ziele der Wanderung zurecht zu legen, damit wir von vorneherein genau wissen, was wir zu sehen und wie wir zu fragen haben. Vier Wochen Vorbereitung auf vierzehn Tage Wanderschaft ist nicht zu viel, und man wird mehr und Besseres heimbringen, als wenn man sich nur ein paar Tage oder gar nicht vorbereitet hätte und monatelang gereist wäre. Dazu ist es ein Glück, daß auch ein rüstiger Fußgänger nicht gern über zehn Pfund Gepäck trägt und gelehrte Bücher insgemein dick und schwer sind; wir wären sonst versucht, unsre Vorbereitungsstudien in Halbfranz und Leinwand gebunden auf dem Rücken mitzu-

schleppen, und dann wäre es mit aller frischen und eigenen Be=
obachtung aus und vorbei. Die vorbereitende Litteratur darf
nur im Kopfe mitgetragen werden, sonst schadet sie mehr als
sie nützt.

Wenn ich aber Fragen als eine Hauptkunst bezeichne, so
meine ich doch keineswegs, daß man ewig fragend, gleichsam als
ein lebendiges Fragezeichen, durchs Land gehen solle. Man würde
schon um deswillen übel fahren bei solcher Fragerei, weil man
den Leuten als ein unausstehlicher Mensch erschiene. Die Leute
ungefragt zur rechten Red' und Antwort zu führen, das ist erst
die wahre Feinheit.

Ich mache hierbei dreierlei Unterschiede. Den fachgelehrten,
studierten Mann frage ich direkt, denn von ihm möchte ich That=
sachen erfahren, litterarische Winke und dergleichen. Den all=
gemein gebildeten Mann frage ich auf Umwegen, denn ich möchte
sein Urteil über geläufige Thatsachen. Den Ungebildeten, den
Mann des Volkes, frage ich womöglich gar nicht, ich suche ihn
nur zum Reden zu bringen, denn wie er von selbst redet und
sich giebt, das ist mir hier an sich schon eine erforschenswerte
Thatsache. Was uns der Bauer erzählt, ist nur eine Gabe des
Glückes, des Zufalls, oft viel, oft wenig, oft gar nichts wert.
Aber wie er im Reden sich darstellt, empfindet, urteilt, bis auf
den sprachlichen Ausdruck hinab, das enthüllt uns oft die schärf=
sten, notwendigsten Charakterzüge des Volkes. Statt zu fragen,
erzähle ich dem Bauern viel lieber von nah und fern, und bringe
ihn dadurch zu weit frischerem Aussprechen, als wenn ich ihn
gefragt hätte; ich führe ihn namentlich auf die Punkte, von denen
ich hören, und nicht auf jene, von welchen er am liebsten sprechen
möchte. Erzählen öffnet den Leuten das Herz, wer dagegen
fragt wie im Examen, der hält ihnen den Mund zu.

Man hat mich öfters belobt, daß ich scharf zu beobachten
wisse, was sich mir bietet: ich fand solches Lob immer zweideutig.
Denn mit dem scharfen Beobachten dessen, was sich gerade bietet,
ist wenig gethan. Zu beobachten, was man findet, ist leicht, aber

das zu finden, was man beobachten will, das ist die feinere Kunst. Sie läßt sich nur durch tüchtige Vorstudien gewinnen. Die feinste Kunst aber ist dann weiter das Beobachtete im Moment des Beobachtens selber schon zu ordnen, zu sichten, im Zusammenhang zu ahnen, vom Teil aufs Ganze, vom Ganzen auf den Teil zu schließen. Ein Landschaftsmaler wird mich verstehen, wenn ich sage: wer nach der Natur zeichnet, der muß in demselben Moment frei komponieren, in welchem er naturgetreu kopiert, oder es gibt eine ganz kindische Landschaft, unwahr aus lauter Treue, mit Blätterklumpen statt Bäumen, mit Grashalmen statt der Wiese.

Der bloße Tourist kann auch sehr scharf beobachten, aber indem er ins Blaue hinein geht und notiert, was er eben gesehen und erhascht hat, bleibt er auch bloß Tourist, ein Mann, welcher das Bunteste und Seltsamste erleben und fesselnd schildern mag; ein Forscher wird er niemals sein. Dazu gehört ein abgeschlossener Plan, der den beobachtenden Blick konzentriert, und Vorstudien, durch welche die erlebten Einzelzüge im Zusammenhange erfaßt, sofort zum Ganzen sich fügen.

Je breiter unsre Vorstudien waren, desto mehr sind wir zu Hause im fremden Land, und je mehr wir dort zu Hause sind, um so leichter erwerben wir jene höchste Kunst: mit der Wanderschaft die Einbürgerung zu verbinden. Habe ich wochenlang meine beste Zeit und Kraft daran gesetzt ein Land bis ins kleinste zu studieren, so gewinne ich ein Herz für dieses Land; es gehört mir ja bereits zur Hälfte. Wer nicht in gewissem Sinne verliebt ist in das Land seiner Wanderschaft, dem wird sich das Land auch nicht erschließen. Die Gefahr eine neue und doch unserm Geiste schon vertraute Welt alsdann in zu günstigem Lichte zu sehen, liegt allerdings nahe, und ich leugne nicht, daß ich oft mit ihr zu kämpfen habe. Doch wandert man immer wohl besser in solch verklärendem Lichte als in dem Schatten der Unwissenheit. Ein verkehrtes Sprüchwort nennt die Liebe blind: die wahre Liebe hat vielmehr die schärfsten Augen.

Bedürfen wir nun aber schon tüchtiger litterarischer Vorarbeit, damit wir den Mann aus dem Volke mit Nutzen zu hören vermögen, so brauchen wir dergleichen noch viel mehr, um gebildete Leute und vollends gelehrte Fachgenossen zu befragen. Jeder einheimische Kenner des Landes betrachtet den fremden Beobachter mit Argwohn, und traut ihm eigentlich den Beruf und die Fähigkeit gar nicht zu, in aller Geschwindigkeit Studien zu erwandern. Wir müssen ihm also zeigen, daß wir vorher schon gehörig studiert haben, und wenigstens reif sind seine Mitteilungen zu würdigen; wir dürfen uns beileibe keine Blöße geben. Den reichsten, frischesten und originellsten Stoff bieten uns aber in der Regel solche Leute, die durch Amt und Beruf mit dem gemeinen Mann in täglichem Verkehr stehen, während sie selber doch zu den gebildeten Kreisen zählen: Pfarrer, Lehrer, Beamte, Aerzte. Sie sind heimisch im Volksleben und fremd zugleich, und dieser scheinbar widerspruchsvolle Doppelstandpunkt, ähnlich jenem des fremden und doch im Geiste eingebürgerten Wanderers, ist allemal der beste zum Beobachten. Von solchen Männern habe ich immer das Meiste und Merkwürdigste gelernt. Allein eben als gebildete Beobachter haben sie in der Regel ihre bestimmten Liebhabereien, die unsern Zielen oft weitab liegen: wir möchten sie fragend lenken, wohin wir wollen, und sie lenken vielmehr uns, wohin es ihnen beliebt.

Wir gehen auf deutsche Altertümer aus, und unser Freund zwingt uns römische zu sehen; wir wollen eine Kirchweih besuchen; er führt uns in ein Rettungshaus; wir möchten auf einen Berg steigen, um die Landschaft zu rekognoszieren, er nötigt uns in eine Maschinenfabrik; wir bitten um volkswirtschaftliche Lokallitteratur, er findet es viel nötiger uns die neueste Abhandlung über die älteste Gauverfassung vorzulegen. So erfahren wir alles mögliche Wissenswürdige, nur gerade das nicht, was wir wissen wollen. Lehnen wir aber jenen Ueberschuß unerbetener Belehrung dankend ab, so hält man uns für oberflächlich und für unhöflich dazu. Es bleibt uns darum nichts übrig, als mit Geduld und Teilnahme entgegenzunehmen, was man uns bietet, dazwischen aber verstohlenerweise zu erfragen, was wir eigentlich wissen möchten. Diese Kunst, den Leuten hinterrücks eine Weisheit abzulisten, welche sie selber gar nicht für mitteilenswert halten, gelingt dann freilich nur dem Forscher und Frager, der schon zur Hälfte voraus weiß, was er zu erfahren begehrt.

Sollen wir nun aber einem Fachgenossen, einem Spezialkenner nicht ganz offen entgegentreten, ihm rückhaltlos unsern Wander- und Arbeitsplan vorlegen, die Punkte bezeichnend, worüber wir nähere Kunde suchen? In seltenen Fällen: Ja; in den meisten: Nein! Es kommt eben auf den Mann an und auf den Plan. Denn der Spezialist, welcher sich in örtlichen Kleinstudien vergräbt und eine Fülle buntesten Kleinstoffes besitzt, die wir in Monaten nicht bewältigen könnten, begreift gar schwer, daß unser Ziel auf große Gruppierung, Ueberschau, Vergleichen und Ordnen gerichtet ist, daß wir aus dem Einzelnen zum Ganzen streben, daß uns die Entdeckung einer leitenden Idee, eines tonangebenden Grundzuges im Volkscharakter wichtiger sein kann als die seltsamste Variante zu einem Volksliede, einer Sitte, einer Dialektform, welche er aufgespürt hat; vor allem aber begreift er nicht, wie ein Fremder in wenigen Tagen sein Land will verstehen lernen, er hält uns für höchst verwegen und leichtfertig, und um uns vor großem Schaden zu bewahren, erstickt er uns mit unerbetenem und für unsre Zwecke nutzlosem Detail.

Und doch könnten wir uns gegenseitig so gar viel nutzen, wenn wir uns nur erst verstünden, wenn ein jeder von uns beiden die Aufgabe des andern in ihrem Recht, ihrer Schranke und ihrer Wechselwirkung zu der eigenen Aufgabe erfaßte!

Dieses gegenseitige Nichtverstehen und Unterschätzen des Einzelforschers und des durchdenkenden Ordners und Darstellers (welchem übrigens das Forschen so wenig geschenkt sein soll wie jenem Spezialisten das Denken) ist ein Herzfehler im ganzen wissenschaftlich-litterarischen Leben unsrer Zeit. Um so weniger darf der Wanderer also dem ortskundigen kleinen Gelehrten ein Gebrechen übelnehmen, das heutzutage selbst den größten Gelehrten anzuhängen pflegt, er muß jene Fachgenossen besuchen, sich an der Fülle ihrer Einzelkenntnis erquicken und mit dem größten Dank aus ihren Fingerzeigen und Nachrichten herausnehmen, was ihm taugt.

Zu diesem Zwecke bewahre ich den Plan meiner Wanderschaft und Arbeit als mein Geheimnis und bezeichne dem gelehrten Freunde höchstens gewisse Privatliebhabereien, die man doch auch nebenbei verfolgt, als nächstes Ziel. Einem Naturforscher würde ich etwa sagen, daß ich Kunstdenkmale betrachten, einem Historiker, daß ich gute Freunde besuchen, einem Statistiker, daß ich die schöne Landschaft genießen wolle. Ich gewinne solchergestalt gerade die gewünschten naturwissenschaftlichen, historischen und statistischen Mitteilungen. Denn ich bin nun berechtigt, ohne der Oberflächlichkeit und Grobheit bezichtigt zu werden, alle Dinge, die ich nicht sehen mag und die man mir doch zeigen möchte, nicht zu sehen, kann aber nebenbei ganz arglos das Gespräch auf meine wahren Reiseinteressen bringen und die Notizen erfragen, deren ich bedarf, ohne daß der freundliche Erzähler mir in die Karten schaut und meinen Plan bekrittelt.

Ein strenger Moralist wird in solchem Verfahren zwar eine halbe Lüge entdecken, allein es ist eine echte Notlüge, ein Akt berechtigter Notwehr, der dem gelehrten Freunde zuletzt meinen aufrichtigsten Dank einbringt und mir seine unschätzbare Belehrung.

Auch gestehe ich jedem Dritten das volle Recht der Wiedervergeltung zu. Denn da ich's vermutlich gerade so mache wie alle andern Leute, und dem Fremden, der mich besucht, um örtliche Zustände zu erfragen, weit eher erzähle, was mir als was ihm bedeutsam erscheint, so möge er nur hinterrücks alle Wissenschaft aus mir heraus zu locken suchen, die er irgend brauchen kann.

Soll diese Operation gelingen, so muß man freilich wiederum mit fleißigen Vorstudien gerüstet sein. Denn plump und offen fragen kann auch der Kenntnislose; versteckt dagegen und unvermerkt das Wichtigste unter der Hand erhaschen, vermag nur, wer schon etwas Ordentliches von der Sache weiß.

5.

Vom Kleinen zum Großen.

Zum Wanderstudium meiner Art taugen große Länder nicht, sondern kleinere Landstriche. Nur daß das kleine Land ein Ganzes bilde!

Ich muß mein Gebiet mit einem Blick überschauen, mit einemmal beherrschen, ich muß es in die Kreuz und Quere durchstreifen und in einem Zuge darstellen können. Hierin liegt die beste Gewähr, daß man zwiefach Neues biete: ein neues, rundes Gesamtbild und neue Einzelzüge. Je größer man das zu durchwandernde Gebiet faßt, um so unselbständiger wird man arbeiten und durch bloße litterarische Reproduktion die Lücken der eigenen Anschauung füllen. Darum wähle ich mir in der Regel nur etwa ein Stück Flußgebiet, oder einen Nebenfluß, ein kleines Gebirg, einen Gau, die selbständige Gruppe eines Volksstammes, ein kleines ehemaliges Reichsländchen und ähnliches. Nicht weil ich im Kleinen wollte stecken bleiben, sondern gegenteils, weil ich aus dem Kleinen zum Großen und Ganzen strebe.

Dies geschieht in doppelter Weise, quantitativ und qualitativ. Wer viele kleine Gebiete durchwandert und darstellt, der wird ja zuletzt von selbst auch eines großen Gebietes Meister. Es gehört nur Kraft und Ausdauer dazu: dreißig Jahre bleibt ein gesunder Mann doch marschfähig, und in dreißig Jahren kann einer ganz Deutschland forschend durchwandert haben. In hundert zusammenstimmenden Einzelbildern könnte er das ganze

Vaterland original schildern, und das Ganze wäre dann ein großes und ruhmwürdiges Werk. Freilich müßte der Glückliche neben ausdauernden Beinen auch noch einen ausdauernden Geldbeutel besitzen; denn bei solcher Art des Wanderstudiums trägt das Honorar nicht einmal die Reisekosten, geschweige den Arbeitslohn.

Allein auch in tieferem Sinne — qualitativ — soll der Wanderer vom Einzelnen zum Ganzen streben.

Jeder Landstrich hat seine besondere Signatur; fehlt ihm diese, so verdient er nur als Teil eines andern Gebiets bewandert und geschildert zu werden.

Bei einem Lande sticht der geographische Aufbau vor allem maßgebend hervor, bei einem andern die historischen Erinnerungen, bei einem dritten die Eigenart des naiven Volkslebens, bei einem vierten Wirtschaft und Betriebsamkeit, bei einem fünften die Kunstdenkmale — und so weiter. Diesen auszeichnenden Hauptzug im Charakterbilde müssen wir durch unsre Vorstudien erkannt haben, bevor wir zum Wanderstabe greifen, wir müssen das Hauptgewicht unsres Reiseplanes auf dessen Erforschung werfen. Oder, um in einem treffenderen Bilde zu reden, diese Signatur muß der Knoten sein, an welchen sich das ganze Gewebe unsrer forschenden und darstellenden Arbeit knüpft. Nehmen wir beispielsweise ein Industriethal, dessen Signatur im modernen Fabrikbetriebe gegeben ist. Wir werden vor allen Dingen die wirtschaftlichen Zustände zu studieren und zu charakterisieren haben, unsre Gedanken haften von vornherein auf der Industrie, unsre Augen auf dem Fabrikvolke. Allein wir untersuchen auch Berg und Thal und Fluß — im Zusammenhang mit dem Industrieleben, welches sie tragen, erzeugten, begünstigen. Wir lesen die Geschichte des Thales — im Kontraste oder im Zusammenhange mit der modernen Betriebsamkeit. Wir spüren Züge des sozialen Lebens auf — sie werden uns notwendig wieder in die Fabriken führen. Kurzum wir beobachten das Mannigfaltigste unbefangen, liebevoll, objektiv, wir treiben uns keineswegs bloß in den Fabriken umher, wir verfangen uns wohl gar in Kunst und Poesie, allein wir werden doch immer wieder in den Zauberbann der keuchenden, rasselnden Maschinen, der rauchenden Schlote zurückgeführt werden. Auch das Kleine wird uns bedeutungsvoll im Zusammenhange mit der industriellen Signatur, und auch das anderswo Bedeutsame wird gegenteils hier zur Episode, wenn es dieser Signatur völlig seitab läge.

Und nicht genug hiermit. Keine Gegend stehet in ihrer Signatur vereinzelt. Jenes Industriethal ist keine Welt für sich; es läßt sich nur verstehen im Vergleich mit andern Industriegebieten, im Zusammenhalte mindestens mit der deutschen Industrie. Wir müssen Parallelen ziehen, Gegensätze schildern, wir müssen den Blick über das Thal hinaus in die Nähe und Ferne schweifen lassen, und wenn wir das alles auch nur in wenigen Worten andeuteten: in unsrer Seele muß der Bezug aufs Große und Ganze reich entwickelt liegen, und der feinere Leser wird auch bei den wenigen Worten fühlen, daß er dort entwickelt lag.

Hier unterscheidet sich der Mann, welcher kleine Gebiete durchwandert, um in dem kleinen Land das große deutsche Vaterland, in der kleinen Volksgruppe das große deutsche Volk zu schildern, von dem eingeborenen Spezialforscher, welcher dasselbe kleine Land im einzelnsten erforscht, um dieses Kleine und Einzelne eben an und für sich darzustellen. Der letztere wird in der Regel weit gründlicher Bescheid wissen in allen kleinen Thatsachen und den schätzbarsten urkundlichen Stoff zu Tage fördern. Wie könnte es da selbst der fleißigste und gelehrteste Wanderer mit ihm aufnehmen! Allein der Wanderer schauet von außen herein, er kommt aus der Fremde und geht in die Fremde, er bringt einen vergleichenden Maßstab mit, welcher dem eingeborenen Spezialisten nur allzu oft völlig gebricht, er muß sein Augenmerk auf die Signatur, auf die große Charakteristik, auf den Zusammenhang des kleinen Landes mit dem größern Ganzen richten, wenn er überhaupt noch günstigen Boden zum Wettstreite mit dem sonst überall bevorzugten Spezialisten gewinnen will. Daher geschieht es so oft, daß der eingeborene Spezialist die merkwürdigsten Thatsachen findet und — schwarz auf weiß gedruckt — unter den Scheffel stellt, während sie der fremde Wanderer erst ans Licht zieht und verwertet.

6.

Das Tagebuch.

Unterwegs gilt es nicht bloß zu beobachten, sondern auch sofort nach der Natur zu zeichnen. Neben der Landkarte sei darum der einzige litterarische Apparat in der Reisetasche ein Tagebuch mit leeren Blättern; es ist dem Volksforscher so unentbehrlich, wie dem Landschafter sein Skizzenbuch. Jede Raststunde gibt eine Arbeitsstunde für das Buch.

Allein dieses Tagebuch ist dabei ein ebenso gefährliches als notwendiges Ding; denn es ist leicht zu schreiben, aber schwer zu benützen. Ich beginne darum kein solches Buch ohne den festen Vorsatz, so viel als möglich auf die weißen Blätter einzuzeichnen und so wenig als möglich von dem dort Eingezeichneten drucken zu lassen.

Nun könnte einer meinen, dann sei es ja weit einfacher, von vornherein nur recht wenig und nur Druckwürdiges zu notieren. Allein wer so spricht, der weiß nicht, welcher Segen überhaupt bei aller Schriftstellerkunst auf einem recht großen und gefräßigen Papierkorbe ruht, und insbesondere verkennt er meine Methode und das Ziel meiner ethnographischen Arbeiten. Ich will nicht subjektive Eindrücke und Erlebnisse geben, sondern ein objektives Charakterbild, aber geläutert und belebt durch eigenes Sehen und Hören an Ort und Stelle.

Mein Tagebuch gehört darum dem Tage, es gehört mir und ist bloß für mich geschrieben. Es soll mir die subjektiven Ein=

drücke der Wanderschaft treu bewahren, es soll den Tag mit all seinen Zufälligkeiten festhalten, um mir späterhin unter den Büchern des Arbeitszimmers den Hauch der frischen Luft zu retten, die Poesie des Erlebten, des unmittelbaren Verkehrs mit den Leuten. Und wenn auch keine Zeile dieses Tagebuches in die ausgeführte Arbeit überginge, so hätte ich doch nicht umsonst notiert, denn die Stimmung wenigstens, welche ich im Augenblicke mit dem Bleistift festhielt, wäre auch für die gedruckten Blätter gerettet.

In dem Tagebuch herrscht Wanderfreiheit der Gedanken, und es hat etwas ungemein Erfrischendes für den modernen Autor, der sonst doch immer mit einem kleinen Seitenblick auf Kritik und Publikum schreibt, seine Feder gleichzeitig eben so frei wie seine Beine spazieren gehn zu lassen, gewichtige Thatsachen einzuzeichnen neben lustigen kleinen Erlebnissen; Gedanken, Einfälle und Urteile planlos hinzuwerfen, Grillen und Launen Luft zu machen, und dann doch ernsthafte Entwürfe für ein objektives Charakterbild hinzuzufügen.

Es gab eine schöne Zeit, wo man solch ein Tagebuch kurzer Hand drucken lassen konnte, und wo es die Leser für besonders genial hielten, wenn einer die Schilderung von Land und Leuten bloß zum Vorwande nahm, um eigentlich sich selbst zu schildern, und sein Publikum durch ein fremdes Land führte, nicht um es in der Fremde, sondern in des Autors nächster Heimat, nämlich in seinen ästhetischen, litterarischen und politischen Ideen einzubürgern. Die Periode solcher Reisetagebücher ist vorbei. Dennoch lasse ich mir mein Tagebuch nicht verachten, als ein heimliches Buch, welches niemand zu lesen bekommt, und welches doch auf alle meine Leser wirken soll, als ein Werkzeug, welches mir vermittelst subjektivster Ausführungen, ein objektives Charakterbild von Land und Volk vermitteln hilft, so daß zuletzt ein Porträt herauskommt, dessen Nase und Ohren nicht bloß statistisch richtig abgemessen sind, sondern dessen Auge auch leuchtet, dessen Lippen sprechen.

Uebrigens ist Anlage, Gehalt und Bestimmung meines Tagebuches in dreifacher Weise verschieden je nach dem letzten Ziele, welches ich mir für die litterarische Ausarbeitung gesteckt habe.

Lebe ich längere Zeit in einem Lande, dann wird das Tagebuch zu einer Stoffquelle; ich zeichne nach Zeit und Gelegenheit positive Thatsachen, Erfahrungen, maßgebende Erlebnisse auf, und benütze nachgehends die Blätter wie man den Bericht eines glaubwürdigen Augenzeugen zu benützen pflegt.

Habe ich hingegen einen Landstrich öfters und im einzelnen durchwandert, dann soll mir das Tagebuch überwiegend bloß die Thatsachen illustrieren, welche man eben nicht an der Landstraße, sondern in andern Büchern findet. Bei gutem Glück entdeckt man dann auch etliches Neue dazu; das Tagebuch aber wird doch schon weitaus mehr Gedankenquelle als Stoffquelle sein.

Wenn ich aber endlich ein Land durchreiste, nicht um der Detailforschung willen, sondern um mich für größere ethnographische und geographische Gesichtspunkte durch den Augenschein selbständig zu orientieren, dann wird mein Tagebuch gar keine Stoffquelle werden, sondern es lehrt mich nur die vorhandene quellenhafte Litteratur lesen und verstehen, es lehrt mich namentlich in den gedruckten Büchern zwischen den Zeilen lesen. Und gewönne ich durch meine eigenen Notizen auch nur jenen Feuereifer, der nötig ist, um durch die trockene Lokallitteratur eines Landes frisch und mutig hindurchzudringen, so hätte ich nicht umsonst notiert. In diesem Falle erlebt man wohl auch die eben so lustige als lehrreiche Erfahrung, daß man zu guter letzt sein ganzes Tagebuch ausstreicht, und doch sehr vergnügt ist es geschrieben zu haben. Denn was uns beim Beobachten wichtig dünkte, erscheint uns hinterher beim Spezialstudium nichtig, manches Richtige auch geradezu falsch, vorab aber glaubten wir gar oft draußen eine neue Entdeckung gemacht zu haben, um daheim zu der allerneuesten Entdeckung zu gelangen, daß sie den

Kennern schon gar lange bekannt gewesen war. Denn je weniger wir wissen, desto mehr Neues finden wir; — nur ist es dann leider bloß für uns neu. Und doch bleibt es so unschätzbar auf eigene Faust, wenn auch überflüssig oder gar verkehrt, gesucht zu haben; wir lernen dadurch so viel richtiger würdigen, was andere wirklich fanden.

In einem encyklopädischen Artikel über Statistik las ich: daß man in unserer Zeit statistische Arbeiten nur noch auf amtlichen Schreibstuben machen könne, daß man nicht mehr reise um Statistik zusammenzubringen, und daß ein wandernder Statistiker ein Unding geworden sei. Wer wird auch noch in Deutschland wandern, um aufs Hörensagen Zahlen zu erheben!

Dennoch ist selbst ein wandernder Statistiker kein Unding. Er wird eben ein Tagebuch der zuletzt geschilderten dritten Art führen müssen. Denn wenn man auch nicht mehr wandert, um Zahlen zu suchen, so soll der Statistiker doch wandern, um seine amtlichen Zahlen zu verstehn, um jene Motive, jenen Faden des inneren Zusammenhanges der Ziffernreihen im Volksleben zu finden, welcher in den Akten nicht geschrieben steht. Wer wanderte, um Statistik zu machen, der wäre lächerlich; wer aber Statistik macht, ohne zu wandern oder mindestens andere für sich wandern zu lassen, der ist einseitig und oberflächlich. Durchs Wandern können uns Bücher und Akten nicht entbehrlich werden, aber wir lernen Bücher und Akten lesen durchs Wandern.

7.

Anekdoten und Charakterzüge.

Wer unterwegs eine Anekdote erlebt oder einen sprechenden Zug des Volkslebens, der soll dergleichen fein im Sinne behalten, man weiß nicht, wie man's später brauchen kann. Erlebte Züge und Anekdoten bilden das Salz unsers Tagebuches, und wenn wir sie richtig zu deuten, wenn wir einen leitenden Gedanken aus ihnen zu entwickeln und durch sie zu versinnbilden verstehen, können sie auch das Salz eines gedruckten Buches bilden.

Ich fahre über den Bodensee in die Schweiz. Im Hafen zu Rorschach gelandet, sehe ich einen zerlumpten Mann, der in einem kleinen Nachen zwischen den Schiffen auf und ab rudert und mit einem Hebgarn emsig im Wasser fischt; er fängt aber keine Fische, sondern Aepfel, die in großen Massen hier verladen werden und von welchen ab und zu einer ins Wasser fällt. Nun wußte ich, daß ich in der Schweiz war, noch bevor ich den ersten Grenzpfahl gesehen hatte. Am bayerischen Ufer würde höchstens ein naschhafter Junge sich etliche von den verlorenen Aepfeln gefangen haben; hier am schweizerischen machte ein Mann sogleich ernstlich Profession von der Aepfelfischerei. Hätte ich einen Aufsatz über die Schweizer schreiben wollen, der Mann wäre mir unbezahlbar gewesen. Wie mich seine drastische Erscheinung zuerst begrüßte, so würde ich sie auch plastisch an die Spitze der Arbeit gestellt haben, um aus dem individuellen Bilde einen der schärfsten schweizerischen Charakterzüge, das Volksgenie der Betriebsamkeit, zu entwickeln.

Die geringfügigste Thatsache kann uns in diesem Sinne bedeutend werden und des Aufzeichnens würdig, wenn sie nur einen leitenden Gedanken verkörpert. Im Volksleben ist nichts klein, was aufs Ganze, auf den geistigen Gehalt des Volkstums zielt. Meine Freunde wundern sich öfters, daß ich unterwegs so viele seltsame Züge und Anekdoten erlebe; ich erlebe in der That dergleichen nicht mehr als andere, aber ich erlebe sie anders. Weil ich geführt von festen Grundgedanken Gedanken suche, finde ich auch Anekdoten, und weil ich den Blick aufs Idealbild des ganzen Volkstums gerichtet habe, sehe ich hundert individuellste Thatsachen, die jenem entgehen, der nichts als Thatsachen suchen will. Anekdoten zu erleben ist leicht (vorausgesetzt, daß man zu Fuße und allein geht), die wichtigen zu behalten und die unwichtigen zu vergessen schon schwerer (denn auch die originellste und ergötzlichste erlebte Anekdote müssen wir unbarmherzig aus unserm litterarischen Gedächtnisse streichen, wenn sie des Gedankenzusammenhanges mit dem zu skizzierenden Charakterbilde entbehrt); am schwersten aber ist es, den rechten Gedanken in einer erlebten Anekdote zu finden und zu deuten. Denn da uns das Erlebte immer näher am Herzen liegt als das Gelesene, so liegt auch die Gefahr näher, aus dem Erlebten etwas zu machen, was eigentlich nicht darin steckt.

Ich will auch diesen Satz über die Anekdote durch eine Anekdote erläutern.

Im Wirtshaus eines deutsch-ungarischen Städtchens saßen die Kleinbürger des Ortes beim Abendschoppen, und ich lauschte ihrem Gespräche. Ein Vorfall, der sich jüngst in der Nachbarschaft zugetragen, beschäftigte die Leute aufs lebhafteste. Es war nämlich ein achtbarer Israelite vor den Stuhlrichter geladen worden, um Zeugschaft abzulegen. Der verschüchterte Jude hörte entweder die Frage des Richters nicht recht oder faßte sie falsch, kurz er stotterte, zögerte und konnte zu keiner klaren Antwort kommen. Da ergriff der Richter plötzlich wütend aufbrausend ein Kruzifix, hielt es dem Juden vors Gesicht und schrie: „Judas, willst du bekennen!" Der Jude brach vor Angst und Schrecken zusammen und lag mehrere Tage krank darnieder. So erzählten die Leute. Ein Teil der Gesellschaft enthielt sich allen Urteils, die andern verteidigten den Stuhlrichter; nur ein einziger wagte es, das Verfahren des Richters in geraden Worten als unrecht, ja empörend zu bezeichnen. Er blieb aber allein mit seiner Ansicht.

Nun wäre es sehr leichtsinnig, wenn ich die oben erzählte Geschichte flugs als Thatsache anführen wollte, etwa zur Charakteristik ungarischer Justiz. Denn sie kann in jener Fassung völlig entstellt, vielleicht tendentiös umgebildet oder bereits mutwillig verschoben sein. Wirtshausgespräche sind überhaupt keine Quelle für Thatsachen; aber die Thatsache jenes Wirtshausgespräches kann uns eine Quelle werden. Denn daß man eine derartige

Geschichte dort allgemein als wahr, mindestens als wahrscheinlich und möglich ansah, wäre doch schon ein Zeichen für die Zustände des Landes. Allein auch darin liegt noch nicht der Schwerpunkt des kleinen Erlebnisses. Das Maßgebende war ohne Zweifel, daß von zwanzig Leuten etwa zehn des Urteils sich enthielten, neun dem Stuhlrichter Recht gaben und nur ein einziger ihn verdammte. Man denke sich zum Gegenbilde zwanzig pfälzische Bauern, die über einen solchen Vorfall diskutierten! Welch einen Lärm, welch einen Aufruhr würde das gegeben haben! und wenn ja ein einziger den Richter hätte verteidigen wollen, so wäre er gewiß zur Stube hinausgeworfen worden. Uebrigens würde auch kein Pfälzer Jude aus Schreck vor einer derartigen richterlichen Ermahnung in Ohnmacht gefallen und krank geworden sein. Die Juden haben dort schon stärkere Nerven.

Nun wäre es aber immer noch übereilt, wollte ich aus jener einzelnen Thatsache den allgemeinen Schluß ziehen auf den tiefen Stand des Rechtsgefühls bei den unteren Volksschichten in Ungarn. Erst wenn ich viele verwandte Züge an vielen Orten erlebt hätte, wäre ich dazu befugt. Man soll Anekdoten nicht generalisieren, sondern umgekehrt, man soll auf Grund allgemeinerer Kenntnis und Beobachtung individualisieren durch die Anekdote. Der oberflächliche Tourist macht die Anekdote, den erlebten einzelnen Charakterzug, zur Quelle; dem wirklichen Forscher ist sie das nicht, sie ist ihm bloß Mittel zur Darstellung eines Allgemeinen, welches er bereits anderswoher gründlicher kennt. Dann aber auch ein unschätzbares, unübertreffliches Mittel, weil sie künstlerisch, plastisch, in Einem Zuge ganze Gedankenreihen versinnbildet und den Leser in fremde Zustände mitten hinein versetzt, als hätte er sie mit eigenen Augen gesehen. Darum hat man der volksschildernden Anekdote neuerdings mit vollem Recht sogar einen Platz in wissenschaftlichen Handbüchern eingeräumt, wie z. B. in Daniels Geographie von Deutschland, nicht um aus der Anekdote generalisierend zu beweisen, sondern um durch die Anekdote individualisierend zu schildern.

Aus derselben künstlerischen Absicht erzähle ich meine Anekdoten und Charakterzüge fast immer in der ersten Person, wie ich sie erlebt habe, mit dem verpönten „Ich" an der Spitze. Es wäre mir leicht, sie in die dritte Person umzuschreiben. Allein wenn der Leser durch mein „Ich" den unmittelbaren Eindruck des Selbsterlebten erhält und die Sache mitzuerleben glaubt, so wiegt mir das schwerer als der Tadel steifleinener Rezensenten über zu subjektive Schreibart. Je mehr ich mich befleiße den Inhalt objektiv zu fassen, um so subjektiver gestalte ich die Darstellung. Denn der objektivste Stil bleibt nun doch alleweil der langweiligste.

Die Forscher der Sagen, Mundarten und Volkslieder, welche gleich uns dem Munde des Volkes lauschen, verleihen ihren Aufzeichnungen dadurch erst vollgültigen Wert, daß sie aufs genaueste angeben, wo sie eine Redeweise, eine Sage, einen Vers gefunden, genau bis auf den Namen des Dorfes, ja der Person hinab. Das ist bei ihnen so notwendig wie beim Botaniker die Angabe des Fundortes einer neuen Pflanze. Ganz anders steht es aber bei anekdotischen Charakterzügen, welche man anführt, um allgemeine, namentlich ethische Zustände des Volkslebens epigrammatisch zu schildern, wohl gar dem Volke selbst das Epigramm aus dem Munde zu nehmen. Hier entscheidet die innere Wahrheit, und in den allermeisten Fällen wird kein Dritter im stande sein hinterher die strenge äußere Wahrheit des Thatbestandes zu prüfen, auch wenn man ihm Ort und Datum und Personaladressen urkundlich getreu schwarz auf weiß gegeben hätte. Ich verfahre darum aus guten Gründen mehrenteils umgekehrt wie die Sagenforscher und Botaniker, indem ich meinen Fundort nur so weit andeute, als es zur örtlichen Charakteristik selbst nötig ist. Ich nenne die Gegend, aber nicht den Ort, ich umschreibe die redenden Personen, aber nenne keinen Namen, und erzähle somit äußerlich ungenau, aber nur, um innerlich desto genauer erzählen zu dürfen. Nur durch diese goldene Regel wird es möglich, scharf, konkret und rücksichtslos zu zeichnen, und die Leute des Landes in ihren eigenen Worten reden zu lassen, ohne in unsern öffentlichen Zeiten die Diskretion zu verletzen und Empfindlichkeit aller Art zu reizen. Nur bei diesem Verfahren merken namentlich die Leute, daß man komische und naive Züge nicht aus Spott und und Standalsucht, sondern in dem ernsten Bestreben aufzeichnete, ein treues und lebensvolles Bild zu entwerfen. Und zuletzt kommt es bei derlei kleinen Geschichten auch kaum darauf an, ob sie wirklich so vorgefallen sind, sondern vielmehr ob der Landeskundige zustimmend sagt, daß sie so und nicht anders einmal vorfallen müßten, wenn es gleich noch gar nicht geschehen wäre.

8.
Litterarische Wanderung nach der Heimkehr.

Mit wohlgefülltem Tagebuch zu Hause wieder angelangt, sind wir darum noch nicht fertig mit unsern Vorarbeiten. Jetzt kommt erst noch das Studium der Speziallitteratur. Mancher glaubt vielleicht, dazu bedürfe es doch keiner Fußwanderung, oder man könne auch vorher diese Spezialitäten studieren und hinterdrein wandern. Allerdings. Man kann auch das Pferd beim Schwanz aufzäumen, nur wird es dann nicht besonders bequem zu reiten sein.

Unterwegs entdecken wir bei guter Nase und gutem Glücke handschriftliches und gedrucktes Material, welches wir zu Hause niemals gefunden hätten. Man muß an Ort und Stelle fragen, um gar mancher in Zeitschriften und Monographien zerstreuten Vorarbeit auf die Spur zu kommen; und ein halbstündiges Gespräch beim Glase Wein mit einem landeskundigen Manne kann uns versteckte kleine Quellen und Hilfsmittel aufschließen, nach welchen wir im sorgsamsten Realkatalog der reichsten Bibliothek vergebens suchen würden. Unsere Gelehrten sind doch wunderliche Leute. Wenn jemand wochenlang im Bücherstaube wühlt und nichts findet, so war das wissenschaftlich gearbeitet, wenn aber einer im lebendigen persönlichen Verkehr die feinste Entdeckung macht, so kann das doch nicht für wissenschaftliche Arbeit gelten.

Uebrigens handelt es sich hier weit weniger um spezielltes Material, welches verborgen liegt, weil es zu selten und vereinzelt erschlossen würde, sondern viel mehr um Vorarbeiten, welche jahraus jahrein so bunt und massenhaft zu Tage gefördert werden, daß sie in ihrem eigenen Ueberflusse verloren gehen.

Ich denke hier namentlich an die Schriften unsrer historischen, geographischen, naturforschenden Vereine, an die zahlreichen monographischen Büchlein über einzelne Städte, Schlösser, Klöster, Familien, dann auch an die geradezu unzählbaren Schilderungen von allerlei Volks- und Landesart, wie sie jetzt in den illustrierten, belletristischen und politischen Zeitungen zum stehenden Modeartikel geworden sind.

Der gelehrte Fachmann rümpft die Nase und erklärt den größten Teil dieser mannigfaltigsten Litteratur für Dilettantenwerk. Ich will das zugeben, denn der Dilettantenglaube ist nun einmal der moderne Hexenglaube, und wer nicht überall Dilettanten sieht, der kommt in Gefahr selber als Dilettant verbrannt zu werden. Allein gesetzt wir fänden in einer Zeitung, wohl gar im Feuilleton, die Schilderung volkstümlicher Lokalzustände von einem Augenzeugen, und die Arbeit ermangelte so sehr aller Schule und Methode, daß wir sie wohl dilettantisch nennen müßten, so ist sie doch in dem einen Punkte nicht dilettantisch, daß der Verfasser selbst gehört und gesehen hat, was er erzählt. Nur fragt sich's, ob er das Erlebte, also den echten Quellenstoff, auch richtig wiedergibt. Den Maßstab hierfür werden wir in der Regel nur dann besitzen, wenn wir gleichfalls ein Stück seiner Schilderungen miterlebt haben, und sei es auch nur im Vorübergehen, auf der Wanderschaft. Wir entdecken und enthüllen dann den versteckten Fachmann im Dilettanten und finden Gewinn in einer Arbeit, welche der vornehme Zunftgelehrte gar nicht des Lesens wert geachtet hätte.

Oder umgekehrt. In den Jahrbüchern unsrer Geschichtsvereine stehen mitunter sehr gelehrte Abhandlungen, die vom umfassendsten lokalen Quellenstudium zeugen, ungedrucktes, urkundliches Material die Fülle bietend; in der Darstellung aber sind sie höchst dilettantisch, konfus geschrieben, weitschweifig, unverständlich. Vorab jedoch werden die Autoren solcher Aufsätze dem Leser wie dem Verleger gleich furchtbar durch ihre Unfähigkeit Wichtiges und Gleichgültiges zu unterscheiden, durch ihr Unvermögen auszustreichen, wegzulassen und ein Ende zu finden. In der Handhabung des Rotstifts und des Papierkorbes sind sie vollendete Dilettanten. Obgleich nun diese Schriftsteller überzeugt sind, streng fachmännisch zu schreiben, ja häufig gerade um dieses Ideales willen so schlecht schreiben, weit schlechter als sie eigentlich könnten, so werden sie doch von den meisten größeren Historikern wiederum als Dilettanten über die Achsel angesehen. Der forschende Wanderer thut das nicht. Er hat sich Mut und Kraft und Begeisterung erwandert, um selbst durch die pfadlose Wildnis solcher Abhandlungen zu dringen, weil er eben Heimatsgefühl mitbringt für das Land, dessen Geschichte der allzu gelehrte Monographist untersuchte, und in dem Heimatsgefühl zugleich die Geduld für das Kleine, Dürftige und Trockene und das Verständnis Verworrenes zu entwirren, ohne daß ihm, dem bloßen Wanderer, darum der unbefangene freiere Ueberblick verloren gegangen wäre, dessen Mangel den Eingeborenen so oft verführt Wichtiges und Nichtiges gleich zu achten und des Stoffes kein Ende zu finden. Der Wanderer sucht also auch hier wieder in dem gelehrten Dilettanten liebevoll den Fachmann, und wird sich häufig reich belohnt sehen.

Die Zeitschriften der historischen Vereine heißen mitunter „Archive", und man könnte fast meinen, der Titel sei darum gewählt, weil die dort veröffentlichten Arbeiten so gut verschlossen und versteckt sind wie im geheimsten Staatsarchiv. Das Einzelne verkommt in der übersichtslosen Masse. So geschieht es, daß die köstlichen Beiträge zur historischen Landeskunde, welche in solchen Zeitschriften zerstreut ruhen, selbst in unsern fleißigsten größeren geographischen Werken noch gar wenig benutzt sind, oder nur dann benützt, wenn ein Vermittler, der von allgemeineren Standpunkten ausging und nicht bloß für das Land, sondern für Deutschland schrieb, dazwischen getreten ist. Dies ist dann fürwahr ein schöner Beruf, und es ließe sich ganz fein das Walten einer gewissen „poetischen Gerechtigkeit" darin nachweisen, daß wir durch die freieste Kunst des Wanderns einer so strengen und trockenen Kunst wie dem Erschließen statistischer und historischer Lokalquellen erst zu einem recht weitgreifenden Erfolge verhelfen, und daß der Wanderer und der Stubengelehrte von abgeschlossenster Art ihr Tagewerk zum gegenseitigen Frommen austauschen müssen. Ein Forscher, der allein und zu Fuß durch die Welt geht, gewinnt nicht bloß Vorsicht und Selbstvertrauen, sondern er wird auch zuvorkommend gegen jeden Begegnenden, und wäre es auch nur, indem er ihm einen Gruß und eine kleine Ansprache entgegenruft. Wer weiß, was ihm die wenigen Worte nützen können! So denke ich auch, wenn ich nach vollbrachter Reise meine zweite oder dritte Wanderung durch die Bücher, Zeitungen und Flugschriften beginne und hier in der gemischtesten Gesellschaft traulich mich bewege, jeden grüßend und ansprechend; und danken mir auch nicht alle, so danken mir doch viele.

Nach dieser Fahrt durch die Spezialliteratur möchte man dann am liebsten gleich noch einmal zum Wanderstabe greifen und den ganzen Fußmarsch wiederholen; denn nun merkt man erst, wie viel man übersehen hat oder aufs neue prüfen sollte. Ein solcher Revisionsgang ist vom höchsten Wert; leider wird uns nur selten vergönnt sein, ihn auch sogleich ausführen zu können.

Hiermit bin ich am Schlusse meiner Handwerksgeheimnisse angelangt, und man durfte mir wenigstens zugestehen, daß ich mir Plan und Methode in meine Wanderforschungen gebracht und daß ich mir's dabei habe sauer werden lassen, auch wenn sich zuletzt die Darstellung noch so leicht und lustig lesen sollte.

Das Organische dieser Methode dünkt mir aber darin bewährt, daß allezeit die spätere Vorarbeit als die Probe der vorhergehenden erscheint. Wer die Karte und die allgemeine Landeskunde nicht im Kopfe hat, der kann auch nicht richtig gehen und nicht richtig fragen; wer planlos geht und das Fragen nicht versteht, der wird auch kein wertvolles Tagebuch draußen skizzieren, und wem das alles zusammen nicht gelungen ist, der vermag auch die geschriebenen und gedruckten Spezialquellen nicht gehörig auszubeuten. Er mag Einzelzüge zusammenbringen, aber kein harmonisches, treffendes Gesamtbild. Die ganze Reihenfolge jener Vorarbeiten ist notwendig in sich bedingt, sie läßt sich nicht verkürzen und nicht umkehren; ein Glied trägt und hält das andre.

Der unversiegbare Reiz bei der Darstellung solch erwanderter Charakterbilder von Land und Leuten liegt aber darin, daß wir ans Werk gehen mit dem Gedanken mitzuwirken zur Kenntnis unsres Vaterlandes. Hiermit verbindet sich dann in der Methode der Arbeit selbst ein erfrischendes Zusammengreifen scharfer Gegensätze. Wir versenken uns ins Kleine und Einzelne, ausgehend vom Ganzen und zum Ganzen strebend; wir verbinden Genuß und Schaffen, und wenn irgendwo, so wird hier der Genuß Arbeit, die Arbeit Genuß; wir wandern hinaus ins Freie, damit wir durch eine ganz besonders verstaubte Bücherwelt wandern lernen; wir dürfen subjektiv schreiben im Hinblick auf objektive Resultate, und künstlerisch gestalten, während wir kritisch forschen; wir werfen uns in das bunte, schwankende Leben des Tages, und doch befriedet unser Studium zuletzt ganz besonders durch das Aufspüren fester, organischer Zustände; wir ziehen wie die fahrenden Memoirenschreiber zu Froissarts Zeit im Lande umher, und sind uns doch bewußt, als modernste Wanderer plangemäß für die Wissenschaft zu arbeiten. Es ist uns auch noch erlaubt, zwischen historischen Trümmern zu wandeln und Denksteine verklungener Zeiten mit aller Liebe des Poeten zu erfassen, ohne daß man uns darum Romantiker schelten soll, die ihre eigene Zeit vergessen; denn selbst indem wir die Vergangenheit suchen, bleibt doch die Gegenwart unser letztes Ziel. Wir dürfen auf die Teilnahme der Zeitgenossen rechnen; denn welch frischeren Stoff gäbe es als das eigene Volk, die eigene Heimat, und doch sammeln wir ganz besonders für die Zukunft: bei jedem Gang, den wir daheim durch die ältere Litteratur unsers Gegenstandes machen, drängt sich uns der Ausruf auf: was würden wir darum geben, wenn die Vorfahren hier so fleißig gesammelt und notiert hätten, wie es jetzt tausend Federn thun, und welch reiches Vermächtnis hinterläßt die Gegenwart in ihren zahllosen Entdeckungsreisen durchs Innere von Deutschland den kommenden Geschlechtern!

Stolz braucht der Einzelne in diesem Ausruf übrigens doch nicht zu werden; denn nirgends sind große und kleine Irrtümer schwerer zu vermeiden als bei unsern Stoffen, die sich aus dem unendlichen bunten Detail zusammenweben, und nirgends ist es selbst dem schwächsten Kritiker leichter gemacht, auch dem gewissenhaftesten Forscher gelegentlich einen rechten Schnitzer nachzuweisen. Allein trotz dieser mit der Gunst des Gegenstandes enge verwachsenen Gefahr werden wir unverdrossen und mutig bleiben, getragen von der liebevollen Hingebung auch an das Kleinste im Volksleben; es gibt da nichts Unwichtiges, und alles wird bedeutend, wenn wir nur die rechten Gedanken mitbringen, um jede Thatsache in ihrem tieferen Zusammenhange zu erfassen und an den rechten Ort zu stellen. Dies ist das letzte und feinste Meistergeheimnis, welches sich aber nicht lehren läßt.

Vorwort.

Hier folgt das Vorwort nach der Einleitung nicht etwa wegen des Effekts der „unordentlichen Schreibart" wie in Immermanns Münchhausen, welcher mit dem elften Kapitel beginnt, um dann das erste nach dem fünfzehnten zu bringen. Mich zwang im Gegenteil die „ordentliche" Schreibart zu dieser ungewöhnlichen Reihenfolge.

Die Einleitung schilderte die Methode des wandernden Forschers; das Buch selbst zeigt die verschiedensten Spielarten dieser Methode, auf große und kleine Stoffe angewandt; das Vorwort stellt sich ganz logisch in die Mitte, denn es soll dem Leser einige Fingerzeige über die Art dieser Anwendung geben. Wie jedes rechte Vorwort wäre es aber ebenso zweckmäßig nach als vor dem Buche zu lesen, und gründliche Leute lesen Vorreden auch wirklich zweimal: vorher, um zu sehen, was der Verfasser verspricht, und nachher, um zu prüfen, was er gehalten hat.

Ich nenne dieses Wanderbuch einen zweiten Band zu „Land und Leuten". In jener Schrift verarbeite ich zahlreiche Wanderskizzen, um den Zusammenhang von Volksart und Landesart, das organische Erwachsen des Volkstumes aus dem Boden nachzuweisen. Man wird das nämliche Ziel auch auf vielen Blättern des vorliegenden Bandes angestrebt finden, wenn gleich nicht mehr so stark in den Vordergrund gestellt. Dafür suchte ich in andrer Richtung einen neuen Reiz des Stoffes. Als den schönsten Lohn, der meiner früheren Arbeit zu teil ward, erachte ich es nämlich, daß so mancher selbsterlauschte Zug, so manche selbstgefundene Thatsache und auch etliche meiner Gedanken in größere geographische Darstellungen und Sammelwerke übergingen, und daß ich also auch über den Kreis meiner eigenen Leser hinaus zur erweiterten Kenntnis deutschen Bodens und deutschen Volkslebens beigetragen hatte.

Dies spornte mich zu neuen Entdeckungsfahrten, zum Aufsuchen gerade solcher Gegenden, welche in den allgemeineren Werken über deutsche Landes- und Volkskunde noch kaum beachtet sind und doch höchst eigenartige und merkwürdige Glieder des großen Ganzen. Es war dieser bestimmte Zweck, der mich bewog, Landstriche, wie das Tauberthal, das Gerauer Land, die Holledau zu durchwandern, oder einen Städtetypus wie Freising zu zeichnen. Man möchte seinen Lesern doch so gerne von recht unbekannten Dingen erzählen, wobei das Unbekannte doppelt reizt, weil es so nahe liegt, und weil zugleich ein jeder sich sagt, daß es dergleichen neu aufzuschließende Gegenden noch zu Hunderten in unsrem Vaterlande gebe.

Neben diesem Interesse des Stoffes, worin der vorliegende Band sich an den früheren enge anschließt, lockte mich aber auch jenes andre in der Einleitung entwickelte Ziel, wodurch sich das „Wanderbuch" von „Land und Leuten" unterscheidet: ich wollte **die Methode meiner Volksstudien darlegen**. Und so ist jeder der folgenden Abschnitte in andrer Art geschrieben, in andrer Absicht und will mit andrem Maßstabe gemessen sein.

Den Beginn macht ein weit angelegtes Uebersichtsbild: „Auf dem Wege nach Holland". Die größere Masse des Stoffes ist hier nicht vom Verfasser selber erforscht, sondern aus Büchern und Abhandlungen geschöpft. Er wanderte, um die Speziallitteratur verstehen und benützen zu lernen, und im Anschauen des Einzelnen den rechten Leitfaden zum Generalisieren zu finden. Hier war ihm also sein Notizbuch nicht sowohl Stoffquelle als Gedankenquelle und nebenbei eine kleine Fundgrube schmückender und belebender Züge. Der einigende Grundgedanke des ganzen

Aufsatzes zielt auf die Darstellung der allmählichen Uebergänge deutschen und holländischen Wesens am Rhein und an der Nordseeküste. Nur meine man nicht, daß ich mir zu Hause diese Idee vorgebildet habe und dann ausgezogen sei, um sie überall verwirklicht zu finden. Dies wäre für mich der verkehrteste „Weg nach Holland" gewesen. Im Gegenteil. Ich griff ohne alle Ideen zum Wanderstabe, ich wollte bloß das Grenzland begehen und auf mich wirken lassen. Erst als ich wieder nach Hause gekommen war und alles Gesehene überblickte und ordnete, ward es mir klar, daß gar kein andrer Gedanke einigend und leitend die Summe meiner Beobachtungen zusammenfassen könne, als jener vorgedachte, welcher in den Landes= und Volksgrenzen Deutschlands und Hollands vielmehr verbindende Uebergänge erblickt.

Der Schlußaufsatz (der ersten Auflage) versetzt den Leser in den deutsch=ungarischen Grenzstrich an der Donau, der Leitha und dem Neusiedlersee, er gibt nicht bloß in der geschilderten Oertlichkeit, sondern auch nach Plan und Methode der Darstellung das äußerste Gegenbild zu dem ersten Abschnitte. Diesmal war mir mein Tagebuch die wichtigste Stoffquelle, der Litteratur verdanke ich nur wenig; ich gebe Reiseeindrücke; sie gruppieren sich aber um einen Kern von Studien, die mich seit meinen Jugendjahren unablässig beschäftigt haben: die durchwanderte Gegend bot mir als Hauptstationen jene Orte, an welche sich die Geburt, die früheste Ausbildung und das kräftige Manneswirken Joseph Haydns knüpft. So berührten mich die ethnographischen Gegensätze dreier in Stamm, Sprache und Sitte grundverschiedenen Nationalitäten, welche in diesem Winkel aufeinanderstoßen, nur mittelbar, und dennoch spielten sie von ferne in mein Hauptthema herüber und gaben ihm eigentümliche Farbe. Einen schöpferisch epochemachenden Mann in der Scenerie seiner Heimat aufzusuchen und als eine altbekannte und doch neue Gestalt wiederzufinden, ist auch eine Aufgabe für den wandernden Erforscher von Land und Leuten. Mit politischen und ethnographi=

schen Vorgedanken hatte ich mich der Leitha genähert, und mit musikgeschichtlichen Kulturstudien kehrte ich wieder heim.

Große Gestalten ganz andrer Art veranlaßten mich zu einer Wallfahrt ins Gerauer Land. Schon vor der Abreise hatte ich mein Notizbuch mit Quellenstellen, Fragen und Hypothesen aus der deutschen Kaisergeschichte gefüllt, um danach den Plan meiner Kreuz- und Querzüge zu entwerfen. Ich wollte mir und Andern historische Erinnerungen beleben und verjüngen im Anschauen der Oertlichkeit. Dazu verlockte es gar sehr, durch ein Land zu gehen, welches vor lauter moderner Kultur allen landschaftlichen Reiz der Romantik verloren hat, während es im Geiste des Geschichtskundigen dort lebt und webt von romantischen Bildern und Erscheinungen, ein Land am Kreuzungspunkte der belebtesten Heerstraßen des Reisestromes, und doch so wenig besucht und geschildert wie kaum eine andre Ecke von Deutschland. Eine moderne Topographie der wichtigsten deutschen Kaiserstätten ist noch nicht geschrieben; machte sich der rechte Forscher und Wanderer an die Aufgabe, so könnten wir ein Buch gewinnen, ebenso befruchtend für die Landeskunde wie für das Studium der Geschichte. Neue Länder sind auf deutschem Boden nicht mehr zu entdecken, aber neue Gesichtspunkte für das altbekannte Land.

Wie man sieht, wechselt meine Methode hauptsächlich je nach dem Verhältnisse des Wanderns, das heißt der eigenen Forschung zum Bücherstudium, als der entliehenen Forschung; das Vorschlagen der einen oder andern Quelle verändert sofort Plan, Ziel und Schreibart. Nun findet sich in diesem „Wanderbuche" aber auch ein Aufsatz, für welchen ich unmittelbar gar nicht gewandert bin; er ist überschrieben „Bauernland mit Bürgerrechten" und wurde ursprünglich so recht aus der Studierstube für die Studierstube verfaßt, zum Vortrag in einer Klassensitzung der Münchener Akademie der Wissenschaften. Dennoch gehört er ins Wanderbuch, ja er ist ein ganz notwendiger Bestandteil desselben. Jenes bürgerliche Bauernland, der Rheingau, liegt im nächsten Umkreise meiner Geburtsheimat, also in einer Gegend wo ich zu Hause bin, wo ich „gesessen" habe, und Sitzen führt in diesem Sinne mindestens ebensoweit als Gehen. Bei solchen Landstrichen ist dann aber das Wichtigste, daß man ihnen in der rechten Art wieder fremd wird; denn wir entdecken in der Fremde weit leichter das unterscheidend Eigentümliche als in der Heimat, wo uns jede Thatsache selbstverständlich dünkt. Nun habe ich vor Jahren, da ich noch an den Pforten des Rheingaues wohnte, ein Bild des Rheingauer Volkscharakters in seinem weindurchleuchteten Kolorit entworfen und später in „Land und Leuten" aufgenommen. Viele Bücher schlug ich damals nicht nach, würde für meine Zwecke auch wenig in ihnen gefunden haben; denn wie der Rheingauer in seinem Weine lebt und webt, das wußte ich viel besser vom eigenen Sehen und Hören; ich hatte mit den besten Männern des Gaues gelebt und getrunken, und diese waren mir die gewichtigsten Autoritäten, ich war in den Kellern, Weinbergen und Trinkstuben gewesen, und das waren mir die rechten Bibliotheken und Archive. Ich wollte nicht geschriebene und gedruckte Quellen ausschreiben, sondern selber Quelle werden, und das ist mir auch geglückt; denn meine Schilderung wurde oft genug nachgedruckt, übersetzt, citiert und ausgezogen. Ueber der Analyse der Weinnatur der Rheingauer war mir aber eine andre Thatsache ziemlich in den Hintergrund getreten, welche in engem Zusammenhange mit dem Weinbau und dem heiter bewegten Treiben des Gaues steht: die uralten Freiheiten und Rechte des kleinen in sich abgeschlossenen Völkchens. Ich hatte ihrer nur im Vorbeigehen gedacht.

Nun blickte ich von der Münchener Hochebene auf den Rheingau zurück. Da trat mir der unmittelbare, einseitig fesselnde Eindruck des gegenwärtigen Lebens objektiver in den Hintergrund; dagegen lagen mir nun die Bücher und Landkarten nahe. So ergänzte ich denn jene Lücke der früheren Arbeit, faßte die alten Freiheiten der Rheingauer als eine Grundlage ihres originellen Volkstumes schärfer ins Auge und schrieb solchergestalt ein Seitenstück, welches sich dem älteren Bilde kontrastierend und doch enge

verbunden anreiht. Der behandelte rechtsgeschichtliche Stoff ist
den gelehrten Kennern geläufig; indem ich aber meine erlebte
und erwanderte Ortskunde benützte, um denselben zu deuten,
zu ordnen, auf neue Gesichtspunkte anzuwenden und in einen
weittragenden Zusammenhang zu bringen, glaube ich doch manches
Eigene geboten zu haben. Für die Erprobung meiner mannig=
fachen Methode aber drängte es mich mit Notwendigkeit zu
diesem Versuche: als ein Fremder trat ich vor die alte Heimat,
als ein Wanderer im Geiste vor die Gegend, in welcher ich seß=
haft gewesen, und während wir sonst in der Lokallitteratur Be=
lehrung über unsre Wanderschaft suchen, so benützte ich hier um=
gekehrt das Erwanderte und Erlebte, um die alte Litteratur des
Rheingaues zu erläutern.

Ich sprach in der Einleitung von der Kunst, ortskundige
Leute so zu befragen, daß sie nicht merken, was man eigentlich
wissen und auf welche Ziele man hinaussteuern will. Manche
schätzbare Notiz der nachfolgenden Abschnitte ward auf diesem
Wege gewonnen. Doch gestand ich Ausnahmen zu, wo wir uns
mit einem wissenschaftlichen Manne ohne Umschweife besprechen
und ihn in alle Geheimnisse des Planes und der Mittel unsrer
Arbeit einweihen können. Zeugniß dessen ist die „geistliche
Stadt" in diesem Wanderbuche. Dieses Städtebild verdankt
geradezu seine Entstehung dem jahrelangen Austausche, welchen
ich von Stadt zu Stadt mit meinem nun verstorbenen Freunde,
dem Professor Joachim Sighart in Freising pflegte. Dieser aus=
gezeichnete Kenner der mittelalterlichen Kunstgeschichte war zu=
gleich die lebendige Chronik von Freising; unter seiner Führer=
schaft lernte ich jene merkwürdige Stadt kennen, er war von
Anfang bis Ende der Vertraute und Berater meiner Ideen und
meines Planes zu diesem Aufsatze, er half mir Notizen sammeln,
excerpierte Urkunden für mich aus dem städtischen Archive und
berichtete mir mündliche Ueberlieferungen, die mir sonst gewiß
nicht zu Ohren gekommen wären. Das war dann freilich aber
auch nicht die flüchtige Begegnung eines Besuches auf der Wander=

schaft, sondern ein dauerndes Zusammenarbeiten, wobei man sich konnte verstehen lernen.

Wie wir aber in der Scenerie einer Stadt manchmal erst eine charakteristische Persönlichkeit unter ihren Bürgern begreifen, so ging mir umgekehrt durch die Gestalt jenes Mannes, der als Geistlicher, Lehrer, Altertümler und Sammler in der alten geistlichen Stadt so eigentümlich wirkte, wie er's anderswo gar nicht gekonnt hätte, erst das rechte Licht auf über den historischen Charakter der Stadt selber. Ohne daß es mein kunstgelehrter Freund merkte, nicht durch sein Wort, sondern durch sein Wesen, weckte er in mir die leitende Idee der "geistlichen Stadt" und den Entschluß, das kleine Städtebild mit allem Fleiße auszumalen.

Es ist ein guter alter Brauch, in der Vorrede die Namen aller derjenigen dankend zu nennen, welche uns bei unserm Werke unterstützt haben. Der Volksforscher kann dies aber kaum, denn er ist auf die kleine Beihilfe zahlreicher und höchst verschiedener Leute angewiesen: das Namensregister würde zu lang und den Lesern unverständlich. Da ich aber in der Einleitung von dem guten Vernehmen redete, welches bestehen soll zwischen dem einheimischen Spezialtopographen und einem fremden Wanderer meines Zeichens, der vor allem richtig und fruchtbringend zu generalisieren sucht, so gedenke ich hier wenigstens noch eines Beispieles freundlicher Förderung. Ich hatte den "Gang durchs Tauberthal" gleich nach der Heimkehr geschrieben und vorderhand in der Allgemeinen Zeitung veröffentlicht. Zu meiner angenehmen Ueberraschung druckte die "Zeitschrift des historischen Vereins für das württembergische Franken" den ganzen Aufsatz ab, weil er einen Teil ihres Vereinsbezirkes und seiner Nachbarschaft darstelle. Es ist die günstigste Kritik, welche einer solchen Arbeit zu teil werden kann, wenn die eingeborenen Forscher in den Beobachtungen des fremden Wanderers so viel Neues und Wahres finden, daß sie sich getrieben fühlen, dieselben ihrem örtlichen Leserkreise zur Belehrung über das eigene Land darzubieten. Jener Abdruck aber war zugleich begleitet von gediegenen Noten, welche ergänzend und erweiternd, einigemal auch berichtigend, zu meinem Texte traten. Das war mir doppelt erfreulich. Sonst gehe ich viele Meilen weit und wende alle Kunst und List auf, um mich belehren zu lassen, und hier schickte man mir unerbeten und aufs artigste eine Auswahl belehrender Notizen in die Stube. Ich sage nun für diesen guten Dienst meinen Dank, wie man danken soll, indem ich den Inhalt jener Anmerkungen, so weit er für meinen Zweck nutzbar war, in den Text verwoben habe.

Ich gehe rasch und schreibe langsam, darum wünsche ich mir dann auch Leser, welche recht l a n g s a m l e s e n, bei diesem langsamen Schritt aber von lebhafter Sehnsucht ergriffen werden, das deutsche Land im r a s c h e n, frischen Schritte selber zu d u r c h w a n d e r n.

II.

Auf dem Wege nach Holland.

(1867.)

Erstes Kapitel.

Uebergänge auf dem Lande, Gegensätze in der Stadt.

Der Deutsche, welcher sich Holland erobern will, und zwar schrittweise, so daß er nicht bloß flüchtigen Gewinn, sondern einen festen Besitz mit nach Hause bringt, kann zwischen drei guten Wegen wählen.

Entweder er beginnt seine Wanderung von Hamburg aus und durchstreift das Land zwischen Elbe und Ems, dann zwischen Weser und Ems, um in Emden die letzte deutsche, in Delfzyl oder Gröningen die erste holländische Stadt zu begrüßen. Oder er ergreift den Wanderstab in Köln und sucht, den Flußlinien der Erfft und Niers folgend, mit gelegentlichen Seitenmärschen ostwärts gegen Mörs, Wesel, Xanten und Calcar, westwärts gegen Venloo und Gennepp, des Grenzdreiecks zwischen Rhein und Maas Herr zu werden, um dann bei Nymwegen über die Waal zu fahren, und durch die Betuwe, das alte Bataverland, mitten ins Herz von Holland zu bringen. Der dritte Weg ist endlich von der Natur selber geschaffen, und bedarf keiner genaueren Andeutung, es ist die Wasserstraße des Rheines über Emmerich und Arnheim nach Rotterdam.

Auf die zwei erstgenannten Straßen lockt vor allen das ethnographische Interesse, und ich nenne darum die eine den **friesisch-niedersächsischen**, die andere den **rheinfränkischen** Weg. Die Rheinfahrt hingegen regt geographisch an und

fesselt zumeist landschaftlich, indem wir vom Schiffe herab gar
bequem den stufenweisen Uebergang der niederrheinischen Land=
schaft in den holländischen Charakter erkennen mögen. Für das
gründlichere Studium von Land und Leuten hat natürlich der
friesische oder der rheinfränkische Landweg ungleich höheren Wert.

Friesen, Niedersachsen und Franken gaben dem holländischen
Volke nach der alten Bataverzeit die entscheidendsten Grundzüge
gesamtdeutscher Art; sie hielten es im Zusammenhange mit den
weiter hinten sitzenden deutschen Stämmen. Als zwei Gegenpole
erscheinen aber dabei Friesen und Franken: im Friesentum zog
sich der Niederländer mit dem niederdeutschen Nachbar eigenartig
und beharrend in sich selbst zurück; durch die Franken erschloß er
sich dem biegsamen, beweglichen deutschen Kulturleben. Nieder=
sächsisches Element von Westfalen herüber trat dazwischen, gleich=
sam in mittlerer Schwebung. Nun hat es aber einen wunder=
baren Reiz, heute noch den Weg dieser Volksstämme zu wandern
und so schon auf deutschem Boden Schritt für Schritt holländisch
verstehen zu lernen, ich meine nicht sowohl die holländische Sprache,
als tausend Einzelzüge, holländischer Volks= und Landesart. Und
da es uns die Eisenbahn leicht macht, mit dem friesischen Wege
auch noch einen Seitenausflug durch niedersächsisches Gebiet zur
holländischen Grenze zu verbinden, ja, da der altfriesische Weg
selber nachgerade großenteils ein sächsischer geworden ist, so be=
wegen wir uns dann zuletzt, als von Friesen, Sachsen und Franken
eingeführt, mit einer gewissen Sicherheit unter den Holländern,
die ihrerseits wieder durch jene drei Stämme in Deutschland ein=
geführt werden.

Der allgemeinste große Eindruck einer solchen Grenzwan=
derung wird aber vorab unserm deutschen Sinne wohl thun. Auf
Schritt und Tritt entdecken wir neue Aehnlichkeiten holländischen
und deutschen Wesens und erkennen, daß die Scheidelinie zwischen
Deutschland und Holland von der neueren politischen Geschichte
gezogen wurde, und neuestens auch, leider Gottes, von der Kultur=
geschichte, während eine Naturgrenze der Bodenplastik oder der

Nationalität hier nicht besteht, sondern nur landschaftliche Uebergänge und neugestaltende Stammesmischungen auf derselben gemeinsamen Urgrundlage von Land und Leuten.

„Auf dem Wege nach Holland" treten uns die Holländer als nächste Verwandte und Volksgenossen entgegen; überspringen wir dagegen diesen Weg, verschlafen wir ihn in einem Nachteilzuge der Eisenbahn dergestalt, daß wir etwa von Köln unmittelbar nach Rotterdam versetzt werden, so finden wir uns in einer fremden Welt, und die Gegensätze deutscher und holländischer Art überraschen und bestürmen uns. Aber man braucht nicht einmal Köln und Rotterdam oder vollends Amsterdam gegeneinander zu stellen: nehmen wir die zwei nachbarlichen Grenzstädte meines rheinfränkischen Weges, Cleve und Nymwegen; sie sind kaum drei Meilen entfernt, liegen aber im Charakter ihrer Bevölkerung eine Welt weit auseinander, während die Dörfer von preußisch Geldern und Cleve den benachbarten holländischen Dörfern auffallend verwandt sind. Die Thatsache erklärt sich dadurch, daß eben das ursprüngliche Volkstum, wie es der Bauer am treuesten bewahrt, ein gemeinsames war, während der Gang der politischen Kultur, die in den Städten gipfelt, Holland und Deutschland seit drei Jahrhunderten auseinander gerissen hat.

Ist dies der wahre Grund, so müßte sich dieselbe Erscheinung wohl auch bei der deutschen Schweiz wiederholen. Denn sie ist uns ja ebenfalls durch gleiche Stammesgeschichte verbunden, durch die auseinanderlaufende politische Geschichte entfremdet. Allein der Deutsche, welcher von den Allgäuer Bergen niedersteigend über den Bodensee fährt, wird schon im ersten Schweizerdorfe den Unterschied des Schweizerbauern vom deutschen Bauern merken, und vollends gar, wenn er durchs Innere der Kantone Appenzell und St. Gallen in die Urkantone vordringt. Versetzt er sich dagegen unmittelbar in die deutschen Schweizerstädte, so wird ihn vielmehr die gemeinsam deutsche Art überraschen, als das fremdartig schweizerische Wesen; und je größer die Stadt ist, wie etwa Zürich, Bern, Basel, und je gebildeter der schweizerische Kreis, in welchem er eintritt, um so deutscher und heimatlicher kommt ihm alles vor. Das ist also völlig umgekehrt wie in Holland.

Ich erkläre mir diese Verschiedenheit bei unsern dem Vaterhause entfremdeten zwei Brüdern an den Quellen und an der Mündung des Rheines aus folgenden Gründen:

Holland gewann sein eigentümlichstes kulturgeschichtliches Gepräge als Seemacht, durch seine nach außen gerichtete Handels- und Kolonialpolitik. Die Epoche, welche wir in der allgemeinen Handelsgeschichte als „Zeitraum der holländischen Handelsherrschaft" überschreiten, von 1579 (Utrechter Union) bis 1651 (britische Navigationsakte), bezeichnet zugleich die Auflösung der deutschen hanseatischen Macht, sie eröffnet für eine lange Folgezeit den völligen Verfall des deutschen Seehandels. Die Holländer gründeten ihre neuere Handelsgröße mit von Deutschland abgewandtem Gesichte; die deutsche Konkurrenz konnte ihnen damals weder anspornend nützen, noch wetteifernd schaden. Der Seehandel aber sammelt sich in den Städten, vorab in den großen Städten, und findet er keine großen Städte vor, so schafft er sich solche. Bei der selbständigen Kulturblüte Hollands denken wir darum auch zunächst an Amsterdam, und es ist sogar ein ganz bestimmtes, an diese Stadt geknüpftes Datum, welches uns den beginnenden Umschwung in der Weltstellung Hollands bezeichnet, das Jahr 1585, das Geburtsjahr der Handelsgröße Amsterdams, wohin sich der belgische Seehandel nach der Erstürmung Antwerpens durch die Spanier flüchtete. Im Mittelalter war Holland zum großen Teil ein Bauernland im Gegensatz zu dem städtischen Flandern; erst in den Kämpfen, durch welche sich Holland allmählich vom Deutschen Reiche löste, wurde das Städtewesen überwiegend. Die Verteidigungskriege der Holländer gegen Spanier und Franzosen im 16. und 17. Jahrhundert verliefen bekanntlich weit mehr in Belagerungen als in offenen Feldschlachten. Die Städte waren der Kern des neuen selbständigen Hollands, und um die Städte kämpfte man zunächst. Darum ist es auch in diesem Sinne charakteristisch, daß Holland

heute noch so viele befestigte Städte besitzt. (Zwischen zwanzig und dreißig an der Zahl, worunter sechs starke Hauptfestungen. Freilich liegt die Mehrzahl jener Städte nicht an der sogenannten „großen Route", und man kann darum die interessantesten Punkte Hollands im Reigen des gewöhnlichen Reiseschwarmes binnen acht Tagen durchfliegen, ohne von jenem Festungscharakter viel bemerkt zu haben.) In Deutschland gibt es vergleichsweise nur sehr wenige, dafür aber große und im modernen Stil angelegte Festungen und daneben hier und dort jene weiland festen, nunmehr aber völlig offenen Städte mit den malerischen Trümmerstücken von Türmen, Thoren und Mauern des Mittelalters. Ganz im Gegensatze hierzu sind für Holland jene altmodischen und altertümlichen Gräben, Wälle und Basteien charakteristisch, welche uns in ihren kleinen, aber malerischen Verhältnissen unmittelbar ins 17. Jahrhundert zurückversetzen, trotzdem aber noch als wirkliche Festungswerke in Ehren gehalten werden. Die alten niederländischen Maler liebten es bei ihren Winterlandschaften diese von Mauern, Wällen und Kirchturmspitzen überragten breiten Wassergräben mit einem bunten Gewimmel von Schlittschuh=
läufern, Schlittengesellschaften und Spaziergängern zu bevölkern, und zeigten uns die ganze Stadt vergnüglich beisammen auf dem Festungsgraben: wir finden heute noch völlig dieselbe Scenerie, und nur der moderne holländische Soldat, welcher oben auf dem Walle schildert, reißt uns etwas aus der Täuschung. Holland ist das Land der geschlossenen Städte; militärisch hat es sich in seinen Städten zunächst gegen die Spanier und Franzosen ab=
geschlossen, kulturgeschichtlich gegen die Deutschen.

Allein so sehr die holländischen Städte auch nach der Land seite abgeschlossen sind durch Wall und Graben, so offen liegen sie meist auf der Wasserseite, und hier blicken sie — mittelbar oder unmittelbar — hinaus aufs Meer. Die deutschen Grenz=
städte hingegen blicken mit wenigen Ausnahmen ins Binnenland. Und hierin ruht ein fundamentaler Unterschied dieser Städte=
charaktere.

Auch die holländische Sprache führt uns aufs Meer hinaus, sie legitimiert sich einzig und allein angesichts des Meeres. Ich will mich über diesen Satz, der wunderlich klingen mag, deutlicher aussprechen. Es ist ein Zankapfel zwischen Deutschen und Holländern, ob die holländische Sprache auch heute noch als eine bloße, wenn gleich sehr selbständig ausgeprägte und gefestete niederdeutsche Mundart anzusehen sei, oder als eine eigene nationale Sprache, welche längst die früheren Schranken einer bloßen Mundart durchbrochen habe. Die Litteratur, vorab die poetische, entscheidet nicht zu gunsten der Holländer. Nur in ihrem engeren Heimatlande wurzelt der Ruhm und die Bedeutung der holländischen Dichter, und sie teilen das Los der Dialektpoeten, welche man im Auslande höchstens aus ethnographischem, kulturgeschichtlichem und sprachlichem Interesse studiert, nicht aber übersetzt und liest, weil man sie als Dichter lesen müsse. Weder in der Poesie noch in der Kunst der Prosa gewann Holland einen Platz in der Weltlitteratur, und erst im Reigen der Weltlitteratur wird eine Nationallitteratur vollbürtig beglaubigt nach ihrer inneren Notwendigkeit. Aber jenseit des Ozeans beglaubigte sich die holländische Sprache durch Handel und Schiffahrt und Kolonialwesen, und indem sie auf den ostindischen Inseln und in Südafrika gesprochen wird, ja auch neuerdings noch neues Gebiet sich erobert hat, wie in der Transvaalschen Republik, wo sie dann die Beetjuanen wiederum als einziges europäisches Idiom lernen, wurde sie in fernen Weltteilen selbst wieder zur Muttersprache.

Der Deutsche, welcher durch Holland reist, kann sich zwar in den Städten zur Not verständlich machen, wenn er recht langsam, deutlich und schriftgemäß deutsch redet, während der Holländer in den deutschen Städten mit reinem Holländisch nicht gar weit kommen würde. Allein ebenso gewiß würden wir mit unserm Hochdeutsch in den holländischen Kolonien Afrikas und Asiens verzweifelt stecken bleiben. Die holländische Sprache fand bis jetzt noch keinen Platz in der Weltlitteratur, aber sie fand einen Platz im Weltverkehre, und damit wuchs sie allerdings über die bloße Mundart hinaus. Denn dies ist gerade ein Kennzeichen der Mundart, daß sie allezeit zu Hause bleibt. Durch die Handelskultur ihrer Städte gewannen sich die Holländer den Anspruch, ihre Mundart zu einer eigenen Zweigsprache des großen deutschen Sprachstammes erweitert zu haben.

So wird der Deutsche überall in die Städte geführt, wenn er nachforscht, wo denn Holland selbständig, eigenartig, also fremd ihm gegenübertrete, während er sich beim naiven Volksleben um so stärker von den Zügen der Stammesgemeinschaft berührt fühlt.

Ich will aber auch das entgegenstehende Bild der deutschen Schweizer noch in wenigen Worten näher ausführen: die Parallele wird dann ein noch schärferes Licht auf Holland werfen.

Die altertümlichen deutschen Schweizerstädte gleichen unsern altertümlichen oberdeutschen Städten auf ein Haar. Ja, da sie mitunter viel weniger modernisiert sind, so spricht uns ihre äußere Physiognomie wohl gar heimischer, deutscher an, als bei mancher deutschen Stadt. Sie wuchsen im Mittelalter, welkten und kümmerten in den folgenden Jahrhunderten und erblühten aufs neue in der Gegenwart, gleichen Schrittes mit den benachbarten deutschen Städten, während der Verfall der niederdeutschen Städte das Signal zum rechten Aufblühen der holländischen gab. Die größeren jener Schweizerstädte waren Stationen des deutschen Handels mit Italien, aus ihren Thoren führte der Haupthandel weg allemal nach Deutschland; das Hauptthor der holländischen Städte dagegen, der Hafen, führt ins Meer und übers Meer; der holländische Handel, auch in alter Zeit, war Speditionshandel mit aller Welt und nicht entfernt bloß auf das deutsche Hinterland berechnet.

In den schweizerischen Unabhängigkeitskämpfen spielten die Städte weitaus nicht die große Rolle wie in den niederländischen. Die Hirten und Bauern der Urkantone gingen voran, die Städte folgten um Jahrzehnte später. Bezeichnend war die von Deutschland abgelöste Schweiz auf den Namen eines Kantons getauft, der gar keine Stadt besitzt, und führt auch dessen Wappenzeichen als eidgenössisches Kreuz, während Holland von der städtereichsten und städtisch bedeutsamsten unter den vereinigten Provinzen den Namen trägt. Die kriegerischen Würfel fielen für die Schweiz in offener Feldschlacht, nicht in Städtebelagerungen wie so häufig, bei den Holländern. Die Schweiz ist der festungsärmste europäische Staat, Holland der festungsreichste, und während so viele holländische Städte heute noch von Kopf bis zu Fuß im Harnisch ihrer Wälle und Mauern stecken, hat die deutsche Schweiz gar keine feste Stadt mehr, sondern nur kleine Werke zur Verteidigung von Fluß- und Gebirgspässen.

In den Schweizerstädten öffnet sich das Land — kulturgeschichtlich — gegen Deutschland, in seinen Hirten- und Bauerndörfern schließt es sich. Wer darum einen rechten Urschweizer sehen will, der geht zu den einsamsten Hirten des Hochgebirgs, wer die rechten Holländer, der stürzt sich in das Hafengetümmel einer Seestadt. Ich verneine darum keineswegs, daß die nordholländischen und westfriesischen Bauern nicht doch noch in tieferem Sinne Typen eines Urholländers seien, aber sie sind unsern deutschen ostfriesischen Bauern doch wohl ähnlicher als das Stadtvolk Amsterdams irgend welchem großstädtischen deutschen Volke. Das farbenreichste holländische Volksfest ist die Amsterdamer Kirmeß; die originalsten schweizerischen Volksfeste dagegen sucht man im Appenzell, im Berner Oberlande bei den Bauern. Das „Schweizerhaus", welches man jetzt in Deutschland und in aller Welt als etwas fremdartig Interessantes bei Villen und Gartenhäusern nachahmt, ist ein Bauernhaus; das „holländische Haus", welches man vor hundert und mehr Jahren bei deutschen Lustschlössern kopierte, war städtisch. In Deutschland und der Schweiz kennt die Gegenwart nur noch bei den Bauernhäusern eine volkstümliche nationale Bauweise; der Holländer hat sich auch noch in seinem Bürgerhause einen nationalen Stil bewahrt. Das wegen seiner barocksten holländischen Eigenart berühmteste holländische Dorf, Broek im Waterlande, ist ein Dorf von

Kapitalisten, die in der Stadt reich geworden sind. In der industriellen Schweiz gibt es auch, wenn gleich nicht Dörfer, so doch ländliche Ansiedelungen von reich gewordenen Leuten, Schlösser und Landsitze mit reizenden Gärten; allein diese Villen sind gar weit verschieden von Broek und auch von „Wohlgelegen", „Freud' und Ruh", „Sorgenfrei", und wie die Landhäuser an den holländischen Kanälen alle heißen: sie haben städtisch weltbürgerlichen Charakter und könnten ebenso gut in England oder Frankreich stehen wie am Ufer eines Schweizersees. Fast überall in der Welt verschleift die Stadt und städtischer Reichtum das volkstümlich nationale Gepräge, nur in Holland nicht.

Der Deutsche, welcher reinstes Schweizerdeutsch hören will, so kräftig, daß er's kaum mehr verstehen kann, muß den Städten möglichst aus dem Wege gehen, etwa ins Innere von Appenzell oder von Schwyz, Uri und Unterwalden. Denn wenn der Städter auch schweizerdeutsch spricht, so liest und schreibt er doch hochdeutsch; im landsmannschaftlichen und Familienverkehr bedient er sich zwar der Mundart, im feineren Umgange und im Austausch mit Fremden hingegen der hochdeutschen, oder, wie er charakteristisch sagt, der „gutdütschen" Form, und schon hierdurch muß in der Stadt auch die Mundart unvermerkt ihre schärfsten Ecken verlieren. Dem Holländer wird es nicht einfallen, das Hoogduitsch „gutdeutsch" zu nennen im Gegensatz von seiner niederdeutschen Sprache. Zwar trifft man's wohl auch in Ostfriesland und in dem ehemals holländischen, jetzt deutschen Grenzstriche von Preußisch-Geldern, daß die Leute auf dem Lande untereinander holländisch reden, während vor Amt, in der Kirche und Schule und im Verkehr mit Fremden deutsch gesprochen wird; allein in Holland verschwindet natürlich dieser an die Schweizerstädte erinnernde Dualismus.

Und nun zum Schluß noch eine politische Bemerkung. Holland war gleich der Schweiz ein Bund von kleinen Republiken. Allein da seine eigentümlichste neuere Kultur in den Städten gipfelt, so zeigte sich schon in der erblichen Statthalterwürde ein

Streben zur monarchischen Zentralisation, welches sich zuletzt in dem Königreich der Niederlande erfüllte, ähnlich wie auch das durchaus städtische Belgien ganz naturgemäß eine einheitliche Monarchie geworden ist. Denn die mittelaltrige Stadt konnte wohl zur Individualisierung zu kleinen politischen Sonderexistenzen drängen, die moderne Stadt hingegen und vollends die Großstadt, die Industrie- und Handelsstadt wirft die engen politischen Schranken nieder, sie strebt ins Weite und Große kraft ihrer völlig neuen sozialen und wirtschaftlichen Organisation. So wurde Holland ein geschlossener Staat mit einer Hauptstadt und einer Residenzstadt.

Die Schweiz war ursprünglich ein Hirten- und Bauernland mit eingestreuten Städten, sie ist heutzutage großenteils ein Industrieland geworden, aber trotzdem kein Stadtland. Für die deutsche Schweiz zumal sind die Industriethäler, die Industriegegenden, die Industriedörfer, viel charakteristischer als ihre Industriestädte. Hier ist die Industrie recht eigentlich aufs Land gegangen, die Fabriken liegen über das ganze Land verstreut, Tausende von Bauernfamilien wurden in eigentümlichster Hausindustrie Vor- und Mitarbeiter der Fabriken, und auch sehr vielen reichen Fabrikherren der Schweiz sieht man's gleich an der Nase an, daß sie unmittelbar aus dem Bauernstande hervorgegangen sind. Durch die Industrie und den Reisestrom hat sich die Schweiz modernisiert, sie ist nicht mehr jenes unschuldsvolle Hirtenland, wie es Albrecht v. Haller mit fast komischem Idealismus in seinen „Alpen" geschildert hat; dennoch ist sie im großen Ganzen ländlich geblieben. Darum blieb sie auch individualisiert, ein Bund von kleinen Staaten, trotz aller strafferen Bundesreform erfüllt von buntester Eigenart. Sie hat keine Hauptstadt, so wenig wie Deutschland. Die Grundlage ihrer so ganz einzigen politischen Organismen müssen wir in dem sondertümlichen bäuerlichen Grundcharakter des Volkes suchen. Gerade diese reiche Vielgestalt des schweizerischen Lebens, obgleich von Hause aus so urdeutsch, wird uns Deutschen aber nachgerade fremdartig, sie gewinnt für uns den Reiz der Neuheit, weil sie etwas so entlegen Altes ist, weil sie sich mehr und mehr der Parallele mit unsrer eigenen deutschen Gegenwart entrückt.

Doch vielleicht meint der Leser, ich sei ja völlig abgekommen von dem Wege nach Holland. Allein man kann auch vom Niederrhein über die Schweiz nach Holland gehen, und im Landes- und Volksstudium gerät man mitunter gerade bei der nächsten Straße recht arg auf den Holzweg.

Ich fasse aber nun meine direkten Linien fest ins Auge. Und so will ich zunächst in gedrängter Ueberschau den friesischen Weg nach Nordholland zeigen; dann ausführlicher und langsameren Ganges die rheinfränkische Straße zur Betuwe. Denn den ersten bin ich vor Jahren nur halb gewandert, freilich zur schwierigeren Hälfte, und kenne den Rest bloß aus Büchern; den andern Weg dagegen habe ich vollständig bereist und im unmittelbaren Hinblick auf die Aufgabe der vorliegenden Untersuchung.

Zweites Kapitel.

Grundlinien des friesischen Weges.

Der friesische Weg ist zunächst dadurch merkwürdig, daß er auf keiner Straßenkarte verzeichnet steht: der Reisende selber muß sich ihn erst suchen und schaffen. Dieses Suchen ist aber nur bei anhaltend trockenem Wetter ratsam; denn zur Regenzeit könnten wir hier in unsren holländisch=deutschen Studien bedenklich stecken bleiben.

Wer nun Lust hat — und gerade das ist eine Lust für den echten Wanderer — der Landkarte beständig gegen den Strich zu gehen, querfeldein, alle natürlichen und künstlichen Hauptstraßen kreuzend, der wähle diesen Weg.

Ich schlage folgende Marschroute vor: Man fahre bei Glückstadt über die Elbe (ins Land Kehdingen), gehe von da über Freiburg, Neuhaus, Otterndorf (durchs Land Hadeln) nach Cuxhaven und über Dorum (im Lande Wursten) nach Bremerhaven (im Vielande), setze dort über die Weser und wandere dann, dem Meere den Rücken kehrend, von Burhave über Blexen und Brake bis Elsfleth, das heißt durch Butjahdingen und Stadland ins Stedingerland. Es ist dieser Streifzug landeinwärts das linke Weserufer hinauf scheinbar ein Abweg — der Meilenzahl nach —, in der Erkenntnis von Land und Leuten bringt er uns aber Holland mit raschen Schritten näher. Von Elsfleth wende man sich dann nach Varel, um den Jahdebusen wenigstens teilweise zu umkreisen, wo sich der weitere Weg über Jever, Esens, Norden,

Aurich durch Ostfriesland fast von selbst ergibt; auf dem Kanal zwischen Aurich und Emden kann man sich dann für acht Groschen bereits den Vorgenuß einer holländischen Tretschuitenfahrt auf deutschem Boden gönnen, und nachdem man einen Ausflug in die Papenburger Moorkolonien (um des Bodens willen) und ins Saterland (um des Volkes willen) nicht versäumt hat, soll man nicht etwa dem Schienenwege folgend geradaus über Ihrhove nach Gröningen fahren, sondern nach Emden zurückgekehrt über den Dollart nach Delfzyl schiffen, von wo sich in einem halben Tagemarsch Gröningen bequem zu Fuße erreichen läßt.

Mit gesunden Beinen gehen wir den ganzen Weg — alle Aufenthalte und Abschweife eingerechnet — höchst behaglich in vierzehn Tagen, und können dann doch sagen, daß wir wenigstens von einer Seite her vernünftig nach Holland gegangen sind.

Bei diesem Wege fällt uns zunächst auf, daß er fortwährend den Lauf der Flüsse kreuzt. Nun wird man einwenden, das geschehe bei jedem Küstenwege, da die Flüsse bekanntlich nicht dem Meere parallel, sondern ins Meer zu laufen pflegen. So könnten sie doch wenigstens schräg gen Nordwesten nach Holland und ins holländische Meer laufen. Das thun sie aber nicht, und vorab bewirkt die Ems mit dem parallelen Bourtanger Moor, daß Nordost=Holland — die Provinzen Friesland, Gröningen, Drenthe — sein eigenes, von Deutschland abgewandtes Wassersystem hat. Hier, wo das Volkstum von hüben und drüben sich am entschiedensten die Hand reicht, machen Fluß und Moor eine wirkliche Naturgrenze.

Weiter südwärts in der Grafschaft Bentheim und dem alten Oberbistum Münster, wo der Westfale dem Holländer schon etwas fremder gegenübersteht als der Ostfriese bei Leer und Emden, trennt keine quer vorgeschobene Wasserlinie mehr. Im Gegenteil, dort entspringen holländische Flüsse bereits auf deutschem Boden, und Vecht und Berkel mit ihrem Gefolge zeigen uns den Weg aus dem niedersächsischen Sandlande zur Zuidersee. Allein das sind doch für uns Deutsche nur Grenzflüsse von erklecker

Bedeutung, sie tragen trotz ihrer Schiffbarkeit keinen größeren Verkehr, der das Innere beider Länder verbände.

Ganz anders am Rheine. Da führt uns der große Strom ohne Schranke von Land zu Land und fesselt beiderlei Volk seit uralter Zeit unlösbar aneinander, und auch wenn wir den kleineren Parallelgewässern folgen, kommen wir nach Holland, ohne irgend der Landkarte wider den Strich zu gehen. Trotzdem sind hier die Volksunterschiede am größten, auf Grund der abschließenden städtischen Kultur und der ethnographischen Basis des niederrheinischen Frankentumes und der holländischen Stammesmischung.

Also haben wir hier eine dreifache Skala des Widerspruches: trennende Naturwege bei engstem Volkszusammenhange an der friesischen Nordgrenze; mäßig verbindende Naturwege bei beträchtlich lockerer Volksverwandtschaft an der niedersächsischen Grenze und endlich völlige Einheit des Systemes der Wasserstraßen beim ausgeprägtesten Unterschiede der Volkskultur längs der fränkischen Südgrenze. Darin liegt ein feiner Stoff zu tieferem Nachdenken. Denn solcher Gegenzug ist doch keineswegs die Regel. Er ist aber möglich, weil die Bodengliederung nur ein einzelnes, nicht aber das schlechthin maßgebende Moment für die Gliederung der Stämme und Völker bildet.

Ich kehre zum friesischen Wege zurück. Nicht bloß bei den Flußlinien läuft er fortwährend gegen den Strich der Landkarte, er kreuzt auch ganz ähnlich die Landstraßen, ja sogar die modernen Eisenbahnen und nicht minder auch die alten politischen Gebietsgrenzen.

Betrachten wir zunächst die Landstraßen. Sie streben zwischen Ems und Elbe überwiegend von Süd nach Nord gleich den Flüssen — wie z. B. die großen Linien Lingen=Emden, Osnabrück=Oldenburg=Varel, Bremen=Curhafen. Wollen wir innerhalb eines fünf bis zehn Stunden von der Küste entfernten Weges ost=westwärts von der Elbe nach Holland wandern, so müssen wir fort und fort aus einem größeren Straßensystem ins andre hinüber lavieren, rein lokale Zwischenstraßen, oft der unbedeutendsten Art, aufsuchen, und sind wir glücklich zur Ems gelangt, so bietet sich uns keine einzige alte Hauptstraße, welche direkt aus Ostfriesland nach den holländischen Nordprovinzen Drenthe und Gröningen hinüberzöge; wir müßten bis ins hannoversche Westfalen, bis Lingen, landeinwärts gehen, wo dann erst ein Hauptweg (Lingen-Deventer) quer durch Oberyssel ins Herz von Holland führt.

Aehnlich die Eisenbahnen. Wir haben keine Küstenbahn an der deutschen Nordsee, welche der Küste parallel liefe; erst tiefer im Binnenlande zieht sich ein Schienenweg in gerader Linie ost-westwärts von Hannover nach Amsterdam. Eine Eisenbahn quer durch die Marschen wird auch schwerlich so bald gebaut werden; die Lokomotive liebt den wandelbaren Boden nicht, dieser aber ist und war eben das Element des friesischen Volkstums.

In alter Zeit hatte man aber auf dem Küstenwege von der Elbe zur Ems nicht nur fort und fort die natürlichen und künstlichen Straßen zu kreuzen, sondern auch die Landesgrenzen. Es gab hier eine stattliche Anzahl von Ländern: Kehdingen, Hadeln, Wursten, Bieland, Stedingerland, Stadland, Butjadingerland, Harlingerland, Jeverland ꝛc., deren Grenzen nicht etwa parallel der Küstenlinie zogen, sondern ähnlich den Gewässern die Küste teilten und gliederten. Auch die späteren Hauptgebiete der Herzogtümer Bremen und Oldenburg und des Fürstentums Ostfriesland folgten mit ihren Grenzen den Flußlinien nordwärts zum Meere. Die Landkarte hat sich mehr und mehr vereinfacht, und wir wandern jetzt nur noch durch preußisches, hanseatisches und oldenburgisches Land. Doch tritt uns heute, wo die politischen Schlagbäume seltener geworden, die Trennung Hollands von unsrer deutschen Nordseeküste weit schroffer entgegen, als zu der Zeit, da man noch durch ein ganzes Dutzend Länder von der Elbmündung zur Zuidersee ging. Denn diese Länder waren größtenteils Bauernrepubliken, sie waren ein Vorspiel der niederländischen Provinzen, auf dem gleichen Boden eines Volksstammes erwachsen, der individuelle Freiheit vor anderen heate.

Wohl mußten sie frühzeitig im Kampfe mit den benachbarten Landesherren erliegen, doch bewahrten sie noch lange trümmerhafte Ueberlieferungen ihrer Freiheiten und Rechte. Es gibt in dem Küstenlande zwischen Elbe und Ems keine malerischen Burgruinen, wer aber mit dem Geistesauge schauend durch diese Marschen zieht, der wandelt doch inmitten einer wunderbaren Trümmerwelt: die Erinnerungen der alten freien Volksgemeinschaften, in mancherlei Einzelzügen noch immer verkörpert, sind es, die ihn überall mit ihrer dichterisch tiefen Romantik begleiten. Gleich am Eingange unsres Weges, im Lande Kehdingen, erhebt sich die Stadt Freiburg (an der Oste). Man denkt dabei wohl leicht an das andere Freiburg, im Breisgau, welches an der Schwelle des allemannischen Weges zu den schweizerischen Republiken liegt, und gleich Freiburg im Uechtlande von Berthold von Zähringen in der That als eine Burg der Freiheit gegründet wurde. Allein unser Freiburg an der Schwelle des friesischen Weges nach den ehemaligen Freistaaten der Niederlande erstand vielmehr als eine Zwingfeste des Erzbischofs Hartwig I. von Bremen (1154) gegen die freien Bauern. Nicht in Burgen und Städten, sondern in Dorf und Hof wohnte hier die Freiheit, und der Warningsacker im Lande Hadeln, das Landeshaus der Wurstener zu Dorum, das Schlachtfeld von Altenesch im Stedingerlande und ähnliche Erinnerungsstätten des Richtens, Ratens und Thatens, bis hinüber zum Upstalsboom bei Aurich, zeigen uns den Weg zu jenen Bauernrepubliken des nördlichen Hollands, welche später, aber glücklicher als ihre östlichen Nachbarn, den Entscheidungskampf um ihre Freiheit zu fechten hatten.

Scheinbar also verlegen uns alte und neue Grenzen die friesische Straße; für den Wanderer mit historischem Blick aber werden diese Schranken zu Brücken, welche ihn sicher und geradaus nach Holland hinüberführen.

Die einzige und wahre Grenzsperre kam erst, als die vereinigten Provinzen sich vom Deutschen Reiche trennten. Damals begann die holländische Hälfte unsrer Nordseeküste aufzublühen und in den Vordergrund der Geschichte zu treten, während die im engeren Sinne deutsch gebliebene verkümmerte und zurücksank. Die politische Trennung führte zur kulturgeschichtlichen, und nur an der Grenze, in Ostfriesland, konnte die alte Gemeinschaft der Sitte und Sprache so lebendig erhalten werden, daß man diesen Landstrich heute noch deutsch Holland nennt.

Wir haben bisher in die Vergangenheit geblickt; ein fragender Blick in die Zukunft ist wohl auch erlaubt. Wird sich deutsches und holländisches Volkstum wieder nähern, oder wird es sich immer schärfer scheiden? Wird der Wanderer auf dem Wege nach Holland auch in hundert Jahren noch ganz schrittweise und allmählich zu dem Nachbarvolke übergeleitet werden, ohne daß er recht merkt, wo er die Grenze überschritten hat, oder wird er sich plötzlich auf fremdem Boden finden, wie einer, der über den Splügen nach Italien oder über die Vogesen nach Frankreich geht?

Diese Frage kann nur durch die verhüllten politischen Ereignisse der Zukunft entschieden werden; ist sie doch auch vor dreihundert Jahren zum erstenmal hervorgerufen worden durch eine politische Katastrophe.

Im 16. und 17. Jahrhundert hatte Holland nur schwache Nachbarn an seiner deutschen Ostgrenze. Dies förderte die Abschließung der vereinigten Provinzen in sich selbst, die Krystallisation um einen kulturgeschichtlichen und volkstümlichen Mittelpunkt. Es bewirkte zugleich, daß die stammverwandten deutschen Grenzgebiete mancherlei Eigenart von den wirtschaftlich überlegenen, politisch aufstrebenden Holländern annahmen oder dieselbe wenigstens bewahrten, während sich Holland mehr und mehr dem deutschen Einflusse verschloß. Nicht überall gereicht es uns darum zum Ruhme, wenn wir so viel Holländisches auf deutschem Wege finden, indes der Holländer, der aus seinem Lande zu unsren Grenzen wandert und sich zu Cleve schon „im Herzen von Deutschland" fühlt, die deutsche Spur weit weniger auf holländischem Boden zugestehen will.

Die politische Lage hat sich aber nachgerade völlig geändert. Im Jahre 1744 fiel Ostfriesland an Preußen und schon früher war Cleve und das Oberquartier von Geldern an dieselbe Macht gefallen. Es ist höchst bedeutsam, daß Brandenburg-Preußen, zunächst in der Ostmark des deutschen Nordens konzentriert, durch diese Erwerbungen an der äußersten Westgrenze sich sofort das Ziel aufs weiteste hinaussteckte, zu welchem es vordringen mußte. Holland bekam in Preußen den ersten starken deutschen Grenznachbarn. Allein solange der Zwischenraum zwischen den östlichen und westlichen Provinzen Preußens nicht ausgefüllt war, solange Preußen sich nicht mit Norddeutschland identifizierte, hatte diese mächtige Nachbarschaft geringeres Gewicht für die Gestaltung des Volkstumes an den Grenzen. Das ist seit 1866 anders geworden. Ostfriesland fiel an Preußen zurück, die ganze deutsch-holländische Grenze ist nunmehr preußisch, das spröde Niedersachsenland wird trotz allen Widerstrebens doch zuletzt nach Berlin hinüber gravitieren, der Nordbund ist eine politisch aufstrebende Macht, die große Periode Hollands aber längst vorbei. Sie wird auch im modernen Europa kaum wiederkehren. (Was ich hier im Jahre 1867 vom Nordbunde schrieb, das gilt in noch erhöhtem Maße von dem inzwischen erstandenen Deutschen Reich. Gar mancher Holländer blickt, auch trotz der Friedenspolitik dieses Reiches, lieber nach Frankreich, welches sein Vaterland so oft geschädigt hat, als nach Deutschland, welches immer gute Nachbarschaft hielt, weil er fürchtet, sein Volkstum könne vom deutschen im friedlichsten Fortschritt aufgesogen werden, während er von Frankreich höchstens kriegerische Unterdrückung befürchtet. Als Holland französisch war, blieben die Holländer dennoch Holländer, mit dem Deutschen Reiche verbunden, würden sie nach Jahrhunderten wieder werden, was sie vor Jahrhunderten gewesen sind — Deutsche.)

Hierdurch ist aber die deutsch-holländische Grenzfrage (ich betrachte sie natürlich nur vom Standpunkte des Ethnographen) in ein ganz neues Stadium getreten. Die größere politische Anziehungskraft liegt nunmehr auf unsrer Seite. Das deutsche Volk an der Grenze wird energischer zum Binnenlande herübergezogen werden, und nur der Verband der wirtschaftlichen Interessen und der Stammesverwandtschaft wird noch einen Teil der alten holländischen Uebergangszüge lebendig erhalten.

Es gab eine Zeit, wo Holland geringschätzig auf den deutschen Nachbar sah; das ist anders geworden: Eifersucht und Besorgnis trat an die Stelle der Geringschätzung. Und doch ist Holland gewiß nicht von Preußen bedroht, und die Berliner Realpolitiker werden wahrlich auf keine Eroberung Hollands sinnen. Weit eher könnten in Paris zu gelegener Zeit die alten bonapartischen Ideen von der „Anschwemmung des Rheines" wieder erwachen. Dennoch scheint Holland viel mehr geneigt, eine Stütze seiner Selbständigkeit bei Frankreich als bei Preußen zu suchen, denn von der deutschen Macht fürchtet es in seiner halbwüchsigen Nationalität aufgesogen zu werden, von Frankreich wurde ihm zunächst nur Gefahr für seine politische Selbständigkeit drohen.

Die europäischen Staaten bleiben aber schwerlich lange in der Schwebe, worin sie sich gegenwärtig (1867) befinden. Die Neugestaltung Deutschlands ist ein für die Dauer unhaltbares Provisorium. Wir können auf zwei Wegen glücklich aus demselben herauskommen.

Entweder es vollzieht sich friedlich und schrittweise eine innigere Verschmelzung der deutschen Stämme und Staaten, ohne daß unsre Grenzen dabei verrückt würden. In diesem Falle wird Holland doppelt eifrig und eifersüchtig seine Art zu wahren und sich aus einer halbwüchsigen zu einer vollwüchsigen Nationalität auszurecken suchen, die Scheidung von den deutschen Grenznachbarn in Sitte und Art wird wachsen und schroffer werden.

Oder es kommt eine große kriegerische Katastrophe, in welcher Deutschland das Recht seiner ganzen und eigenartigen nationalen Entwickelung gegen das Ausland behaupten muß und, so Gott will, geeinigt und sieghaft behaupten wird. Dann wird Deutschland aber auch nicht stehen bleiben bei den von 1648 bis 1815

aufgezwungenen Grenzen. Jedes große Kulturvolk strebt heut=
zutage nicht bloß nach nationaler Einigung, sondern auch **nach
dem Vollbestand seines ganzen nationalen Gebietes**.
Und wenn in einem europäischen Kriege, wie er hier gedacht
werden muß, solche kleine Staatsgebilde wie Holland zerrieben
werden, dann könnte den Deutschen gar leicht auch der Gedanke
mit Macht erwachen, daß Holland doch nur eben so echtes und
gutes Niederdeutschland ist, wie die deutsche Schweiz ein not=
wendiges Stück unsres allemanischen Oberdeutschlands, wir würden
dann noch einen andern Weg nach Holland suchen als den des
ethnographischen Studiums, und die Uebergänge würden zuletzt
wieder völlig werden, was sie von Anfang eigentlich gewesen sind,
bloße Stammesübergänge, sie würden zur Wiederherstellung der
alten Gemeinschaft führen.

Man braucht darum nicht an eine Eroberung Hollands und
der deutschen Schweiz zu denken. Eine Nation wie die deutsche
wird, wenn sie erst wieder einmal zu ihrer vollen Kraft und Ge=
sundheit gelangte, die früher abgelösten Elemente zunächst ethno=
graphisch, dann auch politisch wieder zu sich heranziehen. Wir
sind und bleiben vorbestimmt zu einem Bundesvolke, und da
der alte Bund zerbrochen ist, so kann ich mir eine große deutsche
Zukunft nur in Gestalt eines größeren und kräftigeren neuen
Bundes denken, in welchem der Nordbund, der Südbund, Deutsch=
Oesterreich, die deutsche Schweiz und Holland die organischen
Glieder bildeten.

Holland liegt zwar im Norden, es wäre aber in diesem Falle
mit der Schweiz der natürliche Freund Süddeutschlands, der
Verbündete nämlich jenes **Individualismus**, auf welchen
wir Oberdeutsche fast so eifersüchtig erpicht sind, wie die Hol=
länder, und der zur deutschen Art eben so nötig gehört wie das
Streben der Norddeutschen nach Einheit.

Mag man jenen großen Bund der Zukunft ein phantasti=
sches Traumgebilde nennen: jedenfalls liegt ihm der sehr reale
Gedanke zu Grunde, daß die Größe einer Nation nicht in ihrer

fortschreitenden territorialen Verkleinerung sich aussprechen könne, sondern im Gewinnen des Vollbestandes ihres nationalen Gebiets.

(Ich lasse alle diese Sätze hier unverändert stehen, wie ich sie im Jahre 1867 geschrieben habe. Seit wir uns inzwischen zu einem Deutschen Reiche geeinigt, seit wir Elsaß-Lothringen wiedergewonnen, erscheint die erste Hälfte derselben, wie eine erfüllte Prophezeiung; die zweite Hälfte wird der Realpolitiker für ein phantastisches, ja bedenkliches Truggebilde erklären. Allein auch die Gefühlspolitik behauptet doch ihr ideales Recht, wenn wir uns den Vollbestand der Nation, an welcher unser Herz hängt, in seiner ganzen, zunächst unerfüllbaren Größe träumen.)

Drittes Kapitel.

Streifzüge längs der Nordseeküste.

Wir überschauten den friesischen Weg bisher im großen und ganzen, wie er sich eben auf der gewöhnlichen Landkarte darstellt. Da mußten wir Flußlinien, Landstraßen, Eisenbahnen und alte und neue Gebietsgrenzen kreuzen und fanden zuletzt nur im historischen Rückblick den großen Zug von Ost nach West, von Deutschland nach Holland, der sich auf der Landkarte nicht findet.

Ein ganz anderes Bild aber zeigt die geognostische Karte und die Sprachenkarte, ein Bild, welches uns dann am allerlebendigsten wird, wenn wir zunächst von der Karte ganz absehen und den Weg selber unter die Füße nehmen, Einzelzüge von Landesnatur und Volksart schrittweise aufspürend.

Ich gebe im folgenden eine kleine Probe, nicht sowohl um den Weg zu zeigen (andere wissen ihn viel besser), als um Gedanken zu zeigen, die am Wege liegen.

Von Hamburg führt uns die Eisenbahn nach Glückstadt. Dort bietet ein offenes Segelboot regelmäßige Fahrgelegenheit über die bereits meerbusenartig breite Elbe nach Hammelvöhrden ins Land Kehdingen. Als ich im Jahre 1857 das Schifflein benützte, ruhte der romantische Zauber auf demselben, daß es kurz vorher umgeschlagen und alle Passagiere ertrunken waren. Uns ergeht es aber nicht so schlimm. Der Schiffer sitzt am Steuer und kommandiert mit unablässigem Zurufen die beiden

Jungen, welche an den Segeln arbeiten, die Wellen gehen heute gerade nur so mäßig hoch, daß man angenehm geschaukelt wird, große Seeschiffe dampfen und segeln an uns vorüber, dem nahen offenen Meere zu, sie sind aus unsrer Nußschale so von unten herauf doppelt stattlich anzusehen: es ist eine frische, lustige Fahrt, ein prächtiger Eingang zur Küstenwanderung nach Holland.

Wie aber im Hochgebirge der Berg zum Berg unwiderstehlich lockt, wie es uns in den Vorhügeln keine Ruhe läßt, daß wir vom Hügel zum Berg, dann hinauf zu Grat, Kamm und Spitze, bis endlich zu den Schneegipfeln vordringen möchten, so lockt auch in verwandtem Zauber ein Mündungstrichter zum freien Meeresrand und die offene Küste zur hohen See. Wir möchten wohl lieber gleich eine friesische Seefahrt nach Holland machen statt einer Wanderung. In der That wäre eine solche Fahrt höchst anziehend und lehrreich. Sie dürfte aber nicht in der Elbmündung beginnen, sondern an der Nordwestküste Schleswigs bei den nordfriesischen Inseln (wo wir neben den Ueberresten des alten Friesentumes zuletzt auf Nordstrand auch schon eine holländische Einwanderung des 17. Jahrhunderts fänden); dann schifften wir hinüber nach Helgoland, dem sagenhaften äußersten Vorposten der Nordfriesen, dann nach Wangeroge und nun weiter von Insel zu Insel durch die ganze Kette bis zum Texel. Dieser überaus merkwürdige Inselweg würde uns niederdeutsches und niederländisches Wesen aufs innigste verbunden zeigen, aber auch zugleich in seiner äußersten Abgeschlossenheit von festländischer Kulturentwickelung. Auf der Küste zwischen Elbe und Ems hemmen die Naturwege der Flüsse fort und fort unsren Gang von Ost nach Westen, und ziehen uns südwärts zum Binnenlande zurück oder nordwärts weit übers Meer hinaus; hier dagegen erkennen wir, daß niederdeutsche und niederländische Friesen doch einer gemeinsamen Straße gefolgt sind, dem Meere. Das Meer ist der einzige Naturweg, welcher alle Friesenstämme verbindet, als ein echtes Küsten- und Inselvolk. Allein auch dieser Weg ist jetzt nur eine ideale Linie, die nicht in den Kursbüchern zur

Reisende verzeichnet steht, und schwieriger und umständlicher zu bereisen wäre als irgend ein andrer deutscher Weg nach Holland.

So zieht er denn diesmal auch nur als ein Phantasiebild mit den zum Meere hinaussegelnden Schiffen an unsrem Geist vorüber; wir erreichen auf unsrer Elbfahrt das linke Ufer, übersteigen den hohen Damm und befinden uns nun im Lande Kehdingen auf echt niedersächsischem Boden. Die Wassergräben (Graften) rings um die Gehöfte erinnern uns bereits an die holländischen Grachten, und zum erstenmale betritt unser Fuß hier einen mit Backsteinen gepflasterten Feldweg, das Vorspiel der holländischen Klinkerwege. Dies und ähnliches sind verwandte Einrichtungen, welche zunächst nur durch die verwandte Natur des Bodens bedingt zu sein brauchen.

Wir wandern der Elbmündung parallel zur Oste und setzen bei Geversdorf über diesen Fluß, der uns seinerseits gleichfalls jene Verwandtschaft holländisch niederdeutscher Bodenbildung nahe rückt. Die Breite des Wassers überrascht uns. Der Binnenländer hätte bei einem Flüßchen von so kurzem Lauf eine Brücke, wohl gar einen Steg erwartet, allein die Oste ist hier an 600 Fuß breit und trägt mit der Flut schon Seeschiffe. Wir lernen also zum erstenmale jene Küstengewässer des Moor= und Marschlandes kennen, die auf der Karte gar klein und verächtlich aussehen; verfehlt aber der Fußwanderer, welcher sich seinen Weg selber sucht, Ort oder Zeit zur Ueberfahrt, so kann ihm ihre stille Tücke eben so schwer zu schaffen machen, wie ein tobender Bergstrom im Hochgebirge. Das ist dann wieder eine gute Lehre für Holland.

Jenseit der Oste beginnt das Land Hadeln, gleichfalls noch ein Stück echten Sachsenlandes. Betrachten wir zunächst den hohen Damm längs der Elbmündung; er steigt bis zu 40 Fuß und bietet nicht nur unsern Füßen einen Weg, sondern auch unsern Gedanken einen Wegweiser gen Westen. Es ist gar lustig oben auf dem Damm zu gehen, „op dem Dieck," wie die Leute sagen, und auch der Holländer sagt Dijk gleich dem Nieder=

deutschen, während der Oberdeutsche nur aus Büchern weiß, daß
Deich einen Damm bedeutet. Technisch genau heißt aber der
Oberteil des Deiches „die Kappe", Kap bei den Holländern.
Wir sehen an der Innenseite des Dammes ein tiefes Wasserloch,
den Ueberrest eines alten Dammbruches: es ist ein „Kolt". Und
dieses Wort versetzt uns samt Gracht und Diek mit einem
Schlage nach Amsterdam und ruft uns dortige Straßen- und
Platznamen ins Gedächtnis, welche wir auf dem selbstgeschaffenen
friesischen Wege schon im niedersächsischen Vorlande deuten lernen.
Je weiter wir dann nach den Deichen fragen und den damit zusammenhängenden Gebilden des Bodens, um so fremdartigere
Ausdrücke berühren unser oberdeutsches Ohr. Wir hören da von
Stakwerken, Schlickfängern, Poldern, Heldern und ähnlichen
Dingen; allein wir brauchen nur unser holländisches Taschen-
wörterbuch nachzuschlagen, es gibt uns in den meisten Fällen
guten Bescheid. Umgekehrt wird uns nachher in den Niederlanden manche bildliche Redensart des Holländers klar werden,
wenn wir uns dessen erinnern, was wir vom Deichwesen auf
dem Wege durch die Elb- und Wesermarschen gelernt haben. So
sagt z. B. der Holländer de spa steken (den Spaten stechen)
und meint damit das Land verlassen oder einen Beruf aufgeben.
Schon die Leute an der Elbmündung können uns aber den Sinn
des Wortes aus ihrem alten Spatenrecht beim Deichbau erklären.
Wer nicht beim Deichbau helfen will, der sticht seinen Spaten
zum Wahrzeichen in das mit der Deichpflicht belastete Grundstück.
Hiermit gibt er aber zugleich den Grundbesitz selber auf, denn
„wer nicht will deichen, muß weichen." Warum uns aber das
Holländische gerade auf dem Deiche so weit nach Osten entgegen-
kommt, hat seinen Grund wohl mit darin, daß die Holländer
unsre alten Lehrmeister im Deichbau waren und zu diesem Zwecke
schon im 10. und 11. Jahrhundert von den Erzbischöfen von
Bremen in das Land zwischen Weser und Elbe berufen wurden.

  Hinter den hohen Deichen des Landes Hadeln liegt eine
baumreiche Ebene. Man hat diesen Baumwuchs oft gepriesen,

vorab die stattlichen Erlen, Pappeln, Weiden. Sie sind hoch=
schüssig, üppig, saftig im Laub, aber leicht und schwammig im
Holze, und eben in ihren leichten, schlanken, rasch aufgeschossenen
Formen unterscheiden sie sich sofort von den langsamer, karger,
aber fester, runder und voller gewachsenen Bäumen des Binnen=
landes. Sie zeigen uns zum erstenmal im wirklichen Vorbilde,
was wir im gemalten Bilde so oft gesehen haben. Die bis zur
Manieriertheit hochschüssigen Bäume des Sammt=Brueghel, die
Bäume der holländischen Alleen. Es ist ein Typus, der sich nicht
leicht unterscheidend beschreiben läßt, ein Landschaftsmaler aber
würde ihn sofort mit wenigen Bleistiftstrichen charakteristisch aufs
Papier werfen, und man würde sagen: solche Bäume, vergleich=
bar einem jungen Manne, der so plötzlich in die Höhe wächst,
daß er mit der Breite nicht nachkommen kann, stehen im Haag
oder bei Utrecht oder Amsterdam, die Originale aber standen
diesmal bei Otterndorf im Lande Hadeln.

Wer jedoch meint, eine Landschaft mit gar keinem Baum
sei noch viel holländischer als eine Landschaft mit recht hohen
Bäumen, der hat auch wiederum recht, und braucht dann nur
aus Hadeln in das Nachbarland Wursten zu gehen, so findet er
auch hier schon diesseits der Weser baumlose Flächen genug, wo
der ewige Wind jeden aufsteigenden Strauch zerzaust und nieder=
hält, und er kann westwärts längs der Küste eine lange Kette
ähnlicher Scenerien verfolgen bis zum Bourtanger Moor, wo
das Auge stellenweise nicht einmal einen Strauch mehr über
den Boden sich erheben sieht, dem Wanderer zum Wahrzeichen,
daß er jetzt wirklich auf echt nordost=holländischem Boden ange=
langt sei.

Wir gehen aus dem Amte Hadeln ins hamburgische Amt
Ritzebüttel, nach Kurhafen. Hier wechselt die Scenerie: die Marsch
verschwindet auf eine Weile samt den Deichen, die Geest schiebt
sich bis ins Meer vor.

Es ist der einzige Punkt unseres ganzen Striches, wo die
Geest wie ein Vorgebirg unmittelbar ans Meer tritt. Zwar

zeigen sich auch noch weiter westwärts (z. B. im Jeverlande) Geestinseln in der Marsch, allein sie vermochten schon nicht mehr das Profil des Ufers selbst zu bestimmen, wie bei der Kurhasener Landspitze. Ich möchte überhaupt sagen: das Land zwischen Niederelbe und Niederweser ist Geestland, gesäumt von einem Marschenkranze; das Land zwischen der Niederweser und der unteren Ems dagegen ist Marschland, durchwoben mit inselartigen Geesthügeln.

Geest ist ein niedersächsisches Wort, und die Sachsen als Geestvolk haben sich im Elbweserdreieck mit der Geest am weitesten zwischen die Friesen als Marschvolk vorgedrängt. Der Holländer hat das sächsische Wort nicht angenommen; er nennt die Geest hoogland oder in wörtlicher Uebersetzung dor land (dürres Land — geest, güst, wüst); für seine Marsch dagegen hat er mehrere charakteristische Namen; polderland, laag land, drasland, und das deutsche Wort klingt wenigstens in dem holländischen moeras nach.

Das Sachsenland zwischen Niederelbe und Niederweser unterscheidet sich aber nicht bloß in dem anders geordneten Verhältnisse zwischen Geest und Marsch von dem westwärts gelegenen, heute noch friesisch grundierten Küstenlande. Auch in den Marschen selber liegt ein Unterschied: zwischen Elbe und Weser dominiert die Flußmarsch, zwischen Weser und Ems die Seemarsch. Nur das Land Wursten besitzt eine ausgedehnte Seemarsch im Osten der Weser: dieses Land bewahrt aber auch bis auf diesen Tag die meisten friesischen Volksaltertümer unter allen Gebieten des sächsischen Elb-Weserdreiecks.

An diese Thatsache knüpft sich eine weitere Gedankenkette. Während Friesland in ältester Zeit von der Nordwestküste Schleswigs bis zum Westrande Hollands ein ununterbrochenes Ganzes bildete, haben sich die Sachsen zwischen Elbe und Weser wie ein Keil mitten hineingeschoben und friesisches Wesen bis auf geringe Nachklänge vernichtet. Durch Jahrhunderte des Mittelalters zieht sich hier dieser Aufsaugungsprozeß friesischer Art durch sächsische;

in der Neuzeit erscheint er vollendet. Die Landkarte aber sagt uns, warum die Sachsen gerade hier so gründlich aufräumen konnten. Im Elb=Weserdreieck schiebt sich nicht bloß die Geest am weitesten nordwärts zum Meere, sondern das ganze Gebiet ist zugleich viel mehr Flußland als Seeland, es ist ein Stück Mesopotamien, zwischen zwei großen Flüssen und im Grundcharakter bestimmt durch diese Flüsse. Weser und Elbe führten aus Binnendeutschland zur Küste und lenkten ins Binnenland zurück, und für Bremen und Hamburg, die festen Mittelpunkte der erobernden sächsischen Kultur, wäre westwärts der Weser kein Boden gewesen. So wird nicht bloß der Pfad des forschenden Wanderers durch die Flüsse gekreuzt und von Holland abgelenkt: auch der Zusammenhang des alten Volkstumes ist durch sie gekreuzt worden, und Nordholland würde bis auf diesen Tag weit inniger mit Nordwestdeutschland verwachsen sein, wenn Elbe und Weser nicht wären.

Obgleich wir nun bei Kurhafen Holland um etliche weitere Meilen näher gerückt sind, so macht doch unsere Beobachtung hier einen Halt, ja sie wird um ein Stück zurückgeworfen. Denn auch das moderne Bild Kurhafens weist uns im Geiste wieder nach Hamburg zurück, oder andererseits über die See nach Helgoland und England, ähnlich wie einen Tagemarsch weiterfort Bremerhafen vielmehr als eine Station auf dem Wege nach Nordamerika denn nach Holland uns quer entgegentritt. Allein gerade diese Kreuzungslinien, welche unsere Straße gleichsam versperren und ablenken, geben ihr andererseits erst das eigenste Gepräge.

Denn unser friesischer Weg von Ost nach West ist höchst einsam, wenig begangen, ja genau genommen gehört es zu seinen Merkwürdigkeiten, daß er eigentlich gar kein Weg ist, sondern eine ideale Linie, quer durch dünn bevölkertes Land gezogen, keine größeren Städte berührend. Eben darum aber ist er ein ganz besonders passender, organisch vermittelnder Weg nach den drei friesischen Provinzen Hollands (Gröningen, Friesland und

Drenthe), welche gleichfalls die einsamsten, am wenigsten bereisten, großenteils dünn bevölkerten Provinzen sind, mit größeren Städten und industriellem Leben nur sparsam ausgestattet, dagegen anziehend durch Moore, Heiden und allerlei nutzloses Sand- und Wasserland. Kurhafen und Bremerhafen sind keine Stationen unseres Weges, sondern vielmehr Stationen der Süd-Nordstraße aus Deutschland nach England und Amerika. Der friesische Weg ist darum hier vom großen Verkehr gekreuzt, nicht bewandert; es ist Transitverkehr, die Reisenden fahren hindurch wie plombiertes Gut, und ahnen selten was rechts und links liegt. Für den Fußgänger, der von Osten nach Westen zieht, um sich Holland schrittweise zu erobern, setzen aber gerade diese völlig fremdartig hereingeschneiten Stationen einer andern Linie die Abgeschlossenheit des Landes kontrastierend in doppelt grelles Licht, und wo der Weg wieder recht einsam wird, da bekundet er sich auch als der richtige Weg nach Nordostholland.

Erst jenseits der Landspitze von Kurhafen erblicken wir das offene Meer. Der Binnenländer wird zwar die Deiche des Landes Hadeln schon für Seedeiche ansehen, allein dem Küstenbewohner sind das immer noch Elbdeiche, das scheinbar grenzenlose Wasser ist ihm dort noch nicht salzig genug, die Fische und Strandpflanzen sind ihm noch nicht ausschließend meerartig. Es geht mit dem Meere wie mit dem Sturm: wenn der Binnenländer schon vom Sturm spricht, redet der Seemann noch vom Wind; es geht aber auch mit dem Meere wie mit den Alpen: wo der Norddeutsche schon Berge sieht, gewahren wir erst Hügel; wo er bereits Alpen entdeckt, finden wir erst Vorberge. Das Meer will gesucht sein, schrittweise und auf Uebergängen ganz wie das Hochgebirg. In Holland lernt man das Meer suchen, und unser friesischer Küstenweg bietet vortreffliche Vorstudien dazu. Wenn wir in den Watten des Wursener und Butjadinger Landes genügend gesucht und gezweifelt haben, wo Land und Meer sich trennen, dann sind wir gerüstet für die großartigere Wattenscenerie Ost- und Westfrieslands, und wenn wir an der Elb- und

Wesermündung hinreichend uns geirrt haben in der Unterscheidung von Fluß- und Meeresküsten, dann verstehen wir erst, was es heißt, in den labyrinthischen Wasserstraßen zwischen der Leck- und Scheldemündung Fluß und See zu scheiden.

Also kommen wir zum erstenmale zur echten Nordseeküste an der Landspitze jenseits Kurhafen und in den angrenzenden Marschen des Landes Wursten, und können auf dem Watt schon möglicherweise einen Seehund jagen helfen. In diesen Gegenden trägt der Blick überall ins Weite, nicht bloß der Blick des leiblichen Auges, sondern auch der geistige. Das bestätigt schon der Name des Landes Wursten. Er rührt bekanntlich von den Wuhrden, jenen natürlichen oder künstlichen Erdhügeln in der Marsch, auf welchen sich die ersten Ansiedler vor der Flut sicherten, bevor das Land eingedeicht war. Diese Wuhrden führen unser Auge sofort westwärts bis nach Westfriesland hinüber, wo man sie „Terpen"[1]) nennt, und wie in Wursten die ältesten Baudenkmale des Landes, die romanischen Granit- und Tuffsteinkirchen auf den Wuhrden emporragen, so gräbt man im holländischen Friesland die ältesten germanischen Kulturdenkmale aus dem Schoße der Terpen. Und die berühmte Stelle bei Plinius (hist. nat. 16, 1), welche die uralte Besiedelung der Wuhrden so anschaulich schildert, wird von den Holländern mit demselben Rechte auf ihr Westfriesland gedeutet, wie von deutschen Topographen auf das Land Wursten und Butjahdingen.

Auf der geognostischen Karte bildet die niederländische und deutsche Nordseeküste ein Ganzes. Man kann dabei wohl eine Zweigliederung annehmen, und unterscheidet alsdann die von Süd nach Nord streichende Küstenlinie der Dünen und des in Inseln aufgelösten Flußmündungslandes von der grauen Nase bis Helder und andererseits die von West gen Osten streichende Wattenküste mit den Meerbusen und meerbusenartigen Fluß-

---

[1]) Die Holländer leiten sogar das Wort Dorf (dorp) von diesen Terpen oder Flußbergen (Vlietbergen) her.

mündungen, welche unsern friesischen Weg begleitet. Allein, wie man sieht, fällt diese Gliederung mit der holländisch-deutschen Grenze nicht entfernt zusammen: die ganze Küste vom äußersten Westfriesland bis zur Elbmündung ist ein wesentlich gleichartiges Gebilde. Das sind allbekannte geographische Thatsachen. Neu dürfte es aber doch den meisten Wanderern sein, zu sehen, wie sich dieser landschaftliche Charakter so stetig, von Ost nach West vorschreitend, vor ihren Augen entwickelt, daß man die Steigerung im Buche nicht schöner ordnen kann, als sie sich in Wirklichkeit gestaltet.

So sagen die Holländer: Gott habe das Meer gemacht, sie selbst aber das Land. Auf dem deutschen Küstenstriche darf man jedoch bereits das gleiche Wort sprechen. Und gehen wir aus dem Lande Wursten über die Weser etwas stromaufwärts zu den Stedingern, so kommen wir sogar in ein Land, welches die Menschen zu früh und also stellenweise schlecht gemacht haben. Denn das Stedingerland soll schon im zehnten Jahrhundert eingedeicht worden sein, wodurch aber nach der Ansicht des besten Führers in diesen Gegenden, Hermann Allmers in seinem „Marschenbuch", das Land zu frühe den aufschlammenden Fluten entzogen wurde, zu feucht und niedrig blieb und also nicht so gut geraten ist, wie die später geschaffenen Nachbarmarschen. Die Streitfrage, ob ein oder das andere Stück Land gut oder schlecht gemacht sei, spielt auch in Holland. So warf schon van Kampen in seiner Geschichte der Niederlande die Frage auf: ob Drusus, der zuerst den Rheinmündungslauf bedeichte, denn wirklich als Begründer des holländischen Flußdeichsystems so besonderes Lob verdiene? Ob diese Flußdeiche nicht etwa das Land bloß für den nächsten Augenblick (d. h. für tausend bis zweitausend Jahre) sicherten, um es hinterher desto gewisser zu verderben? Denn solche Gefahr drohe nachgerade durch die steigende Erhöhung der eingeschnürten Flußbette, und van Kampen meint: man hätte vielmehr nach dem Muster der alten Aegypter die Ueberschwemmung befruchtend und bodenbildend ins Land leiten sollen. Jedenfalls ist hier die durch

den Naturprozeß des Anschwemmens und Abnagens fortlaufend
gebotene künstliche Landbildung und Wasserregelung ein Haupt=
problem der gesamten Staatswohlfahrt. Im Binnenlande finden
wir weite Landstriche geographisch geeint durch die Gebirgsformation,
durch die „ewigen" Berge, die unantastbare Bodenplastik; der
friesische Weg nach Holland durchzieht einen weiten Landstrich,
welcher geeint ist im Wechsel, im Werden und Vergehen des festen
Bodens, im steten Kampfe der Naturgewalten und der Menschen=
hand um die Grenzen von Land und Wasser.

Bekanntlich wurde das Harlemer Meer durch Dampfmaschinen
ausgepumpt und in fruchtbares Land verwandelt. Dies geschah
in den Jahren 1848 bis 1853. Die größte hierbei benützte
Maschine hieß der „Leeghwater", zu Ehren eines Mannes, der
über zweihundert Jahre vorher den ersten ausführlichen Plan zur
Austrocknung jenes Meeres entworfen hatte. Leeghwater schlug
damals Windmühlen zur Bewegung der Pumpen vor, und dieser
Vorschlag ist wohl manchmal von Binnenländern als eine Naive=
tät der alten Zeit belächelt worden. Wer aber den friesischen
Weg nach Holland gegangen ist, der wird nicht darüber lächeln;
er weiß, daß Leeghwaters Plan, obgleich er für jenen Fall auf
dem Papiere stehen blieb, doch keineswegs ein bloß theoretischer
Einfall genannt werden darf. Denn im Stedingerlande wird der
Boden in der That durch zahlreiche wasserhebende Windmühlen
trocken gelegt, und zwar ist dies nicht einmal eine altmodische,
sondern eine moderne Einrichtung, und der Wind wirkt durch das
Flügelrad auf eine archimedische Schraube. (S. Allmers, 299 f.)
Also wird dem Reisenden das Stedingerland bereits zu einer Vor=
studie für das Harlemer Meer.

Es schwebt aber ein eigener Humor über diesen wasserhebenden
Windmühlen. Der freie Wind jagte die Sturmfluten ins Land,
gab ihnen Kraft selbst die Deiche zu zerbrechen, und wurde so,
als Herr der Wogen, der ärgste Landverschlinger. Des Menschen
Witz aber zwingt jetzt den gefesselten Wind, daß er sein eigenes
und fremdes Unheil wieder gut mache und das Wasser, welches

er unerbeten bringen half, auf der Frohnde wieder über die Deiche in die Flüſſe hebe. Darin liegt eine höchſt anmutige poetiſche Gerechtigkeit, und der ungeſchlachte Brummbart Wind wird wie die Rieſen der alten Sage mit Ironie durch ſich ſelbſt geſtraft. Man hat vorgeſchlagen, die Urgeſchichte der Erde poetiſch zu behandeln, ein Epos zu dichten von den Schöpfungstagen, wie ſie die moderne Geologie aufſtellt, von den Revolutionen und Kämpfen, in welchen die Gebilde des Baſalt und Porphyr, des Granit und Gneis, der Sandſteine, Kalke und Kreiden ſich erheben und untereinander verſchlingen, verſenken, zertrümmern. Das wäre in der That ein großartiges Thema, und da wir dieſe Urgebilde handelnd und leidend auftreten ſehen, ſo könnte ſie uns der Dichter im Humor und erſchütternden Ernſt wie perſönliche Weſen nahe führen, die mit ihrem Schickſal ringen. Ich wußte aber ein noch beſſeres Thema dieſer Art, minder kühn die Phantaſie herausfordernd, doch dafür poetiſch tiefer, echter und reicher. Es ſpielt eben auf unſerm frieſiſchen Wege und dann weiter fort durch ganz Holland. Wir ſtehen hier auf einem Boden neueſter Bildung — Quartärformation — und das kosmogoniſche Epos würde rein in der Gegenwart handeln, nämlich, ſofern dem Geologen tauſend Jahre wie ein Tag ſind. Es erzählte uns die hiſtoriſchen Kämpfe zwiſchen Land und Meer, das Auftauchen und Verſinken des allerjüngſt geſchaffenen feſten Grundes, und malte aber auch die Verſtrickung des Menſchen in dieſen Kampf — handelnd und leidend — und zeigte uns in endloſer Perſpektive, den Blick weithin über alle Länder führend, wie der Menſch nicht erſt kam als die Erde vollendet war, ſondern vielmehr berufen ward, daß er die Erde vollende.

Das iſt das Eigentümlichſte unſers Weges und Landſtriches, daß wir immer hinaus ins Weite getragen werden, ſo wie wir uns genauer ans Einzelne heften, und daß ſich uns fort und fort Fernſichten öffnen, obgleich ſich uns nirgends Berge und Höhen bieten. So zeigen uns die waſſerhebenden Windmühlen des Stedingerlandes fern im Weſten das Harlemer Meer, und erheben uns zu einem Epos von den jüngsten Wandlungen der Quartärformation. Man soll die wirkliche Fata Morgana zuweilen in diesen Marschen sehen, noch mehr aber treibt hier die Fata Morgana ihr Zauberwerk vor unserm Geiste, doch hoffentlich ohne die am Horizont auftauchenden Türme und Bäume auf den Kopf zu stellen.

Als Siegesmale der alten Meereseinbrüche reihen sich Busen und Buchten längs unserer Nordseeküste bis zum äußersten Südweststrande Hollands. Auch hier gibt es eine Steigerung von Osten nach Westen, welche uns den Weg zeigt. Zuerst die Mündungstrichter der Elbe und Weser, dann der Jahdebusen, der Dollart, die Zuidersee. Bei jenen breit gerissenen Flußmündungen fesselt uns mehr nur das geographische Interesse, bei den darauf folgenden Meerbusen tritt die Geschichte als Schwester der Poesie hinzu, und erzählt uns von der Ohnmacht des Menschenvolkes, welches hier in Scharen von dem wütenden Element verschlungen wurde.

Wo solche Gewalt des Meeres zu bekämpfen ist, da bedarf es auch besonders starker Dämme. Und so gewahren wir denn am Jahdebusen zum erstenmal einen Deichbau, welcher verstärkt ist durch in Holzrahmen eingelassenes Mauerwerk. Das Eichenholz dieser Rahmen ist nicht im Lande gewachsen und die Bruchsteine ebensowenig. Wir werden dabei an die Riesendeiche des Helder in Holland erinnert, welche auf norwegischen Granit fundamentiert sind. Fremdes Holz und fremde Steine, importiertes Baumaterial erscheint für diese ganze deutsch-holländische Küste nicht bloß technisch, sondern auch kunstgeschichtlich charakteristisch. In den Elb- und Wesermarschen gibt sogar der fremde Ursprungsort der Steine einen Wink für das Alter der daraus erbauten Kirchen. Zuerst kommen die Granitkirchen, dann die Sandsteinkirchen, dann die Tuffsteinkirchen und zuletzt die Kirchen aus Backstein. Die Granitblöcke waren aus Skandinavien auf Gletschertrümmern über das Meer hierher geschwommen, der Sandstein wurde auf der Weser aus Westfalen herabgeführt, der Tuffstein soll, wie die Volkssage erzählt, aus Schottland geholt worden sein, indem man für jede Schiffsladung Steine eine Ladung Korn hinüber schickte. Das alles geschah in der romanischen Zeit, und erst in der gotischen Epoche wandte man sich überwiegend zum heimischen Material, zum Backstein, dessen Fabrikation heutzutage ein ausgezeichnetes Nebengewerbe größerer Gutsbesitzer bildet und nun wiederum teilweise auf die Ausfuhr berechnet ist.

Aehnliches gilt von Holland. Zwar weiß ich nicht, ob die Holländer Backsteine ausführen; allein während der Mittelrhein den Holländern durch Jahrhunderte Holz und Steine lieferte, und teilweise noch liefert, rauchen dort neuerdings Hunderte von kleinen Ziegelöfen nach holländischem Muster (sogenannter „Feldbrand"), in welchen ein jeder die Mauern seines Hauses gleich auf der Baustätte aus demselben Lehmboden brennt, den er für Keller und Fundament herausgeworfen hat. Und nicht bloß im Ziegelbrennen, auch im reinen Ziegelbau hat der Mittelrheiner während dieses Jahrhunderts von den Holländern gelernt. Die Bruchsteintechnik fuhr in alter Zeit zu Thal auf unsern großen Flüssen; dafür ist die Backsteintechnik in neuerer Zeit zu Berg gefahren.

Doch ist das nur eine kleine und späte Gegengabe, und so gewiß überhaupt mancherlei Austausch der Kultur zwischen dem städtereichen Rheindelta Hollands und dem rheinischen Binnendeutschland stattgefunden hat, so waren doch die bäuerlichen Marschen längs der nordholländischen und norddeutschen Seeküste in diesem Stücke immer viel mehr auf Einfuhr als auf Ausfuhr angewiesen. Das Volk war und blieb eigenartig in Stamm, Sprache und Sitte; Kunst und Wissenschaft und feinere Bildung erschienen importiert, gleich den Steinen zu den alten Kirchenbauten. Und als Holland selbständige Kultur in Kunst und Wissenschaft gewann, war der Zusammenhang mit dem stammverwandten Volkstum der deutschen Nordseemarschen durch politische Schranken abgeschnitten.

Ich nannte den Weg, dessen verborgene Merkwürdigkeiten ich fragmentarisch andeutete, den friesischen, zunächst aus historischen

Gründen. Doch führt er uns auch noch in der Gegenwart von den dürftigsten Spuren friesischer Art schrittweise in immer reichere Ueberreste friesischen Volkstumes, je weiter wir von Ost nach Westen vordringen. Diese aufsteigende ethnographische Linie sei in wenigen Worten zum Schlusse noch skizziert.

Im Lande Kehdingen und Hadeln sitzt rein sächsisches Volk, durch sein rühriges Wesen und den vorwiegenden Bauernberuf von den schwerfälligeren Friesen unterschieden, welchen Viehzucht, Fischerei und Schiffahrt näher liegt als die Arbeit des Pfluges.

Im Lande Wursten zeugen bereits die Ortsnamen von dem versunkenen friesischen Element. Dazu auch die Rechtsaltertümer. Das Wurstener Landrecht war in seiner ältesten Abfassung friesisch, in der zweiten plattdeutsch, in der dritten hochdeutsch und lateinisch. Friesische Mundart behauptete sich bis ins 17. Jahrhundert, mählich absterbend; im Anfange des achtzehnten sollen nur noch einzelne alte Leute diese Sprache verstanden haben. Jetzt zählt Hermann Almers hier und in den benachbarten Wesermarschen nur noch etwa fünfundzwanzig friesische Wörter und eine fast gleiche Summe gangbarer friesischer Taufnamen und fortblühender Geschlechtsnamen.

Osterstade und Wührden (gleichfalls rechts der Weser) bewahren einen Rest von Sagen und Sitten, der auf friesische Grundlage deuten soll. Das Vieland um Bremerhafen trägt wenigstens in seinem Namen (Vie, altfriesisch Sumpf) ein Denkzeichen der friesischen Vergangenheit.

Weit schärfer behauptete sich friesischer Charakter auf dem linken Weserufer. Die Stedinger sind, abgesehen von ihren reichen historischen Erinnerungen, sozial bis auf diesen Tag alter Friesenart treu geblieben als Seeleute und Viehzüchter. Stadland und Butjahdingen gehörten als das Rustringen der früheren Zeit politisch bereits zu den friesischen sogenannten „Freien Seelanden," welche unter dem Upstallboom bei Aurich ihre Versammlungen hielten. Hier beginnt dann auch schon die friesische Bauart des Bauernhauses, des sogenannten „Berges", während zwischen Weser und Elbe das sächsische Haus allein herrscht. Weiter nordwärts dagegen bei den Ditmarsen und im Eiderstädtischen an Holsteins und Schleswigs Küste erinnern die sogenannten „Heuberge" wieder an den gemeinsamen Stamm.

So folgten wir den Spuren des Friesenvolkes in Ortsnamen, Personennamen, in Ueberresten der Sitte und Sage und in sozialen und politischen Ueberlieferungen, bis wir zuletzt zu dem wichtigsten Trümmerstück, zu der Sprache selber kommen, die im Munde des Volkes lebt. Auf den Inseln westwärts von Butjahdingen redet man heute noch friesisch; allein wie diese Inseln, vom Meere benagt, teilweise zu verschwinden drohen, so wird auch der alte Dialekt von dem übermächtigen Nachbardialekte benagt, stirbt ab und verschwindet. Das Saterland bildet daneben den einzigen Winkel des deutschen Festlandes, welcher nach Sprache und Sitte die letzte Zufluchtsstätte friesischen Volkstumes auf dem festen Boden unseres nordwestlichen Küstengebietes genannt werden mag.

Spricht man nun aber auch im deutschen Ostfriesland nicht mehr friesisch, so kreuzt sich hier doch schon die niederdeutsche Mundart mit der holländischen, als einer reich mit friesischen Elementen gesättigten Sprache. Man hat Ostfriesland mit wenig deutschem Selbstbewußtsein „Deutsch-Holland" genannt, richtiger wäre holländisch Deutschland, wie denn auch der Holländer folgerecht die Gegend von Arnheim und Nymwegen seinerseits „Deutsch-Holland" nennt. Die Grenzlinie der deutschen und holländischen Sprache ist in Ostfriesland eine bestrittene, verwischte, und in Emden gilt oder galt es sogar als eine Art Glaubensartikel daß das echt reformierte Bekenntnis in Kirche und Schule holländisch gelehrt werde, während man von einem deutschpredigenden Pfarrer sagt: er lehrt lutherisch.

Hiermit gewinnt aber auch die Beobachtung des Wanderers „auf dem Wege nach Holland" ein ganz neues Ziel. Während er bis dahin die oft verhüllten und versteckten Anzeichen des Zusammenhanges mit Holland aufspüren mußte, drängt sich jetzt dieser Zusammenhang auch dem blödesten Auge von selber auf, und es gilt nicht so sehr das Fremde im Heimatlichen zu suchen, als gegenteils die oft unmerklichen Unterschiede zu erkennen, welche deutsche Art von der holländischen trennt.

Ueberschreiten wir aber den Dollart und kommen nun aus Deutsch-Holland ins wirkliche Holland, so versichert uns wohl gar der echte Westfriese, daß wir nun erst recht nicht in Holland seien; denn er scheidet Friesland und Holland ganz nach der Ausdrucksweise des 16. und 17. Jahrhunderts, und will sich nicht zu den Holländern gerechnet wissen. Und bei diesem landsmannschaftlichen Individualismus wird uns dann auch jenseit des Dollart gleich wieder ganz deutsch zu Mute.

Viertes Kapitel.

Grundlinien des rheinfränkischen Weges.

Ein völlig kontrastierendes Bild bietet der rheinfränkische Weg. Er ist nicht einsam, eine Linie, welche wir uns erst suchen und schaffen müssen, sondern umgekehrt, er ist die große Route, welche alle Welt fährt, zu Schiff und zu Wagen, und statt eines Weges bieten sich da gleich drei bis vier zur Auswahl.

Der verkehrsreichste deutsche Strom, der Rhein, weiset uns die Richtung zum rheinischen Holland. Und linksab führt die Maas in weit geschwungener Parallele denselben Weg. Nach Artikel 66 der Wiener Kongreßakte soll Preußen nirgends die Maas berühren, sondern überall entlang des Flusses in einer Entfernung von wenigstens achthundert rheinländischen Ruten respektvoll zur Seite bleiben. Man fürchtete wohl, wenn Preußen neben dem Rhein auch noch ein Stück Maas besessen hätte, so wäre es gar zu sehr auf den natürlichen Weg nach Holland geraten. Demgemäß bildete sich dann ein langer, schmaler, dünn bevölkerter holländischer Grenzstreifen auf dem rechten Maasufer. Im Norden bei der Ems ist es umgekehrt. Dort läuft die holländische Grenze der Ems zur Seite, ohne sie irgendwo zu berühren, und es bildet sich dadurch ein langer, schmaler, gleichfalls dünn bevölkerter preußischer Grenzstreifen auf dem linken Flußufer. Also ergibt sich das seltsame Spiel des Zufalls (sofern man bei Gottes Weltregierung im allgemeinen und bei der Diplomatie im besondern von Zufall reden darf), daß im Rheinland, wo deutsche

Art stärker auf holländischen Boden übergreift, der Grenzfluß wie zum Schutze holländisch geblieben ist, während in Ostfriesland, wo holländisches Wesen vielmehr die deutsche Grenze überschritten hat, der Grenzfluß deutsch blieb.

Uebrigens ziehen nicht bloß Rhein und Maas gen Nordwesten: in dem Lande zwischen beiden Flüssen haben selbst die Nebengewässer Roer, Erft und Niers einen nach den Niederlanden weisenden Parallellauf, das ganze Land senkt sich zum holländischen Rheinmündungsdelta.

Schon diese hydrographischen Linien bestimmen mich, den Landweg des linken Rheinufers von Köln nach Nymwegen der Straße des rechten Ufers von Denz nach Arnheim vorzuziehen, wenn es gilt, die Uebergänge deutscher zu holländischer Art bei Land und Leuten schrittweise und recht naturgemäß zu erwandern, und vollends wenn man dabei den schärfsten, lehrreichsten Kontrast des rheinfränkischen zum friesischen Wege sucht.

Man betrachte beide Rheinufer auf der Landkarte. Auf dem rechten Ufer führt uns nur das Thal des Hauptstromes nach Holland; die Nebenflüsse (Sieg, Wupper, Ruhr, Lippe 2c.) kommen allesamt von Osten herüber, stoßen fast rechtwinklig auf den Rhein, kreuzen unsern Weg, und wenn wir ihre Thäler verfolgen, so kommen wir nicht bloß in der Himmelsrichtung, sondern auch nach Landes- und Volksart immer weiter von Holland ab. Auf dem linken Rheinufer dagegen haben die Nebenflüsse zwischen Rhein und Maas den oben bezeichneten Parallellauf; sie deuten direkt auf unser Ziel so gut wie der Hauptstrom, und wir können sie in ihrer vollen Länge auf oder ab verfolgen, ohne aus dem Zusammenhang unsrer holländischen Grenzstudien gerissen zu werden. Das ganze Land zwischen Rhein und Maas unterhalb Köln ist eine natürliche Straße nach Holland, während man auf der rechten Rheinseite doch nur den Ufersaum so nennen kann.

Eine Wanderung nach Belgien würde ich auf dem rechten Rheinufer beginnen, eine Wanderung nach Holland auf dem linken. Das erinnert vielleicht manchen an den Reiseplan des Hieronymus Jobs. Allein die geognostische Karte wird mich rechtfertigen, und man soll keinen Entwurf zu größeren Fuß= reisen machen, ohne vorher auch die geognostische Karte befragt zu haben. Von den Quellen der Diemel und Ruhr zieht sich die Kohlenformation ost=westwärts bis nahe der Ruhrmündung zum Rheinthale, und das belgische Kohlenrevier von Aachen=Lüttich bis Charleroi erscheint wie die südwestwärts gebogene Fortsetzung jener Kohlenstrecke des rechten Rheinufers, allerdings unter= brochen durch die jüngeren Gebilde der Stromebene zwischen Düsseldorf und Aachen. Bei den Ruhrkohlen würde ich anfangen, in der naturwüchsigsten rheinischen Industrielandschaft, um Vor= studien zu machen für die Industriestädte des belgischen Kohlen= beckens und für das ganze Industrieland Belgien, welches freilich linksab vom Rheine liegt und doch dem rechten Rheinufer näher steht als dem linken.

Wenn wir aber auf jenem Wege nach Belgien die breite Thalebene des linken Ufers wie eine fremdartig eingeschobene Episode rasch durcheilen, so fesselt sie uns desto mehr beim Wege nach Holland, ja sie bildet hier den rechten Ausgangspunkt unsrer Wanderschaft.

Schon der Umstand, daß auf der linken Rheinseite die Quartärformation des Küstenlandes in breitester, tiefster Bucht bis zu den Pforten des deutschen Mittelgebirges heraufsteigt, und daß hier selbst die kleinen Wasseradern nordwestlich führen, läßt uns den linksrheinischen Weg nach Holland vorziehen.

In ganz reizender Weise bietet aber das linke Ufer dazu vollends zwei Straßen, die zwar nahe nebeneinander laufen und dennoch unsre Anschauungen und Gedanken nach entgegen= gesetzten Richtungen lenken: einen Tiefweg durch wasserreiches Flachland und einen Hochweg, welcher durch Hügelzüge und Höhenrücken bezeichnet ist. Der Tiefweg geht über Neuß, Crefeld, Kevelaer zur Maas, der Hügelweg über Xanten, Calcar, Cleve, Nymwegen zur Waal. Gibt uns aber jener Tiefweg auf Tritt

und Schritt zu bedenken, wie mannigfach verwandte Züge hol=
ländischer Art in unserm Rheinland versteckt liegen, so bietet der
Hügelweg die letzten Nachklänge deutscher Mittelgebirgsnatur
bis zur Grenze, ja bis über dieselbe. Hier ist die letzte deutsche
Stadt, Cleve, eine Bergstadt, und die erste holländische, Nymwegen,
senkt sich von der letzten Höhe zur Flußniederung herab, und der
letzte große deutsche Wald, der Reichswald bei Cleve, gibt uns
das Geleit zur Grenze, zu den Geesthügeln bei Cranenburg. Wir
verfolgen Deutschland nach Holland, wenn wir diesen waldigen
Hügelweg gehen; wir spüren dagegen Holland in Deutschland, wenn
wir in den wasserreichen Wiesengründen und zuletzt im Heide=
land jenes Tiefweges wandern. Und nicht bloß die Natur des
Bodens, auch die Physiognomie der Städte birgt auf beiden
Straßen die gleiche fein unterschiedene Färbung.

Ich begann dieses Vorwort zum rheinfränkischen Weg mit dem
Satze, daß er einen vollendeten Kontrast zum friesischen Wege
bilde; ich schließe es mit Einzelzügen dieses Gegensatzes.

Längs der Nordsee gehen wir durch ehemals sächsische und
friesische Bauernrepubliken zum holländischen Bauernlande; am linken
Rheinufer wandern wir durch ein altes Land der Städte und der
Adelsdynastien zum städtereichen und städtemächtigen Holland.

An der Nordsee fesselte uns uraltes naives Volkstum,
reinster, abgeschlossenster Art; hier uralte Kultur, getragen vom
Austausch der Stämme und Völker.

Wo am rheinischen Wege vordem ritterliche Herren herrschten,
geistliche und weltliche Aristokratie, da waltet jetzt der kauf=
männische und industrielle Bürger, und die ausebnende Macht
des freien modernen Gewerbfleißes glättet und verwischt die vor=
dem so scharf gegliederte Physiognomie von Land und Leuten.
In den Marschen der Meeresküste dagegen sitzt noch immer der
„Hausmann", der aristokratische Großbauer alten Schlages, ein
halbwegs stecken gebliebener Edelmann; auch er hat sich häufig
stark modernisiert in Sitte und Bildung, die sozialen Grundlagen
des alten Volkslebens — in Arbeit, Sprache, Sitte, Sage —

wurden aber dennoch im großen und ganzen wunderbar treu behauptet.

Der friesische Weg führt durch protestantisches Land, und an der Grenze — in Emden — gewinnen wir zunächst den Eindruck, daß Holland ein Stammsitz des reformierten Bekenntnisses gewesen. An der rheinfränkischen Straße wohnt überwiegend katholisches Volk, auch jenseit der Grenze berühren uns zunächst noch katholische Elemente, und wir erinnern uns, daß Holland schon in alter Zeit eine Zufluchtsstätte der verschiedensten Konfessionen war. Vorstudien dazu bieten unterwegs vor allen Crefeld und Kevelaer.

Endlich erstreckt sich dieser Gegensatz aber auch auf die politische Territorialgeschichte. Am linken Rheinufer gibt es einen bedeutenden Grenzstrich (preußisch Geldern), der ehemals zu den Niederlanden gehörte, dann aber deutsch geworden ist, die Grenze war hier vielfach verschoben, oft genug bestritten, und in der burgundischen Zeit wurde die Erweiterung der burgundischen Niederlande gerade auf dieser Linie mit Macht versucht. An Ems und Dollart hingegen war seit der Gründung der holländischen Selbständigkeit eine im wesentlichen feststehende Grenze. Das verwandte Volkstum verband sich hier friedlich, während es am Rheine in Kampf und Gebietswechsel sich vielmehr aufsog und gegenseitig aufhob.

Doch genug der allgemeinen Sätze. Ich führe jetzt den Leser auf den doppelten rheinfränkischen Weg, nicht indem ich ihn von Stamm zu Stamm, von Land zu Land geleite, wie es an der Nordsee sich von selbst ergibt, sondern von Stadt zu Stadt. In einer Reihe kleiner Städtebilder suche ich die Züge auf, welche uns den Zusammenhang und die Wechselwirkung deutscher und holländischer Art verkünden. Und also schildere ich die Städte nicht, um die Städte zu schildern; ich gehe vielmehr nur auf einer Straße zum einen Thor hinein und zum andern hinaus auf der Straße nach Holland.

Fünftes Kapitel.

Der Tiefweg von Neuß nach Kevelaer.

1. Die Mauern von Neuß.

Neuß lockt zunächst den Freund der Kunst und der Geschichte. Der eine wird sofort zur Quirinskirche eilen; dem andern empfehle ich einen beschaulichen Gang durch die Wallanlagen. Dem Handlungsreisenden bietet Neuß wenig Interesse, außer er müßte etwa in Oel machen, und neben den bunt bewegten Nachbarstädten Köln, Düsseldorf, Elberfeld gilt ihm das alte Novesium für tot und langweilig. Dennoch führt das Neußer Intelligenzblatt zugleich den Titel eines Handelsblattes. In einer oberdeutschen Stadt von gleich geringer Einwohnerzahl gäbe es ganz gewiß kein Handelsblatt, auch wenn die Getreidemärkte den ansehnlichen Neußer Kornhandel noch weit überträfen. Allein wir bewegen uns hier eben in einem Lande der großen Handelsstraßen, auf dem Weg zum Meere.

Beginnen wir mit einem Rundgang längs der alten Stadtmauern, um in den großen Erinnerungen des fünfzehnten Jahrhunderts die kleine Stadt vorerst groß zu sehen. Ein Stück des mittelaltrigen Mauerwerkes steht noch; der massive Unterbau von Basaltblöcken mit übergewaltigen Strebepfeilern zeigt die ehemalige Festigkeit, andere Teile liegen in Trümmern oder sind völlig verschwunden. Die schönsten Ueberreste ragen malerisch versteckt aus dem dichten Grün parkartiger Anlagen, und während im

Vordergrunde Wall und Graben als anmutiges Motiv von Hügel und Thal der modernen Gartenkunst dienen mußten, schnaubt hinten die Dampfmaschine einer Fabrik neben Türmen und Bollwerken, die gleich einer Burg an der Ringmauer aufsteigen. Ein gotisches Stadtthor ist noch wohl erhalten; den Turm schmücken in Stein nachgeahmte und gleichsam halb in die Mauer geschossene Stückkugeln, ein seltsames aber charaktervolles Ornament, welches uns sofort an die ruhmreichsten Tage der Stadt, an die Belagerung von 1474 erinnert. Durch dieses Thor, und nicht von der offenen Seite des Eisenbahnhofes her, sollte der Reisende einziehen, welcher im ersten Eindrucke gleich ein volles und bedeutendes Bild der Stadt Neuß gewinnen will.

Wer aber mit dem historischen Sinne zugleich geographischen Blick verbindet, dem erzählen die Mauern von Neuß nicht bloß von der erprobten Wehrhaftigkeit deutscher Bürger im Mittelalter, sondern sie sagen ihm auch, eben als stumme Zeugen jener Belagerung durch Karl den Kühnen, daß er hier ein Grenzgebiet betritt, auf welchem deutsche und niederländische Geschicke mehr als einmal entschieden worden sind.

Karl der Kühne von Burgund, bereits im Besitze der gesamten Niederlande, wollte ein großes Reich zwischen Frankreich und Deutschland schaffen, langgestreckt von den Alpen, wohl gar vom Mittelmeer bis zur Nordsee. Es galt, die Rheingrenze zu gewinnen und also zunächst die niederrheinischen Städte zu beugen. Karl rückte im Juli 1474 vor Neuß mit seinem aus allerlei Volk geworbenen Heere von 18,000 Mann, darunter auch Engländer, Italiener, Savoyarden. Elf Monate währte die Belagerung, und selbst der Winter setzte ihr, was damals unerhört war, keine Schranke. Allein obgleich der Burgunder siebzehn Türme brach und dreihundert Häuser zusammenschoß und die Belagerten derart aushungerte, daß sie zuletzt ihre eigenen Pferde verzehrten, mußte er doch im Juni 1475 wieder abziehen, und Tausende, die mit ihm gekommen waren, kamen niemals wieder heim. Die elf Monate vor Neuß waren die Vorboten der Tage von Granson, Murten und Nancy. Es bildet diese Belagerung ein merkwürdiges Datum in der Geschichte der Niederlande und des rheinischen Deutschlands, wie auch weiterhin Frankreichs und der Schweiz. Vor allem aber bezeichnet Karls des Kühnen seit 1475 fort und fort mißglückter Eroberungsplan einen großen Wendepunkt in der niederländischen Geschichte. Holland, Geldern und Seeland mußten damals schwere Steuern zahlen, um die burgundische Armee vor den Mauern von Neuß zu unterhalten, obgleich der Kampf mittelbar auch gegen die Freiheiten der Städte dieser Provinzen gerichtet war. Denn der burgundische Herzog war ein heftiger Gegner des freien und selbständigen Bürgertums, und wie er verschiedenen holländischen Städten ihre Privilegien nicht wieder erneuerte, andre durch neue Steuern bis zum Aufruhr erbitterte, so suchte er bei Neuß ohne Zweifel auch einen Streich gegen das verhaßte Städtewesen überhaupt zu führen. Allein hier am Niederrhein sollte sein Herrschgelüsten vor dem Mute der Bürger und ihren festen Mauern zu Schanden werden, wie später vor der Tapferkeit der eidgenössischen Bürger und Bauern in offener Feldschlacht.

Die mannhaften Bürger von Neuß waren stolz auf ihre festen Mauern und hatten Freude an denselben, sie schmückten sie mit allerlei feiner Kunst, wie uns jener Thorturm und dürftige kleinere Ueberreste heute noch bezeugen. Es hat sich aber auch noch ein andres Denkmal der berühmten Belagerung erhalten, gleichfalls „sere kunstlich vnd meysterlich", das ist die Reimchronik des Christian Wierstraat, weiland Stadtschreibers von Neuß. Unter dem frischen Eindruck der miterlebten Ereignisse schilderte er schon im Jahre 1475 die schwersten und ruhmreichsten Tage seiner Vaterstadt in mehr als dreitausend Versen „mit manigerley manier der rymen" treuherzig, wahr und warm.

Wie sich aber fast endlos Glied an Glied reihet, wenn wir in diesem Lande einmal beginnen niederländische Bezüge auf deutschem Boden zu suchen, so ruft uns Wierstraats Buch ein verwandtes älteres Werk ins Gedächtnis, welches eine Ent=

scheidungsschlacht darstellt, die, in naher Nachbarschaft geschlagen, gleichfalls der niederländischen und niederrheinisch deutschen Geschichte gemeinsam angehört. Das ist Johann van Heelu's Reimchronik von der Schlacht bei Woringen (1288). Hier siegte bekanntlich Herzog Johann I. von Brabant über den Erzbischof Siegfried von Köln. Der Sieger pflegt redselig zu sein, der Besiegte schweigt und spart seine Reime; darum begreift sich's, daß wir über die Belagerung von Neuß kein burgundisches, sondern ein Neußer Gedicht besitzen, und über die Schlacht von Woringen gegenteils keine Reimchronik eines Kölners, sondern eines Brabanters. Denn Johann van Heelu befand sich am Schlachttage nicht nur unter den Leuten des Herzogs von Brabant, sondern stammte auch aus Südbrabant — er heißt auch „broeder Jan van Leuwe." Wehmütig berührt es uns, wenn er gleich im Eingange erzählt, er habe seine Chronik nebenbei auch darum geschrieben, daß Herzog Johanns Schwiegertochter, Margareta von England, Lust bekomme die deutsche Sprache zu lernen. Heutzutage schreiben die Brabanter keine Bücher mehr, damit englische Prinzessinnen deutsch lernen, und je näher uns die niederländischen Schriftsteller der Zeit nach rücken, um so ferner rücken sie uns in der Sprache.

Deutsche und niederländische Geschichte kreuzt sich auf unserm jetzigen deutschen Grenzgebiete zwischen Maas und Rhein, deutsche und niederländische Augenzeugen schilderten die Ereignisse in alter Zeit; allein auch in der Gegenwart hat deutsche und niederländische Quellenforschung diesen unsern Boden gemeinsam bearbeitet.

Wierstraats Reimchronik ist von einem deutschen Gelehrten, E. von Groote, neu herausgegeben worden, während wir die deutsche Chronik Johann van Heelu's in der „Collection de Chroniques Belges inédites, publiée par ordre du gouvernement (1836)" suchen müssen. Die deutschen Lokalhistoriker des Niederrheins haben gar mancherlei Material aus Licht gestellt, was auch dem holländischen Nachbar dienen mag, und gegenteils brachte der unlängst verstorbene holländische Gelehrte Nyhoff in Arnheim in seinen zahlreichen Urkundenbeiträgen und Regesten kaum weniger Quellenstoff für die historische Topographie unsres niederrheinischen Grenzgebietes als seiner eigenen politischen Heimat.

Als die belgische Malerschule in der Gegenwart einen neuen nationalen Aufschwung nahm, griffen die Künstler nach großen Stoffen der vaterländischen Geschichte. Eines der frühesten dieser epochemachenden Bilder versetzt uns auf denselben deutschen Boden, auf welchem Johann van Heelu's Reimchronik handelt, es war de Keysers „Schlacht von Woringen".

2. Architekturzone.

Die Stadt Neuß hat ein Doppelgesicht, einen Januskopf, dessen eine Hälfte nach Holland hinaus, dessen andere nach Deutschland hereinschaut. Da, wo die alten Stadtmauern noch am höchsten ragen; von Büschen und Bäumen begrenzt, umgibt uns ein echt deutsches Landschaftsbild, so wie wir aber nach der andern Seite um die Ecke biegen, öffnet sich ein weites Flachland, Schiffsmasten und Segelwerk ragen mitten aus den Wiesen, wir stehen am Nordkanal, der, unvollendet, vom Rheine zur Maas, von der Maas zur Schelde führen, der Köln mit Antwerpen verbinden sollte.

Der Geschichtsfreund, welcher die Mauertrümmer betrachtet, wird im Geiste da und dort nach den Niederlanden geführt; der Kunstfreund, welchen die Quirinskirche fesselt, schweift dagegen rheinaufwärts, um diesen merkwürdigen Bau aus der rechten historischen und örtlichen Perspektive zu fassen; ihn zieht es nach Köln zurück, und er denkt, daß Neuß doch noch gar weit von Holland entfernt sei.

Die Stadt war kölnisch. Erzbischof Anno (1056—75) gab ihr die wichtigsten Freiheiten und hob sie aus tiefem Verfall. Es ist der heilige Anno, der Held jenes Annoliedes, der Maere von Sente Annen, welches uns Opitz gerettet und dadurch so frühe schon für die aufkeimende deutsche Litteraturgeschichte fruchtbar gemacht hat, des Annoliedes, welches die Brücke vom mittelaltrigen Volksepos zur Legendendichtung schlägt und in seinen ersten Versen noch ans Nibelungenlied anknüpft — und Neuß liegt auf dem Wege von Siegfrieds Heimat, Xanten, nach dem heiligen Köln.

Doch ich wollte von der Quirinskirche reden, die in anderm Sinne Neuß, Xanten und Köln als drei verbundene Punkte zeigt. Neuß ist ein Vorposten jener wunderbar reichen romanischen Architekturzone, deren Mittelpunkt Köln bildet; Xanten ein äußerster Vorposten der großen kölnisch-niederrheinischen Gotik. Beide Kirchen aber zu Xanten und Neuß stehen in einem ebenso auffallenden als vorteilhaften Gegensatze zu den meisten mittelaltrigen Baudenkmalen Hollands.

Die Quirinskirche in Neuß ist kunstgeschichtlich längst gewürdigt; ich spreche von ihr an diesem Orte nur als von einem Marksteine der kulturgeschichtlichen Landeskunde. Der kühne Bau aus dem Anfange des dreizehnten Jahrhunderts, also spät romanisch, überrascht durch seine fast übermütige Originalität, die sich uns namentlich im Aufbau und Schmuck der Westfassade blendend entgegendrängt. Aus der mannigfachsten Verbindung von Friesen und Bogenstellungen gestaltet sich hier ein ganz phantastisches Gesamtbild, wobei alles selbständige Skulpturwerk und plastisch durchgeführte Ornament wie mit Absicht vermieden ist, gleich als habe der Architekt uns zeigen wollen, wie bunt und reich er mit den einfachsten konstruktiven Elementen zu schmücken vermöge. An den Seitenschiffen und der Kuppel über der Kreuzung spielt er geradezu mit den abenteuerlichsten Fensterformen in Gestalt eines Fächers, ja eines Kleeblattes, und setzt im Innern aus freier Laune Kragsteine an, welche sicherlich niemals etwas zu tragen hatten. Der Meister war ein gefährlicher Mann, ein Originalitätsgenie, das Großes vollbrachte, wunderliche Wege und Abwege gehend, auf welchen geistlose Nachtreter völlig hätten verderben müssen. Allein der Spitzbogen, welch er bereits da und dort hervorlugt an der Quirinskirche, verkündet uns auch), daß ein neuer Geist neue Formen bringen, daß der Romanismus nicht in der hier bereits vorgedeuteten Willkür und Manier stecken bleiben sollte, sondern sich auflösen in die strenge jugendfrische Kunst der Frühgotik.

Wenn ich nun aber freie, ja überkühne Originalität als den Grundcharakter der Quirinskirche bezeichne, so erscheint sie schon dadurch in engem Zusammenhange mit den romanischen Denkmalen Kölns. Denn keine andere deutsche Stadt besitzt so vielartige Kirchen dieses Stiles, die nicht nur untereinander äußerst verschieden sind, sondern zumeist auch durch ihre phantasievolle Eigenart selbständig aus dem Kreise des gesamten deutschen Romanismus hervortreten.

Was dann aber Köln im kleinen Raume und gleichsam in einer Zusammenstellung der verschiedensten Musterbilder dieser Art bietet, das wiederholt sich in der ganzen weiten Architekturzone von Limburg an der Lahn, Koblenz und Laach bis Neuß herab, jenes freiere Formenspiel der romanischen Schluß- und Uebergangszeit — und kontrastiert entschieden gegen den strengeren, symmetrischen älteren Romanismus des Oberrheins, der in Mainz, Worms und Speyer seine Mittelpunkte fand. So wird sich also der Kunsthistoriker in Neuß keineswegs schon auf dem Wege nach Holland fühlen, im Gegenteil: es zieht ihn nach Köln, in das Herz des niederrheinisch-deutschen Kunstlebens, zurück. Und nicht bloß was er in der Quirinskirche mit Augen sieht, sondern was er dort leider nicht mehr sehen und nur noch in Gedanken sich vorstellen kann, gemahnt ihn an rheinisch-deutsche Kunst. Denn eben im Chor und in der Kuppel dieser Kirche war es, wo Cornelius, der Sohn des benachbarten Düsseldorf, Engelchöre und Moses und David, Petrus und Paulus gemalt hatte, seine erste größere Komposition, die nun übertüncht und mit neuer Malerei überzogen ist. Es waren jene Bilder zwischen 1806 und 1808 entstanden, im Zusammenhange mit den frühesten von Köln aus angeregten Bestrebungen, unsre Mittelaltertümer

zu retten und wiederherzustellen, und aller Orten erinnern uns
heute Restaurationen und neuer stylgemäßer Kirchenschmuck in
diesem Grenzstriche, daß Köln in der Gegenwart ebenso sehr ein
Centrum der erneuten und erneuenden mittelalterlichen Kunst ge
worden ist, wie es dies vor Jahrhunderten hier für die schaffende
Kunst des kirchlichen Styles war.

Ich nannte die Quirinskirche einen Markstein. Auf dem
Wege nach Holland nehmen wir mit ihr von den großen Denkmalen des rheinischen Romanismus Abschied. Zwar findet sich
romanische Kunst auch noch weiter abwärts an den Kirchen zu
Mehr und Wissel, an der Westfassade der Xantener Viktorskirche,
an Chor und Krypta der Kollegiatkirche zu Emmerich, an der
Stiftskirche auf dem Eltenberge; das sind aber zerstreute, zum
Teil bloß fragmentarische Ueberreste, herrschend erscheint jetzt
unterhalb Neuß die Gotik, wie sie auch in Holland und Belgien
herrscht.

Schon das Baumaterial der Neußer Quirinskirche spricht es
charakteristisch aus, daß sie auf einem Vorposten steht, hart am
Uebergange. Man baute nämlich die romanischen Kirchen des
Niederrheines am liebsten aus Tuffsteinen, welche vom Brohlthal
oder vom Laacher See kamen; bei den gotischen Bauten weicht
dagegen der Tuff den Ziegeln, und so sind denn auch die gotischen Kirchen Hollands meist aus Ziegeln ausgeführt. Bei der
Quirinskirche, örtlich auf einen Uebergangspunkt, zeitlich in eine
Uebergangsperiode gestellt, findet sich nun eine höchst bezeichnende
Verbindung der Backstein- und Bruchsteintechnik: die Wandflächen
bestehen aus Tuffsteinen, welche aber so klein und gleichförmig
behauen sind, daß sie ganz wie Backsteine wirken. Von weitem
glaubt man vor einem Ziegelbau zu stehen, erst aus der Nähe
erkennt man die Bruchsteine: der Werkmeister ahmte künstliche
Steine in natürlichen nach, er anticipierte die Technik der an-
brechenden neuen Stylperiode im Material der ablaufenden alten.
Die Bänder, Rahmen, Gesimse sind dann aus dem größeren
Block gehauen und fügen solchergestalt die scharfen Profile des

gemeißelten Steines zu der gleichmäßigen Füllung der nach=
geahmten gebrannten Steine.

Beim chronologischen Ueberblick der Baudenkmale des Landes
zwischen Rhein und Maas stoßen wir übrigens noch auf eine
Thatsache, die ich nicht am Wege liegen lassen darf. In dieser
altkultivierten und vorab kirchlich so früh entwickelten Gegend
mit ihren vielen dem Gründungsjahre nach uralten Klöstern und
Pfarreien befremdet es, daß von frühromanischen Werken und
gar von Monumenten der altchristlich vorromanischen Kunst kaum
eine Spur mehr vorhanden ist.

Denn da das angebliche Baptisterium Karls des Großen
im Valkenhofe zu Nynwegen sicherlich einer viel späteren Zeit
angehört, so bleibt meines Wissens nur die Chornische der Pfarr=
kirche zu Ryndern, Kreis Cleve, übrig, welche nach dem Urteile
kundiger Forscher aus dem achten Jahrhundert stammen soll.
Ich habe sie nicht gesehen.

Als Grund für das völlige Verschwinden der ältesten Denk=
male macht man aber geltend, daß die Normannen bei ihren
Raubzügen vom Meere stromaufwärts dieselben zerstört hätten.
Das ist auch wieder ein historischer Zug, der uns den Zusammen=
hang unsers Landstrichs mit der Meeresküste ins Gedächtnis
ruft. Bis Bonn läßt Regino im Jahre 881 die Normannen ver=
wüstend den Rhein heraufbringen, dort schwenkten sie rechts ab;
sie gingen also bis zum großen Portal des mittelrheinischen
Landes, bis zum Siebengebirg; sie verfolgten die Kölner Rheinbucht
bis zum innersten Winkel, bis zur Grenze der Quartärformation
des niederdeutschen Nordseeküstenlandes, gleich als ob es ihnen
nur so lange heimlich gewesen wäre, geradeaus ins Innere
Deutschlands vorzudringen, als sie sich auf der gemeinsamen geo=
gnostischen Basis befanden, welche den deutschen Niederrhein mit
Holland zu einer natürlichen Einheit verbindet.

Wenn der oberdeutsche Wanderer zwischen den letzten Höhen
des Siebengebirges hervor in die Rheinebene tritt und gar bei
Bonn die erste Windmühle erblickt, so kommt ihm die Landschaft

schon ganz holländisch vor. Der Holländer lächelt darüber, denn er fühlt sich gegenteils schon bei Cleve mitten im Binnenlande. Allein der Oberdeutsche kann sich auf die Normannen berufen, welche doch auch gute Kenner Niederlands waren und ihre Verbindung von Land- und Seeräuberei mit richtigem Instinkt gerade bis zur Bonner Windmühle erstreckten.

3. Crefeld. Cornelius de Greiff.

Neuß versetzt uns ins Mittelalter; in Crefeld atmen wir die Luft der neueren Zeit. Die Stadt verdankt ihr Aufblühen seit dem siebzehnten Jahrhundert der religiösen Duldung und dem Gewerbfleiße, einem Geschwisterpaar, welches gar häufig Hand in Hand geht.

Crefeld gehörte zur Grafschaft Mörs, welche im Jahre 1600 an das Haus Oranien-Nassau fiel. Schon dadurch ward die Stadt Holland nahe gerückt; die Oranier übten als Grafen von Mörs jene Toleranz, welche sie als Erbstatthalter von Holland nachgerade üben gelernt hatten, Crefeld wurde eine Zufluchtsstätte der in Jülich und Berg verfolgten Reformierten, Mennoniten und Separatisten und erwuchs im siebzehnten Jahrhundert zu einem gewerbfleißigen Flecken, im achtzehnten unter preußischer Herrschaft zu einer Industriestadt von 6000, im neunzehnten von 50 000 Einwohnern.[1]) Aber nicht bloß durch das alte bunte Gemisch von anderswo unterdrückten religiösen Bekenntnissen erinnert Crefeld

---

[1]) Neuerdings ist freilich nahezu Stillstand eingetreten in der Volkszunahme Crefelds. Im Jahr 1864 zählte die Stadt 53 112 Seelen, 1867 53 837, zeigte also nur eine Zunahme von ⅗ Prozent, während das benachbarte Düsseldorf gleichzeitig um 30½ Prozent gewachsen war. Das Stillestehen Crefelds hängt wohl mit der relativ geminderten Bedeutung seiner Industrie zusammen. (In dem Zeitraum, welcher zwischen der zweiten und dritten Auflage dieses Buches liegt, haben sich diese Verhältnisse freilich bedeutend zu Gunsten des mächtig aufgeblühten Crefeld geändert, und die hier mitgeteilten Ziffern bieten nur noch historisches Interesse.)

an holländische Städte, sondern auch durch den Umstand, daß das Gedeihen seiner Manufakturen, keineswegs von der Oertlichkeit begünstigt, nur durch den zähen Fleiß des Volkes der widerstrebenden Lage abgerungen werden konnte.

Die äußere Physiognomie Crefelds als Industriestadt sticht merklich ab von den Städten der benachbarten zwei großen Industrieviere zwischen Ruhr und Wupper auf dem rechten Rheinufer und zwischen Roer und Maas, an der belgischen Grenze, wo die Kohlenformation das Land charakterisiert, Kohlenstaub den Boden deckt, Kohlenrauch die Luft erfüllt, riesige Schlote und große konzentrierte Fabrikgebäude die Herrschaft der Dampfmaschine verkünden. Man erfülle sich mit diesen Eindrücken in dem wenige Meilen entfernten Essen und Ruhrort und fahre dann nach Crefeld herüber, um des Gegensatzes inne zu werden. Die Crefelder Seiden- und Samtweberei macht weder so viel Staub und Rauch, noch so viel Geräusch, sie bewahrte dem Ort das Gepräge einer alten Manufakturstadt, und während wir in jenen großen Fabrikplätzen bereits auf dem Sprunge nach Belgien stehen, werden wir in dem stillfleißigen, reinlichen Crefeld nach Holland versetzt. Kleine und mittelgroße, zum Teil sehr elegante Familienhäuser erfüllen die Stadt, und ringsum schlingt sich ein weitgezogener Kranz von Gartenhäusern, Villen, Landwohnungen, zerstreuten Wirtschaftsgebäuden, dann aber auch von Bauernhäusern, in welchen der Webstuhl geht. Das Hausgewerbe ist hier noch mit der Industrie verwachsen und zerstreut die Siedelungen.

Breit und regelmäßig ins Geviert gebaut mit den hellen, geradlinigen, zum Verwechseln gleichförmigen Straßen, erscheint Crefeld als das niederrheinische Mannheim. Während jedoch bei Mannheim Fürstenlaune den Grundplan so symmetrisch nach Lineal und Zirkel entwarf und solchergestalt, wie man damals ausdrücklich sagte, die Stadt nach holländischer Art anlegte, ist die verwandte Gestalt Crefelds vielmehr durch die innere Geschichte des Ortes und seine geographische Lage gerechtfertigt. Langweilig angelegt sind beide Städte, allein wir ertragen weit eher jemanden, der von Natur als der aus Grundsatz langweilig ist.

Am Ostwall zu Crefeld erhebt sich eine hohe Säule zum Gedächtnis eines berühmten Crefelder Bürgers neuerer Zeit, des Cornelius de Greiff (geb. 1781, gest. 1863), der durch seine großartigen Stiftungen einen seltenen bürgerlichen Gemeinsinn bewährt hat. Die Säule mit glänzend poliertem Schaft ist schmuck und modern elegant, die Alleen rechts und links sind zwar noch klein und jung im Wuchs, aber wohlgepflegt und von netten Gartenbeeten umgeben, und diese Alleen werden dann wiederum von zwei langen Reihen anmutiger Familienhäuser eingerahmt, welche mit ihren blinkenden Spiegelfenstern und den glitzernden schwarzglasierten Dachziegeln die höchsten Lichter auf das durchaus heitere Gesamtbild setzen. In solcher vernünftig geordneten, behäbig reinlichen und freundlichen Umgebung, in solcher Anmut der Prosa ist das Denkmal eines wohlthätigen reichen Bürgers der Gegenwart ohne Zweifel ganz an seinem Platze, und das Gesamtbild charakterisiert den Mann, welchen die Säule ehren soll.

Und doch findet man ein noch bezeichnenderes Denkmal als jene schöne Säule am Ostwall. In Form einer recht dilettantisch gezeichneten Lithographie hängt es da und dort in den Häusern unter Glas und Rahmen, als ein Bild, welches eigentlich für den Spaß zu trocken und für den Ernst zu geschmacklos ist. Aber das Bild spricht. Wir sehen da den untersetzten Mann mit scharf geschnittenem Profil, eine feste, echt bürgerliche, wenn man will, spießbürgerliche Gestalt im altmodischen Rocke, die Schirmkappe auf dem Kopf, den Regenschirm unter dem Arm, die Cigarre in der Hand. Das ist Herr de Greiff, wie er leibte und lebte, sagen die Crefelder, so ging er durch die Straßen. Hinter ihm aber erhebt sich eine Pyramide in ganz neuem Stil, aus unten großen, nach oben immer kleineren viereckigen Kasten aufgebaut, und auf denselben stehen seine sämtlichen Stiftungen zu Gemeindezwecken derart verzeichnet, daß der unterste Kasten mit der breiten Grundlage eines Vermächtnisses von 100000 Thalern anhebt, dann verjüngen sich die Summen und Kasten höher und immer höher, bis die Spitze mit einer kleinen Schatulle von 1000 Thalern abschließt. Dies kindlich kunstlose Gedenkblatt rührte mich mehr als die polierte Steinsäule auf dem Ostwall mit dem feingebildeten Erzkapitäl. Es giebt uns den nüchternen thätigen Bürger, den schlichten Mann voll Arbeitskraft, Wohlwollen und Gemeinsinn, und ich dachte, dieser Bürger möge zugleich ein echter Typus für den historischen Gesamtcharakter der ganzen Stadt sein.

Aber nicht bloß der Stadt, er ist auch weiter ein niederdeutscher Typus. Die oberdeutschen Reichsstädte hatten ähnliche in Reichtum und Wohlthätigkeit großartige Gestalten, allein die gingen anders einher als der Crefelder mit seiner Schirmmütze. Und wenn ich nun vollends die ganze Mischung von Thatkraft, Nüchternheit, Gemeinsinn und naiver Geschmacklosigkeit zusammenfasse, wie sie aus dem lithographierten Bilde spricht, und den Tauf= und Familiennamen des Cornelius de Greiff dazu, so kann ich mich wiederum des Gedankens nicht erwehren, daß Crefeld eben auf dem Wege nach Holland liege.

4. Maasländisches Tuch und maasländische Holzschuhe.

Crefeld ist eine neue Stadt, und auch seine Betriebsamkeit, obgleich altertümlicheren Gepräges als so manche Nachbarindustrie, an und für sich doch nicht vom ältesten Datum. Allein das ganze Land, in welchem wir hier wandern, unser nördliches Grenzgebiet zwischen Maas und Rhein, ist altes Industrieland. Es war schon im früheren Mittelalter ein Sitz weitberühmter Tuchwebereien, später auch bedeutender Leinwandmanufakturen, und bildet in der Gewerbegeschichte gleichsam eine große industrielle Provinz mit Flandern und den angrenzenden holländischen Gebieten.

Dieser kulturhistorische Zusammenhang ist natürlich wiederum Wasser auf meine Mühle. Zur klaren Erkenntnis desselben ändern wir nur ein wenig unsern Beobachtungspunkt, indem wir uns von Crefeld um fünf Eisenbahnstationen vorwärts nach Goch

versetzen und dann in Goch um fünf Jahrhunderte rückwärts ins
Mittelalter. Dieses Goch, jetzt ein unbedeutender Ort, war da=
mals ein ähnliches Centrum für die Wollweberei zwischen Maas
und Rhein wie heutzutage Crefeld für die Weberei in Samt
und Seide.

Bekanntlich stehen die Friesen als Tuchweber weit voran in
der deutschen Gewerbegeschichte, der freie Fries: wob für Kund=
schaft und Handel schon zu einer Zeit, wo bei andern deutschen
Stämmen nur erst Frauen und Hörige für den nächsten Haus=
bedarf Gewebe bereiteten. Und diese Kunst der Friesen, im
„Friestuch" auch sprachlich bezeugt, behauptete sich durch lange
Jahrhunderte. Von der Veluwe herüber, im süd= und westfrie=
sischen Lande am Rhein und Yssel, verbreitete sich die Wollarbeit
auch in das fränkische Land zwischen Maas und Rhein, und da
man beim ältesten Gewerbebetrieb jener Friesen auch sächsischen
Einfluß annimmt, so kreuzt sich ein friesischer, sächsischer und
fränkischer Weg sogar in der Tuchmanufaktur. Nur möge man
diesen friesischen Weg nicht mit unserm vorbeschriebenen längs der
deutschen Nordseeküste verwechseln, denn in den dortigen Marschen
wurde schwerlich viel Tuch fabriziert.

Im vierzehnten Jahrhundert blühte die Weberei in Gelder=
land; pannus mosanus, maasländisches Tuch, nannte man da=
mals das Gewebe, welches im gelderischen und clevischen Rhein=
Maas=Dreieck verfertigt wurde; jetzt deutsche und holländische
Städte, wie Emmerich und Arnheim hatten ihre Weberstraße,
Goch, Geldern und Venlo ihre bedeutende Weberzunft, und selbst
auf den Dörfern ging damals der Webstuhl ebenso fleißig, wie
er heutzutage in den Bauernhäusern um Crefeld schlägt; lombar=
dische Kaufleute saßen als Geldwechsler in Goch, und die weit=
gedehnten Heiden bei diesem Orte wie auf dem ganzen rechten
Maasufer bis über Nymwegen hinaus dienten als Schafweiden
der Wollerzeugung.

Heutigen Tages sind diese Heiden zumeist in Ackerland ver=
wandelt, die Wollweberei von Goch nahm ab im sechzehnten

Jahrhundert und erstarb im achtzehnten. Doch ist das Gedächtnis des ruhmreichen Gewerbefleißes der Vorfahren dort noch immer nicht ganz erloschen. Nach dem Zeugnisse eines eifrigen Lokalforschers, des Dr. Bergrath, der in den Annalen des niederrheinischen Geschichtsvereines über das „Wüllenamt" zu Goch geschrieben hat, erinnern sich noch einige alte Leute der letzten Tuchweber, und in scherzhaften Beinamen klingt das Andenken der alten Industriegröße auch weiter in der Umgegend nach: die Gocher heißen im ganzen clevischen Lande heute noch Goch'sche Weber, Goch'sche Spulkinder und der Pfarrer von Goch der Weberpastor.

Aber selbst das Ersterben der Wollweberei sollte den industriellen Zusammenhang des Landes mit Holland nicht sofort und völlig lösen. Am Ausgange des sechzehnten Jahrhunderts kam in Goch, wenn auch nur für kürzere Zeit, die Leineweberei in Schwung, ein Absenker der berühmten holländischen Leinenindustrie, und als der dreißigjährige Krieg auch diesen Betrieb lähmte, wanderten Leineweber, Bleicher und Leinwandhändler großenteils nach Haarlem.

Crefeld und Goch liegen an der Niers, also im Maasgebiete, und das „maasländische Tuch" führte uns gleichfalls an die Maas und weit maasabwärts, dann auch über die Waal durch die Betuwe und über den Rhein bis zur Veluwe. Als Münchener wurde ich in Crefeld aber auch noch durch ein anderes lebendiges Altertum an die Maas geführt und maasabwärts, ja noch viel weiter über ganz Holland und Belgien nach Nordfrankreich hinaus.

Im ersten Saale der Münchener Pinakothek hängt ein Bild Hans Schüleins. Es stellt den heiligen Servatius dar und zeigt linker Hand ein Wappenschild mit drei Holzschuhen, rechts eine Aufschrift, in welcher der Heilige also spricht:

> „Zu Lüttich den Glauben leret ich
> Servatius, do warff man mich
> Mit Holzschuchen zutodt auff der fart,
> Zu Mastric ich begraben wardt."

Ich ging eines Nachmittags durch die Straßen von Crefeld, als sich eben eine stark bevölkerte Elementarschule entleerte. Gleich einem Wasserfall stürzte die Kinderschar die innern Treppen herab und zur Thüre heraus, und polterte dann über das Straßenpflaster mit hunderttönigem Gcklapper, denn die Kinder trugen fast allesamt Holzschuhe bis zu den Kleinsten, allerliebste Miniaturholzschuhe. Nun aber gings an ein Wettlaufen und Balgen in der wimmelnden Schar, und die Knaben sprangen und hüpften mit bewundernswerter Virtuosität in ihren Holzschuhen, fast so gelenk wie unsre Tänzerinnen, wenn sie ein niederländisches Holzschuhballett tanzen. Einige Jungen vornehmeren Schlages trugen jedoch Lederschuhe, und gewannen's dadurch vor den andern im Ringen und Laufen; es kam zum Streit: da zogen ein paar der entschlossensten ihre Holzschuhe aus, warfen sie den Lederbeschuhten zwischen die Beine, und die Holzschuhe flogen herüber und hinüber und wurden geschwungen als Geschoß und Handwaffe. Es war eine prächtige Rauferei, zum Malen schön, und alte Niederländer haben wirklich zum öftern eine Prügelei mit Holzschuhen gemalt. Ich aber dachte nicht an Gentremalerei, sondern an Hans Schülein und den heiligen Servatius, welcher durch sein Martyrium das Maasland zum klassischen Boden der Holzschuhe gemacht hat: hier stand ich jetzt auf maasländischem Boden, Mastricht und Lüttich sind nicht weit entfernt, ich stand an der Schwelle des Niederlandes. Und in der That merkte ich nun erst recht auf, wie der gemeine Mann, alt und jung, hier bereits Holzschuhe trägt, hier „Klompen" genannt.

Holzschuhe bezeichnen ein ebenes, feuchtes Land. In den Bergen kann man sie nicht tragen, und im trockenen mittelrheinischen Flachland gehen die geringen Leute barfuß. Für rechtes Sumpfland taugen die Holzschuhe aber auch nicht, man würde stecken bleiben, darum trägt der Bauer in den baurischen Moosflächen hohe Wadenstiefel, und der kleine Knabe erscheint durch seine hohen Stiefel dem Fremden dort ebenso komisch wie hier durch seine Diminutivholzschuhe. Dann rasen Holzschuhe aber

auch nicht für die fette, humusreiche Fruchtebene, der klebrige
Boden würde sie einem von den Füßen ziehen; also trägt auch
der Ungar keine Holzschuhe, sondern Stiefel. Er trägt sie andrer=
seits gleich dem Altbayern, weil er Pferdezüchter ist und am
liebsten reitet. Man sieht, die Holzschuhe gedeihen nur in einer
ganz bestimmten Art ebenen und wasserreichen Landes und setzen
obendrein ein gewisses Phlegma des Volkscharakters voraus,
welches sie dann ihrerseits wieder fördern und erhalten. Am
besten paßt der Holzschuh einem Schiffervolk, in sandigem, wasser=
reichem, aber kanalisiertem Lande, und so verkündet sein allge=
meiner Gebrauch, daß wir bereits aus den Pforten des Binnen=
landes getreten sind. Wir ahnen im Holzschuh die Meeresküste.

Wer übrigens die fürs Gedeihen der Holzschuhe bereits so
günstige Bodenbeschaffenheit Crefelds aus der Ferne näher kennen
lernen will, dem empfehle ich das einschlagende Blatt in v. Deckens
trefflichem geognostischem Atlas des Rheinlands und Westfalens
und dazu E. v. Schomburgs Monographie über die Schlacht von
Crefeld. Hier besiegte nämlich Herzog Ferdinand von Braun=
schweig (am 23. Juli 1758) die Franzosen unter Clermont da=
durch, daß er einen Fehler gegen die Grundregeln der Strategie
beging. „Le plan du duc Ferdinand à la bataille de Crefeld
est contre la règle," sagte Napoleon auf St. Helena. Denn
der Herzog teilte seine beiden Flügel dergestalt, daß sich der
Feind in den unverbundenen Zwischenraum hätte einschieben können.
Trotzdem siegte der Herzog, weil er einerseits Charakter und
Kampfweise des Gegners, dann aber auch die Bodenbeschaffenheit
bei seinem schulwidrigen Plan meisterhaft in Rechnung brachte.
Das Schlachtfeld bestand zum Teil aus einer großen Heide, dann
aber aus Kulturland, mit zahlreichen einzelnen Gehöften, die von
Wassergräben umzogen sind, überhaupt aus einem Lande, welches
durch Wasserrinnen, Hecken, bewachsene Dämme, zerstreute Wäld=
chen aufs bunteste durchschnitten wird, und durch Wege verbunden,
die wegen der zur Seite laufenden tiefen Wassergräben ein Aus=
weichen weder nach rechts noch links gestatten. Ein herrliches

Terrain für Holzschuhe und für gewagte Manöver und lecke
Handstreiche. Und so war es denn auch gerade dieser bei Neuß
und Crefeld beginnende niederrheinisch=holländische Uebergangs=
boden, durch dessen genaue Kenntnis und Benützung der Herzog
einen theoretischen Fehler in den praktischen richtigen Griff ver=
wandelte. Er hatte berechnet, daß die Crefelder Landschaft bereits
auf dem Wege nach Holland liegt.

5. Aus der deutschen und holländischen Kirchengeschichte.
(Kempen und Goch.)

Der Leser wird schon bemerkt haben, daß ich zunächst der
Eisenbahnlinie Köln=Cleve folge. Jede Station bietet hier ein
neues Interesse, und doch fügen sich diese zerstreuten, fremdartigen
Dinge wieder ganz von selbst in unsern Gesamtplan. In Neuß
fanden wir politische Geschichte, Kunst= und Litteraturgeschichte,
in Crefeld Gewerbegeschichte und Kriegsgeschichte; in Kempen,
nur anderthalb Meilen weiter nordwärts, erwartet uns Kirchen=
geschichte — immer wieder im Zusammenhange mit Holland.

Thomas Hemmerken, der Sohn eines Bauern und Gürtlers,
ward im Jahre 1379 oder 80 zu Kempen geboren, der Verfasser
der „Nachfolge Christi". Der Vaterstadt dankte er den Namen
Thomas von Kempen, doch könnte man in tieferem Sinne sagen,
daß Kempen vielmehr dem Thomas seinen „Namen" danke, indem
er diese Stadt erst namhaft gemacht hat vor aller Welt. Es
gibt viele Männer, große und kleine Größen, welche von ihrem
Heimatsorte den Namen gewannen, später aber in ihrem Namen
dem Orte selbst wieder einen rechten Namen gaben, nämlich einen
bedeutsamen, weittragenden. Das Mittelalter und die Renaissance
waren besonders reich an solchen namengebenden Männern, weil
sich damals die Familiennamen vielfach erst aus den Ortsnamen
bildeten oder umbildeten — in seltsamem Wechselspiel, denn in
der ältesten Zeit hatten sich umgekehrt zahllose Ortsnamen aus
Personennamen gebildet. Allein auch in der Gegenwart gibt es

Männer, welche sich wenigstens einen Beinamen von ihrem Heimatsorte nahmen und dadurch den Ort selbst erst in aller Leute Mund brachten. Das ist also eine sehr lange und bunte Reihe von Persönlichkeiten; denn sie reicht von Fiesole und Thomas a Kempis und weiter her bis Schulze=Delitzsch und Hoffmann von Fallersleben. Nur daß letztere sich nicht den Lokalnamen gaben, weil es an Familiennamen mangelte, sondern weil deren so viele geworden sind, daß ganze Massen derselben gar kein Unterscheidungs=zeichen mehr bieten.

Einen kleinen Tagemarsch nordwestwärts von Kempen liegt Goch und einen Nachmittagsspaziergang ostwärts von Goch Calcar. Verbinden wir diese drei Punkte, so gibt es ein Dreieck, welches die Uebergangsnatur unsers Maas=Rheinwinkels in engem aber ziemlich vollständigem Auszuge umschließt. Diese drei Punkte sind aber auch verbunden durch drei Männer, welche eng zusammenhängend von ihnen die Namen trugen: Heinrich Eger von Calcar, Thomas von Kempen und Johannes von Goch. Heinrich von Calcar, ein halber Heiliger, leitete Thomas von Kempen auf jenen Weg der Ascese und des beschaulichen Lebens, wo er den Beruf fand, das Volk (nach Hases treffendem Worte) „aus der römischen Kirche in die Kirche des Herzens zu führen". Johannes von Goch, der jüngste von den Dreien gehört schon nicht mehr bloß wie Thomas zu den Männern der aufbauenden, sondern auch der protestierenden Reform, und schreibt gar manchen Satz von der „christlichen Freiheit" und von den „vier Irrtümern" des damaligen Kirchentums, den Luther könnte geschrieben haben. Diese ganze vorbereitende kirchliche Bewegung aber hatte örtlich einen Ausgangspunkt und Zusammenhalt am Niederrhein gefunden in den Häusern der „Brüder vom gemeinsamen Leben". Diese Brüderhäuser verbreiteten sich von den Niederlanden über das nördliche Deutschland, und so finden wir in Goch schon seit 1365 einen Verein gemeinsam lebender Kleriker ähnlich dem Bruderhause zu Deventer, wie auch in den Städten Geldern und Goch eine Genossenschaft der fratres lugentes, der niederländischen

Lollharden, welche den Brüdern vom gemeinsamen Leben vorangegangen waren, und ein „Beginnenhof" bei Kamp erinnert heute noch an die gleichfalls den Niederlanden entsprungenen Beghinen, welche ihrerseits wieder den Lollharden zum Vorbild gedient hatten. Ortskundigere Forscher werden ohne Zweifel noch viel mehr Punkte der örtlichen Erinnerung nachweisen können, die uns hier den großen Zusammenhang der religiösen Bewegung von den Beghinen bis zu Johannes von Goch signalisieren, zugleich aber das Auge fortwährend von unserm deutschen Maas-Rheinwinkel auf die heutigen Niederlande lenkend.

Thomas von Kempen blieb nicht in seinem rheinischen Geburtslande; er zog auf den Agnesberg bei Zwoll in Oberyssel, wo er das stille aber so weittragende Wirken seines ereignislosen Lebens entfaltete. In Deutschland stand seine Wiege, in Holland liegt sein Grab. Aehnlich Johannes von Goch, welcher das Kloster Tabor in Mecheln gegründet und dort die Arbeit seiner letzten vierundzwanzig Lebensjahre vollbracht hat. Wie darum Protestanten und Katholiken Anspruch auf beide Männer erheben, so andrerseits auch Deutsche und Niederländer. Sie stehen im Uebergange zweier Länder und zweier Konfessionen, und zwar derart, daß zu ihren Lebzeiten das Land noch gemeinsam deutsch war und die Kirche einheitlich, im Jahrhundert nach ihrem Tode aber hier wie dort die Trennung eintrat, und nun die Nachkommen Doppelansprüche auf diese Männer erheben, welche die Zeitgenossen nicht geahnt haben. Holländische und deutsche Schriftsteller teilen sich namentlich in die moderne Speziallitteratur über Thomas von Kempen. Insofern Thomas aber der erste Biograph des Gerhart Groot war und der Chronist des holländischen Stammbruderhauses zu Windesheim, gibt er selber uns einen Wink, wie die gegenseitigen Ansprüche Deutschlands und Hollands in den Thatsachen bereits geschildert seien. Gerhard Groot, der berühmte Bürgermeistersohn von Deventer, gab uns die still reformierenden Brüder vom gemeinsamen Leben, dafür gaben wir Holland den Thomas von Kempen, der in der Lebensluft dieser Brüder schaften die Stellung als deutscher Mystiker gewann, welche ihn vor allen auszeichnet. Denn tiefer, phantasiegewaltiger und reicher im Geiste waren je nach ihrer Art die älteren Mystiker Ekkard, Tauler, Ruysbrock, Suso, aber an volkstümlich prakti= scher, weittragender Wirkenskraft überragt sie alle doch Thomas von Kempen.

Wie über die Landsmannschaft des Thomas, so hat man auch über die Autorschaft seines berühmtesten Buches, der „Nach= folge Christi", gestritten und zuletzt gar zwei Thomas von Kempen entdecken wollen, wobei es sich dann fragte, welcher von beiden eigentlich der Rechte sei und jenes Buch geschrieben habe? Die Kemper aber meinen, das sei ihnen ganz gleichgültig, denn da beide von Kempen, so habe ihre Stadt doch jedenfalls den Rechten geboren.

Oertliche Erinnerungen an Thomas und Johannes haben sich weder in Kempen noch in Goch erhalten. Das begreift sich leicht bei Männern der stillen Geistesarbeit, vorab im Mittelalter, wo die Kluft zwischen Volksbildung und wissenschaftlicher Bil= dung viel breiter war als heutzutage. Doch gehörte wenigstens Thomas von Kempen zu den Männern, welche diese Kluft zu überbrücken begannen, auch hierin ein Vorbote Luthers. Und eben dadurch ward die ganze Stadt Kempen, welcher er einen Welt= namen schuf, wiederum zum örtlichen Erinnerungsmale seines Namens. Auf Johannes von Goch deutet nur noch eine längst verhallte, aus den Akten neuerdings wieder ans Licht gezogene Ueberlieferung in seiner Geburtsstadt. Noch im Jahre 1517 hieß ein Haus „Pupperserff", Puppers Erbe (Erff holländisch = Erbe) nach seinem Namen, welcher ursprünglich Pupper oder richtiger Capupper lautete. Jener Hausname verschwand aber auch bald wieder, denn die Familie, wohlhabende und angesehene Leute, zu Ende des fünfzehnten Jahrhunderts in dem gewerbfleißigen Städtchen eingewandert, soll gegen Ende des fünfzehnten Jahr= hunderts bereits wieder von dort hinweggezogen sein. Jetzt kann man die Stätte nicht mehr finden, wo Pupperserff gestanden hat.

6. Boden und Landschaft bei Geldern.

Zwischen Kempen und Goch liegt die Stadt Geldern, der Stammsitz der einst so mächtigen Herzoge, die namengebende Stadt für eine jetzt zum größeren Teil holländische, zum kleineren deutsche Provinz.

Man erwartet demnach wohl auch architektonische Denkmale, Trümmerzeichen des alten Dynastenhauses der Grafen und Herzoge von Geldern zu finden, welche bis 1343 hier residierten. Allein darin täuscht man sich, es müßte denn jemand, wie es anfangs meinem ungeübten oberdeutschen Auge erging, das Mauerwerk der verlassenen großen Windmühle an der Wallpromenade für einen turmartigen Ueberrest des mittelalterlichen Gelderns halten. Das bedeutendste historische Denkmal der Stadt ist ohne Zweifel ihr Name. Lediglich um ihres Namens und der damit verknüpften alten Geschichte willen dürfen die Holländer es bedauern, daß die unscheinbare Stadt Geldern jetzt innerhalb der deutschen Grenzen liegt. Die Einwohner sprechen übrigens diesen Namen noch nach der holländischen Schreibart „Geldre", wie man hierzuland auch nicht Cleve, sondern „Kleef" spricht, und nicht Xanten, sondern Santen (Sanctum bei Widukind II., 17, Santen im Nibelungenliede), ganz wie es die Holländer schreiben.

Für den Mangel denkwürdiger Trümmer entschädigt jedoch angesichts unsers Wanderzieles die moderne Physiognomie der Stadt und der Charakter der umgebenden Landschaft; denn beide zeigen unverkennbar, daß wir Holland um ein gutes Stück näher gerückt sind.

Geldern ist eine nüchterne Landstadt mit breiten stillen Straßen und kleinen Häusern, die großenteils zu sauber sind, um von Armut zu zeugen, und zu beschränkt, um Reichtum zu verraten, zu altmodisch, um elegant zu sein, und zu neu, um irgend malerisch anzusprechen. Also ein vollkommenes Bild der Prosa und des Mittelmaßes. Die gotische Hallenkirche aus Backstein mit auffallend breiten Seitenschiffen, doch stattlicher Verspektive des Innern, zeigt bereits nächste Verwandtschaft mit den holländischen Architekturen. Sie setzt wenigstens einen bestimmten Drucker auf den blassen niederrheinisch=niederländischen Lokalton der innern Ansicht der Stadt.

Aber noch klarer wirkt in diesem Betracht die Staffage, welche wir am Sonntag vor der Kirche erblicken. Es sind da bunte Gruppen von Landleuten versammelt. Scharf und bedachtsam prüfen sie die augenfällig seltene Erscheinung des Reisenden von Kopf zu Fuß, doch niemand redet ihn an. Der Gelderländer ist neugierig mit den Augen, nicht mit dem Munde. Er erscheint uns schweigsam, schwer beweglich; dem noch viel gemesseneren Holländer dagegen gilt er für lebendig. Wie Gestalten aus vergangener Zeit rauschen die Frauen an uns vorüber in schwarzen Kleidern von schwerem Seidenstoff, geziert mit mancherlei Goldschmuck und vorab mit einem goldenen Kreuze auf der Brust, und die rotwangigen Gesichter schauen aus breiten blütenweißen Sonntagshauben, hinten mit Spitzen besetzt, welche die Nähe Brabants verkünden, und die schönsten dieser Hauben sollen wirklich Brabant gesehen haben und mit sieben Thalern nicht zu teuer bezahlt sein. Leider fehlen neben diesen Frauengestalten die bedächtigen, schwarzbemäntelten Männer „mit weißen Halskrausen und Ehrenketten und langen Degen und langen Gesichtern", sonst würden wir ganz in jene Vision einer altniederländischen Stadt versetzt, wie sie Heine in seinem „Seegespenst" gemalt hat. Allein wie die Frauen überhaupt treuer sind als die Männer, so haben auch bloß die Bäuerinnen von preußisch Gelderland Kostümtreue bewahrt, die Bauern sind neumodisch geworden.

Ich sage preußisch Geldern, ich könnte ebensogut österreichisch oder spanisch Geldern sagen, und die goldenen Kreuze am Halse der Frauen reden heute noch von der alten spanischen Zeit. Volkstrachten haben, abgesehen vom malerischen Reize, meist nur tiefere Bedeutung als Wahrzeichen des sozialen Volkscharakters; selten erinnern sie an die politischen Schicksale des Landes.

Dies ist hier der Fall. Die Tracht dieser geldrischen Frauen ragt fremdartig in das preußische Rheinland; indem wir aber ihrem zeitlichen und örtlichen Ursprunge nachdenken, zieht jenes großartige Wechselspiel der Gebietsherrschaft an unserm Geiste vorüber, welchem diese Gegend zwischen Maas und Rhein im Laufe der Jahrhunderte preisgegeben war. Es ist ein Wechselspiel ohnegleichen. Manche kleine Länder haben vielleicht noch öfter ihre Herren gewechselt, allein ich kenne kein deutsches Land, das so fremdartigen und verschiedenen Herren unterworfen und von einer europäischen Macht zur andern, von einem nationalen Zentrum zum andern hin und her gezerrt worden wäre. Lothringisch, unter eigenen Dynasten, burgundisch, österreichisch, niederländisch, spanisch, französisch, preußisch, mußte Obergeldern seine Hauptstadt in Madrid, Brüssel, Wien, Paris, Berlin suchen; immer eine Grenzprovinz, lag es bald an der Ost-, bald an der Westgrenze eines großen Staates, und ist doch immer gut deutsch geblieben.

Als Stammsitz der Herzoge von Geldern führt uns die unbedeutende Stadt mit dem berühmten Namen in jenen mittleren Strich der Niederlande, wo das Feudalwesen überwucherte und unter dem Einflusse der Ritter und Herren weder ein altdeutsch selbständiges Bauerntum sich behaupten konnte, wie im friesischen Norden, noch ein großartiges Städteleben aufkam, wie im belgischen Süden. Es ist darum ein neckisches Spiel der Geschichte, daß heute in der preußischen Stadt Geldern die Alleen auf den niedergelegten mittelaltrigen Wällen mit Plakaten versehen sind, auf welchen ein Graf aus einem alten westfälischen Geschlechte als Bürgermeister von Geldern die Anlagen dem Schutze des Publikums empfiehlt.

Diese Anlagen überraschen uns aber auch in andrer Weise: durch eine stattliche Allee hochschussiger Buchen. Im innern Deutschland ist die Buche als regelrechter Alleebaum unerhört; nur im feuchten Niederungslande mag der harte, eigensinnige Waldbaum zu so gleichmäßig schlanken Stämmen mit oben breit schattendem Laubdach nach Pfahl und Schnur herangezogen werden.

Noch lebendiger zeigt sich dieser Charakter des Wasserlandes bei einem Gange vor die Stadt. Gärten, von kleinen Wassergräben rings umrahmt, mit Portalen und Schattengängen von barock verschnittenem Taxus geschmückt, verraten bereits die Nähe Hollands. Hinter den Gärten beginnen frische Wiesen, und am jenseitigen Wiesensaume lockt ein hoher Eichwald. Wir eilen hinüber, um dort im Schatten zu lagern, aber am Rande angelangt, entdecken wir erst, daß auch der Wald rings von einem breiten Wassergraben umzogen wird; wir gewahren eine kleine, höchst zierliche Brücke, allein sie ist durch eine ebenso zierliche Gatterthüre abgesperrt, und daneben steht eine Tafel mit der Aufschrift „Privatweg". Ein Gärtner, welcher eben den Waldpfad mit dem Rechen bearbeitet, erlaubt uns übrigens einzutreten. Das Innere des Wäldchens ist wieder von zahlreichen kleineren Wassergräben rechtwinklig durchschnitten, so daß wir uns streng auf dem sauberen Wege halten müssen; wir suchen vergebens den Wald im Walde, denn zum Wald gehören nicht bloß Bäume, sondern vor allen Dingen auch Wildnis und Freiheit. Zwar gibt es auch noch wirklichen Wald an dieser deutsch-holländischen Grenze, aber er kommt nur da, wo Bodenplastik und Landschaftscharakter ausnahmsweise einmal nicht holländisch sind, und gerade das Flachland an der Niers zeichnet sich aus durch sein herrliches Grün und seine großen Baumgruppen, welche täuschende Coulissen eines Waldes, aber keinen wirklichen Wald bilden. Gar oft winkt von fernher solch scheinbarer Wald, kommt man aber näher, so ist es nur eine Zeile dicht verwachsener Bäume längs eines Kanals, und sucht man Rast in ihrem Schatten, so fällt derselbe ganz gewiß jenseit des Wassers. Setzte ich mich doch bei Kevelaer, nachdem ich lange von Baumgruppe zu Baumgruppe gegangen und immer wieder in der eben bezeichneten Weise getäuscht worden war, zuletzt derart am Wasserrande nieder, daß ich Schuhe und Strümpfe auszog und die Füße ins Wasser hängen ließ, weil ich einzig in dieser Stellung ein ordentliches Stück Schatten genießen und das Kevelaerer

Wallfahrtsbüchlein, welches ich mir zur Nachmittagslektüre in die Tasche gesteckt, mit Behagen studieren konnte. Erst weiter westwärts gegen das Heideland zur Maas hinüber gab es wieder trockenen Schatten.

Wald- und schattenloses Land verdrießt den echten Fußgänger nicht, aber durch ein waldgrünes Land zu wandern, welches mehrenteils nur den täuschenden Schein von Waldesfreiheit und Waldesschatten bietet, das ist verdrießlich. Früher war es auch in diesen Niederungen anders, sie besaßen großen echten Wald: allein die Zeit ist längst vorbei, wo (im dreizehnten Jahrhundert) auf einem Hofe bei Crefeld noch die Pflicht lastete, daß der Bauer alljährlich zum Domkirchweihfest nach Köln eine Kuh und ein Wildschwein liefern mußte, und wenn man jetzt etwa in Crefeld oder Geldern einen Rehbraten ißt, so stammt er aus dem Reichswalde bei Cleve, das heißt aus jenem Hügellande, wo die Gegend zum Schlusse noch einmal mitteldeutsch wird und echten Wald gewinnt.

Das städtereiche rheinische Holland ist ein Land des ausgeteiltesten Privateigentums. Wer gleich mir die unbegrenzte Wegfreiheit des bayerischen Hochgebirges gewöhnt ist, wo Wald und Wiese und Feld, ja selbst der Durchgang durch Hof und Garten dem Fuße des Wanderers offen liegt und die Schonung fremden Eigentums zunächst dem allgemeinen Billigkeitsgefühle anheimgegeben bleibt, dem schmeckt es freilich schlecht, sich überall auf einen Weg gebannt zu sehen, ja nicht einmal jeden Weg gehen zu dürfen. Zwar steigt die Zone der Flurschützen und Feldwächter hoch nach Süden hinauf, denn sie beginnt überall da, wo Obst- und Weinkultur herrscht und intensiver, wohl gar gartenmäßiger Feldbau und Stallfütterung. Wo man dagegen überwiegend Wiesland mit Weidevieh sieht, da erwartet der denkende Mensch Wegfreiheit und wenige oder gar keine Flurschützen. Allein wenn zahlreiche Verkehrslinien solches Weideland kreuzen und das Privateigentum an Grund und Boden seit alter Zeit scharf ausgemessen war, dann schwindet der freie Weg auch bei Wald und Wiese.

Dem gemessenen Wege des Menschen entspricht der gemessene Weg des Viehes in unserm Grenzstrich. Wer mit dem flüchtigen Dampfwagen durch die Landschaft fährt, der sieht hier schon überall frei weidende Kühe, prächtige Tiere von bunten Farben, rechte Holländerkühe. Aber bei langsamerem Gang entschwindet dem genauer betrachtenden Auge ein gut Stück ihrer Freiheit. Nicht nur, daß die Wiesen durch Hecken und Gräben begrenzt sind, auch auf engere Bezirke ist das Weidevieh wiederum durch gespannte Drähte abgesperrt. Darum trägt es auch keine Glocken, denn wenn sich die Kuh nicht verlaufen darf, dann braucht sie auch nicht zu läuten. (Dagegen läuten die Fuhrmannspferde hier zu Land.) Von jener Romantik unsres Hochgebirges, wo man nachts mitten auf offener Landstraße wider ein paar schlafende Pferde prallen kann, oder auf gangbarstem Fußsteige plötzlich in Zwiesprach mit einem einsam lustwandelnden Stier gerät, der brummend seinen dicken Kopf schüttelt, indem er uns den schmalen Weg vertritt, — von solcher Romantik habe ich hier keine Spur gefunden. Grasten einzelne Kühe ja an der Landstraße, dann sah ich sie am langen Strick gehalten, der wohl um so fester sein mußte, da der Führer in Holzschuhen zu nicht ganz gleichem Wettlauf gerüstet gewesen wäre. Ich dachte dabei unwillkürlich an die sinnreiche Methode, die mein Hauswirt in Brunnbüchel bei Kreut einschlägt, um seine in den weiten Wäldern verlaufenen Kühe möglichst rasch wieder aufzuspüren. Er wartet ab, bis wenigstens eine Kuh von selbst wieder heimkommt, jagt sie dann sofort wieder in den Wald zurück, und schreitet spähend und horchend hinter ihr drein, denn er weiß sicher, daß sie ihm zeigen wird, in welcher Wildnis auch die übrigen zu finden sind. Diese Wegfreiheit sogar fürs liebe Vieh eröffnet uns eine weite kulturgeschichtliche Perspektive. Sie ist nur denkbar, wo es keinen nennenswerten Feldbau mehr gibt und der Holzwuchs auch des üppigsten Waldes nur äußerst karg rentiert; ferner setzt sie voraus entweder weit verstreute Hofsiedelungen oder bei kleinern Weilergruppen eine eigentümliche Gütergemeinschaft, welche in einzelnen Fällen noch darin besteht, daß Wald- und Weideland Gemeingut des Weilers ist, ein Besitzunterschied aber doch derart sich abstuft, daß der größere Bauer mehr Vieh, der kleinere weniger zu halten berechtigt ist. Das kann dann weiden wo es will, und morgens und abends kommt es zum Melken pflichtlich schon von selbst ans Haus. Ja sein Erscheinen ist oft der einzige regelmäßige Zeitmesser des primitiven Hirtenvolkes.

Der wirtschaftsgeschichtliche Gegensatz zwischen den weidenden Kühen Hollands und des Niederrheines und andrerseits unsrer innern Alpenthäler lockt aber auch zu einer kunstgeschichtlichen Parallele. Die alten Holländer malten das Vieh meist in der Ruhe oder doch nur in lässiger Bewegung; die neueren schweizerischen und oberdeutschen Tiermaler hingegen stellen es mit Vorliebe in der Leidenschaft, oder auch im grotesken Spiel, in seiner humoristischen Tölpelei dar, sie charakterisieren und dramatisieren, während jene mehr ruhige Stimmung gaben. Dieser Grundunterschied erklärt sich meines Erachtens nicht bloß daraus, daß der Oberdeutsche bewegterer Natur ist als der Niederländer, und darum geneigter, das Bewegte zu gestalten, und daß andrerseits die moderne Kunst überhaupt affektvoller geworden ist. Der Münchener Maler hat das Tier in seiner Freiheit zum Vorbilde, der Niederländer das Tier, welches gleich seinem ganzen Land von Schranken und Grenzwehren umstellt ist, innerhalb derselben aber durch den täuschenden Schein behaglicher Freiheit anmutet.

Mächtiger vielleicht wirkt aber noch ein andres Verhältnis des Tieres zur Landschaft. Auf der weiten ebenen Wiesenfläche Hollands heben sich die scheckigen Kühe als der einzige plastische Gegenstand ab, der Form und mannigfaltiges Kolorit in die einförmige Scenerie verwebt, sie erscheinen in ihrem trägen Behagen selber wie ein landschaftliches Naturgebilde, erfüllen schon in ihrer Ruhe höchst bedeutsam den Vorder- und Mittelgrund und machen eine solche Wiesenlandschaft überhaupt erst malenswert. Es ruht die Gegend mit dem Vieh. In den Alpen dagegen ist selbst bei dem fragmentarischen Hintergrund eines Viehstückes die Natur so gewaltig und reich in Form und Farbe, daß sie das Vieh erdrücken würde, wenn man es bloß in seinem passiven Dasein als einen Teil der Landschaft behandelte. Berg und Wiese und Wald haben da für sich schon dramatische Bewegung, und die Tiere treten erst kräftig und harmonisch hervor, wenn der Künstler auch sie in selbständige Handlung setzt und durch den Reiz psychologischer Effekte dem landschaftlichen Aufbau überordnet.

7. Drei Wunder von Kevelaer.

Jeder gebildete Deutsche kennt die Wallfahrt nach Kevelaer — aus Heines Gedichten. Von Kevelaer selbst erfährt er dort freilich nichts. Denn obgleich Heine gar wohl die Kunst verstand, in drei Zeilen eine Oertlichkeit zu zeichnen und Lokaltöne aufzusetzen, so hat er es diesmal doch verschmäht, und die rührende Geschichte, welche er von seiner Wallfahrt erzählt, könnte ebensogut bei jedem andern Gnadenbilde spielen als bei der Muttergottes von Kevelaer. Es führt aber diese Madonna einen unterscheidenden Namen vor andern Madonnen, sie heißt die Trösterin der Betrübten, „Consolatrix afflictorum," wie an ihrer Kapelle zu lesen steht, und so gehört denn Heines Geschichte doch eben gerade nach Kevelaer: die consolatrix afflictorum war es, welche dem Jüngling die Hand aufs kranke Herz legte, um es zu heilen — durch den Frieden des Todes.

Uebrigens ist Kevelaer auch ohne Heines Verse einer der merkwürdigsten deutschen Wallfahrtsorte, und ich rechne es zu meinem besondern Reiseglück, daß mir's vergönnt war, einen ganzen schönen Augustsonntag dort zu verweilen; als gerade die Wallfahrer zu Tausenden von allen Seiten zusammenströmten.

Kevelaer hat eine Kapelle, vier Kirchen und beiläufig dreitausend Einwohner. Ich setze gegen alle geographische Regel die

Kirchen vor die Einwohner und die Kapelle vor die Kirchen; denn ohne die Kapelle wären weder so viele Kirchen da noch so viele Einwohner, und Kevelaer wäre ein ganz obskures kleines Dorf. Diese sechseckige Kapelle stehet aber mitten im Orte auf einem mäßig großen freien Platze. Hier und in den nächstliegenden Straßen sammelt sich das ganze wogende Menschengewimmel.

Es war ein prächtiger Anblick. Der Platz von hohen, schlanken Bäumen überschattet, deren Wipfel in den wolkenlosen Himmel ragten, rechts im Vordergrunde die große gotische Wallfahrtskirche, ein schöner dreischiffiger Neubau, daneben die Beichthalle und das Gebäude des Oratoriums mit der sinnigen Aufschrift: Christo peregrinanti in terris, links die alte Pfarrkirche, in der Mitte die Gnadenkapelle, im Hintergrund eine Reihe schmaler kleiner Giebelhäuser echt holländisch mit den lebhaftesten Farben gemalt, dann im Vordergrunde verstreut Buden mit Heiligenbildchen, Rosenkränzen, Wallfahrtsbüchlein und allerlei andrer bunter Ware — und nun der ganze Raum erfüllt von Andächtigen, die zu Hunderten betend auf den Knieen liegen oder in großen Chören singen, zu den Kirchen aus- und einströmen, und selbst im äußern Ring des Platzes langsam, gemessen, fast lautlos durcheinanderwogen. Das ganze formenreiche Bild belebt sich dazu durch eine wahre Pracht derb kontrastierender Farben, wie sie kein Maler schöner und gesättigter zusammendichten kann: die grünen Bäume, der blaue Himmel, der lichte Steinton der neuen Kirche, der dunkle, geschwärzte der alten, die heiteren Farben der Wohnhäuser, und dazu die bewegte Menge, fast ganz in Schwarz gekleidet, vorab die Frauen im glänzend schwarzen Seidenkleid, von welchem sich mancherlei Goldschmuck und die weißen breiten Brabanter Hauben wundervoll abheben.

Weit auffallender als die grellen Farbengegensätze hier an der Schwelle der Niederlande, wo sonst Landschaft und Staffage vielmehr in abgedämpfte Mitteltinten getaucht ist, erscheint dem Süddeutschen jedoch ein andrer Kontrast: daß eine so gedrängte Menschenmasse so stille sein kann und daß die Straßen so voll gepfropft von Menschen sind und die Wirtshäuser so leer. Ich ging aus dem Gewühl der Kirchen und Straßen in das beste Gasthaus zum Mittagstisch: dort war es so leer wie anderswo in der Kirche bei einer Nachmittagspredigt. Wir setzten uns etwa zu zwölfen zur Tafel, der Wirt und die Wirtin führten patriarchalisch den Vorsitz, ein kleines Töchterchen servierte, jeder sprach im stillen sein Tischgebet; die meisten Anwesenden waren Wallfahrer. Man hatte durchaus den Eindruck, als ob man in einer ehrbaren Bürgerfamilie vom guten alten Schlag zu Gaste sei. In den geringeren Wirtshäusern ging es wohl etwas lebhafter zu; allein auch dort waren auffallend wenige Leute im Vergleich mit dem Menschenstrom, welcher vor den Fenstern auf und ab flutete. Ich dachte an manche oberdeutsche Wallfahrt, wo es mit zur Würze des Tages gehört, daß man im erdrückenden Knäuel der durstigen Andächtigen eine halbe Stunde lang um einen Krug Bier oder eine Wurst kämpfen muß; in der Kirche wird das Adagio gespielt und nebenan im Wirtshause folgt dann der Menuett wie in einer richtigen Symphonie, heller volksfestlicher Jubel mit Trinkgelagen und Kegelpartien; am Morgen zerschlagene Herzen und am Abend zerschlagene Köpfe. Und endlich des Nachts das gemeinsame Uebernachten halber Gemeinden, Mann und Weib, in Scheunen und eigens aufgebauten Bretterhütten, wo die malerische Konfusion zu Zeiten auch in etwas moralische Konfusion übergehen soll. Ich sage, das kommt bei oberdeutschen Wallfahrten manchmal vor und verwahre mich dagegen, daß man mir dieses „manchmal" für „immer" lese, denn man kann heutzutage nicht deutlich genug schreiben. Die Regel bleibt aber doch der heitere volksfestliche Charakter, welcher sich im Süden mit dem ascetischen Werke der Wallfahrten verbindet. Das ist nun in Kevelaer ganz anders, wie uns auch im dortigen Wallfahrtsbüchlein gedruckt versichert wird. Große Prozessionen kommen und gehen, ohne im Orte weiter einzukehren, sie bringen ihren Proviant selber mit, und den Zug beschließen mit Linnen gedeckte Wagen, in welchen die Müden unterschlupfen

können. Längs der Wände des Schiffes der neuen gotischen
Kirche aber hat man umlaufende Bänke angebracht: dort rasten
nachmittags Hunderte von Wanderern beschaulich in langen Reihen,
und diese stille Rast in der schweigenden Kirche kam mir fast
frommer vor als das laute Singen und Beten draußen unter
den Bäumen vor der Kapelle.

Es ruhet ein puritanischer Geist auf der Wallfahrt von
Kevelaer, und der lautlose Ernst der gläubigen Menge erinnert
uns, daß wir hier schon auf dem Boden der ehemaligen spanischen
Niederlande stehen, während uns das tirolische und südbayerische
Wallfahrtsgetümmel gar leicht über die Berge in das benachbarte
Italien entrückt.

Jene echt niederdeutsche gemessene Haltung des Volkes bei
einer katholischen Wallfahrt war für mich das erste Wunder von
Kevelaer.

Das zweite fand ich in der Geschichte des Gnadenbildes
selber. Die Muttergottes von Kevelaer entstammt dem dreißigjährigen Kriege. Sie ist nichts weiter als ein Papierblatt mit
der Abbildung der Muttergottes von Luxemburg, welches ein
hessischer Soldat im Jahre 1642 von dort herüber gebracht hatte.
Ursprünglich auf eine Holztafel geklebt, wurde das Bild später
mit einem vergoldeten Silberrahmen und anderem kostbarem
Schmuck umgeben. Allein obgleich das Wunderbild von so gar
unscheinbarem Stoffe, ja nur die Kopie eines andern war, und
obgleich die Kriegsfurie das kleine Kevelaer erst 1635 erschrecklich
heimgesucht und noch im vorgedachten Jahre 1642 selber in nächster
Nähe (Schlacht bei Kempen am 7. Januar) getobt hatte, so
strömten doch alsbald Tausende von Gläubigen herbei und der
Zulauf der Pilger wuchs dergestalt rasch, daß schon am 22. Oktober
1643 der Grundstein zu der jetzigen großen Kapelle gelegt werden
konnte und schon 1646 Oratorherren von Mecheln hierher zogen,
um die Wallfahrt zu leiten und sich dauernd in Kevelaer an-
zusiedeln. Solch rasches Aufblühen in solcher Zeit erscheint mir
eigentlich als das merkwürdigste Wunder des Bildes und gibt

zugleich einen höchst bedeutsamen Wink für die Charakteristik des Volkes dieser Gegend.

Wie die Muttergottes selber aus Luxemburg herübergebracht wurde, so scheint im ersten Jahrhundert auch die größere Schar der Pilger aus dem heutigen Holland gekommen zu sein, in der Liste der älteren Mirakel finden sich viele holländische Namen, und die Wallfahrtsbüchlein sind von 1647 bis zur französischen Revolution sämtlich in holländischer Sprache verfaßt; obgleich Kevelaer doch schon seit 1713 politisch zu Preußen gehörte. Allein kirchlich gehörte es zum Bistum Roermonde (jetzt zu Münster), und auch heutigen Tages ziehen noch immer zahlreiche Wallfahrer aus dem benachbarten Brabant und aus holländisch Geldern nach Kevelaer, es wird ab und zu holländisch gepredigt und das auf einige Beichtstühle mit Kreide geschriebene Wort „hollandsch" erinnert uns, wie nahe wir bereits der Grenze gekommen sind.

Das dritte Wunder von Kevelaer ist ein politisches und kann weit sicherer rationell erklärt werden als die kirchlichen. Kevelaer fiel durch den Utrechter Frieden 1713 an Preußen, und im sechsten Friedensartikel ist den Bewohnern des ehemaligen Oberquartiers Geldern die katholische Religionsübung samt den öffentlichen Prozessionen und Wallfahrten nach althergebrachter Weise ausdrücklich gewährleistet. Als nun im Jahre 1714 König Friedrich Wilhelm I. von Preußen in dieses neuerworbene Gebiet und auch nach Kevelaer kam, ließ er sich eine Schachtel voll Rosenkränze schenken, betrachtete dann die großen zum Opfern bestimmten Kerzen und wählte die größte für sich selber aus, um sie darzubringen und, wie er vor vielen Hundert Menschen sagte, „anzünden zu lassen zu Ehren der seligen Mutter Gottes." Dann forderte er den erstaunten Superior der Oratorherren auf, sich eine Gnade zu erbitten. Derselbe bat zunächst um Schutz für Kevelaers kirchliche Privilegien, worauf der König sprach: „Protegam, fovebo, manutenebo!" Das war preußische Realpolitik, und wo es galt, in einem neuerworbenen Lande festen Fuß zu fassen, da opferte der reformierte Fürst die größte Kerze zu Ehren eines wunderthätigen Muttergottesbildes, dachte aber bei den lakonischen drei Worten neben den Privilegien von Kevelaer ohne Zweifel auch in andrem Sinne an ganz preußisch Geldern und an seinen neuen Besitz des Landes: protegam, fovebo, manutenebo!

Im Jahre 1738 kam derselbe König noch einmal nach Kevelaer, begleitet von dem Kronprinzen (Friedrich II.); damals nahm er nur einige Dutzend Rosenkränze und Gebetbücher mit zum Geschenk für seine Lieblinge, für lange Soldaten, natürlich katholischen Glaubens. Als im neunzehnten Jahrhunderte wiederum ein künftiger König von Preußen, der Kronprinz Friedrich Wilhelm (1833) Kevelaer besuchte, opferte er keine Kerze mehr, sondern betrachtete nur das Gnadenbild, die Kerzen und das Wappen seines Ahnherren, und erwies sich, wie der Bericht lautet, „sehr freundlich und wohlwollend". Politische Mirakel waren damals in der That nicht mehr nötig, preußisch Geldern gehörte bereits zu den „älteren Provinzen".

Merkwürdigerweise gehen auch die im Wallfahrtsbüchlein (von 1858) verzeichneten kirchlichen Wunder des Bildes genau nur bis zur französischen Revolution. Der Verfasser, Pfarrer Krickelberg, erklärt uns dies dadurch, daß bis 1788 nun eben Wunder genug beglaubigt worden seien, und daß derjenige selbst wunderlich sei, der noch weitere Wunder fordere. Es scheint also eine Oekonomie der Uebernatur zu geben, ähnlich wie eine Oekonomie der Natur, welche, wie bekannt, ja auch nichts Ueberflüssiges macht. Demgemäß wurde dann auch die preußische Politik neuerdings haushälterisch in Wundern namentlich frisch annektierten Ländern gegenüber.

Sechstes Kapitel.

Die Höhenstraße von Xanten nach Nymwegen.

1. Sage und Geschichte.

Ich verlasse die neue Eisenstraße, welche uns durch das Tiefland der Erft und Niers hart an die Maasgrenze führt, und verfolgt vom Rheine herüber noch die Richtung der alten Römerstraße, die auf einem flachen Höhenzuge von Xanten über Cleve nach Nymwegen ging. Diese Linie ist in doppeltem Sinne von der Natur vorgezeichnet, einmal durch die Hügelkette, dann durch eine Strecke des ehemaligen Rheinlaufes am Fuße der Hügel, das sogenannte „Kirmesdael".

Hier ragt deutsche Landschaft und deutscher Städtecharakter am tiefsten westwärts ins Niederländische hinein, während umgekehrt auf dem bisher beschriebenen Wege holländische Art am weitesten in deutsches Land vorgreift.

Drei Städte fesseln hier besonders unsre Aufmerksamkeit; eine jede derselben liegt auf einer Anhöhe und bietet einen charaktervollen Aussichtspunkt, welcher je ein andres geographisches Gebiet beherrscht: vom Turme der Viktorskirche in Xanten überblicken wir den untersten deutschen Rheinlauf; vom Schwanenturm der Burg zu Cleve schauen wir hinüber zur Schenkenschanze, dem (wenigstens historischen) Teilungspunkte des holländischen Rheindeltas; von der Trümmerstätte der alten Kaiserpfalz zu Nymwegen liegt die Betuwe vor unserm Auge gebreitet, die alte Bataverinsel zwischen Waal und Leck. Aber auch drei Fernsichten andrer Art erschließen sich uns beim bloßen Klang des Namens dieser drei Städte: bei Xanten gedenken wir der deutschen Heldensage im Nibelungenlied, bei Cleve der ritterlichen Dichtung im Lohengrin, bei Nymwegen steigen mächtige Kaisergestalten der Karolinger= und Salierzeit vor unserm Geiste empor.

Xanten steht auf uralt fränkischem Boden und war früher schon der Sitz fränkischer Großer. Als Colonia Trojana (nicht Trajana, denn eine Römerkolonie war hier wohl nicht vorhanden) führt es uns zu jenem merkwürdigen, oft belachten zweiten Kapitel des Fredegar, wo die Franken als Sprößlinge der flüchtigen Trojaner geschildert werden, die sich nach langer Irrfahrt am Ufer des Rheines niederließen, „und begannen unfern des Flusses nach dem Muster von Troja eine Stadt zu bauen, die sie auch Troja nannten." Die seltsame Sage klingt dann weiter durchs ganze Mittelalter.

Erinnert Xanten uns Deutsche an eine dunkle Stammsage, so sieht der Holländer in dieser Stadt eine Gedenkstätte aus der ältesten Geschichte seines Volkes. Er sucht nicht die Colonia Trojana, sondern die Castra vetera in oder bei Xanten, berühmt durch die Freiheitskämpfe der Bataver unter Civilis gegen die Römer. Und wenn diese Erhebung zunächst auch mißlang, so erblickt der patriotische holländische Historiker in ihr doch ein großartiges Vorbild der Freiheitskämpfe, welche sein Volk andert halbtausend Jahre nachher siegreicher gegen ein andres weltbeherrschendes Reich gefochten hat und vergleicht beide Revolutionen, geistreich spielend, wohl gar im einzelnen, wozu schon Schiller den Weg deutete.

Das erste Abenteuer des Nibelungenliedes führt uns nach Worms zu Chriemhild, das zweite nach Xanten zu dem jungen Siegfried — „der starke Sifrit, der heli von Niterlant," wie der Text sagt. Worms und Xanten liegen weit auseinander jenes bei den „Burgonden", dieses im „Niederlande". Chriemhild und Siegfried konnten wohl von dort und hier zusammen kommen, aber man sollte meinen, zwischen den beiden Orten selbst sei kein weiterer Zusammenhang. Dennoch ist dem also. Die moderne Forschung entdeckte Urkunden (sie sind schon bei Schannat und in Würdtweins historischen Subsidien abgedruckt) aus dem Jahre 1237, also nicht viel jünger als der Zeitpunkt, in welchen wir die gegenwärtige Redaktion des Nibelungentextes setzen, denen zufolge die Xantener Viktorskirche in der Wormser Gegend begütert war und vermutlich die Viktorskirche zu Guntersblum bei Worms gegründet hat. Der hl. Viktor von Marseille, der Sieger, als Drachentöter abgebildet, erinnert aber selbst wieder in Name und That an Siegfried, den Drachentöter, und bekanntlich führt auch die Stadt Worms einen Lindwurm als Schildhalter ihres Wappens. Welch rätselhafter Dämmerschein von Sage und Geschichte, der Nahes und Fernes mit gleichem Farbentone übergießt, nicht aufklärend, sondern verwirrend und die Phantasie verlockend zum kecksten Spiele! Und dennoch ruht im dunklen Hintergrunde wieder etwas mehr als bloßes Phantasiespiel. Mancherlei alter Verkehr zwischen Xanten und Worms ist nachgewiesen; das Kloster Lorsch z. B., Worms gegenüber auf dem rechten Rheinufer, Lorsch, in dessen Kirche Frau Ute, Chriemhildens Mutter, begraben ward, besaß Güter nicht gar weit von Xanten in der Grafschaft Geldern.

Solch zerstreute Winke der urkundlichen Ortsgeschichte mögen Xanten und Worms, die von der Sage verbundenen Städte, einander näher rücken. Ueberraschend verwandt ist aber auch der Charakter der weit entfernten Landschaft, welche hier und dort die beiden Punkte umrahmt. Bei Worms wie bei Xanten hat der Rhein, im Flachland strömend, mannigfach sein altes Bett verlassen, von welchem nur noch Altrheine Kunde geben oder sumpfige Niederungen; bei beiden Orten regeln Steindämme den neuen Stromlauf, hier wie dort verwandte Bodenformation, von neuester Bildung für den Geognosten, aber uraltes Kulturland für den Historiker, kurzum im ganzen und einzelnen verwandte Scenerie. Man kann eben den niederrheinischen Charakter gleichsam episodisch vorgebildet finden an den Rheinufern zwischen Mannheim und Oppenheim. Holländisch ist er nicht, aber auch die Rheinlandschaft bei Xanten wird demjenigen kaum holländisch erscheinen, der von Geldern und Kevelaer herüberkommt.

Fragen wir freilich die Leute aus der Gegend von Xanten und Worms, wie sie jene beiderorts so ähnlichen vom wechselnden Rheinlauf geschaffenen Bodengebilde heißen, so erhalten wir dort und hier ganz verschiedene Namen und werden bei Xanten alsbald wieder erinnert, daß wir auf dem Wege nach Holland sind. Hier nennt man die Altrheine „Strangen" (holländisch strang), die abgeschnittenen teichartigen Flußüberreste „Maare, Mehre oder Meere", ein Name, der sich auch zur Maas und nach Holland hinüberzieht, die versumpften Stromüberbleibsel „Donk" (auch bei Ortsnamen öfters auftauchend), die durch Deichbruch ausgewühlten Wasserlöcher „Kolle" wie in Holland und an der deutschen Nordseeküste, die Inseln „Wurde", holländisch waard, mittelrheinisch Wörth, die Landspitzen „Spei, Spei", ein Name, welcher dem Oberrheiner völlig fremd ist, und nur bei Koblenz in dem Ortsnamen Osterspei, Oberspei und Niederspei noch einmal auftaucht.

2. Die Xantener Viktorskirche.

Xanten ist eine kleine stille Landstadt; sie würde uns nur in Gedanken fesseln, wenn nicht die St. Viktorskirche, all das umliegende zwergenhafte Bauwerk mächtig überragend, unser Auge ganz gefangen nähme, — außer dem alten Stadtthore an der Straße nach Calcar der einzige augenfällige Ueberrest des Mittelalters.

Die Kirche zeigt nach Stil und Zeitalter dreierlei Kunst: romanische Bauweise an der Westfassade, anleimende und blühende Gotik am Chor und den Schiffen und Spätgotik mit Uebergang zur Renaissance im Oberbau der Turme und bei mancherlei architektonischem Schmucke des Innern. Die romanische Fassade hat überwiegend kunsthistorisches Interesse, der herrliche gotische Hauptbau künstlerisches, der spätgotische Turm

bau ethnographisches. Die Türme stellen uns nämlich einen
populären niederrheinischen Typus dar, welcher hier bei sehr
vielen Dorfkirchen wiederkehrt und solchergestalt auch den landschaftlichen Charakter mit bestimmen hilft, einen Viereksbau,
worauf die niedrige Schlußpyramide ohne vermittelndes Achteck
unmittelbar aufsitzt. Am Mittelrhein hat man ein mäßiges
Achteck, in Bayern ein übermäßiges, weshalb so viele alte Kirch-
türme am Niederrheine vierschrötig erscheinen, während die mittelrheinischen häufig wohlproportioniert sind, die bayerischen nicht
selten überschlank, — man denke an St. Martin in Landshut —
wie Spargeln aufgeschossen.

Doch an dergleichen Dinge denkt man nicht beim Anschauen
der Viktorskirche, sondern erst lange nachher. Der unmittelbare Eindruck war für mich nicht einmal ein überwiegend architektonischer,
sondern ein poetischer. Erst wenn man des romantischen Zaubers
Herr geworden ist, der auf dem Gesamtbilde ruht, vermag man
die Schönheit der architektonischen Gebilde ruhig auf sich wirken
zu lassen. Die Stadt ringsum ist neu und klein, die große alte
Kirche thront in ihr wie ein königlicher Gast aus einer fremden
Welt. Allein sie erhebt sich trotzdem nicht in unvermitteltem
Kontraste aus der neuen Umgebung; von altertümlichen, zum
Teil trümmerhaften Vor- und Nebenbauten umlagert, die einst
zu ihr gehörten, ist sie doch auch wieder abgeschlossen, sie ruhet
in sich, und der Eingang durch diese Vorgebäude mit so manchem
Reste feinen künstlerischen Schmuckes versetzt uns in die Poesie
der alten Zeit zurück, bevor sich noch die Kirchenthüre öffnet.
Die Ruinen erzählen uns, daß das altberühmte St. Viktorsstift
in der französischen Revolution zu Grunde ging, während die
Kirche selbst wunderbar erhalten wurde.

Gerade im Gegensatz zu diesen Zeugen der Zerstörung ergreift uns dann das voll und treu bewahrte Bild vergangener
Tage im Innern und Aeußern der Kirche mit doppelter Kraft.
Sie wurde weder durch Krieg, Raub und Brand verwüstet, noch
durch den kaum minder gefährlichen blinden Restaurations- und

Zauberungsfanatismus. Wie sie erwachsen ist, so steht sie da, ein echt historisches Denkmal; denn die Geschichte ist nicht Altertum, die Geschichte ist Werden und Wachsen. Alle kunstgeschichtlichen Epochen seit dem dreizehnten Jahrhundert steigen vor unsern Augen empor: St. Victor ist ein wahres Museum von Kunstaltertümern, aber nicht ein absichtlich hinterher angelegtes, sondern von selbst entstanden. Und im Anschauen der Fülle großer und kleiner Denkmäler des Innern — Skulpturen, Tafel und Glasgemälde, Teppiche, Geräte 2c., sehen wir die Vorfahren leibhaftig an uns vorüberziehen mit ihrem Glauben und Aberglauben, Fürchten und Hoffen, Geschmack und Barbarei, Stolz und Demut. Das ist ja die poetische Weihe der allmählich erwachsenen und samt den bunten Zuthaten der Jahrhunderte bewahrten mittelaltrigen Kirchen, welche keine noch so korrekt einheitliche Restauration, kein noch so vollendet stilgemäßer Neubau zu gewinnen vermag. Es gibt künstlerisch bedeutendere und gibt noch besser erhaltene Kirchen als die Xantener, allein ich kenne keine, welche so schön und so vollständig erhalten zugleich wäre, das Dauernde im Gang der Zeiten verkündend und dann umgeben von einem Trümmerkranze, der, ein Wahrzeichen der Wandelbarkeit, uns nicht minder klar Geschichte predigt.

Eine Kirche, deren Inneres wie ein absichtslos gewordenes Museum vieler Jahrhunderte erscheint, hält uns auf deutschem Boden fest; denn in den meisten Kirchen Hollands hat der Bildersturm gründlich aufgeräumt, sie sind nur allzu oft kahl, leer, verbaut im Innern und nur der architektonische Rahmen bewahrte noch das ursprüngliche Bild.

Darum fehlt es aber doch nicht an einzelnen Eindrücken, welche uns auch in der Xantener Kirche erinnern, wie nahe wir den Niederlanden gerückt sind. Das Altargemälde, von Bartholomäus de Bruyn, einem Meister der kölnischen Schule, gemalt im Jahre 1536, zeigt uns nicht bloß, wie tief der Einfluß der Eyckschen Kunstweise am Niederrheine griff, sondern auch wie lang und nachhaltig derselbe hier das Feld behalten hat. Und wie

wollte man überhaupt unsre altniederrheinische Malerei verstehen und die westfälische des 15. und 16. Jahrhunderts dazu, wenn man sie nicht im untrennbaren Zusammenhange mit der alt=
niederländischen erfaßte?

Bei dem innern Schmuck der Xantener Kirche (wie auch) in Cleve und andern Nachbarorten) überrascht den Fremden die auf= fällige Verwendung blanken Messings nicht bloß zu massiven Kronleuchtern und ähnlichen Geräten, sondern auch zu allerlei rein architektonischem Ornament. Auch hierin spürt man die Nachbarschaft Hollands, wo das glänzend polierte, allezeit rein gescheuerte Messing von Kirche und Haus bis hinab zu den Milch= wagen auf der Straße mit ihren weithin blinkenden großen Messinggefäßen eine so charakteristische Rolle spielt.

Der Stil des gotischen Hauptbaues der Viktorskirche be= zeugt den Zusammenhang mit der Kölner Bauhütte, wir stehen noch auf dem Boden der Kölner Architekturzone und blicken rhein= aufwärts, wie man vom Werke des Schülerkreises auf den Groß= meister der Schule blickt. Allein dabei dürfen wir nicht ver= gessen, daß auch der Dom zu Utrecht von Jüngern der Kölner Hütte erbaut sein soll, und daß der Kölner Dom selber auf einem stilistischen Uebergangsgebiete steht, nicht zwar zwischen Nieder= rhein und Holland, wohl aber zwischen Westdeutschland und Ost= frankreich. Also Grenzlage aller Orten.

Man hat äußerst langsam an der Xantener Viktorskirche gebaut — vom Jahre 1213 bis über die Mitte des sechzehnten Jahrhunderts. Xanten ist klein und war auch im Mittelalter keine reiche oder bedeutende Stadt, dennoch brachte sie in Geduld und Ausdauer eine so große, reichgeschmückte Kirche zu stande, und man kann sagen, die Xantener haben sich ihre Kirche langsam geschaffen, aber sie haben sie sich selbst geschaffen.

Es gibt ein kleines, wohl nur sehr wenig gekanntes Büchlein: „Auszüge aus den Baurechnungen der St. Viktorskirche zu Xanten von H. C. Scholten." Der Inhalt ist scheinbar trocken genug und nur für den Fachmann lesbar: ein paar hundert Auszüge aus lateinischen Kirchenrechnungen des vierzehnten bis sechzehnten Jahrhunderts nebst fragmentarischer Einleitung des Herausgebers. Liest man sich aber hinein in die Hieroglyphen dieser oft wunderlich genug latinisierten und mit deutschen Flickwörtern ergänzten Rechnungen, dann gestaltet sich uns doch zuletzt ein lebensvolles Genrebild zwischen den Zeilen: Meister, Palier, Gesellen und Lehrlinge arbeiten vor unsern Augen, schaffen das Material herbei und fassen ihren Lohn, und wir entdecken nicht bloß, woher man Holz, Blei und Steine, sondern auch, woher man das Geld zum Bau genommen hat; wir sehen die Kirche, welche uns als stetig erwachsenes Werk von vier Jahrhunderten so tief anspricht, nun auch baulich emporwachsen alles in naiv mittelalterlicher Weise — und da der letzte Meister Johannes Langenberg im Jahre 1522 stirbt, vermacht die Witwe seinen zwölf Loth schweren silbernen Zollstab der Kirche, das Kapitel aber schenkt der Witwe zu des heimgegangenen Meisters Ehren auf Lebenszeit ein Haus.

So taucht ein anmutendes Gemälde altväterischer Arbeitsweise aus diesen dürren Rechnungen. Sie reizen unsre Phantasie, sie reizen aber auch nicht minder unser Nachdenken. Was an der Kirche und für die Kirche geschieht, das deutet auf die Stadt selbst oder ihre nähere Nachbarschaft rheinaufwärts: nur in wenigen Fällen werden wir gegen Niederland gewiesen; auch jene Kirchenrechnungen sind ein Wegweiser für unsre Straße längs den Hügeln, die mehr nach Deutschland zurück als nach Holland hinüber führt.

Unter den Xantener Baumeistern der gotischen Zeit waren zwei aus Köln, zwei aus Cleve, drei aus Wesel, zwei aus Calcar, einer aus Kranenburg, einer aus Mainz und einer aus Utrecht. Sie stammten also sämtlich aus nächster Umgegend bis auf den Mainzer und Utrechter; allein auch diese gehören noch in die weitere Peripherie der Kölner Bauhütte, deren Einflüsse man ja rheinaufwärts bis Wimpfen und Oppenheim, rheinab bis Utrecht erstreckt.

Riehl, Wanderbuch. 3. Aufl.

Die Gelder zum Bau flossen aus dem Orte selber, aus Renten auf Häusern in Xanten, einer Kanonikatspräbende und andern Gefällen, aus dem Verkauf von Grabstätten, aus Vermächtnissen, dem Opferkasten und freiwilligen Gaben. Nur eine kleine Beisteuer aus der Ferne wird erwähnt: sie wurde gegeben von holländischen Pilgern, die durch Xanten nach Aachen zogen. Also bauten sich die Leute von Xanten ihre Kirche mit größtenteils landsmännischen Meistern und aus eigenen Mitteln, und die Lateinschüler haben zu guterletzt die Dachschiefer vom Schiffe zur Baustätte getragen, doch nicht schlechthin um Gotteswillen, sondern für ein Butterbrot mit Käse auf Rechnung des Kirchenfonds. Als im Jahre 1492 der letzte Meister, eben jener Johannes Langenberg, an den Bau kam, betrug die für des Baues Fortführung zu verwendende Jahressumme zwar nur 1214 Mark, was Scholten auf 1900 Thaler heutigen Geldwertes berechnet, manchmal stieg sie aber auch bis 7000 Thaler. Für eine Stadt, welche bloß durch den mythischen und poetischen Glanz ihres Namens reich war, gewiß keine kleine Summe! Dazu kam, daß man sich nicht mit einem Ziegelbau begnügte, wozu die Steine beim Orte selbst gebacken werden konnten, sondern, auch hierin dem Muster des Kölner Domes folgend, die Steine vom Drachenfels kommen ließ, dann auch aus dem Münsterschen, von der Ruhr, ja sogar von Namur (naemensteyn); das Blei zu den Dachrinnen bezog man von Wesel, das Holz teils aus der Nachbarschaft, teils vom Oberrheine.

Die mittelaltrigen Baudenkmale sind tiefer in dem Boden gewurzelt, auf welchem sie stehen, als die Architekturen der Renaissance und der Neuzeit; der Gau, das Land bestimmt und bannt die Schule, und so führen uns diese Werke immer wieder auf die örtliche Volksgeschichte und den individuellen Stammescharakter zurück, sie sind nicht bloß Kunstdenkmale, sondern zugleich Kulturdenkmale des Volkes. Einseitige Verehrer der Renaissancekunst suchen neuerdings wieder ganz besonders den pfäffischen Charakter und die phantastische Barbarei der Feudalzeit im gotischen Stile und bedenken nicht, daß gerade während der gotischen Zeit die bürgerlichen Meister und Genossenschaften es waren, welche die neue Kunst den Händen des Klerus entwandten. In der geistlichen und ritterlichen Kulturepoche hatte man romanisch gebaut; die Gotik mag auch weiterhin zur Verherrlichung der Kirche dienen, sie verherrlichte aber doch zugleich das freie hochaufstrebende Bürgertum. Man spricht der Gotik national deutschen Charakter ab und betont dabei die Priorität der nordfranzösischen Gotik, deren maßgebende Einflüsse wir im Kölner Architekturgebiete am wenigsten leugnen werden. Allein das Mittelalter übte überhaupt nicht im modernen Sinne nationale Kunst, so wenig wie eine nationale Politik. Dennoch bleibt gewiß, daß wir uns die gotische Weise durch individuellste örtliche Durchbildung ganz gründlich verdeutscht, daß wir sie zu selbständiger Höhe entwickelt und in den germanischen Ländern weit treuer und ausdauernder bewahrt haben als in den romanischen. Je ferner dem deutschen Centrum, um so willkürlicher wird die Gotik und um so kürzere Frist behauptet sie das Feld gegen die aufkeimende Renaissance.

Seit Schnaase zog man die örtliche Kulturgeschichte erläuternd und begründend in die mittelalterliche Kunstgeschichte; allein auch umgekehrt kann der Volksforscher in den mittelaltrigen Kunstdenkmalen einer Gegend unterscheidende Anhaltspunkte für die örtlich historische Charakteristik des Volkes finden. Die Bauwerke des Mittelalters haben allezeit ein anregendes und orientierendes Objekt meiner Wanderstudien gebildet. An einer alten Kirche würde der Kundige gar oft schon erraten, ob er sich in Franken, Schwaben, Bayern, an der Ostsee, am Niederrhein befände, wenn man ihn aus der Luft so plötzlich dorthin versetzte. Das kann er wohl auch bei romanischen Werken, aber er vermag es nicht bei Bauten der Renaissance oder der Neuzeit. Aus diesen spricht die Individualität des Künstlers und die nicht an Stamm und Gau gebundene Schule. Bei mittelaltrigen Bauten fragt man vorab nach Ort und Zeit, bei späteren nach dem Meister.

Die Renaissance ist und war von Anbeginn weltbürgerlich, die Gotik volkstümlich individualistisch, und ich glaube fast, weil sie so individualistisch war, haben die allezeit sonderlichen Deutschen diese Kunstweise so gern gehabt. Die Renaissance ist ein Produkt gelehrten Studiums; die Gotik erwuchs naiv mit unsrer Bildungsgeschichte, sie erwuchs aus dem Volksgeiste. Darum wirkt die Renaissance nur, wo sie groß oder reich, zierlich oder fein ist, wo sie ein durchgebildetes Kunstwerk gibt; die Gotik kann uns auch bei einer rohen Dorfkirche noch liebenswürdig anmuten, wie ein Volkslied mit all seinen falschen Reimen, Knittelversen und Gedankensprüngen, während eine sapphische Ode derlei wildwüchsiges Wesen nicht im mindesten verträgt.

Das sage ich von der echten alten Gotik; mit der Neu-Gotik steht es anders. Sie ist selbst wieder eine Art Renaissance, das heißt gelehrte Wiedergeburt der Kunstweise einer vergangenen, unsrem Leben fremd gewordenen Zeit. Darum mißrät sie so leicht nach zwei Richtungen; entweder man ahmt falsch nach, weil man das Wesen des alten Stiles überhaupt nicht verstanden hat, wie es im Anfange der wiedererweckten Gotik so häufig geschah, oder man verdirbt den Stil, weil man original sein möchte, wo man doch nur etwas in sich Fertiges nachahmen kann, und dies ist gegenwärtig der gangbarste Mißgriff. So verkehrt es nun wäre, die alte Art auf Gebäude völlig moderner Bestimmung anzuwenden und also eine gotische Eisenbahnhalle zu bauen oder gotische Fabriken oder Parlamentshäuser, so wird doch eine gotische Kirche nach gutem altem Muster oder ein gotisches Rathaus auch als Neubau zu rechtfertigen sein, denn hier ist der Stil selber ein Denkmal der alten Kirchenherrlichkeit und der alten Bürgermacht. Und kommt ein solcher Neubau vollends in altertümliche Umgebung, so kann der nachgeahmte mittelalterliche Stil geradezu geboten erscheinen, weil der Neubau dann selber nur als Vollendung und Abschluß eines ältern Ganzen wirkt, nämlich der Straße, des Platzes, des Stadtviertels.

Doch ich gerate auf Nebenwege. Mögen die Künstler sich

streiten über Mittelalter oder Renaissance: wer Land und Leute
erforschen will, der wird die maßgebende Bedeutung unsrer
mittelaltrigen Denkmale für die Erkenntnis des historischen Volkscharakters allezeit fest im Auge behalten und dieselben mit uner-
müdeter Liebe und Hingabe studieren müssen.

3. Rast in Calcar.

Zwischen Xanten und Cleve gönnen wir uns noch kurze Rast
in Calcar.

Ich rechne Calcar zu den „dankbaren" Städten, das heißt
zu den Städten, welche auf engem Raum ein klares, aus wenigen
aber bedeutsamen Zügen zusammengesetztes Bild geben. Wir durchwandern sie mit leichter Mühe, sind sofort orientiert und wissen
schon nach den ersten Eindrücken das Charakteristische herauszu-
finden und zu gestalten. Wir beherrschen eine solche Stadt leicht
und sicher, während es andre Städte gibt, worin man sich erst
in Tagen und Wochen nicht gerade nach dem äußeren Plan, wohl
aber geistig zurecht zu finden vermag. Die Größe oder Kleinheit
bedingt nicht schlechthin diesen Unterschied: wir haben verworrene
und zerfahrene Kleinstädte und andrerseits Großstädte von so
breiten, scharf geprägten Zügen, daß sie sich ganz von selbst zur
schlagenden Darstellung bieten.

Umkreisen wir Calcar, so verkünden die kleinen äußerst ländlichen Häuser neben den unbedeutenden Resten von Mauer und
Graben eine Landstadt, welche sich dem Dorfe nähert, dringen
wir dagegen ins Innere, auf den Marktplatz, so erzählt uns das
einfach schöne gotische Rathaus (ein merkwürdiges Gegenstück zu
dem reichen und zierlichen Rathause in Wesel), die vielen alten
Giebelhäuser und vorab die gotische Kirche, daß wir eine Stadt
von wirklich städtischer Geschichte vor uns haben, eine Stadt sogar
von kunstgeschichtlichem Namen. Neben der Kirche steht endlich
aber ein bescheidenes Haus mit der Inschrift: „Hier wurde Seydlitz
geboren am 3. Februar 1721." Den Marktplatz ziert dann ein

Denkmal des berühmten Heerführers. Also gehet auch die preußische Geschichte bereits nicht mehr leer aus in Calcar.

Die gotische Hallenkirche mit unvollendetem Turme ist von außen nach ihrer Art kaum minder schlicht wie das Rathaus, überrascht aber im Innern durch die edeln Verhältnisse und den gleichartigen und dennoch reichen Schmuck der Altäre mit unbemaltem Schnitzwerk, überhaupt durch das leicht faßliche, einheitliche Gesamtbild im Gegensatz zu dem verwirrenden Reichtum der Kirche von Xanten. Calcar hatte sein eigenes vielgestaltiges Kunstleben in Baukunst, Bildnerei und Malerei, wovon auch die Xantener Kirchenrechnungen Zeugnis geben. Den Höhepunkt dieser künstlerischen Betriebsamkeit bezeichnet ein großer Maler ohne Namen, der anonyme „Meister von Calcar", ein Jünger oder mindestens ein naher Verwandter der Eyckschen Schule aus der zweiten Hälfte des fünfzehnten Jahrhunderts. Und wie er in seiner Richtung ganz dem örtlichen Grenzgebiet der niederrheinisch-niederländischen Kunst angehört, so hat er auch sein Hauptwerk dem Heimatsorte gewidmet, das große Altarbild in der Kirche zu Calcar; und daß er nicht bloß für Calcar sondern auch in Calcar gemalt, beweist die Tafel mit der Auferweckung des Lazarus, wo wir das Calcarer Rathaus, wie es heute noch steht, im Hintergrunde erblicken. So war es eben im Mittelalter, als die Kunst noch im örtlichen Boden festwurzelte; ein hiesiger Meister der Renaissancezeit dagegen, Johann von Calcar, trägt von der Stadt nur noch den Namen, seine Bilder, Nachahmung von Tizians Kunst und Art, könnten ebenso gut von einem Johann von Nürnberg oder von Burtehude gemalt sein.

Damit ich jedoch nicht bloß Kunstdenkmale als Wegweiser nach Holland aufführe, will ich noch von meinem Abendessen in Calcar erzählen und von meinem Mittagessen in Nymwegen.

Ich trete gegen Abend zu Calcar in ein Wirtshaus — nicht ein Hotel war's, sondern halb bürgerlich, halb bäuerlich, wie sich's für das Städtchen schickt — und begehre und erhalte Quartier; — ich frage was ich zu essen haben könne? — „nun das wird sich ja wohl finden!" entgegnet der Wirt mit unnachahmlichem Phlegma, und weiter war nichts herauszubringen. Ich will noch einen Rundgang durch die Stadt machen und bestimme sieben Uhr als die Zeit, wo ich zum Essen zurückkehren will. Der Wirt schaute mich an, als verstehe er mich nicht, und ich gehe meiner Wege. Nach zwei Stunden, Punkt sieben Uhr heimgekehrt, finde ich keine Spur eines Essens. Ich frage danach. „Das wird ja wohl schon kommen," erwiderte der Wirt und schneidet jede weitere Gegenrede ab, indem er mich aus der Schentstube in ein zierlich und reinlich herausgeputztes Familienzimmer führte, wo ich einsam zurückbleibe, bis die Kinder des Hauses kommen, eines nach dem andern, und mich artig und zuthunlich ansprechen, als sei ich ein bekannter Hausfreund. Das dauert wieder eine Weile, dann wird noch ein andrer Gast in dieses Wartezimmer geführt, ein Handlungsreisender, der zum erstenmale diese Gegend besucht. Auch er wartet schon seit einer halben Stunde auf ein Gericht, welches ihm niemand nennen will, und wird im übrigen damit vertröstet, daß sich alles finden werde.

Und es fand sich wirklich. Punkt acht Uhr wurden wir zu Tisch gerufen, daß heißt zum Familientische des Wirtes, an welchem wir beide den Ehrenplatz als die einzigen wirklichen Gäste erhielten. Ein jedes sprach sein stilles Tischgebet und bald entspann sich auch ein rechtes Tischgespräch, nicht von Nachbar zu Nachbar, sondern ein Gespräch fürs Ganze. Wir aßen eine gut und mannigfach besetzte Tafel durch, weit mehr Gerichte als ich außerdem hätte essen mögen, bis der Edamer Käse den Beschluß machte. Und am andern Morgen beim Frühstück ging es ebenso. Wir waren eben die Gäste unsres Wirtes im alten patriarchalischen Sinne, und der Wirt hatte mich Tags vorher gar nicht verstanden, als ich mir ein besonderes Gericht hatte auswählen und eine Essensstunde für mich privatim hatte festsetzen wollen. Der Reisende ißt nicht was und wann er essen will, sondern was und wann „gegessen wird".

Wäre ich aus Holland herübergekommen, statt erst nach

Holland hinüberzugehen, so würde ich dem Wirt und der Wirt würde mir kein Rätsel gewesen sein. Denn was hier in Dorf und Kleinstadt beim bäuerlichen und schlicht bürgerlichen Wirtshause sich bewahrt hat, das gilt dort auch noch in der Großstadt und im Hotel.

In Nymwegen trat ich wenige Tage später um zwölf Uhr in ein Gasthaus und fragte, scharf hochdeutsch wie aus dem Buche gelesen, damit mich der Holländer verstehe: „kann ich etwas zu essen bekommen?" Der Wirt antwortete — ebenso buchgerecht hochdeutsch: „Ja." — „Was kann ich haben?" — „Um drei Uhr wird gegessen." — „Kann ich jetzt nichts haben?" — „Nein!" — Ich versuchte mein Glück in einem zweiten Hause und erhielt ähnlichen Bescheid. Nun ging ich in ein Bierhaus, wo ich auch wirklich ohne Rücksicht auf landesübliche Trinkzeit sofort ein Glas Bier bekam. Es war zwar völlig untrinkbar, doch das focht mich wenig an, da ich das Bier bloß gefordert hatte, um ein Stück Brot dazu verlangen zu können. Allein das Stück Brot bekam ich wiederum nicht, man hatte bloß Bier. Also ließ ich mein Bier ungetrunken stehen, ging in einen Bäckerladen, kaufte mir dort etliche Rosinenbrote, setzte mich vor den Turm des Herzogs von Alba, genoß die herrliche Aussicht auf die Waal mit ihren Segeln und Kähnen und mein frugales Mittagsmahl dazu, und schrieb dann zum Dessert in mein Notizbuch:

„Man ziehe auf der Landkarte eine gerade Linie von Nymwegen nach Preßburg, von der deutsch=holländischen Grenzstadt nach der deutsch=ungarischen, und kehre im Geiste hier und dort in einem Gasthofe ein. Welch äußerster Kontrast! In Holland patriarchalischer Tischzwang durch einen Landesbrauch, welcher aus der Familiensitte erwachsen ist, ein Nachklang der guten alten Zeit auch im modernen Hotel. In Ungarn fessellose individuelle Freiheit, so ganz im neuesten Geschmack. Ich miete im Preßburger Gasthofe mein Zimmer und zahle es besonders, ich gehe in den Speisesaal, esse wann und was mir beliebt und zahle nach jeder Mahlzeit, denn die Restauration ist wieder ein Geschäft für sich, von Gasttafel ist keine Rede und ob der Wirt Familie hat oder nicht, bleibt mir völlig unbekannt. Ich trinke meinen Kaffee zwar unter demselben Dache, aber doch in einem andern Lokal, welches unter seinem besonderen Eigentümer oder Pächter steht. Alles ist vereinzelt, das Gasthaus ein Konglomerat von Einzelgeschäften, niemand kümmert sich um mein Thun oder Lassen, ich lebe in unbedingter Freiheit. Aehnliches gilt bekanntlich auch von Wien. Eine Strecke nordwestwärts, in Bayern, gestaltet sich der Brauch schon etwas anders. Die Galatafel begegnet uns hier bereits als verbreitete vornehmere Ausnahme, im allgemeinen aber lebt und speist ein jeder noch nach freier Wahl (selbst auf dem Dorfe), obgleich auch der größte Gasthof ein einheitliches Ganzes bildet. Am Mittelrhein kommt die regelmäßige Gasttafel mindestens des Mittags, neben freier Wahl, die der selbstherrliche Gast aber vor der allgemeinen Tafelstunde oft teuer genug bezahlen muß. In den eigentlichen Dorfwirtschaften ißt man dort wohl auch schon am Familientische des Wirts, doch meist nur in armen, abgelegenen Dörfern. Am Niederrhein dagegen ist der Familientisch keineswegs ein Zeichen dürftiger Wirtschaft, sondern vielmehr der Behäbigkeit und gediegener altväterlicher Sitte, während man in den größeren, rein städtischen Gasthöfen nach der Karte oder an der Gasttafel speist wie am Mittelrhein. Bei den Holländern endlich wird der aus dem Familientisch erwachsene Tafelzwang selbst in den großen Gasthöfen derart die Regel, daß der Reisende in eine Restauration gehen muß, um nach freier Wahl essen zu können was und wann es ihm beliebt.

Man sieht, dies ist eine aufsteigende Skala von der Freiheit zur Bindung, und zugleich Nord und Süd die äußersten Gegensätze bilden, so beanspruchen doch beide je für ihre Weise das besondere Lob der Gemütlichkeit. Den am meisten idealen und poetischen Standpunkt behauptet hierbei jedenfalls der prosaische Holländer und der Niederrheiner, und als Verfasser der „Familie" müßte ich ihnen laut und unbedingt zustimmen; materialistischer und nüchterner gestaltet sich der Ungar, Oesterreicher und Bayer sein Reiseleben im Wirtshause. Als Fußgänger, der vor allen Dingen freier Herr seiner Zeit und seines Geldbeutels sein will, halte ich es darum ganz heimlich dennoch mit den letzteren."

4. Ueber Cleve nach Nymwegen.

Zwischen Calcar und Cleve, rechts der Landstraße, in der Ebene liegt ein stattliches Lustschloß mit schattigem Park von Wassergräben umrahmt, wahrscheinlich der Landsitz eines reichen Holländers, während links unser Hügelzug ansteigt mit Tannen und Eichen bewachsen und Mynheer, welcher da unten noch ganz in holländischer Umgebung sitzt, braucht nur ein paar Schritte vor seine Gartenthüre zu thun, um den deutschen Waldberg mühelos zu ersteigen.

Wir befinden uns hier bereits in einer Gegend, welche von Holländern vielfach zum Landaufenthalte gewählt wird, gewiß mit aus dem Grunde, weil ihnen dieses Uebergangsgebiet noch so heimatlich und doch so fremd zugleich ist. Sie leben im schönen Deutschland und brauchen ihr schönes Holland nicht aufzugeben. Nirgends tritt uns dieser Gedanke näher als in der Stadt Cleve selbst, die eine ganze holländische Kolonie beherbergt, und wo der bedeutendste neuere niederländische Landschaftsmaler B. C. Koekkoek lebte. Cleve liegt an und auf dem Berge, die letzte Stadt echt deutscher Physiognomie; am Fuße des Berges aber zieht sich eine lange Reihe holländischer Villen mit fein und reich geschmückten Gärten, dann weiterhin der Tiergarten mit seinen hochschüssigen Bäumen und Alleen, von Kanälen begrenzt, auf deren stiller Flut grell durchbrechende Sonnenlichter mit dunklem Laubschatten wechseln. Es gibt deutsche Grenzstädte von weit ausgesprochen niederländischem Charakter wie Cleve, aber wohl keine, welche solch ein vollendetes Doppelbild gäbe: deutsche Art auf dem Berge und holländische im Thale.

In dieser Doppelnatur ruht das Geheimnis der Schönheit Cleves, und ich rechne diese reizende Stadt zu den schönsten deutschen Städten. Sie birgt aber ein Doppelgesicht auf gar vielen Punkten.

Cleve liegt in der Ebene und auf dem Berge, am Altrhein und am Walde, als Eisenbahnstation gehört es zu den Städten jenes Tiefweges, welcher zwischen Maas und Rhein nach Holland führt, andrerseits kreuzt aber hier auch der Xantener Hochweg, die alte Römerstraße vom Rheine zur Bataverinsel, den modernen Schienenstrang. Und während dieser im Thale bleibt, steigt der Römerweg durch die Schlucht („Gruft") östlich vom Heiberge in die Höhe hinan.

Kommen wir auf der Tiefstraße von Goch und Kevelaer und steigen den Clever Berg hinauf, so finden wir uns um viele Meilen rheinaufwärts zurückversetzt, kommen wir dagegen von Calcar und wandern etwa zum Tiergarten hinüber, so sind wir um ein gutes Stück gegen Holland vorgeschritten.

Als Bergstadt erhebt sich Cleve auch wiederum auf zwei Bergen oder richtiger Vorhügeln, dem Hartenberg und dem Heiberg, und die beiden Hauptwege zu dieser Doppelhöhe erscheinen als zwei Schluchten, eben jene „Gruft" mit der alten Römerstraße und dann die jetzige Hauptstraße der Stadt, welche als ehemalige Schlucht eine besonders malerische Perspektive bietet. Gar anmutig buckelig heimelt sie uns an, als seien wir in einem Bergstädtchen zwischen Bingen und Koblenz. Allein die Klinker, mit welchen der Fußweg gepflastert ist, die halb deutschen, halb holländischen Aufschriften an verschiedenen Häusern, die holländischen „Nationallieder", welche neben den „Zündnadelblitzen" an einem Buch- und Musikladen ausgestellt sind, versetzen uns wieder an die Schwelle von Holland. Uebrigens fängt das schönste jener Nationallieder bekanntlich mit dem Verse an: „Wilhelmus von Nassaue bin ich, von deutschem Blut!"

Der Schloßberg, die Akropolis der Stadt, wird bekrönt von dem alten Schlosse mit dem Schwanenturm, da aber ganz nahe seitab auf fast gleicher Höhe die gotische Stiftskirche thront, so gewinnen wir selbst hier wiederum ein architektonisches Doppelbild. Uebrigens ist Cleve (wie alles Originelle und Poetische) eine Stadt der Rätsel, der Gegensätze und fesselnden Widersprüche und auch darin dualistischer Art. Man sollte meinen, der Schloßberg (Hartenberg) mit Turm und Schloß und der benachbarten alten Kirche sei der älteste Teil von Cleve. Dies ist aber (nach Dederichs Ausführung in den Histor. Annalen) gegenteils der Heiberg mit einer Windmühle und dem Mennonitenbethause. Man sollte auch meinen, hier auf den zwei Vorbergen, die als ein Wahrzeichen weit ins Land schauen, ehemals vom Rheine bespült, müsse einer der frühest bekannten Kulturmittelpunkte der Gegend zu suchen sein, älter noch, weil zur Besiedelung verlockender und zur Abwehr bequemer als selbst Xanten und Nymwegen. Allein Cleve, obgleich gewiß uralt, tritt doch viel später als jene beiden Städte in die Geschichte. Der Name Cleve, Clive, kommt nicht vor dem elften Jahrhundert vor und erst im Jahre 1162 wird die Burg oder zunächst wenigstens der Burgvogt urkundlich erwähnt.

Wir betreten die von großen Bäumen beschattete Höhe des Schloßberges und betrachten das alte Gebäude und den Schwanenturm mit dem Schwan als Wetterfahne, wir versenken unser Auge in das Bild der weitgebreiteten Rheinebene und gedenken der Sage von Lohengrin. Die phantasiegewaltige Kunst selber kann zu der reizenden Dichtung keine schönere Scenerie ersinnen, als sie hier Natur und Geschichte, zwei absichtslos malende Künstlerinnen, geschaffen haben. Allein die preußische Schildwache, welche das Schloß umkreist, weckt uns aus dem Traume: da drinnen sitzen Gefangene. Auswendig Lohengrin und inwendig ein Zuchthaus. Und der Schwanenturm, so malerisch und scheinbar so alt, ist eigentlich nicht besonders alt; er wurde erst 1439 an der Stelle des zusammengestürzten alten Turmes erbaut, und auch das Schloß, obgleich an der Stätte, wo seit langen Jahrhunderten die alten Grafen von Cleve residierten, stammt in seinem jetzigen Bau erst aus dem sechzehnten Jahrhundert.

Wer sich Cleve von der Rückseite, von der Höhe nähert, der glaubt durch die großen alten Lindenalleen zur Kuppe des Kirch- und Schloßberges hinüber in eine kleine mitteldeutsche Residenzstadt der Rokokozeit einzuziehen; wer im Thale die Nymweger Landstraße kommt, der erblickt in den zierlichen Landhäusern zunächst die moderne Fremdenstadt, wer vom Rheine zum Rheinkanal, die Handelsstadt; wer aber seinen Standpunkt vorzugsweise in den belebten Straßen des Innern nimmt, dem erscheint Cleve als altertümliche Gewerbestadt. Der Fabrik- und Gewerbebetrieb selber zeichnet sich jedoch wiederum nicht durch kompakte Großartigkeit aus, sondern durch das bunte Vielerlei der mannigfaltigsten Artikel. Und so fesselt uns Cleve überall durch die Fülle seiner Gegensätze, durch seinen Dualismus, durch seinen Uebergangscharakter.

Wir sind vorbereitet für die nächste holländische Stadt, für Nymwegen, welches dem Holländer hinwieder eine dualistische Uebergangsstation ist, den Deutschen aber dennoch überrascht durch seinen ausgeprägt fremden Typus, auch wenn er noch so gründlich und langsam unsre rheinfränkische Straße gewandert wäre, Holländisches in Deutschland suchend, und nun umgekehrt Deutsches in Holland aufspürte.

Schon aus der Ferne begrüßt uns das Glockenspiel vom Kirchturm, Bauersleute in malerischer Volkstracht ziehen unsers Weges oder fahren auf jenen breiten, zweirädrigen Karren, die uns schon vom Mittelrheine her bekannt sind und immer größer in den Rädern werden, je weiter wir rheinabwärts kommen. Hier aber sind sie vollends mit grellen Farben bunt bemalt. Stattliche Heuwagen begegnen uns, von Eseln gezogen, fremde Sprachklänge schlagen an unser Ohr. Wir pilgern von der Landseite durch die altmodischen Festungswerke zum Thore herein: ein Blick auf die Häuser und mehr noch durch die Thuren und hellen Fensterscheiben ins Innere läßt uns bereits eine neue Art des sozialen Lebens erraten, die Kaufläden, der Markt mit seinem bunten Gewimmel neue Formen des Verkehrs, wir geraten in

Seitengassen, deren Schmutz und Elend in schneidendem Widerspruche steht mit der blendenden holländischen Reinlichkeit und dem Wohlstande der Hauptstraßen. Wir gehen an einer gotischen Kirche vorbei, deren geköpfte und verstümmelte Heiligen vom Bildersturme erzählen und gelangen endlich zum Hafen hinab, in dessen Nähe uns zum erstenmale die abgeschmackte Fratze des „Gaapers" an einer Apotheke, ein bekanntes holländisches Wahrzeichen, mit grinsendem Lachen und herausgestreckter Zunge begrüßt. Die Trümmer alter Befestigungen am untern Ende des Hafens mit ihren malerisch zerbröckelnden Backsteinmauern schauen uns so befreundet an, denn wir glauben sie schon einmal auf irgend einem niederländischen Architekturbilde des siebzehnten Jahrhunderts gesehen zu haben, die ungleich reicheren und schöneren Trümmer aber auf der Höhe oberhalb des Hafens im Valkenhofe gemahnen uns wehmütig an die Zeit, wo Niederland noch deutsches Land in jedem Sinne war und deutsche Kaiser in Nymwegen Hof hielten.

Doch es treibt uns wieder hinab zur Waal und über den Fluß, daß wir eine rechte Voderansicht der amphitheatralisch aufsteigenden Stadt gewinnen. Wir besteigen die fliegende Brücke, den „Pont" (auch schon am deutschen Niederrhein gebraucht man diesen Ausdruck); in Holland, wo alles individuell und mit Namen benannt ist, trägt selbst diese Fähre ihren Namen, sie heißt passend „Zelden Rust" — Selten-Ruhe —, mit unbeschreiblichem anmutigem Phlegma tritt der Fährmann während der Fahrt zu uns heran und sagt zu jedem Passagiere bloß „Mynheer!" und die dargestreckte Hand erklärt das Weitere: Was hätte nicht ein Mittelrheiner im selben Augenblicke uns alles zu sagen und in der Geschwindigkeit zu fragen gehabt! Aber der Holländer ist träge, wortkarg und langsam, nicht aus Trägheit, sondern aus weiser Sparsamkeit. So fahren auch seine Schiffe langsamer als die Schiffe andrer Völker, und wenn man auf dem Rheine ein Dampfboot recht langsam herankommen sieht, so sagen die Leute, noch ehe sie Form und Farben erkennen: das ist ein Niederländer. Dennoch kommen die langsamen Schiffe so weit und weiter wie andre. Auch „Zelden-Rust" bringt uns gemächlich ans jenseitige Ufer. Wir betreten die Betuwe, die alte Stamminsel des Volkes, auf welches der moderne Holländer so gerne seine nationale Selbständigkeit zurückführt; hinter hohen Dämmen versteckt sich das tiefe Flachland und hinter den vorgepflanzten verschnittenen Bäumen die echt holländischen Häuser des Dorfes, deren Giebel sich in der regungslosen Flut der umgebenden kleinen Kanäle und Teiche spiegeln. Meine Wanderung auf dem Wege nach Holland ist zu Ende; ich bin ohne Zweifel in Holland selber.

Wer Schritt für Schritt wandert, der kommt langsam vorwärts, aber er kommt in der Regel weiter als er will und hoffen durfte. So habe ich hier auch den Leser weiter geführt als ich ursprünglich beabsichtigte.

Anfangs wollte ich durch meinen „Weg" nur darthun, wie viel jene verlieren an Kenntnis und Genuß, welche von Kontrast zu Kontrast, von einem Höhepunkte der dichtenden und gestaltenden Natur, von einem Zentrum der Volkskultur zum andern eilend, alle sogenannten „uninteressanten" Zwischenstrecken im Schlafe durchfliegen. Gerade diese Gegenden des Ueberganges und der scheinbaren Indifferenz lehren uns erst die Länder und Völker als Organismen erkennen, Glied mit Gliede verbunden; sie eröffnen uns erst den rechten Verstand für die Totalität des Volkslebens.

Ich wurde aber unvermerkt weiter geführt und schilderte zugleich, wie untrennbar auch heute noch Holland mit Niederdeutschland verwachsen ist.

Obgleich ich mich dabei in vielerlei Einzelzüge verlor, so gab ich schließlich doch nur eine leicht umrissene Skizze, die sich unendlich vertiefen und vervollständigen ließe. Denn man müßte eine zusammenhängende Geographie, Ethnographie und Kulturgeschichte des ganzen nordwestlichen Deutschlands schreiben, um alle seine versteckten Verbindungen mit Holland bloßzulegen. Neben meinem friesischen und rheinfränkischen Wege würde dann auch ein niedersächsisch-westfälischer in sein volles Recht treten und ein vlämischer dazu, welcher von Aachen durch Limburg und Nordbrabant zöge mit Ausflügen in die weit gedehnten vlämischen Nachbarstriche des heutigen Königreichs Belgien. Denn man kann gar nicht vollständig zeigen, wie deutsch Holland ist, wenn man nicht zugleich darthut, wie deutsch auch der größere Teil Belgiens bis auf diesen Tag genannt werden muß. Beim Wandern merkt man erst, wie groß die Länder sind und wie grenzenlos weitgedehnt die Volkskunde.

Wenn alle Holländer, die über Deutschland und alle Deutsche, die über Holland reden und schreiben wollen, auch nur einen jener Grenzwege vorher zu Fuße begingen, so würde in beiden Ländern solch ein festes Bewußtsein unlösbaren Zusammengehörens entstehen, daß auch die politische Stellung von Land zu Land über kurz oder lang eine bundesbrüderliche werden müßte. Nicht die Natur hat uns getrennt, sondern die Politik. Von den Zentren beider Länder aus merkt jeder gar leicht den seit Jahrhunderten hervorgekünstelten Unterschied; an den Peripherien finden wir — und das ist schwieriger — den natürlichen Zusammenhang. Alle wahre Staatskunst soll zur Natur zurückkehren: das erste Stadium dieses Weges ist erwanderte und erlebte Kenntnis von Land und Leuten.

III.

Ein Gang durchs Tauberthal.

(1865.)

Erstes Kapitel.
Allgemeine Umschau.

"Man baut gegenwärtig eine Tauberbahn, welche die bedeutendere Hälfte des Tauberthales — von Weikersheim bis Wertheim — dem großen Verkehre öffnen wird. Also ist die Tauber jetzt auf eine Weile zeitungsfähig und man darf wohl auch die Leser eines größeren Blattes an ihre stillen, wenig gekannten Ufer führen."

Mit diesen Worten leitete ich im Herbste 1865 den ersten Abdruck des nachfolgenden Aufsatzes in der Allgemeinen Zeitung ein. Ich ahnte damals freilich nicht, daß die Tauber binnen Jahresfrist noch in ganz anderem Sinne "zeitungsfähig" werden sollte: als Kriegsschauplatz in einem deutschen Bruderkriege und als beachtenswerte strategische Linie auch für künftige kriegerische Operationen. Um so lieber liest man darum vielleicht diesen letzten Gang durchs Tauberthal, unternommen und geschildert in einer Zeit, wo der tiefe Friede dieser Landschaft nur erst durch die Eisenbahn gestört zu werden drohte.

Ich fahre fort in meinem Texte von 1865. Als Fußwanderer — so schrieb ich damals — komme ich gleichsam vor Thorschluß. Denn noch kann man mit der Reisetasche durch den ganzen Taubergrund wandern, ohne für einen Handwerksburschen angesehen zu werden, kann dabei Land und Leuten fest ins Gesicht blicken und darf noch etwas Neues davon erzählen; aus den Eisenbahnfenstern werden die Reisenden über Land und Leute

hinausschauen und man wird ihnen nichts Neues mehr erzählen
dürfen, denn jeder „kennt" alsdann das Land. Infolge der=
artiger Kenntnis sind unsre größten Verkehrsstrecken bereits die
unbekanntesten uns bekannten Gegenden geworden.

Wer das Tauberthal mit Vernunft durchwandern will, der
muß zwei Reisekarten mitnehmen: eine neue und eine alte aus
der Schlußzeit des alten römischen Reichs. Ohne die letztere
weiß er gar nicht, auf welchem Grund und Boden er eigentlich
steht, und die rasch wechselnde historische Physiognomie der Städte
und Dörfer bleibt ihm ein Rätsel. Ein Gang durchs Tauber=
thal ist ein Gang durch die deutsche Geschichte, ist heute noch ein
Gang durchs alte Reich, und da man bei der gleichfalls noch
altertümlichen Billigkeit der Wirtshäuser mit einer ziemlich
leichten Barschaft des Geldbeutels durchkommen kann, so thut
man wohl, eine etwas schwerere Barschaft historischer Vorstudien
in die Tasche zu stecken.

Die liebliche Gegend hat einen kleinen Wurf, aber die Ge=
schichte des Thals einen großen. Du trittst auf den Felsrücken
der alten Burg zu Rothenburg, um einen Blick in das eng=
gewundene obere Tauberthal zu gewinnen: der Boden, auf
welchem du stehst, gehört der deutschen Kaisergeschichte, hier lag
die Feste der Hohenstaufen. Du gehst ins Thal hinab über die
Tauberbrücke: sie stammt aus dem vierzehnten Jahrhundert und er=
innert an die Verkettung der Geschicke der Stadt mit den Geschicken
Kaiser Ludwigs des Bayern. Du wandelst über den Marktplatz
von Rothenburg, wo es jetzt so stille geworden: hier belehnte
Kaiser Friedrich III. den König Christian I. von Dänemark mit
Holstein, Stormarn und Ditmarschen und unter den Zuschauern
befand sich auch ein türkischer Prinz Bajazet. Du betrachtest
das neue Rathaus: hier saß Kaiser Karl V. im untern Erker
und nahm die Huldigung der Bürgerschaft entgegen. Er kehrte
damals als Sieger über den schmalkaldischen Bund hier ein, aber
das Podagra hielt den Sieger zwölf Tage lang in diesem selben
Rathaus gefangen. An das neue Rathaus stößt rückwärts das

alte: es erinnert an die politische und kriegerische Kraft- und Glanzzeit der Reichsstadt im vierzehnten und fünfzehnten Jahrhundert und an den größten Rothenburger Bürger, Heinrich Toppler, der kein großer Kaufmann, sondern ein großer Staatsmann und Soldat gewesen und in den geheimen Gefängnissen dieses Hauses verhungert ist. Gehst du durchs Klingenthor gegen Mergentheim nach Dettwang hinab und zweifelst, ob du die breite Landstraße oder den steilen Streckweg links den Berg hinunter wählen sollst, so kannst du dich wohl dem steilen Pfad vertrauen, denn hier ist Kaiser Ferdinand I. mit seinem ganzen Gefolge herauf geritten.

Selbst in der Bauernsprache der Umgegend soll noch ein Stücklein Reichsgeschichte umgehen: die Bauern sagen „wenzeln" statt schlemmen und faulenzen, und man führt dieses Wort auf den faulen König Wenzel zurück, der sich im Jahr 1387 in Rothenburg aufhielt und in dem Schlößchen im Rosenthal wenzelte.

Auf Schritt und Tritt verfolgen uns durch das stille Thal die Erinnerungen nicht sowohl der Provinzialgeschichte als der deutschen Geschichte.

Die letzte Residenz der Hoch- und Deutschmeister in Mergentheim kündigt sich uns an, lange bevor wir den Turm der alten Ordensburg Neuhaus oder des späteren Schlosses unten in der Stadt erblicken: da und dort an der Tauber begegnet uns das Ordenskreuz, in Stein gehauen. Als Residenz der Hochmeister seit dem 16. Jahrhundert erinnert Mergentheim freilich nur an den Verfall des Ordens, aber als viel älterer Hauptsitz der Deutschmeister (mit Horneck am Neckar) auch an dessen Kraft und Blüte.

In Creglingen suchen wir das prächtige Altarwerk von Veit Stoß, und wenn er's nicht selbst geschnitzt hat, so ist es doch seines Geistes und seiner Schule durchaus würdig und gehört als ein Meisterstück ersten Rangs nicht bloß der fränkischen, sondern der deutschen und allgemeinen Kunstgeschichte. Aber ungesucht tritt uns dort auch die Geschichte der Reformation entgegen, Ablaßbriefe, zumeist zerkratzt und zerrissen, sind an den Chorstühlen angeklebt und Tetzels Kanzel — so nennt die Sage ein kleines Türmchen mit Plattform — ragt noch immer an der äußern Kirchenwand so hoch und luftig, daß der Dominikanermönch wohl ein schwindelfreier Redner gewesen sein muß. Und wie Creglingen an Tetzel, so erinnert Rothenburg an Andreas Bodenstein von Karlstadt und dieser Name führt uns wiederum zum Bauernkrieg, für welchen das Tauberthal ein klassischer Boden ist, wie kaum ein andrer. Anfang, Mitte und Ende liegt hier beisammen. In Niklashausen an der Tauber hatte Henselin, der Pauker von Niklashausen (1476) seine Visionen und predigte vor vielen Tausenden sein sozialistisches Evangelium, an der Tauber zündete, fast fünfzig Jahre später, der Funken des Bauernaufruhrs ungemein rasch, aber in Rothenburg wurde der Nerv der fränkischen Bewegung schon gelähmt, noch ehe die streitbaren Haufen in der großen Bauernschlacht bei Königshofen an der Tauber vernichtet waren. Wir sehen übrigens nicht bloß Denkzeichen der zerstörenden Wut jener Kämpfe im Tauberthal, sondern von der Tauber ist auch manches neue Streiflicht historischer Forschung aus der Spezialgeschichte der Gegend (durch Bensen) auf jene große deutsche Bewegung geworfen worden.

Inmitten eines regsamen Volks und einer ergiebigen Natur durchschreiten wir an der Tauber die Gebiete von lauter gefallenen Reichsgrößen. Das zeigt uns eben die alte Landkarte schon in den Grenzlinien aus der letzten Reichszeit, die siebenmal den nur dreißig Stunden langen Thalgrund kreuzten. Zu oberst das Gebiet der annektierten Reichsstadt (Rothenburg); dann eine ausgestorbene Markgrafschaft (Ansbach) bei Creglingen; ein säkularisiertes Hochstift (Würzburg) bei Röttingen und Lauda; ein mediatisiertes Fürstentum (Hohenlohe) bei Weikersheim; das Land eines aufgehobenen Ritterordens (der Deutschherren) bei Mergentheim, und ein ehemaliges halbes Reichsdorf (Althausen); eine weiland unmittelbare Reichsherrschaft (Gamburg); ritterschaftliche Besitzungen (in Archshofen, Edelfingen ꝛc. ꝛc.), verlassene

Klöster, ein säkularisiertes geistliches Kurfürstentum (Mainz) bei
Bischofsheim und endlich eine mediatisierte Grafschaft (Wertheim)
im Mündungsgebiete des Flusses!

So war also das Tauberthal zur Zeit des Reichs mindestens
neunherrisch und jetzt gehört es nur noch dreien Herren: Bayern,
Württemberg und Baden. (Die drei Länder kann der Wanderer
schon mit den Füßen wahrnehmen ohne alle Landkarte: in
Bayern ist die Thalstraße leidlich gut, in Württemberg wird
sie besser, in Baden am besten.) Obgleich sich nun also die
Gebietsverhältnisse an der Tauber sehr vereinfacht haben, so ist
das Thal als ganzes jetzt doch zerstückter, zerfallener, einheits=
loser als früher.

Denn vordem trug es großenteils den Schwerpunkt in sich
selbst, und seine drei Hauptgebiete gravitierten in drei Haupt=
gliederungen des Thalgrundes. Reichsstädtisch war das obere
Land, wo die Tauber noch rascheren Laufes und in engerer
Rinne die Höhen des Keupers und Muschelkalks durchbricht, und
Rothenburg herrscht hier als Hauptstadt; deutschherrisch war das
Zentrum des mittlern, sanften, kulturfähigeren Beckens (im Muschel=
kalk), wo Mergentheim städtisch dominierte; reichsfürstlich endlich
die Hauptmasse des untern Gebiets, wo der Buntsandstein zu
höheren Bergen ansteigt und die Main=Tauberstadt Wertheim
(mit Würzburg in der Flanke) den maßgebenden Schlußpunkt
des Verkehrs macht.

Die wichtigsten drei Städte des Flusses waren also zugleich
Gebietshauptstädte, auch das hohenlohische Weilersheim war eine
Residenz, und trotzdem daß Ansbach, Kurmainz und Würzburg
mit ihren Grenzwinkeln ins Thal hinein schauten, fand dasselbe
samt den meisten Seitenhöhen und Seitenthälern doch seine
einigenden Mittelpunkte in sich selbst und bildete eine kleine reiche
Welt für sich.

Hierin löst sich das Rätsel der früheren Kulturblüte und
des jetzigen Verfalls. Nicht sowohl durch Handel und Gewerbe
sind die größeren Tauberstädte im Mittelalter bedeutend geworden,

als durch die Gunst der politischen Herrschaftsverhältnisse. Das gilt auch von Rothenburg. Darum sind es auch nicht sowohl die neuen Verkehrswege oder die neuen Formen der Industrie, was die moderne Blüte des Tauberthales so bescheiden zurücktreten ließ neben den Denkmalen vergangener Pracht und Macht, sondern es ist der Sturz aller der alten Herrschaften, die früher hier gravitierten. Nicht mit dem ökonomischen Ruin des mittelaltrigen Städtewesens, sondern viel später, mit der politischen Zertrümmerung des Reichs, ging die selbständige Herrlichkeit des Tauberthals zu Grabe.

Vergleichen wir die Gegenwart mit jener vergangenen Zeit. Wie ist da alles von Grund aus anders geworden! Alles Land an der Tauber hat neue Herren bekommen: der obere Teil ist neubayerisch, der mittlere (der Taubergrund) neuwürttembergisch, der untere (der Taubergau) neubadisch. Und diese drei Stücke sind lauter fremdartige kleine Eck= und Grenzzipfel größerer Staaten. Ich sage fremdartig, denn Württemberg und Baden haben sonst gar keinen Anteil am Maingebiet, außer durch ihr Stückchen Tauber.

Das ostfränkische Volk des badischen Taubergaues bildet eine ethnographische Exclave im äußersten Nordosten des Großherzogtums, sein natürlicher städtischer Mittelpunkt ist das bayerische Würzburg, nicht Karlsruhe oder Heidelberg. Württemberg besitzt keine rein fränkische Bevölkerung, außer im Taubergrund und in den angrenzenden weiland ansbachischen und hohenlohischen Aemtern. Der Tauberwein ist ein Fremdling unter den altwürttembergischen Neckarweinen, wie außerdem nur noch der Seewein am südlichsten Gegenpol des Königreichs. Zu Weikersheim und Mergentheim spricht man gut fränkisch in der Bauernstube der Wirtshäuser und gut schwäbisch im Herrenstüble, wo die Beamten sitzen. Das soll, wie der patriotische Württemberger meint, schon vorgedeutet gewesen sein durch die Hohenstaufen, als dieselben das Herzogtum Rothenburg an der Tauber mit ihrem Herzogtum Schwaben verbanden. Allein die

Hohenstaufen schoben Rothenburg nicht in die Ecke, sondern legten vielmehr den Grundstein zu seiner selbständigen Macht als einer fränkischen Stadt und künftigen (1274) deutschen Reichsstadt ob der Tauber, als der Beherrscherin des Quellengebiets und oberen Flußlaufes.

Nun ist aber Rothenburg an der Tauber nicht bloß eine bayerische Provinzialstadt geworden, worüber es sich mit Nürnberg und Augsburg trösten könnte, sondern eine Grenzstadt, die ganz außer der Welt liegt, ein vergessenes Trümmerstück des Mittelalters. Auch sein Gebiet, früher so groß (es umfaßte 163 Dörfer und 40 Burgen) und wohl abgerundet, ist zwischen zwei Herren geteilt und vielleicht haben es die Rothenburger minder schmerzlich empfunden, daß sie 1802 ihre politische Selbständigkeit verloren, als daß 1810 ihr Gebiet zerrissen wurde ihr Gebiet, welches die Quelle ihrer Macht und ihr Stolz gewesen war — und daß die Hälfte ihrer ehemaligen Gebietsunterthanen jetzt nicht einmal mehr nach Rothenburg zu Amt und zu Gericht geht, sondern ins Württembergische nach Mergentheim und gar nach dem obskuren Oberamtsdorf Gerabronn.

Und dazu mußte Rothenburg selber einem Kreise zufallen, dessen Hauptstadt Ansbach ist! Wenn noch Nürnberg die Kreishauptstadt Mittelfrankens geworden wäre, wie es ja ganz natürlich erscheint; aber Ansbach, das sich an historischem Rang durchaus nicht mit Rothenburg messen kann, still und stille stehend, die unpopulärste Stadt bei allen Handlungsreisenden — unpopulärer sogar als das noch stillere und stillstehendere Rothenburg! Denn nach Ansbach kommen diese Peripatetiker, um wenig Geschäfte und noch weniger Unterhaltung dort zu finden, nach Rothenburg kommen sie in der Regel überhaupt nicht.

Allein zeigt denn das Tauberthal mit seinen drei neuen Gebietsbruchstücken im kleinen nicht genau dasselbe Bild, wie ganz Ostfranken, der ehemalige fränkische Reichskreis, im Großen? Im großen: Ja! aber groß und klein ist eben zweierlei. Freilich sind alle alten Herrschaften des fränkischen Kreises untergegangen und lauter neues Land geworden, in der Hauptmasse neubayerisch. Allein wenn Ansbach, Bayreuth, Würzburg, Bamberg, Nürnberg neubayerisch wurden, so wird durch solchen Zuwachs anderseits auch Altbayern ein neues Bayern, und das alte Frankenland trägt trotz München immer noch seine eigenen Kulturmittelpunkte in sich selbst. Franken greift selbstthätig in die innere politische Bewegung Bayerns, wenn es auch seine äußere politische Selbständigkeit verloren hat. Dergleichen kann man aber doch nicht von den abgelegenen Grenzwinkeln des Tauberlandes behaupten.

Man ist hier im kleinen unzufrieden und klagt über allerlei Ungunst und Vernachläßigung, die Vergangenheit zeigte große politische Schauspiele, die Gegenwart ein rührendes Familienstück. In Rothenburg meinen viele Leute: Württemberg behandle seine alten Reichsstädte mit größerer Vorliebe als Bayern und würde einer Stadt wie der ihrigen doch wenigstens ein Stückchen Eisenbahn gegönnt haben; im württembergischen Creglingen dagegen, dessen kunstberühmte Herrgottskirche nur notdürftig erhalten wird, vernahm ich, daß man in Bayern doch mehr thue für die Kunstaltertümer, und König Ludwig I. habe den Creglingern schon 20,000 Gulden für ihren Hochaltar geboten, die biete in Württemberg kein Mensch. Die Badener beneiden nicht gerne das Ausland, aber sie beneiden sich untereinander, und in Tauberbischofsheim klagte man (früher wenigstens) oft und bitter, daß der badische Taubergau des Segens von Amts- und Behördensitzen, Garnisonen, Zuchthäusern und anderen nahrhaften Anstalten lange nicht so reichlich teilhaftig werde, wie die übrigen Gegenden des Großherzogtums.

Es geht bei dem Charakter eines Landstrichs, wie bei den Charakteren der Menschen: beide zeichnen sich am schärfsten in einer Reihe von Widersprüchen. Wer aber dem Charakter auf den Grund sieht, der findet doch immer zuletzt, daß diese Widersprüche nur scheinbar sind. Zum weiteren Nachdenken werfe ich ein halbes Dutzend solcher Widersprüche hin, in welchen sich mir der Charakter des Taubergebiets besonders zu spiegeln scheint.

Daniel in seiner Geographie von Deutschland nennt den Taubergrund „einen Garten Gottes an Fruchtbarkeit und Schöne", und das Tauberland ist, wenn man vorwärts schaut, wohlhäbig und aufblühend; aber es ist zugleich arm und zurückgegangen, wenn man rückwärts blickt in seine Geschichte. Und doch ist diese Geschichte, niederdrückend für die Gegenwart, zugleich auch wieder ein stolzer, unzerstörbarer Reichtum des Landes.

Das Tauberthal ist äußerst belebt und verkehrsreich, dennoch ist es auch wieder gar stille, einsam und abgelegen; denn sein Verkehr ist fast durchaus Lokalverkehr, es ist der enge, freund= nachbarliche Verkehr der Landwirtschaft und des Gewerbes, nicht der weite, weltoffene des Handels und der Industrie.

Das Tauberthal ist litterarisch sehr fleißig bearbeitet – sprunghaft und in Bruchstücken, und trotzdem litterarisch kaum be= arbeitet im Zusammenhang und im ganzen. Wer über die Tauber auch nur flüchtige Studien machen will, der muß sich einen ganzen Stoß Bücher zusammentragen, eben weil von der Tauber schon so viel und über die Tauber noch so wenig ge= schrieben ist. Bayern bietet überreiches historisches Material (von Winterbach und Bensen), sorgsame kunstgeschichtliche Forschungen (Zigharts Kunstgeschichte) und gute ethnographische Notizen (Ba varia) über sein Stück Tauberland, Württemberg ausgezeichnete volkswirtschaftliche und statistische Nachrichten in der neuen Landes beschreibung des topographischen Bureaus, und wird erschöpfend Kunde geben von seiner Ecke Taubergegend, wenn einmal die Oberamtsbeschreibung von Mergentheim erschienen sein wird. Es gibt auch schätzbare badische Tauberlitteratur, und dazu allerlei Main= litteratur, die einen kleinen Spaziergang tauberaufwärts macht. Allein, das sind lauter Bruchstücke, ähnlich wie die tüchtigen Mono graphien von Ottmar Schönhut über Mergentheim und Creglingen, zerstreute Aufsätze in Vereinsjahrbüchern u. dgl., sie klappen nicht auseinander und ergänzen sich nur zufällig. Denn wo die Landes= grenze das Thal durchschneidet, da hört für die offizielle Topo graphie (wie für unsre bayerischen Generalstabskarten) die Welt auf.

Das Tauberland ist von Natur kein Grenzland, und dennoch war und ist es ein so vielfach durchgrenztes Land. Ja man kann nicht einmal unbestritten sagen, in welches Herren Lande die Quelle des Flusses liegt. Die Tauber entspringt in Bayern und Württemberg — wie man will; denn die Bayern sagen, sie entspringe hüben, die Württemberger, sie entspringe drüben. Jedenfalls entspringt sie an der Grenze.

Das Tauberthal ist endlich höchst wegsam, liegt aber doch überall aus dem Wege. Dies will ich noch etwas näher erläutern.

An der Thalstraße der Tauber liegen neun Städte: Rothenburg, Creglingen, Röttingen, Weikersheim, Mergentheim, Königshofen, Lauda, Bischofsheim, Wertheim, auf siebenundzwanzig Stunden Wegs, es kommt also auf je drei Stunden eine Stadt, und wohl auf jede Stunde eine Ortschaft überhaupt. Dazu ist das Thal die natürlichste Verbindungslinie zwischen der sogenannten europäischen Wasserscheide, der Frankenhöhe, und dem Untermain; es ist offen, bequem wegsam, hat größtenteils nur sehr mäßiges Gefäll, und bloß eine größere, leicht abzuschneidende Kurve. Man sollte meinen: ein solches Thal müsse seit ältester Zeit eine natürliche Hauptstraße gebildet haben. Und doch war dies niemals der Fall und wird es auch nach vollendeter Eisenbahn nicht werden. Wie die Tauber seit dem Mittelalter von Grenzen durchschnitten ist, so ist sie auch von Hauptstraßen quer durchkreuzt, von Hauptstraßen berührt, aber keine Hauptstraße folgt dem Flusse. Der Grund dafür lag und liegt in der uralten überwiegenden Bedeutung Würzburgs, welches den Verkehr aus Süden und Westen seitab zu sich herüberzog, und in den störenden Schlangenlinien des Mainvierecks, die den Verkehr von Osten nach Westen vorwärts über den Spessart drängten.

Die mittelaltrige Hauptstraße von Augsburg nach Würzburg berührte (seit dem vierzehnten Jahrhundert) die Tauber nur bei Rothenburg, die alte Straße vom Neckar (Heilbronn) zum Main zielte gleichfalls auf Würzburg und kreuzte die Tauber bei Mer-

gentheim, die neue Eisenbahn von Heidelberg nach Würzburg
wird das Thal bei Tauberbischofsheim kreuzen, die Thalbahn
selbst aber (Weikersheim=Wertheim) wird nur lokale Bedeutung
haben. So führten die großen Straßen von altersher das Thal
zwar in die Welt hinaus, aber sie führten die Welt nicht durch
das Thal.

Als Kaiser Ludwig der Bayer in seinen Kämpfen mit
Friedrich dem Schönen von den Rothenburgern so kräftig unter=
stützt worden war, gab er ihnen (1331) zum Dank, neben
mancherlei Rechten und Freiheiten, auch das Versprechen, daß
die große Straße von Augsburg nach Würzburg durch Rothen=
burg gehen solle. So geschah es denn auch, und so blieb es
durch Jahrhunderte, und die Rothenburger meinen: diesen Zug
aus der bayerischen Geschichte hätte man in München nicht ver=
gessen und wenigstens die Ansbach=Würzburger Linie über ihre
Stadt führen sollen, statt über das nur zwei Stunden seitab
gelegene, historisch völlig unbedeutende Steinach. Man sieht,
an der Tauber spielt die Geschichte überall herein, selbst in die
Eisenbahnfragen. Allein unsre Ingenieure schlagen nicht die
Chronik nach, wenn sie eine neue Bahnlinie entwerfen.

Infolge der besprochenen Weg= und Grenzverhältnisse ist
aber das Tauberthal nicht bloß auswärts wenig bekannt, son
dern die Bewohner selber kennen großenteils das Gesamt=
gebiet ihres anmutigen Flüßchens weit weniger, als der fremde
Wanderer glauben möchte, wenn er so bequem auf belebter
Straße thalabwärts zieht. Ein Rothenburger wird nicht oft nach
Wertheim reisen, und noch seltener kommt ein Wertheimer hinauf
nach Rothenburg. Zwischen Dettwang und Creglingen ging ich
mit einem jungen Bauernburschen aus der Gegend. Er gehörte
gerade nicht zu der bäuerlichen Aristokratie, denn er hatte eben
ein Schwein zur Stadt getrieben, allein er kannte das obere
Thal äußerst genau, hatte fein beobachtet und wußte so gut
Bescheid in der Geschichte seiner Gegend, daß ich ihm — gerades
wegs aus Altbayern kommend, wo die Bauern, welche Schweine

treiben, etwas weniger historisch gebildet sind — mein Erstaunen darüber nicht verhehlen konnte. Er erzählte mir viel vom dreißigjährigen Krieg, den er, auf nähere Erkundigung nur um hundert Jahre zu früh setzte, von der Erstürmung Rothenburgs durch Tilly, von Tetzels Ablaßpredigt, von der deutschherrischen Zeit in Mergentheim, welche man dort die deutschnärrische Zeit nennt, von den Hohenstaufen und ähnlichen Dingen. Er war in Stuttgart und Ludwigsburg bekannt, und wußte viel von Honduras und Mexiko und von Amerika überhaupt, nur daß er Mexiko beiläufig einmal mit Algier verwechselte; von der untern Hälfte seines heimatlichen Tauberthales dagegen wußte er nichts, und da er gesehen hatte, wie sich bei Mergentheim das Thalbecken ausweitet, so behauptete er: der Fluß laufe von dort abwärts durch eine Ebene. Andrerseits traf ich in Bischofsheim und Wertheim mit sehr gebildeten Leuten zusammen, welchen ich Rothenburg wie eine ganz fremde Stadt schildern konnte; sie waren niemals droben gewesen.

Zweites Kapitel.
Von Stadt zu Stadt.

1. Rothenburg.

Nachdem ich nun bis hierher das Thal im ganzen und von oben herab aus der historisch-topographischen Vogelperspektive gezeichnet habe, will ich den Leser auch noch zu den einzelnen schönsten und merkwürdigsten Punkten führen. Dies sind aber hier, wie fast überall im mittelrheinischen Lande, die Städte, Dörfer und Burgen. Die Landschaft wird erst schön und bedeutend durch die Staffage.

Wenn heutzutage so viele Reisende in den Thälern des Rheins und seiner Nebenflüsse sich enttäuscht finden, so rührt dies nur daher, weil sie die Staffage nicht zu sehen verstehen, und in Gegenden, die als Kulturland unvergleichlich reizend sind, die reine Naturschönheit, wie etwa im Hochgebirge, suchen.

Die oberste und die unterste Stadt der Tauber haben den höchsten malerischen Ruhm; Rothenburg und Wertheim. Man hat die Lage von Rothenburg mit Jerusalem verglichen und die Lage von Wertheim mit Heidelberg.

Rothenburg zeigt, von vorn oder hinten betrachtet, ein höchst verschiedenartiges Doppelgesicht. Von vorn der enge Thalgrund des Flusses, felsige Anhöhen, bedeckt mit Weingärten zwischen Gestein und Buschwerk, die Stadt mit ihren vielen Turmen und Mauern, wie eine große Burg die Höhe bekrönend, dazwischen die Felsenzunge des eigentlichen Burgberges, auf welchem jetzt neben der alten Kapelle nur noch mächtige Bäume aufragen statt Bergfried und Palas. Von hinten dagegen sanft ansteigende Ackerflächen, die „Rodenburg" (im gerodeten Land) verkündend, Hopfenstangen statt der Rebenpfähle, und nur noch auf der langen obersten Linie des Hügelrückens Turmspitze an Turmspitze, die in seltsamer Silhouette von dem Goldgrunde des Abendhimmels sich abheben. Vorn Wein, Bergwildnis und Romantik, hinten Bier, Hügelfläche und prosaische Kultur.

Im Innern ist Rothenburg von allen altertümlichen deutschen Städten, welche ich kenne, weitaus die altertümlichste, die am reinsten mittelalterliche. Nürnberg hat sich verjüngt in und neben seinen alten Quartieren, Rothenburg ist durchaus alt geblieben, und was etwa nicht alt wäre, das erscheint verschwindend bedeutungslos. Die Stadt ist wie erstarrt, versteinert, sie ist äußerlich stehen geblieben, also innerlich heruntergekommen, aber sie ist nicht so weit heruntergekommen, daß sie eine Ruine und folglich dann doch wieder etwas neues geworden wäre. Sie ist vergessen worden von der zerstörenden sowohl als von der neubildenden Zeit.

Wall und Graben, Mauern, Thore und Türme gürten sich so fest um die Stadt, als sollten sie heute noch, wie in Kaiser Ruprechts Tagen, die Wogen des stärksten ritterlichen Heeres brechen. Noch schauen uns aus der Bastei am Spitalthor ein paar alte Kanonen entgegen, noch gehen wir über die alten Thorbrücken, aber die alten Thorflügel sind freilich geöffnet, um nicht wieder geschlossen zu werden, und statt des Reichsadlers hängt eben eine k. bayerische Konskriptionsverfügung am Einlaß. Gar manche deutsche Stadt hat noch alte Mauern und Türme, allein ein so geschlossenes System größtenteils echt mittelaltriger Festungswerke, die der ganzen Stadt das Ansehen einer großen Burg geben, wird sich selten wiederfinden.

Zu diesem Zug des äußeren Gesichtes gesellt sich ein Zug der inneren Physiognomie der Stadt, durch welchen Rothenburg ganz besonders als ein versteinertes Stück Mittelalter inmitten der Gegenwart erscheint: die Masse der öffentlichen Gebäude erdrückt gleichsam die Privathäuser (mit Ausnahme eines einzigen Stadtteils); fast alles, was uns monumental bedeutend, was uns altertümlich anziehend entgegentritt, zielt auf die politische oder kirchliche Gemeinde, und selbst die historisch merkwürdigen Privathäuser sind doch zumeist nur deswegen merkwürdig, weil sie Trümmer älterer öffentlicher Gebäude in sich schließen, oder weil eine Erinnerung aus dem öffentlichen Leben der Stadt auf ihren Mauern ruht. Wenn man alle reinen Privathäuser von Rothenburg wegnähme, so bliebe Rothenburg doch im wesentlichen stehen.

Man kennt jene wunderlichen Städteprospekte in Büchern des sechzehnten und siebenzehnten Jahrhunderts, auf welchen wir fast nur Festungswerke, Kirchen, Klöster, Rat- und Zunfthäuser und dergl. hochaufragend erblicken, und daneben dann so beiläufig ein kleines Häuflein von niedern Dächern der eigentlichen Wohnhäuser. Diese Prospekte sind ohne Zweifel naturalistisch ungenau, wie aus dem Gedächtnis gezeichnet, sie versinnbilden aber sehr treffend den wahren Charakter einer mittelalterigen Stadt. Damals machte die Stadt den Bürger, während in unsrer Zeit die Bürger die Stadt machen.

Wie den Zeichnern jener alten Prospekte, so geht es uns heute noch bei Rothenburg. So lange wir durch die Straßen wandern, sehen wir freilich Privathäuser genug; entwerfen wir uns aber nachher ein Bild des Ganzen aus dem Gedächtnis, so ist es, als ob Rothenburg aus lauter öffentlichen Gebäuden bestünde, mit einer bedeutungslosen Zuthat von Wohnhäusern. Rothenburg besitzt im Vergleich zu seiner Größe mehr monumentale Bauwerke als Nürnberg oder Augsburg, aber ihm fehlen jene Häuser, welche an große Bürgergeschlechter erinnern, deren Ruhm, wie bei den Fuggern und Welsern, den Glanz der Stadt selbständig gehoben, ja zeitweilig überstrahlt hätte. Das Rothenburger Patriziat war bedeutend in und mit der Gemeinde, nicht über dieselbe hinaus.

So sanken denn auch die Bürger in der neueren Zeit zu sehr mäßigem Wohlstand herab, während die Gemeinde reich blieb. Rothenburg hat ein größeres Gemeindevermögen als München, und das Kapital seiner Wohlthätigkeitsstiftungen belief sich im Jahr 1861 bei einer Bevölkerung von nur 5049 Seelen auf die Summe von 1 389 900 Gulden. Nürnberg und Augsburg sind berühmt wegen ihres Reichtums an milden Stiftungen, allein Nürnberg besaß in demselben Jahre bei 62 787 Einwohnern nur 4 967 062 Gulden, Augsburg bei 45 389 Einwohnern 4 252 503 Gulden Stiftungskapital; diese reichen Städte erfreuen sich also im Vergleich zu ihrer Volksmasse bei weitem keines so großen Stiftungsvermögens wie das arme Rothenburg.

Die alten Geschlechter in Rothenburg wurden reich durch die Stadt, und die Stadt war reich durch den Grundbesitz und die grundherrlichen Rechte ihres großen Gebiets. Umgekehrt werden in unserer Zeit hier die Armen ernährt und beschäftigt durch die Stadt: mehr als ein Drittel sämtlicher Familien zählt zu den Taglöhnern oder den konskribierten Armen, und von 349 Taglöhnerfamilien nährten sich im Jahr 1855 nicht weniger als 214 von städtischem Taglohn. Das ist auch ein Stück versteinertes Mittelalter.

Rothenburg ist eine ganze Stadt im gotischen Stil, und zwar des vierzehnten und fünfzehnten Jahrhunderts; dies eben war die Zeit, wo die Gemeinde am höchsten stand. Die älteren romanischen Bauten wurden von der Gotik verschlungen bis auf wenige Reste, und wer jetzt den Rothenburger Romanismus studieren will, der muß auf die umliegenden Dörfer gehen. Der Renaissance gehört der Neubau des Rathauses an; allein so übermächtig herrscht die Gotik, daß dieser Prachtbau doch dem gotischen Gesamtcharakter der Stadt nichts anhaben kann. Das Hauptwerk der Gotik aber, die Jakobskirche, ward durch den Gemeinsinn der Bürger so groß und stolz; jedermann steuerte durch viele Jahre wöchentlich einen Heller, und so bekamen die Rothenburger die schönste Kirche auf weit und breit — der Abt von

Heilsbronn wußte gar nicht wie? Die Bürger aber wußten's und sagten's ihm.

Noch heutigen Tags ehrt und erhält die Gemeinde ihre zahlreichen Denkmale, die zum Teil gewiß nur noch ein fressendes Kapital sind, mit achtungswerter Treue. Die Bürger sind stolz darauf, daß sie jetzt einen so schönen öffentlichen Garten zwischen den Trümmern der Reichsburg geschaffen haben; sie erhalten ihre Stadtmauern und Türme, und wenn im Anfang dieses Jahrhunderts manches merkwürdige monumentale Wert mutwillig zerstört wurde, so haben das in der Regel andere Leute als die Rothenburger gethan.

Der wichtigste Ausfuhrartikel der Stadt in alten Zeiten war das Getreide, und die vielen Mühlen und Bäckereien bildeten das charakteristische Gewerbe. Rothenburger Brot ist altberühmt; es überlebte den Ruhm der Reichsstadt; im Jahre 1779 wußte man selbst in Paris noch davon, ein damaliger französischer Geograph schreibt von Rothenburg nichts weiter als: l'air y est sain et le pain excellent. Jetzt kennt man das Rothenburger Brot in Paris vermutlich nicht mehr; allein die Schranne ist doch noch der wichtigste Markt des Platzes, es gibt noch immer viele Mühlen unten im Thal und auffallend viele Bäcker, Melber und Brauer oben auf dem Berg, und die Luft ist gesund geblieben und das Brot vortrefflich.

An der oberen Tauber sieht es allerwege altertümlicher aus, als im mittleren und unteren Thal. Das kann man auch an Sitte und Tracht des Landvolkes wahrnehmen, ja sogar beim Weinbau. Die Weinberge der oberen Tauber sind selber ein allmählich versinkendes Altertum. Sie steigen hier bis gegen 1300 Fuß Meereshöhe; das ist mittelalterlich, und erinnert an jene Zeit, wo auch bei „Kaltenberg" am Ammersee noch Wein wuchs; in der Pfalz geht man heutzutage mit der Rebe nicht über 700 Fuß.

Zwischen den einzelnen Weingärten ziehen sich Wälle von zusammengelesenen Steinen die Hügel hinab und geben der ganzen

Landschaft ein seltsam fremdartiges Ansehen. Diese langgestreckten Steinhaufen (hier „Steinmauern" genannt), sind Denkmale uralten Fleißes bei der Rodung des Acker- oder Reblandes, und geben als unverrückbare Grenzlinien dem Forscher der Wirtschaftsgeschichte einen Wink über den ältesten Umfang der einzelnen Güterteile.

Bei Weikersheim, wo das antiquarische Interesse des Weinbaues zurücktritt, weil dort ein auch noch für die Gegenwart höchst angenehmer Trank gedeiht, verschwinden diese Steinwälle. Allein die Weinberge sehen doch auch hier wieder ganz anders aus als am Main oder Neckar. Die Stöcke stehen äußerst licht und kurzgeschnitten, da die hitzige flache Bodenkrume auf dem Kalkgeröll keine enggepflanzten, stark ins Holz treibenden Reben duldet. Die Ertragsmenge ist darum auffallend gering, die Güte des Gewächses aber kann unter Umständen ausgezeichnet werden. Weikersheim, Markelsheim, Mergentheim und Marbach rühmen sich des besten Tauberweins. Er ist entschieden kein Schwabe, sondern fränkisch mittelrheinischer Art, durch Feuer und Blume überraschend, allein flüchtig und nicht von langer Dauer. Auch dieser Wein steht, gleich der ganzen Tauber, an den Grenzen: er ist kein Wein von Rang und großem Namen, dennoch sind die besseren Sorten zu fein, die geringeren zu wenig ausgiebig, und die ganze Kultur ist zu kostbar, als daß der Wein als echter Landwein, als allgemeiner Haustrunk im Lande herrsche. Darum darf es uns nicht wundern, daß wir in so vielen Wirtshäusern des Tauberthals zwar die Weinberge vor den Fenstern liegen sehen, auf den Wirtstischen aber stehen zumeist bloß Biergläser.

2. Creglingen.

Das nächste Städtchen unter Rothenburg ist Creglingen, eine Bauernstadt, welche wie andere Tauberstädte gleichen Ranges — Röttingen, Königshofen, Lauda — von der Stadt wesentlich nur den alten Namen, alte Häuser und Ruinen und alte Erinnerungen besitzt, im sozialen Charakter jedoch die entschiedenste Schwenkung zum großen Dorf genommen hat.

Ein Vergleich mit Rothenburg wird die Physiognomie Creglingens in klares Licht stellen. Beides sind altertümliche Städte; aber das erstarrte Rothenburg macht einen überwiegend architektonischen, das im Verfall lebendige Creglingen einen malerischen Eindruck, und bekanntlich ist ein Loch am Ellenbogen und ein Flicklappen auf dem Knie oft malerischer als ein ganzes Kleid. Die Reichsstadt Rothenburg war eine höchst selbständige Stadt, Creglingen als echtes landesherrliche Städtchen höchst unselbständig. Durch Erbschaft, Kauf und Tausch ging es von Hand zu Hand, und wurde der Reihe nach hohenlohisch, burggräflich erst magdeburgisch, dann nürnbergisch, markgräflich ansbachisch, bayerisch und zuletzt württembergisch. In Rothenburg bauten die Bürger ihre schönste Kirche ganz allein, Heller zu Heller sammelnd; die schönste Kirche Creglingens, jene berühmte „Herrgottskirche", ist nicht von Creglingern erbaut, sondern von den Herren v. Brauneck. Sie liegt auch nicht in der Stadt, sondern ein Viertelstündchen abseits auf dem Gottesacker, ursprünglich eine Wallfahrtskirche, um welche sich dann die Gräber reiheten.

Man kann sagen: das Merkwürdigste von Creglingen überhaupt ist der Kirchhof. Die alten Grabsteine erzählen uns hier, wie viel vornehmer die Stadt einmal gewesen ist. Nicht bloß Pfarrersfrauen, sondern auch eine Schustersfrau des siebzehnten Jahrhunderts steht fast lebensgroß auf ihrem Grabstein, als Relief gearbeitet, im Mantel und Faltenrock, fast wie eine Aebtissin anzuschauen. Der Kirchhof ist nicht groß, und die Kirche ist klein; sie ist aber ein reizendes Kunstgebilde und angefüllt mit allerlei Merkwürdigkeiten der Kunst, der Geschichte und der Sage, ein Mittelding zwischen Kirche und Museum. Auf dem Altar schreibt man sich ins Fremdenbuch; aber die vielen Sträuße und Kränze von künstlichen Blumen, welche vor dem Altar an einem Balken und an einer Seitenwand aufgehangen sind, erinnern uns, daß die Kirche auch noch Kirche ist. Es sind lauter

Blumen von Kindersärgen; sie werden von den Paten auf den
Sarg gelegt und dann zum Andenken in diese Kirche gestiftet,
wo man die Leichengottesdienste abhält. Wie mir die Küsterin
erzählte, kennen die Paten noch nach Jahren ihre Blumen und
betrachten sich dieselben zeitweilig, um ihres verstorbenen Schütz-
lings zu gedenken. Steht man vor diesen Kränzen, so erschließt
sich ein wundervoller Blick ins Freie, umrahmt von dem offenen
Kirchenportal, über den Vordergrund der Gräber und der ver-
fallenen Kirchhofsmauer und über die enge Thalschlucht des
Herrgottsbaches hinauf zu den grünen Bergen und dem blauen
Himmel. Und so werden wir von den verstaubten Altertümern
zurückgeführt in die lebendige Gegenwart durch die Bilder des
Todes.

Aber auch die verstaubten Altertümer können leben in der
ewigen Jugend der Kunst. Das bezeugt uns der wundervolle
Hochaltar des Kirchleins mit seinen Holzschnitzereien. Sie sind
von berufeneren Männern längst gewürdigt und behaupten ihren
Platz in der deutschen Kunstgeschichte. Ich will darum hier nicht
näher auf dieses Werk eingehen. Nur eine Bemerkung sei mir
erlaubt.

Als vor etlichen Jahren das Knabelsche Altarwerk in der
Münchener Frauenkirche aufgestellt wurde, legten viele Künstler
ihr eifrigstes Fürwort ein, daß man eine so edle und großartige
Holzskulptur doch unbemalt lassen möge. Allein der Altar wurde
bemalt und vergoldet, unter Berufung auf das kirchliche Herkommen und die Stimme des Volks, welche in Altbayern die
unbemalten Heiligen „blinde Heilige" nennt. Der Creglinger
Hochaltar stammt nun aber aus der besten alten Zeit und ist
dennoch unbemalt; rein, wie sie von dem Messer des Schnitzers
gekommen, treten seine Gestalten in der vollsten Klarheit der
Linien vor uns, und der Gesamteindruck ist überraschend edel.
Es findet sich aber auch zu Rothenburg in der Jakobskirche ein
unbemaltes gotisches Altarwerk, und der Prachtaltar in der
dortigen Spitalkirche entbehrt gleichfalls der Farben. Vielleicht

sind noch mehr alte Altäre ohne „Faßmalerei" an der Tauber zu finden, und in Franken jedenfalls. Auch bei den Heiligenbildern an Häusern und Wegen liebt der Franke die bunte Farbe ungleich weniger als der Bayer und Tiroler, und es fragt sich, ob denn das katholische Volk immer und überall die geschminkten Heiligen den blinden Heiligen vorgezogen hat, und ob nicht auch hier, wie überhaupt in der mittelalterigen Kunst, örtliche Unterschiede wahrzunehmen sind, die der reinen Holzskulptur doch ein größeres Recht des Herkommens einräumen würden, als die Geistlichen den Künstlern zugestehen.

Die große Mehrzahl der Creglinger ist protestantisch, neben ganz wenigen Katholiken und ziemlich viel Juden. Archshofen ober Creglingen war noch vor kurzem zum vierten Teil von Juden bevölkert, und in dem früher deutschherrischen Taubergebiet findet sich überall eine starke Judenschaft, wie denn auch die Juden in einen Teil des hohenlohischen Gebietes, von wo sie früher ausgeschlossen waren, durch einen Zwischenbesitz des Deutsch=Ordens eindrangen. In Rothenburg, der ehemaligen Reichsstadt, gibt es zwar eine Judengasse, aber keine Juden darin, weil man sie dort vor fünfhundert Jahren totgeschlagen und vor dreihundert Jahren ausgeplündert und fortgejagt hat. Wie so vieles andre, sind also auch die Juden in Rothenburg bloß monumental und historisch. Tauberabwärts dagegen sitzen sie noch wirklich und lebendig an warmen Sommerabenden vor dem Thor, oder wenigstens vor der Hausthüre, nach alttestamentlicher Weise. Doch mindert sich ihre Zahl, wie auch anderwärts auf dem Lande. Der moderne freie Verkehr führt die Juden massenhaft in die größeren Städte, und während man von der Emanzipation der Juden den Ruin des Bauernstandes befürchtet hat, wird umgekehrt der Bauer durch dieselbe des kleinen judischen Schachers ledig.

3. Weikersheim.

Zwischen Creglingen und Mergentheim fordert Weikersheim noch eine kurze Einkehr; denn das Städtchen hat wiederum sein ganz eigenes Gesicht. Auf dem Wege von Queckbronn über den Berg verkündet der ummauerte Wildpark und die schöne alte Lindenallee schon von fernher die fürstliche Residenz des siebenzehnten Jahrhunderts.

Man würde bei den Weikersheimern nicht für einen Mann von Bildung gelten, wenn man durch die Stadt gegangen wäre, ohne das hohenlohische Schloß mit seinem Rittersaal und seinem französischen Garten gesehen zu haben. Der Einwand, daß man schon viele andre Rokoko-Schlösser und Gärten kenne, gilt nicht; denn es gibt doch nur einen Weikersheimer Schloßgarten und einen Weikersheimer Rittersaal. Die Leute haben recht: das Schloß ist das Wahrzeichen ihrer Stadt; es umschließt die Summe der Kunsteindrücke, an welchen sich hier der Kleinbürger von Jugend auf erfreut, die Summe der nächsten Geschichtserinnerungen, an welchen er sich belehrt hat, und nach den Interessen für die Quellen unsrer eigenen Bildung bemessen wir so gern die Bildung eines andern; wer aber zu Fuß kommt, der muß sich als besonders fein gebildet ausweisen, damit man seine staubigen groben Schuhe nicht sieht.

Also gehen wir in das Schloß, dessen einzelne Teile aus einer Burg in einen Renaissancebau und aus diesem in einen Rokokobau sich umgestaltet und erweitert haben. Nach den ernsten Geschichtsbildern des oberen Thales ruht sich der Geist behaglich aus in den Baumgängen des halb verwilderten französischen Gartens mit den Ruinen seiner palastartigen Gewächshäuser, mit seinen steinernen Bänken in der Form von geflochtenen Körben, seinen Statuen von Zwergen und Zwerginnen im mannigfachsten Gewand, und seinen Göttinnen und Nymphen mit äußerst wenig Gewand.

Und vollends der Rittersaal des weitläufigen Schlosses! Wir

sehen in dem gewaltigen Prunkraum alles mögliche, nur keine Ritter — Eber, Hirsche, Elefanten, Löwen, plastisch gearbeitet und bemalt, trotz dem Creglinger Altar, überlebensgroß, an der Wand und aus der Wand springend, einen wunderschönen Renaissance-Kronleuchter zwischen diesen Ungetümen, echteste alte Prospekte aus Paris, von Trianon, vom echten Versailles und vom hohenlohischen Versailles Karlsberg dazu, die Ahnenbilder der Familie seit 1610 in Hoftracht, ein Riesenpaar über dem Kamin, aus dessen Hüften zwei hohenlohische Stammbäume aufwachsen, eine Uhr mit beweglichen Aposteln, die sich aber nur bewegen, wann die Herrschaft anwesend ist. Wir ruhen uns aus, wie wenn wir ein Geschichtsbuch beiseite gelegt hätten; und doch ist auch diese Novelle ein Blatt aus der Kulturgeschichte.

1. Mergentheim.

Aber indem wir nach Mergentheim weiter ziehen, kommen wir wieder zu größeren historischen Fernsichten, zunächst wenigstens auf einem kleinen Umweg über die Ostseeküste und Marienburg.

Man nähert sich Mergentheim, seit 1526 die Residenz der Hoch- und Deutschmeister, gar leicht mit falschen Erwartungen, indem man hier wenigstens einen blassen Abglanz der Romantik von Marienburg sucht. Allein von dem früheren Hochmeistersitz, von Marienburg in Preußen, nach dem späteren, nach Marienthal (Marienheim, Mergentheim) in Franken, ist ein gewaltiger Sprung.

(J. Pfeiffer in der Germania leitet den Namen des Orts von einem altdeutschen Personennamen ab; Mone natürlich aus dem Keltischen. Zum erstenmal erscheint er Anno 1058 als Mergintaim. Wenn auch die Ableitung des Namens von der Jungfrau Maria erst eine spätere Deutung der Gelehrten ist, so hat sie doch eben im Zusammenhalt mit dem Orden und der Marienburg im fernen Osten ein kulturgeschichtliches Interesse.)

In Marienburg wuchs und wirkte die Manneskraft des Ordens, in Mergentheim setzte er sich in seinen alten Tagen zur Ruhe. Der Titel des Hochmeisters ist hier noch um zwei Silben (Hoch= und Deutschmeister) länger geworden, dafür war Macht und Besitz des Ordens jetzt um so kürzer beisammen. Die Hoch= meister von Marienburg stammten aus allerlei großen und kleinen Familien; nicht wenige waren die Söhne ihrer eigenen Thaten, und die drei kraftvollsten unter ihnen kennt die deutsche Geschichte; von den achtzehn Mergentheimer Hoch= und Deutschmeistern waren fast zwei Drittel geborene Prinzen, die Geburt führte sie zu dieser Würde, bei welcher wenig mehr zu thun war; ihre Namen ge= hören der Ordensgeschichte an, die deutsche Geschichte erzählt nichts von ihnen. Während die älteren Hochmeister großenteils in Marien= burg, wo sie lebten und wirkten, begraben liegen, sind seit 1600, also in den letzten zwei Jahrhunderten des Ordens, nur zwei Hoch= und Deutschmeister in Mergentheim gestorben und begraben worden; da sie so wenig dort zu thun hatten, so brauchten sie auch dort nicht zu sterben, und die Särge der übrigen ruhen in den Fürstengrüften von Wien, Innsbruck, Brüssel, Düsseldorf, Köln, ja im Eskorial.

Die Ordensburg an der Nogat, Schloß, Festung und Kirche aus einem Stück, liegt etwas weit hinten in Preußen, ist aber doch weltberühmt; das Schloß an der Tauber, ein fürstlicher Ruhesitz mit einer Rokokokirche, liegt mitten im innersten Deutsch= land, ist aber wenig gekannt; es ist auch nicht einmal das kunst= geschichtlich bedeutendste Gebäude von Mergentheim. Dennoch war Mergentheim mehr als ein bloßer Landaufenthalt für den alters= schwachen Orden. Im dreizehnten und vierzehnten Jahrhundert fanden mehrere tüchtige Deutschmeister den Weg aus der hiesigen Gegend zum Hochmeistersitz in Marienburg, den überhaupt auf= fallend viele Franken inne hatten, und eben jener Siegfried von Feuchtwangen, unter welchem die Glanzzeit des Ordens begann und die Burg an der Nogat zur Hofburg erhoben wurde, stammte aus der Nachbarschaft der Tauber.

Und nun noch einen Blick auf die beiden Schlösser in ihrem gegenwärtigen Zustand. Marienburg ist prachtvoll wiederhergestellt und mit alter und neuer Romantik geschmückt durch einen Romantiker auf dem Thron, wiederhergestellt nicht nur im antiquarischen Interesse, sondern auch im preußisch-patriotischen, als ein Denkstein altpreußischer Geschichte, und zugleich als ein Erinnerungsmal für das Wiedererstehen Preußens nach dem tiefen Fall der napoleonischen Zeit; der preußische Landwehrmann von 1813 steht auf den gemalten Fenstern des Remters gegenüber dem Kreuzritter von 1190.

Welche Gegensätze in Mergentheim! Hier wurde das Schloß umgestaltet zum wohlgepflegten modernen Fürstensitz, der Burggarten zum schattigen englischen Park. Man sagt: im Jahr 1809, bei der württembergischen Besitzergreifung, seien viele Erinnerungszeichen der Deutschherren absichtlich vernichtet worden. Die Sehenswürdigkeit des Schlosses ist ein Naturalienkabinett, von einem fürstlichen Reisenden und Naturforscher hier aufgestellt. Mergentheim hat mit Altwürttemberg nichts zu schaffen, wohl aber erinnert es an die Rheinbundszeit, die man jedoch schwerlich hier monumental verherrlichen wird. Durch die vier letzten Hochmeister, welche österreichische Erzherzoge waren, neigte das katholische Ordensländchen zu Oesterreich hinüber, und als Napoleon Mergentheim im Jahr 1809 dem König von Württemberg geschenkt hatte, wollten die benachbarten Bauern mit Gewalt nicht württembergisch werden. In der falschen Hoffnung auf österreichische Hilfe zogen sie nach Mergentheim, nahmen die Stadt, wurden aber bald blutig auseinandergejagt. Zwei Deutschordensritter, die sich zur Rettung des württembergischen Kommissärs und im Interesse des neuen Landesherrn an die Spitze der wütenden Bauern stellten, wurden trotz dieser guten Dienste des Landes verwiesen, die Rädelsführer gehängt, erschossen, zur Kettenarbeit an den neuen Anlagen des Stuttgarter Schloßgartens verurteilt.

Doch das sind vergessene Geschichten: die deutschherrische Zeit soll jetzt zu Mergentheim gar nicht mehr im besten Andenken stehen, die Mergentheimer sind gut württembergisch geworden, die benachbarten bayerischen Franken sagen: sie seien gar zu gut württembergisch.

Als der dreißigjährige Krieg durch dieses Thal tobte, und Mergentheim bald von den Schweden, bald von den Weimarischen und Franzosen in Besitz genommen ward, schrieb Merian: „und ist doch allezeit wieder an seinen rechten Herrn kommen." Mit diesem Trost haben sich die Mergentheimer und andere deutsche Landeskinder auch schon zu anderen Zeiten trösten müssen.

Mergentheim ist eine „freundliche Landstadt". Das will an und für sich nicht viel besagen. Aber wenn die Württemberger ihr Mergentheim mit Betonung eine freundliche Landstadt nennen, so besagt das doch etwas; denn in Württemberg gibt es besonders viele freundliche Landstädte. Im April zur Zeit der Apfelblüte soll es um Mergentheim fast so schön sein, wie, schwäbisch gesprochen, „bei den Eßlinger Filialen", vollends aber im Mai sollen die Nachtigallen des Schloßgartens vielstimmiger und schöner schlagen als irgendwo im ganzen Königreich.

Mergentheim ist nicht erstarrt wie Rothenburg, nicht verfallen wie Creglingen, es ist ein lebendiges, aufblühendes Städtchen, dabei aber durchaus nicht modernen Gepräges, sondern etwas altfränkisch. So etwa sah es vor dreißig Jahren in unsern mittleren Städten aus, wie heute noch in dieser kleinen Stadt. Man hat die Schwächen unserer Kleinstädterei oft und grell geschildert, allein aus den kleinen Städten gingen unsere meisten großen Männer hervor, und die unendliche Fülle mannigfaltigster Bildungsstoffe auf engem Raum und im verjüngten leicht erfaßbaren Maßstab ist ein Vorzug der deutschen Kleinstädte, um welchen uns andere Nationen beneiden können. Gerne erinnern wir uns in der gemütlich poetischen Scenerie Mergentheims daran, daß Mörike hier längere Zeit lebte und dichtete. Man muß das Schwabenland kennen, um Mörike ganz zu verstehen und in Schwaben wiederum insbesondere die vielen kleinen eigenartigen Städte, um sich von Mörikes Humor recht warm angeheimelt zu fühlen.

Man betrachte dieses Mergentheim: es hat Kirchen und
Klöster aus dem Mittelalter und der Rokokozeit, ein Renaissance=
schloß innerhalb der Mauern, eine Burgruine nahe vor dem Thor,
ein merkwürdiges Archiv, ein berühmtes Naturalienkabinett, reiche
alte Spitäler und Pfründnerhäuser und ein modernes Mineralbad
mit 800 und mehr Kurgästen,¹) eine Lateinschule und Realschule,
einen öffentlichen Park; die Stadt beherbergt zu Zeiten einen
Hof und allezeit Beamte, Bürger und Bauern, Feldbauern sowohl
als Weinbauern, wie auch mancherlei Spezialisten unter den Hand
werkern, Messerschmiede, Orgelbauer, Instrumentenmacher, das
alles und noch mehr besitzt die kleine Stadt und zählt doch nur
3000 Einwohner. Es fehlen nur die Soldaten, allein das ganze
Tauberthal ist unmilitärisch: ich habe nirgends einen Soldaten
gesehen und bin nirgends einem Reiter begegnet.

Es gibt in Deutschland Kleinstädte, welche bloß große Bauern=
dörfer sind, oder große Fabrikkolonien, es gibt aber auch und
namentlich in Mitteldeutschland, Kleinstädte, die sich von der Groß=
stadt nur mehr quantitativ als qualitativ unterscheiden, Großstädte
im Taschenformat, und ein guter Auszug eines Buches ist oft
lehrreicher als das dicke Original.

5. Das untere Tauberthal.

Im mittleren Tauberthal (Mergentheim, Königshofen, Tauber=
bischofsheim) herrscht der regste Verkehr, und weht inmitten alter
Ruinen und altfränkischer Typen der Odem des frischen gegen
wärtigen Lebens, im oberen überwiegt die Geschichte.

Tauberbischofsheim ist enger, dunkler, altertümlicher
angelegt als das freundliche Mergentheim; aber es verjüngt sich
und wird wohl in wenigen Jahrzehnten, trotz seines burgartigen

---

¹) So schreibt die offizielle württembergische Topographie; mein
im Vorworte erwähnter Glossator aber fügt in Parenthese hinzu: „Möge
dieser fromme Wunsch jährlich in Erfüllung gehen!"

Schlosses, seiner gotischen Kirche und Sebastianskapelle, eine halbwegs neue Stadt geworden sein. Mit Ueberraschung entdeckt man hier, daß es an der Tauber auch Städte gibt, die nicht aussehen, als seien sie aus Münsters „Kosmographey" geschnitten, — Städte, die ihren Wall bereits in eine Wallpromenade verwandelt und ihre buckelige Tauberbrücke (die Creglinger trägt in diesem Stück den Preis davon, zum Entzücken des Malers und zur Verzweiflung aller Fuhrleute) durch einen breiten und ebenen, völlig modernen Brückenbau ersetzt haben. (Diese Brücke sollte 1866 im Preußenkriege zu einer traurigen Berühmtheit kommen.) Ja, es gibt sogar monumentale Neubauten in dieser Gegend; ein neues Rathaus und ein neues Gymnasium entstehen soeben in Tauberbischofsheim, ein Krankenhaus von reicher und zierlicher architektonischer Wirkung ist fast vollendet, eine neue gotische Kirche schmückt das Thal weiter abwärts bei Werbach, und ein romanischer Kirchenbau, von Gärtner in München, spiegelt sich in der Mündung der Tauber bei Wertheim.

Wie man sagen kann, daß rheinische Natur bis Heilbronn neckaraufwärts steigt, und also der Rhein gleichsam ein Stück Wegs ins Neckarthal hineinschaut, so schaut auch der Main bis gegen Werbach ins Tauberthal. Die Hauptflüsse assimilieren sich gern die Mündungsgebiete ihrer Nebenflüsse, wie das Meer den Mündungslauf der Hauptflüsse: das gilt nicht bloß vom Charakter der Landschaft, sondern auch vom Charakter des Volkslebens.

Der unterste Teil der Tauber ist der einsamste: die Dörfer liegen weit auseinander, die Hauptstraßen lenken seitab ins Land hinein, die Berge rücken enger, höher zusammen, rechts und links bis zur Thalsohle mit Wald bedeckt, während sonst an der Tauber meist nur die Höhen des linken Ufers mit Wald bekrönt sind. Diese zunehmende Stille, je mehr wir uns der größeren Verkehrsader des Maines nähern, befremdet uns; sie ist gegen die Regel. Wer ein Flußthal durchwandert, um das Volk zu sehen, der geht am besten thalab von der Quelle zur Mündung, d. h. den Weg aus der Einsamkeit ins immer reichere Kulturleben; wer dagegen Landschaften sehen will, der geht besser thalaufwärts, weil die Naturschönheit der mittleren und oberen Flußbecken so gerne zunimmt im umgekehrten Verhältnis zur Fülle der Siedelungen und des Verkehrs. Bei der Tauber könnte aber der Volksforscher ganz füglich auch einmal unten anfangen, und der Maler oben, und sie hätten das Thal doch gerade so gut am rechten Zipfel gefaßt, wie umgekehrt.

Das regste Leben in der Vergangenheit gehörte der oberen Tauber, das regste Leben in der Gegenwart gehört der mittleren, die unterste Strecke war zu allen Zeiten die einsamste. Freilich ist Wertheim, die Mündungsstadt, weitaus volkreicher und wirtschaftlicher entwickelter, als alle andern Städte an der Tauber. Allein das ist sie als Mainstadt, nicht als Tauberstadt. Der beste Wertheimer Wein wächst am Main, und Schiffahrt und Handel folgen dem größeren Fluß.

Zwischen Werbach und Wertheim dagegen können wir noch stundenlang durch ein enges Wald- und Wiesenthal wandern, und sehen nichts als idyllische Naturschönheit. An der ganzen übrigen Tauber fesselt uns vorab der Reiz der Staffage, der malerischen Dörfer und Städtchen, und dann erst der Hintergrund der Landschaft. Die Ursache der Vereinsamung des unteren Thals aber habe ich angedeutet, als ich von den Straßenzügen sprach.

Doch muß man sich diese Einsamkeit nicht gar zu einsam vorstellen — dafür sind wir in Mitteldeutschland, und die Idylle nicht gar zu idyllisch — dafür sind wir im Großherzogtum Baden. Es zieht eine treffliche Landstraße durch das stille Thal, auf den Wegweisern lesen wir in Dezimalen, wie weit es zum nächsten Dorfe ist, und die Bauern wissen also hier ohne Zweifel schon sämtlich, daß 6,6 Stunden nicht 66 Stunden sind. An der württembergischen Tauber rechnet der Wegweiser noch volkstümlich nach der Uhr zu Viertel- und halben Stunden, und an der bayerischen Tauber rechnet er gar nicht.

Die Kulturzone der numerierten Apfelbäume beginnt zwar

schon bei Mergentheim, allein doch erst sporadisch; an der badischen
Tauber wird die Sache rationell und zum System. Unter Wer=
bach, wo der rote Sandstein zu Tage bricht und seine Waldberge
quer gegen den Thalkessel schiebt — hier wo der Wanderer auf=
atmet bei dem Bilde reiner Naturromantik, trägt jeder Chaussee=
baum seine eigene Nummer, schwarz auf weiß in Oelfarbe, und
die Nummern nach den Dezimalsteinen der Straßenlänge geordnet.
Denn der moderne Staat verschenkt seine Aepfel nicht, sondern
er versteigert sie. Die Nummern kommen aber auch im Baye=
rischen vor, gegen Würzburg hinüber. Allein die Bayern sind
doch noch ein wenig zurück; sie haben ihre Bäume nur gemarkungs=
weise ganz einfach numeriert wie die Fiaker, und ohne Rücksicht
auf die Länge des Erdhalbmessers, Metermaß und Dezimalein=
teilung der Straßenlinie.

Die Wiesen des einsamen unteren Tauberwaldthals sind gut
gepflegt, vielfach kunstvoll bewässert; bei Bischofsheim hat man
den ganzen Fluß zu Gunsten der Wiesenkultur in einen gerad=
linigen Kanal verwandelt, und bei Bronnbach sogar einen Bach über
die Tauber geführt, damit er hier noch einmal die Wiesen wässere
und also am rechten Ufer münde, während er am linken Ufer
entspringt. Das ist doch Kunst in der Natur.

Kräftige weitgedehnte Eichenbestände bilden den Wald dieses
unteren Tauberthals; sie erinnern schon an den nahen Spessart.
Allein die forstwirtschaftliche Pflege schaut uns überall aus dem
Dickicht entgegen, und wir denken darum hier im Eichenschatten
weit eher an die wunderschönen eichenen Faßdauben und Bohlen,
welche im Wertheimer Hafen verladen werden, als an den ger=
manischen Eichwald. Dieser Gegensatz überraschender Kulturein=
drücke inmitten der schweigenden, reinen Naturschönheit wird sich
aber noch viel schärfer zuspitzen, wenn einmal die Eisenbahn fertig
sein wird, welche hier mit Tunnels, Durchstichen und Dämmen
das Thal gar mannigfach durchschneidet. Allein, wenn dann auch
der Weg durch den Berg führt, wie der Bach über den Fluß,
und wenn neben den numerierten Apfelbäumen Bohnen an allen

Telegraphenstangen sich aufranken, so wird doch mit der einsam schönen Landschaft ein Drittes sein Recht noch immer behaupten: allerlei verstohlener Schmuck von Kunst und Geschichte. Gamburg mit seinem Schloß und seiner alten Mühle wird malerisch bleiben; Riklashausen historisch denkwürdig, und Bronnbach wird wohl gar noch mehr als jetzt eine Quelle des Studiums und der Erbauung für den Architekten und Kunsthistoriker werden. Diese Reliquien wirken aber um so poetischer, weil sie so heimlich versteckt liegen.

Wer vor der ehemaligen Cistercienserabtei Bronnbach um die Waldecke biegt, der erwartet wohl kaum hier im engen Thal den Mittelpunkt eines Oeconomieguts von nahezu 2500 Morgen Flächengehalt zu finden, mit hochentwickelter Viehzucht und einer auf die Ausfuhr arbeitenden Brauerei. Wer sich aber dann die Wirtschaftsgebäude in ihrer weiland klösterlichen Rokoko- und Zopfpracht näher betrachtet, den überrascht wiederum innerhalb dieser verblichenen Herrlichkeit ein wahres Kleinod reiner und echter mittelaltriger Kunst, die Abteikirche. Sie ist ein wenig gekannter aber sehr kennenswerter spätromanischer Bau, dreischiffig, mit langem Chor und kurzen Querschiffen, das Mittelschiff bereits von ursprünglichen Kreuzgewölben überspannt, der Chor im Halbkreis abschließend, außen mit einem höchst originellen Rundbogenfries geschmückt, das Ganze einheitlich durchgeführt bis hinauf zu den beiden Dachreitern, welche, was gewiß selten ist, noch unversehrt die romanische Ornamentik tragen. Das Innere ist zwar mannigfach verzopft, dennoch aber im wesentlichen wohlerhalten. Der Bau als solcher entging der Zerstörungswut des sechzehnten, wie der Verbesserungswut des siebzehnten und achtzehnten Jahrhunderts, und der innere Schmuck — bis jetzt wenigstens — auch der Wiederherstellungswut des neunzehnten.

In Bronnbach rühmt man das Bier und in Riklashausen den neuen Fünfundsechziger, der hier wie anderwärts alle Jahrgänge unserer Zeit übertreffen soll. Der berühmteste Riklashäuser ist aber doch der 1475er, ein Revolutionswein. Damals war der Wein am Main und an der Tauber besser geraten und wohlfeiler als seit Menschengedenken. Wie er nun im folgenden Jahre recht vergoren und das stärkste Jugendfeuer gewonnen hatte, da strömten die Leute zu Tausenden hier zusammen, lagerten sich im Felde ringsum und schlugen Wirtsbuden auf, um zu trinken und die Predigt des Hirten und Paukenschlägers Henselin zu hören, der in Ermangelung einer besseren Rednerbühne den Kopf zum Dach eines Bauernhauses herausstreckte und, wie Johann Herold, der Haller Chronist, sagt, heftig eiferte „wider die Obrigkeit und Klerisei, auch spitzige Schuh, ausgeschnittene Goller und lange Haare". Diese Rede war auch ein junger Wein, aber noch etwas unvergoren. Und bei den Zuhörern arbeitete der vergorene Fünfundsiebenziger und dieser unvergorene Sechsundsiebenziger durcheinander, sie bereuten ihre Sünden und noch mehr das „trockene Elend" (wenn einer großen Durst und nichts zu trinken hat), und trugen Schmuck, Kleider, Haare, Schuhspitzen, Geld und Kerzen in die Kirche, welcher noch als ein verwitternder gotischer Bau am Platze steht. Da aber der Tauberwein feurig ist und leicht berauscht, doch ebenso rasch auch wieder verfliegt, so wären (nach Herolds Zeugnis) viele, oft bis aufs Hemd entkleidet, gern wieder umgekehrt, und hätten ihre Kleider wieder geholt. Allein der Rausch, welchen die Gleichheitspredigt jenes Propheten des Bauernkriegs in den Köpfen der großen Menge entzündet, blieb dennoch nachhaltiger, als der rasch verdampfende Weinrausch, und so ward denn bekanntlich die Zeche erst später in Würzburg gemacht, wo die Bauern von den Reisigen des Bischofs zersprengt und erschlagen wurden, der Pauker aber verbrannt und seine Asche in den Main gestreut.

Auch heuer, wo der Wein wieder so gut geraten ist, strömte in der zweiten Oktoberwoche eine große Menschenflut das stille Thal der unteren Tauber hinab, aber nicht nach Niklashausen, sondern nach Wertheim zu einem landwirtschaftlichen Feste des „Taubergaues". (Man liebt gegenwärtig in Süddeutschland allerlei neue Gaunamen zu machen, und wir lasen unlängst sogar von einem „Pfalzgaue"! Allein der Taubergau ist echt, wenn er auch zur Gauzeit weiter ging, als der neue, vorzugsweise im badischen Tauberland wieder aufgerichtete Name trägt.) Das Fest soll äußerst fröhlich und gelungen gewesen sein, und man pries besonders die anmutige und lehrreiche Vorführung der Bodenprodukte und der Betriebsamkeit des Thales auf den malerisch geschmückten Festwagen.

Vom Schicksal vorbestimmt zum nationalökonomischen Romantiker, kam ich auch hier unverschuldet um einen Tag zu spät, und sah also nur die Trümmer des Festes. In Dertingen (zwischen Wertheim und Würzburg) stand ein Festwagen, abgeladen bis auf einen Kranz fruchtbehangener Rebstöcke, welche wie zu einem Weinberg hinaufgepflanzt waren. Neben einem Spruch vom Segen des Fleißes trug er die Aufschrift: „Gott gibt alles der Betriebsamkeit". Das ist ein Zeichen der Zeit. Und bei Reicholzheim hatte ich Tages zuvor einen andern solchen Wagen gesehen: er lag umgestürzt im Graben, die Kränze zerrissen, der Schmuck und Aufbau von Werbacher Bruchsteinen umhergestreut. Der Fuhrmann mit verbundenem Kopfe trieb vergebens vier Pferde an, um ihn wieder emporzuheben, und ein Festgenosse oder zwei hatten bei dem Sturze den jähen Tod gefunden. Die Aufschrift „Festwagen", welche aus den Trümmern weithin lesbar hoch aufragte, machte einen schaurigen Eindruck. Ein achtzehnjähriger wandernder Schneidergeselle stand bei der Gruppe und hielt eine Standrede: wie ungewiß der Ausgang aller irdischen Lust, wie gewiß aber der Tod sei. Während so der Jüngste im Tone der bekannten Gesellenvereine predigte, halfen die älteren Leute dem Fuhrmann bei seinen Pferden. Das ist auch ein Zeichen der Zeit.

In Wertheim gewahrte man überall die Spuren der kaum verklungenen Herrlichkeit, und eine Stadt kann ebenso gut übernächtig aussehen und Katzenjammer haben, wie ein einzelner Sterblicher.

Aber darin zeigte sich Wertheim heute im hellsten Licht einer Rhein- oder Main- und Weinstadt, daß ein neues Fest, und zwar ein Fest der Arbeit, die Abspannung des gestrigen Festes nieder= schlug. Gestern galt es dem Tauberthal und heute dem Main. Die besten Wertheimer Weinberge liegen am jenseitigen Main= ufer. Und von da drüben schallten jetzt die Freudenschüsse und die Jubelrufe der Winzer. Es war Weinlese. Große Mainschiffe, die bei dem niederen Wasserstand jetzt Ferien hatten, fuhren herüber und hinüber, als seien es kleine Nachen, mit Menschen, Fässern, Butten und Tragkufen bis zum Rande belastet.

Das bunteste wimmelnde Leben entfaltete sich abends jedoch auf der Tauber. Sonst nicht schiffbar, bildet sie bei der Mündung einen Hafen für die Mainschiffe. Und gerade dieser Mündungs= winkel ist so wunderschön! Die schwarze überdachte Holzbrücke der Tauber im Vordergrund, die Taubervorstadt mit ihrer neuen Kirche zur Rechten, die Mainstadt mit den Hafentürmen, mit ihrer alten gotischen Kirche und den großartigen Trümmern des Bergschlosses in der Mitte, die jenseitige Vorstadt Kreuzwertheim zur Linken — das alles gibt ein Gesamtbild von solcher Fülle und Pracht des malerischen Aufbaues, daß man es wohl, wie schon viele gethan, mit Heidelberg vergleichen darf.

Und gerade an diesem reizenden Punkt sammelten sich die meisten weinbeladenen Schiffe und landeten am Tauberufer, wo der Most aus den Butten in die Fässer gefüllt auf Wagen oder auf Tragkufen geschafft und hüben wie drüben durch die geschäftig wimmelnde Menge zur Stadt gefahren wurde.

Das war mein letzter Blick auf die Tauber. Der letzte Eindruck war reiches, frohes Arbeitsleben inmitten einer ewig jugendschönen Natur und alter Denkmale und Trümmer versunkener Menschengeschlechter. Westwärts, wo der Main zum Rheine zieht, verglüht die Sonne, und nach einem Gang von der Frankenhöhe durchs Tauberthal herab ist Wertheim bereits eine Weissagung auf den Rhein.

IV.

Bauernland mit Bürgerrechten.

(1864.)

Erstes Kapitel.

Der Name und die Landesfreiheiten des Rheingaues.

Die alten Gaunamen sind am Oberrhein, wie überhaupt in Schwaben und Allemannien, noch vielfach gangbar geblieben bis auf diesen Tag, obgleich das Gedächtnis der alten Gauverfassung längst im Volksbewußtsein erloschen ist. Am fränkischen Mittelrheine dagegen gibt es nur noch einen Gaunamen: der Rheingau, mundartlich „das Ringa".

Allein wenn wir hier auch noch das alte Wort besitzen, so bezeichnet es doch keineswegs mehr die alte Sache. Was wir heute Rheingau nennen — die Uferlandschaft des Rheines von Walluf bis Lorch mit einem Stücke bergigen und waldigen Hinterlandes — ist lediglich ein Bruchteil vom westlichen Grenzgebiete des alten Rheingaus. Der Name zog sich schrittweise auf einen immer engeren Raum zurück. Die Geschichte dieser steigenden Beschränkung im Sprachgebrauche führt uns aber geradenweges in die Verfassungs- und Rechtsgeschichte jenes Grenzwinkels, dem zuletzt der Name blieb; und da ich es mir zur Aufgabe gestellt habe, den Zusammenhang der sozialen und wirtschaftlichen Entwickelung des Rheingaus mit seinen alten Rechten und Freiheiten zu schildern, so kann ich schon bei dem Namen, welchen der Rheingauer immer mit besonderem Stolze führte und noch führt, den ersten Nachweis dieses Zusammenhanges beginnen.

Der uralte Rheingau erstreckte sich auf dem rechten Ufer des Stromes vom Lobdengaue bis zum Einrich, d. h. von Wein

heim an der Bergstraße bis unterhalb Lorch. Der Main gliederte
ihn in einen oberen und niederen Gau, die unter besonderen
Grafen standen. Der niedere Gau aber teilte sich, vermutlich
später, wiederum in einen oberen und unteren Teil, die Königs=
hundrete[1]) (urkundlich zuerst 820 erwähnt), und den Rheingau
im engeren Sinne, der schon in den ältesten Urkunden (seit 779)
schlechthin „Rinegowe", pagus Rinensis, genannt wird[2]). Die
Waldaffe, ein Bach, welcher nach nord=südlichem Laufe bei Walluff
in den Rhein mündet, schied den letztbezeichneten Rheingau von
der Königshundrete. Dieser westliche Niederrheingau erscheint
aber später, da er als geschlossenes Ganze zum Mainzer Erz=
stifte gehörte, abermals in einen Ober= und Niederrheingau ge=
teilt (983), für welche der Elsbach bei Oestrich die Scheidelinie
bildete.

Alle diese Namen und Einteilungen sind erloschen und vom
Volke vergessen bis auf jenen westlichen Niederrheingau, den es
auch heute noch, wie vor tausend Jahren, schlechthin Rheingau
nennt und, wie zur Zeit der Ottonen, in einen oberen und unteren
Gau gliedert. Ja es sind hier die alten Gaugrenzen jetzt, wo
sie keine politische Geltung mehr haben, dennoch Grenzlinien in
einem tieferen Sinne geblieben, Grenzlinien des Volkscharakters.
Denn der Rheingau ist nicht bloß ein besonderes Land, er her=
bergt auch besondere Leute.

Die auszeichnende Physiognomie des Rheingauers läßt sich
aber in ihren historischen Motiven wiederum nicht auf die Zeit
der uralten Gauverfassung zurückführen, sie beginnt nachweislich
vielmehr erst da, wo diese aufgelöst und in der neuen Ordnung
der Landesfreiheit untergegangen ist. Erst als es keine Gaue
mehr gab, erwuchsen die rechten Rheingauer.

---

[1]) Nach andrer Ansicht wäre nicht Königshundrete zu schreiben,
sondern Kunigessundre, des Königs Sonderland.

[2]) Das Nähere bei H. Bär, Beitr. zur Mainzer Gesch. II, 1 ff.; bei
Bodmann, Rheing. Altertümer 1, 40 ff., und in Vogels Beschreib.
des Herz. Nassau S. 161.

Ein vergleichender Blick auf die Bewohner der angrenzenden
Königshundrete wird dies deutlich machen. Dieser Gau Kuningesuntre erscheint im neunten Jahrhundert in einem weit helleren
und glänzenderen Lichte als der Rheingau. Seine Grafen walteten
höchst wahrscheinlich zugleich im Rheingauer Land, welches keine
eigenen Grafen aufweisen kann. Zu Biebrich in der Königshundrete stand die alte Königsburg, von wo sich noch Ludwig
der Deutsche 874[1]) nach Aachen einschiffte, in Wiesbaden eine
kaiserliche Pfalz, königliche Villen waren über den ganzen Gau
verstreut (in Biebrich, Mosbach, Dotzheim, Schierstein, Massenheim, Nordenstatt). Ein Anzahl sehr alter Urkunden gibt uns
Winke über die ebenso reiche als frühe Besiedelung und Kultur
dieses gesegneten Gaues, der ohnedies in der unmittelbaren Nähe
von Mainz und Frankfurt günstiger gelegen war als der damals
sicher viel minder angebaute, in seinen westlichen und nördlichen
Grenzbezirken noch sehr unwegsame Rheingau. Auffallend arm
an alten Urkunden ist dagegen unser Rheingau, und wir sind
über seine Kulturzustände vom achten bis zehnten Jahrhundert
großenteils auf Mutmaßungen angewiesen, während sich mit dem
Ende des zehnten Jahrhunderts dann allerdings der Schatz beglaubigter Nachrichten um so reicher erschließt, so daß wir von
den weiteren mittelaltrigen Entwickelungen des Gaues genaueres
wissen als von irgend einer benachbarten Landschaft.

Ein Zeugnis für jenen früheren Urkundenmangel gibt der
Streit über den Ursprung des Rheingauer Weinbaues. Denn
zu einer Zeit, wo man im Lahngau, im Niddagau und in der
Kunigeshundrete nachweislich schon Wein baute (Ende des achten
und Anfang des neunten Jahrhunderts), wissen wir vom mittelaltrigen Rheingauer Weinbau nur erst durch die Volkssage,
welche Karl den Großen bei Rüdesheim Reben pflanzen läßt und
das römische Weinlager Winkel (vini cella) als einen Weinkeller
des großen Frankenkönigs darstellt. Der urkundliche Nachweis

---

[1]) Ann. Fuld. a. h. a.

des Rheingauer Weinbaues reicht nicht über 832 und 864 hinauf ¹). Andrerseits wissen wir bestimmt, daß ein großer Teil des Rüdes= heimer Berges und der ganze Johannisberg und Steinberg noch wüste lag bis ins elfte und zwölfte Jahrhundert, während man in den schlechtesten Lagen der Nachbargaue, wo jetzt kein Mensch mehr Wein sucht, seit Jahrhunderten schon Trauben kelterte. Der gelehrte Eberbacher Mönch Hermann Bär hat schon vor siebzig Jahren den früheren Urkundenmangel des Rheingaues als etwas Auffallendes erörtert und schreibt ihn der späten Stiftung der rheingauischen Klöster zu. Das ist wohl richtig; allein die Klöster mit welchen nachgehends der Rheingau so überreich gesegnet war, würden wohl auch teilweise schon vor dem elften und zwölften Jahrhundert gestiftet worden sein, wenn das Land damals schon seine Kulturfähigkeit so glänzend erwiesen und jene politische An= ziehungskraft geübt hätte, durch welche es nach der alten Gauzeit kolonisatorische Einwanderung der mannigfachsten Art herbeilockte.

Mit dem Ausgang des zehnten Jahrhunderts wird die Stel= lung des Rheingaues zur Kunigeshundrete eine ganz neue: er wächst dem früher begünstigteren Brudergaue äußerst rasch über den Kopf. Das zeigt sich in folgenden Hauptpunkten: Der Rhein= gau bleibt ein selbständiges, politisch eigenartiges Ganze unter der Landeshoheit des Erzstiftes Mainz; die Kunigeshundrete wird zerstückt zwischen den Grafen von Nassau und den Dynasten von Eppstein. Der Rheingau behauptet nicht bloß die alte Freiheit seiner Bewohner, sondern er festigt und entwickelt sie auch in einer neuen Form, er gewinnt nahezu städtebürgerliche Rechte und überragt dadurch alle Nachbarlandschaften ²).

---

¹) Vergl. Bodmann I. 102 und 109; Bär, Diplom. Nachricht. von der natürl. Beschaff. des Rhng. 21, 51 und 57; Vogel a. a. O. S. 400.

²) Der Rheingau hatte eine vielfach bevorzugte Sonderstellung unter den mainzischen Territorien. Die wichtigsten Rechte und Freiheiten bestanden in der äußeren Abschließung des Gaues, eigener Landes= verfassung und eigenem Landrechte, persönlicher Freiheit der Bewohner,

Auf Grund dieser höchst originellen Zustände eines Gaues, der gleichsam eine große, in Dörfern zerstreute Stadt bildet, erwächst dann aber auch städtische Betriebsamkeit im Landbau, städtischer Güterwechsel, überhaupt ein wirtschaftlicher und sozialer Mischcharakter, in welchem der mittelalterlich bürgerliche Zug den bäuerlichen stark zurückdrängt. Die Kunigeshundrete dagegen bleibt echtes Bauernland bis zu den territorialen Umwälzungen der Neuzeit. Das zeigt sich heute noch deutlich in den sonst so nahe verwandten Grenzdörfern rechts und links der Walbasse. Auch in der nachgerade politisch wichtigsten Stadt der Kunigeshundrete, in Wiesbaden, waren die Bürger Bauern bis zum neunzehnten Jahrhundert, wie schon ein altes Sprichwort bezeugt: „wenn alle Wiesbadener Bauern in den Acker gehen, so ist kein Bürger mehr zu Hause." In den gefreiten Dörfern des Rheingaues dagegen waren die Bauern Bürger. In unsrer Zeit ist freilich die alte Kunigeshundrete dem Rheingau nachgewachsen und zum Teil ihrerseits wieder über den Kopf gewachsen, und

---

Freiheit des Ein- und Auszuges, ferner in der Autonomie, welche der Gau auf seinen Landtagen übte, in eigenem Schutz- und Verteidigungsrechte, eigener Land- und Dorfpolizei 2c. Das Land behauptete also im wesentlichen den Standpunkt einer landesherrlichen Stadt des Mittelalters. Als Quelle der überlieferten Freiheiten, Herkommen und Bräuche erschien das im Jahre 1321 niedergeschriebene Landweistum, dessen Alter — abgesehen von dieser Aufzeichnung — nach Bodmanns Ansicht bis ins zwölfte Jahrhundert zurückgeht. Eine der ältesten Abschriften hat Bodmann benutzt, sie ist aber inzwischen verloren gegangen. Eine 1643 verfaßte Zusammenstellung des Landesherkommens gewann unter dem Titel des „Rheingauer Landbrauches" amtliche Geltung, die aber im Anfang des achtzehnten Jahrhunderts schon angefochten und 1755 durch das kurmainzische Landrecht völlig beseitigt wurde. Schon das sechzehnte Jahrhundert hatte die Autonomie des Rheingaues, welche er auf seinen Land- und Gerichtstagen übte, gebrochen. Die volle Landesfreiheit, auf welche in diesem Aufsatze so vielfach Bezug genommen, gehört also dem Mittelalter und fällt in ihrer selbständigen Entwickelung (vom zwölften bis fünfzehnten Jahrhundert) mit der eigentümlichsten Kulturblüte des Landes zusammen.

dennoch sind die alten unterscheidenden Charakterzüge in dem Typus des gemeinen Mannes noch lange nicht verwischt.

Ein so bevorzugtes Land wie der mainzische Rheingau suchte aber nach mittelalterlicher Art sich möglichst enge in sich selber abzuschließen. Daher die bezeichnende Erscheinung, daß man im dreizehnten Jahrhundert den Begriff des Rheingaus vorübergehend noch einmal verengerte, und nur die unmittelbar am Rheinufer gelegenen Ortschaften (Rheinflecken) unter demselben verstand. Allein dieser Rheingau im allerengsten Sinne hatte keinen langen Bestand; bei der wachsenden Volksmasse stiegen die Dörfer auf den Vorhöhen des Gebirges (die Waldflecken) zu so großer wirtschaftlicher Bedeutung empor, daß aus der Gleichartigkeit der Interessen auch gleiche Ansprüche auf Rechte und Nutzungen entsprangen und gewährt wurden [1]).

Selbst die spätere administrative Abgrenzung eines mainzischen „Amtes Rheingau" vermochte dem alten Begriffe des „Landes Rheingau" nichts anzuhaben. Das „Amt" war seltsamerweise größer als das „Land"; allein mit der Auflösung der Mainzer Herrschaft, verfiel auch das Amt sofort der Geschichte, während das Land ethnographisch und volkstümlich auch unter der neuen nassauischen Hoheit Bestand behielt.

Für den gleichsam persönlichen Sprachgebrauch des „Landes Rheingau" gibt es merkwürdige urkundliche Belege. Als im Jahre 1347 drei Edelleute von den Rheingauern bei Kiederich gefangen worden waren, verschreiben sie sich dem Erzbischofe Heinrich III. von Mainz und sagen in dem Briefe: „als uns sine Lant das Ringauwe zu Kederich gevangen hatte" [2]). Wie hier „das Land" gefangen nimmt, so schenkte schon im zwölften Jahrhundert das Land Rheingau den Grund und Boden (aus seinem gemeinsamen Waldbesitz) zur Fundierung des Klosters Eberbach; dies bezeugt Erzbischof Adalbert I. in der Stiftungs-

---

[1]) S. Bär, Dipl. Nachr. II, 15 f.
[2]) Der ganze Brief bei Schunk, Beitr. z. mainz. Gesch. 2, 109.

urkunde mit besonderem Ausdrucke: „ipsum monasterii fundum, qui ab incolis provincie ipsius oblatus est Deo meo consensu"¹). Und noch im achtzehnten Jahrhundert führte das Dorf Glabbach einen Prozeß mit dem „Lande Rheingau" wegen eines streitigen Grundstückes.

Wo aber der Name einer Landschaft so bestimmt und dauernd vom Volke selber festgehalten wird, da muß er von ihm wohl auch mit besonderem Stolze und als ein Ehrenname genannt werden. Dieses geschah und geschieht von dem Rheingauer. Mit geringschätzendem Seitenblick dagegen bezeichnet er von alters her seine nördlichen Nachbarn als „Ueberhöher", die „Lude ober Höe", wie sie schon im Anfange des vierzehnten Jahrhunderts heißen. Der Rheingauer und der Ueberhöher ist ein ganz ähnlicher Gegensatz wie Marschvolk und Geestvolk im deutschen Norden; in beiden bekundet sich die Ueberlegenheit eines reicheren, gebildeteren und vormals freieren Volkes über ein ärmeres und unfreieres. In den deutschen Mittelgebirgen kommt der Fall öfters vor, daß die Bewohner den volkstümlichen Namen ihrer Gebirgsgegend nicht gerne hören und überhaupt nicht zum eigentlichen Gebirg zählen wollen; es fragt sich, ob diese Scheu vor dem Namen der Heimat und die Furcht, daß der Fremde einen geringen oder spöttischen Begriff damit verbinde, nicht viel öfter auf alte politische Abhängigkeitsverhältnisse als auf die rauhe Natur der minder wirtlichen Striche zurückzuführen ist.

---

¹) Guden. Cod. dipl. I, 94, nach der Textberichtigung von Bär Gesch. d. Abtei Eberb. I, 573.

Zweites Kapitel.

Abschließung des Gaues nach außen; Mangel eines Mittelpunktes im Innern.

Ein Gau, der sich wie eine Stadt entwickelte, mußte im Mittelalter wohl auch stadtmäßig feste Grenzen, er mußte Wall und Mauer haben. Diese besaß der Rheingau. Im Süden und Westen war er durch den Rhein, im Norden durch die undurchdringliche Schutzhege des Landgebückes, im Osten durch eine mit demselben verbundene Kette von Festungswerken begrenzt und abgeschlossen. Diese Grenzwehr hatte aber nicht bloß rechtliche und strategische, sondern auch wirtschaftliche Bedeutung. Namentlich trug die feste Nord- und Westgrenze nicht wenig bei, die Form einer über den ganzen Gau zerstreuten städtischen Besiedelung dauernd zu sichern.

Das oft beschriebene Landgebück, ein fünfzig Schritt breiter, in sich verwachsener Waldhag, würde wohl kaum genügenden Schutz verliehen haben, wenn es nicht rechts und links von zusammenhängenden dichten Waldungen umgeben und nur auf wenigen Punkten von Pforten und Straßen durchbrochen gewesen wäre. Um diese ganze, über vier Stunden lange Landwehr fest zu bewahren, mußte daher die landwirtschaftliche Ansiedelung wie der Verkehr hier möglichst ferne gehalten werden. Nur ein einziger Hof, der Mapperhof, lag auf rheingauischer Seite im Waldbezirk, galt aber auch im späteren Mittelalter als der Sicherheit nachteilig, so daß ihn die Landschaft gerne wieder beseitigt hätte, und nur ein einziges kleines Dorf, Stephanshausen, welches aber, wie Bodmann sich ausdrückt, von den Rheingauern nur „pfahlbürgermäßig und als Beisaße" behandelt wurde und nur von einer sehr unbedeutenden Flur geklärten Landes umgeben war.

Hierdurch erhalten wir das auffallende Bild eines Gaues, der zur Hälfte ein zusammenhängender, von der Kultur kaum berührter Markwald ist, zur andern Hälfte ein fast gartenmäßig angebauter Landstrich, die Nordhälfte selbst heute nur von ein paar hundert Menschen bewohnt, die Südhälfte seit sieben Jahrhunderten eine der dichtest bevölkerten Gegenden Deutschlands. Selbstverständlich waren diese schroffen Gegensätze zuerst in dem natürlichen Unterschiede eines milden, hügeligen, vom Strome bespülten Vorlandes und eines raucheren, bergigen und abgelegeneren Hinterlandes vorbedingt. Allein sie würden sich nicht dauernd in solchem Extrem behauptet haben, wenn das hintere Waldland nicht Gemeineigentum teils des Gaues, teils der vorderen Gemeinden geblieben wäre, und dieser Gemeinbesitz wiederum würde schwerlich durch so viele Jahrhunderte unberührt und unzerteilt geblieben sein, wenn ihn die Rheingauer nicht als eine natürliche Schutzwehr des Landes heilig gehalten hätten.

Es liegt nun aber die Frage nahe, warum eine so starke, am Rhein zusammengedrängte Bevölkerung, ausgerüstet mit städtischen Freiheiten und durch den Weinbau zum Handel getrieben, nicht zu einer größeren Stadt sich konzentriert habe? Allein, wenn die feste Nordgrenze zu eng geschlossener Ansiedelung zwang, so trieb die feste Westgrenze im Gegenteil wiederum die Ortschaften auseinander. Das mittlere Ergebnis war dann eben ein städtisches Land, keine Stadt.

Im Westen, von Rüdesheim bis unterhalb Lorch bildete nämlich der Rhein die Grenze; die Uferlinie war aber nicht wie an der Südseite des Gaues durch eine Kette ummauerter Flecken gefestigt, sondern durch die Unzugänglichkeit des Ufers und den gefährlichen Strompaß des Binger Lochs. Heutzutage führt freilich eine Fahrstraße und ein Schienenweg längs der steil zum

Rhein abfallenden Felsberge; im Mittelalter war es nur ein schmaler Pfad, der an manchen Stellen selbst für den Fußgänger nicht gefahrlos gewesen sein soll, und das Binger Loch konnte nur mit kleineren Fahrzeugen durchschifft werden. Es lag im Interesse der Landessicherheit, den also zu Land und Wasser höchst beengten Weg nicht breiter zu öffnen. Hierdurch war Lorch mit seinem uralten Weinbau und seinem Hafen von dem übrigen Rheingau abgeschnitten. Da aber der Ort nicht bloß eine stattliche Bürgerschaft, sondern auch einen zahlreichen Adel besaß, so entsprach es ganz mittelaltriger Art, daß sich solche innere und äußere Selbständigkeit auch politisch kundgab und zwar in einem eigenen Lorcher Landrecht und einem eigenen Centgerichte. Lorch trug seinen Schwerpunkt in sich, und es hätte eine Stadt werden können, wohl gar der wichtigste Stapelplatz des Rheingauer Weinhandels, wenn nicht eben jene den Weg sperrende feste Westgrenze gewesen wäre. Das verhält sich folgendergestalt:

Der Hauptzug des Rheingauer Weinhandels im Mittelalter ging stromabwärts. Da aber größere Schiffe damals das Binger Loch noch nicht passieren konnten, so mußten die für die Produktion wie für den Marktverkehr gleich wichtigen großen Rheinorte von Eltville bis Rüdesheim ihre Ware auf kleinen Fahrzeugen durch jenen berüchtigten Strompaß führen, um sie erst jenseits auf eigentliche Handelsschiffe verladen zu lassen. Dies geschah in der Regel zu Bacharach, weshalb man denn auch im Norden den Rheingauer Wein oft schlechthin Bacharacher nannte. Also lag der entscheidende Stapelplatz der Rheingauer Weine außer Landes und im Gau selber bildete sich kein zentralisierender großer Hafen des Weinverkehrs. Im Gegenteil führte jene eigentümliche Form des Wassertransportes zur Entwickelung einer neuen halbstädtischen Größe neben den bereits bestehenden, nämlich Rüdesheims, welches die Steuerleute und die gesuchtesten Schiffer zu der Fahrt durchs Binger Loch stellte, aber dann auch wieder nur als Lotsen- oder Schifferstation, nicht als Hafenplatz wichtig werden konnte. Allein da man nun doch die Rheingauer Weine unter allen Umständen umladen mußte und den Strompaß mit Recht fürchtete, so liegt beim Anblick der heutigen Straßen der Gedanke nahe, daß es ja weit vorteilhafter gewesen sei, die Ware den kurzen Landweg längs des Rheines nach Lorch zu führen; das Binger Loch war dann umgangen, man konnte in Lorch große Schiffe befrachten und hatte den Stapelplatz im eigenen Lande; Lorch würde eine erdrückende Nebenbuhlerin für Bacharach, es würde die Handelsstadt des Rheingaues geworden sein. So urteilen wir heute. Der mittelaltrige Rheingauer hingegen schlug ohne Zweifel die festungsartige Abschließung seines Landes weit höher an, als derlei wirtschaftliche Vorteile. Von Rüdesheim nach Lorch einen breiten Weg durch die Felsen längs des Rheines zu brechen, wäre für ihn nichts anderes gewesen, als wenn man damals einer Stadt zugemutet hätte, ihre Mauern niederzureißen, damit Handel und Gewerbe sich freier bewegen könne.

Es sind aber nicht bloß die festen Gaugränzen, welche das Volk an den Rhein zusammendrängten, und doch andererseits auch wieder die langgestreckte Kette der Rheinflecken ohne Zentralisation auseinanderzogen. Viele andern Gründe wirkten gleichfalls dahin, den Gau als Stadt zu bewahren, nicht aber eine dominierende Stadt im Gau aufkommen zu lassen.

Eltville war mit Stadtrechten ausgezeichnet, die einzige Stadt des Gaues, politisch die Hauptstadt und im vierzehnten und fünfzehnten Jahrhundert zugleich Residenz der Mainzer Erzbischöfe. Trotzdem hat diese Stadt die größeren Flecken des Gaues an Volkszahl wie an wirtschaftlicher und sozialer Bedeutung niemals erheblich überragt, ja sie ist zeitweilig hinter einzelnen derselben zurückgeblieben. Da der ganze Gau nahezu städtische Freiheiten genoß, so war die Hauptstadt eben nur eine Stadt in der Stadt, mehr nur im Titel als in der Sache unterschieden. Auch die Bewohner der übrigen Orte des Rheingaues nannten sich „Burger"[1]), namentlich seit Eltville durch Ludwig den Bayern 1332

---

[1]) Bodmann I. 125.

die Freiheiten der Stadt Frankfurt erhalten hatte, und bezeichneten ihre Dörfer als „Flecken", die sie befestigten; nur vier kleine Dörfchen werden wirklich Dörfer genannt. Das Dorf war in diesem Lande die Ausnahme, ebenso die Stadt, der Flecken dagegen die Regel. Ein Flecken ist aber ein halbwüchsiges Mittelding zwischen Dorf und Stadt, genau wie der Rheingau als Ganzes ein solches Mittelding war.

Das mainzische Hoflager in der Hauptstadt Eltville konnte aus ähnlichem Grunde nicht zentralisierend wirken, wie die Stadt, weil nämlich gleichsam das ganze Land ein großes Hoflager war. Die Erzbischöfe besaßen neben der Eltviller Burg noch den Scharfenstein, Ehrenfels und Rheinberg. Hierzu kamen aber fast in jedem Flecken Burgen des niederen Adels; ich finde im ganzen zwanzig rheingauische Burgen aufgezeichnet, die sämtlich auf einem Flächenraum von beiläufig zwei Quadratmeilen zusammengedrängt standen.

Bemerkenswert ist dabei, daß die allermeisten Burgen des Adels in, nicht außer und über den Flecken lagen, gleichsam als Patrizierhäuser in der großen Gesamtstadt des Landes, weshalb denn auch die alten burglichen Baue später größtenteils von den bürgerlichen Bauten aufgezehrt wurden und der Rheingau heutzutage gar nicht mehr so auffallend burgreich erscheint.

Weit zahlreicher noch als die Burgen waren aber die Adelsgeschlechter, welche im Mittelalter im Rheingau teils angesessen teils bloß begütert waren; Bodmann zählt ihrer nicht weniger als achtundfünfzig auf. Politisch vermochten sie die Bürger nicht zu beugen, und es scheint vielmehr als ob die städtische Beweglichkeit des rheingauischen Grundbesitzes den Adelsfamilien verderblich gewesen wäre. Denn die alten Dynastenhäuser des Gaues verschwinden frühzeitig unter dem niederen Adel und dieser wiederum sinkt mit dem Ausgange des Mittelalters auf eine immer mäßigere Zahl herab, ja von den vielen echt rheingauischen Geschlechtern hat nur ein einziges — die Greifenklau von Vollrads — das neunzehnte Jahrhundert erlebt. Wirtschaftlich aber übte die große Schar fremder adeliger Grundbesitzer im dreizehnten und vierzehnten Jahrhundert sicher einen bedeutenden Einfluß auf das Land, und wäre es auch nur negativ gewesen, indem sie das Aufkommen eines abgeschlossenen Bauerntumes ebensosehr hinderte wie die Konzentrierung städtischen Wesens und städtischer Betriebsamkeit.

Es waren aber nicht bloß viele fremde Adelsfamilien, sondern auch Mainzer Bürgergeschlechter im Rheingaue ansehnlich begütert, und wie wir heutzutage eine Menge fremder reicher Leute im Besitze von Grundstücken, Schlössern und Landhäusern am Rheine finden, so stand es im Rheingau auch schon vor fünf- bis sechshundert Jahren. Das ist aber im Mittelalter eine weit auffallendere und folgenreichere Thatsache als in unserer Zeit und sie führt uns zu einem weiteren charakteristischen Gegenzuge in dem mittelaltrigen Zustande des Landes, der sich in dem Satze ausspricht, daß der Gau gegen das Nachbarland aufs strengste und wie mit einer großen Stadtmauer abgeschlossen war, im Innern aber wimmelte es von fremden Elementen.

Zu alledem kommt dann endlich noch eine höchst ausgedehnte und einflußreiche geistliche Bevölkerung. Die Zahl der Klöster wuchs allmählich auf zwölfe. Schon Pater Bär bemerkte: „Kaum wird man in einem andern so eingeschränkten Bezirke, die großen Städte ausgenommen, solche Klösterzahl finden." Unter diesen vielen Klöstern gab es allerdings ein Hauptkloster, einen ganz entschiedenen Mittelpunkt klösterlicher Kultur, die Cistersienserabtei Eberbach. Allein Eberbach entstand und blühte erst zu einer Zeit, wo das Ordenswesen freilich mächtiger und breiter sich auswuchs als je zuvor, wo aber die Klöster schon keineswegs mehr die fast ausschließenden Herde höherer Gesittung waren. Gerade in der Zeit, wo Klöster wie Fulda, St. Gallen, Corvey u. A. die wahren geistigen Hauptstädte ganzer Länder sein konnten, d. h. in den früheren Jahrhunderten des Mittelalters, besaß der Rheingau gar kein Kloster und erst seit 1050 die unbedeutenden Anfänge von Eberbach und Bischofsberg (Johannisberg). Eberbachs Blüte und

Macht gehört der zweiten Hälfte des zwölften, dann dem dreizehnten und vierzehnten Jahrhunderte an: damals wetteiferte aber bereits die selbständige weltliche Bildung des Rittertums und dann der Städte mit der klösterlichen. So geschah es, daß Eberbach eine durch Klosterzucht, reichen Grundbesitz, tüchtige Wirtschaft und Gelehrsamkeit weit berühmte Abtei werden konnte, ohne daß der Rheingau durch dieses sein Hauptkloster zu geeigneter städtischer Bildung und eigenartiger, schöpferisch maßgebender Geisteskultur emporgehoben worden wäre. Eberbach, für die Lokalgeschichte so äußerst wichtig, gehört nur auf einem Punkte der deutschen Kulturgeschichte an, nämlich durch seine landwirtschaftlichen Reformen. Durch sein Landrecht wurde der Rheingau zu einer großen Stadt, durch das berühmte Kloster aber wurden die Bürger nicht Städter, sondern gegenteils erst rechte Musterbauern.

So finden wir überall den Gegenzug, der das Land städtisch, die Bürger aber wieder bäuerlich machte. Und fassen wir die bisher gewonnenen Resultate zur Ueberschau noch einmal in statistischer Kürze zusammen, so erhalten wir folgendes Bild, welches gewiß im ganzen Reiche seines gleichen nicht fand:

Ein fest begrenztes, stadtmäßig beschlossenes Land von beiläufig vier Quadratmeilen Flächengehalt, die Nordhälfte fast kulturloser Waldboden, die Südhälfte höchstkultiviert und dicht bevölkert. Nach einer Schätzung von 1525 hatte der Gau gegen 15,000 Einwohner (jetzt wohl an 25,000), welche fast durchaus auf jene zwei Quadratmeilen zusammengedrängt waren, und die mittelaltrige Volkszahl dieses Striches würde auch heute noch als eine sehr dichte gelten. Das Volk siedelte in einer Stadt, neunzehn nahezu städtischen Flecken und vier Dörfern. Neben und in den Ortschaften aber erhoben sich zwanzig Burgen, gegen sechzig, teils fremde teils einheimische Adelsgeschlechter waren auf dem engen Raume begütert und obendrein hatten noch zwölf Klöster — wenn auch nicht alle gleichzeitig — auf demselben Striche Raum und teilweise reichen Besitz gefunden. Endlich dürfen wir dann auch den Weltklerus nicht vergessen, von dessen Kopfzahl uns die Notiz einen ungefähren Begriff gibt, daß die Pfarrkirche zu Lorch allein im Jahre 1390 dreiundzwanzig mit selbständigen Benefizien ausgestattete Geistliche zählte [1]). Gewiß ein so dichtes und buntes Gemisch der sozialen Gruppen und der Interessen, wie es das Mittelalter sonst nur in den Städten, nicht aber auf dem Lande kennt.

Allein selbst diese Gruppen werden noch einmal gekreuzt nach Maßgabe der verschiedenen Rechtsverhältnisse, in welchen Adel und Klerus standen gegenüber den Bürgern, die Eingesessenen gegenüber den Forensen, die Stadt gegenüber den Flecken, die zwei unfreien Dörfer (Presberg und Stephanshausen) gegenüber den freien Ortschaften und weiter die sogenannten „Mutterorte" des Gaues, welche in Sachen der Markverfassung Sitz und Stimme im Haingericht hatten, gegenüber den Töchterorten, die nur durch jene vertreten waren und den Waldflecken ohne Stimmrecht, endlich aber die Ortschaften im Genusse von „Meinderecht" und Markrecht gegenüber jenen beisassenartigen Orten, welche bloß Meinderecht besaßen.

---

[1]) Würdtwein, Dioec. Mogun. VI, 200.

Drittes Kapitel.
Wandelbarkeit der Ortschaften.

Lage und Namen der Dörfer, Gemarkungsgrenzen und Flureinteilung gehören zu den festesten und ältesten Altertümern deutschen Kulturlebens, und man hat darum diese so selten verrückten Grundformen der bäuerlichen Siedelung oft genug als Urkunden für eine Frühzeit benützt, über welche uns unmittelbare Geschichtsquellen fehlen.

Auch hier macht der Rheingau eine Ausnahme von der Regel. Wir finden während der mittelaltrigen Blüteperiode vom zwölften bis sechzehnten Jahrhundert nicht nur einen auffallend häufigen Güterwechsel im Einzelnen — Kauf und Tausch, Arrondierung und Parzellierung im Grundbesitze —, sondern auch die Dörfer selbst mit ihren Fluren scheinen teilweise hineingezogen in diese allgemeine Beweglichkeit. Die vierundzwanzig Ortschaften des alten Rheingaues, deren ich oben gedachte, enthalten in sich und neben sich nicht weniger als vierzehn, welche in historischer Zeit Lage oder Namen gewechselt, oder von andern Orten aufgesogen oder als förmliche Kolonien neu gegründet worden sind. Eine so große Beweglichkeit in der Siedelung, eine solche Wanderung der Dörfer auf so engem Raum dürfte in anderen deutschen Gauen schwerlich ihresgleichen finden.

In dem Berg- und Hügellande nördlich des Rheingaues bis zum Westerwald hinauf finden wir einen Wandel anderer Art bei den Ortsanlagen, nämlich fast zahllose ausgegangene Dörfer, ausgestorben infolge der Kümmerlichkeit ihres Daseins, oder durch Kriegs- und andere äußere Nöte vom Boden hinweggefegt. Die Ortsveränderungen des Rheingaues sind aber nicht durch Not und Verwüstung geschaffen worden, sondern gegenteils eine Folge der wirtschaftlichen und politischen Blüte des Landes. Darum fallen sie auch mit geringen Ausnahmen in die glücklichsten Tage rheingauischen Lebens, in die Jahrhunderte, wo der Gau, fest und wehrhaft, keinen Einbruch eines äußeren Feindes[1] fürchtete — elftes bis sechzehntes Jahrhundert. — Ein sehr beträchtlicher Teil jener eingegangenen Dörfer nördlich der Höhe fiel erst dem Dreißigjährigen Kriege zum Opfer; der Rheingau hingegen hat selbst durch diesen Krieg, unter welchem er nicht minder wie alles Nachbarland litt, nicht ein einziges Dorf verloren. Die Beweglichkeit in Gut und Siedelung kam hier zum Stillstand, als die alten Rechte und Freiheiten schrittweise illusorisch wurden und die Wirtschaftsblüte des Gaues im engen Zusammenhange mit dem Verfall des deutschen Städtewesens zu Grunde ging.

Wie in einer Stadt Quartiere, Straßen und Häuser umgebaut werden und Bestimmung und Namen wechseln, so erging es ähnlich manchem rheingauischen Dorfe, und die wirtschaftlich motivierte Beweglichkeit in Grund und Boden, welche sich sogar bis auf die Dörfer erstreckte, zeigt uns den städtischen Charakter des Gaues in besonders scharfem Gepräge.

Die folgenden näheren Nachweise aus der Ortsgeschichte öffnen uns darum zugleich auch einen Blick in die rheingauische Wirtschaftsgeschichte.

---

[1] Der Rheingau durfte sich im Mittelalter jenen Städten vergleichen, die man „jungfräuliche" nannte, weil noch kein Feind siegreich zu ihren Thoren eingezogen war. Markgraf Albrecht Alcibiades von Brandenburg-Kulmbach machte diesem Ruhme im Jahre 1552 ein Ende.

Zwei Ortschaften sind geradezu gewandert und wählten sich eine neue Lage: Walluff und Rauenthal. Das erstere lag noch im zehnten Jahrhunderte rechts und seitab der Waldaffe, also in der Königshundrete, zog sich dann allmählich zum Bache und über denselben, es wanderte ein in den Rheingau und ließ an seiner ursprünglichen Stätte nur noch das Wahrzeichen einer einsam im Felde gelegenen Kirchenruine. Augenscheinlich führte hier die politische Attraktionskraft des gefreiten Gaues das Dorf an und über den Grenzbach. Rauenthal dagegen entstand erst im dreizehnten Jahrhundert als eine Weinbaukolonie und stieg erst nach dem Jahre 1558 aus dem engen und rauheren Thale auf die sonnigere Anhöhe, daher das seltsame Widerspiel, daß das Dorf, welches einen der mildesten Berge krönt, heute „Rauenthal" heißt.

Ein drittes Dorf in dieser Gegend, Rode, wanderte im fünfzehnten Jahrhundert teils nach Martinsthal, teils nach Walluff aus; die Gemarkung fiel an Martinsthal, welches seinen Namen in Neudorf verwandelte. Und weil dann geradezu alle Orte an dieser Ostgrenze entweder wanderten oder wenigstens den Namen wechselten, so vermutet man, daß auch die Nonnen des später verschwundenen Klosters Rode nach Tiefenthal ausgewandert seien.

An Rauenthal als eine Wirtschaftskolonie des Erzstiftes Mainz reihen sich dann noch mehrere solcher Dorfkolonien; Lorchhausen, eine Kolonie von Lorch, wurde vermutlich schon im zwölften Jahrhundert gegründet, um Arbeitskräfte zur Urbarmachung des großen Lorcher Markanteils heranzuziehen, Hallgarten wurden durch Kolonisten des Klosters Eberbach beiläufig zur selben Zeit aus einem Hofe in ein Dorf verwandelt, Dorf Johannisberg entstand in dem nämlichen Jahrhunderte als eine Kolonie des Klosters Johannisberg. Daß Eibingen eine „durch den erweiterten Güterbau veranlaßte" Kolonie von Rüdesheim gewesen sei, hält Bodmann für wahrscheinlich, und Mittelheim ist eine erst im zwölften Jahrhundert durch die Auswanderung der Mönche von Gottesthal hervorgerufene Dorfkolonie von Winkel.

Von Winkel bis Hattenheim drängt sich die Siedelung am dichtesten zusammen; auf einer Uferlinie von beiläufig einer Stunde Wegs lagen hier sechs Dörfer, welche jetzt in vier konzentriert erscheinen. Eines davon, Klingelmünde, ist ganz verschwunden, ein anderes, Reichardshausen, wurde im zwölften Jahrhundert durch eine förmliche Wirtschaftsoperation der Eberbacher Mönche ausgekauft und ausgetauscht und in einen Klosterhof verwandelt; gegenwärtig ist es ein Schloß.

So teilen sich die Ortschaften des Rheingaues geradezu in Mutterorte und Kolonien, ein Ausdruck, der auch den früheren Topographen des Landes bereits geläufig ist, und neben uralten, zum Teil auf die Römerzeit zurückdeutenden Ansiedelungen, steht eine beträchtliche Zahl neuer Orte, die erst dem infolge der politischen Selbständigkeit des Gaues so hochgesteigerten Kolonisationsgeiste des zwölften und dreizehnten Jahrhunderts ihren Ursprung verdanken. Der Gau hat die Zahl seiner Dörfer damals etwa um ein Drittel vermehrt, woraus wir auch einen Schluß auf die rasche Zunahme der Bevölkerung ziehen können, und aus den Freiheiten und Rechten erwuchs nicht nur ein neuer Volkscharakter und ein neues Wirtschaftsleben, sondern auch eine neue Landkarte.

Bei dieser neuen Karte darf dann auch wohl noch des auffallenden Wechsels der Ortsnamen gedacht werden, als eines Zeugnisses für den neugestaltenden Geist, der in die freien Rheingauer gefahren war. Martinsthal wurde in Neudorf verwandelt, Klingelmünde in St. Bartholomä, Bischofsberg in Johannisberg, Hausen in Aulenhausen und das Kloster Aulenhausen in Marienhausen, aus Neuenhaus entstand die Karthause Petersthal und aus Duppenhausen das Kloster Marienthal.

Höchst planvoll wurde die Kolonisation des Landes im zwölften Jahrhundert von den Eberbacher Mönchen betrieben. Sie gründeten neue Höfe nicht bloß um wüstes Land anzuroden, sondern auch um ihre zerstreuten Besitzungen aus den Dörfern und Dorfgemarkungen herauszuziehen, ihre Güter zusammenzulegen und abzurunden. Dadurch erhielt ein bedeutender und wahrlich nicht der schlechteste Teil des rheingauischen Kulturlandes neue Gruppierung und Anordnung. Man könnte aber einwenden, diese Umformung bei Grund und Boden hänge dann doch nicht mit der städtischen Freiheit und Beweglichkeit des Landes zusammen, sondern vielmehr mit der Ordensregel der Cisterzienser, kraft deren zwar der Besitz von Landgütern gestattet war, diese aber vereinzelt liegen sollten, a saecularium hominum habitatione remotae. Und so sind denn Klosterhöfe auch anderwärts die charakteristischen Begleiter der Cisterzienserklöster. Das ist ganz richtig. Ebenso richtig ist aber auch, daß bei keinem andren deutschen Cisterzienserkloster die kolonisatorische Landwirtschaft so entscheidend geworden ist für die ganze kulturgeschichtliche Bedeutung des Klosters wie bei Eberbach. Wer sich davon überzeugen will, der nehme die treffliche Geschichte der Abtei vom Pater Hermann Bär zur Hand: Niemand wird in diesem vor wenigen Jahren erst herausgegebenen Manuskripte eines Eberbacher Mönches des Neuen und Belehrenden mehr finden, als der Historiker der Nationalökonomie. Die erste That des Klosters nach außen war die Gründung jener Musterhöfe, und die vier wichtigsten entstehen schon unter dem ersten Abte (Ruthart 1131 bis 1157). Die sinnreichen und umfassenden Wirtschaftspläne der Mönche würden in einem andren Lande mit bäuerlich gebundener Bevölkerung und gebundenem Grund und Boden gar nicht auszuführen gewesen sein. Schrittweise durch Schenkung, Tausch und Kauf von allerlei Parzellen konnten die Klosterhöfe im Rheingau mit abgerundetem Gut sich umgeben. Es währte z. B. von 1141—1211, bis es gelungen war, den Draisener Hof mit einer ununterbrochenen Feldflur auszustatten; die Erwerbungen wurden, wie Bär nach einem Archivalauszug des letztgenannten Jahres berichtet, von „Edelleuten und Bürgern" gemacht und es kam dabei vor, daß es sich um Gewinnung von Parzellen handelte, die bis zu einem, ja zu einem Viertelsmorgen hinabstiegen. Das zeugt nicht nur von der Beweglichkeit, sondern auch von dem Werte des Grundes und Bodens, zwei Eigenschaften, welche in der Regel Hand in Hand gehen, am innigsten aber sich da verbinden werden, wo der Landbau durch die unmittelbare Nähe städtischer Kultur befruchtet ist.

Viertes Kapitel.

Gewerbebetrieb auf dem Lande.

Im Rheingau kommt während des Mittelalters alle mögliche Betriebsamkeit vor: Landbau, Gewerbe, Handel, Kunst und Wissenschaft. Trotzdem fehlt aber gar viel, daß man den Gau volkswirtschaftlich ebenso gut einer Stadt vergleichen könnte, wie nach seinen politischen Rechten.

Der Standpunkt der Gewerbe charakterisiert sich schon durch eine Meinungsverschiedenheit, welche zwischen den beiden Hauptautoritäten rheingauischer Geschichtsforschung, Bär und Bodmann, besteht. Bär legt nämlich auf das urkundliche Vorkommen vereinzelten Gewerbebetriebs im Lande ein größeres Gewicht als Bodmann zugeben will, und letzterer meint, ein in Eltville auftretender Falkenjäger sei merkwürdiger, als die Manufakturen, deren Bär gedenkt, und selbst ein bei jener Stadt erwähnter pannifex sei nur eine Winterschwalbe gewesen. Nun wird es freilich heutzutage jeder Kenner mittelaltriger Wirtschaftsgeschichte denn doch für merkwürdiger halten, daß im Rheingau ein Goldschmied auf dem Lande (in Hattenheim) arbeitete, daß Zeug- und Waffenschmiede und ein Weber in Dörfern vorkommen, ebenso Gerbereien, Walkmühlen und eine klösterliche Tuchmanufaktur, als daß ein Falkenjäger in Eltville saß, und man muß jene vereinzelten Notizen wohl immerhin als ein seltenes Zeugnis des Hereinragens städtischen Betriebes in überwiegend landwirtschaftliche Arbeit gelten lassen. Allein fänden sich auch doppelt und dreimal so viele über das Land zerstreute Handwerker in Urkunden erwähnt, so dürften wir doch nicht von städtischem Gewerbewesen reden. Dieses ist im Mittelalter durch die Korporation, die Zunft bedingt, welche in ihrer politischen, sozialen, wirtschaftlichen und militärischen Verfassung aufs innigste mit der Idee der Gemeinde verwachsen ist. Rechte und Freiheiten der Stadt und ihrer Gewerbekorporationen bedingen und tragen sich gegenseitig. Von dergleichen aber ist im Rheingau gar nicht die Rede, und man könnte leichter beweisen, daß das mit wirklichen Stadtrechten ausgerüstete Eltville in diesem Sinne nicht einmal eine vollwichtige Stadt gewesen sei, als daß das ganze Land gewerblich städtischen Charakter gehabt habe. Es war ein Bauernland mit Bürgerrechten und allerlei vereinzeltem und eben darum machtlosem Gewerbebetrieb.

Andrerseits bekundet sich jedoch wieder der Uebergangscharakter des Gaues in einer auffallenden Blüte unmittelbar mit der Bodenproduktion verbundener Hilfsgewerbe. Die Bauern nennen sich Bürger und in den Landwirten lebt ein entschieden industrieller Geist. Der Weinbau streift an sich schon zu Gewerbe und Handel hinüber, und wenn sich hier am Rheine ein kräftig entwickeltes Schiffergewerbe mit dem Weinverkehre verband, so darf uns dies nicht Wunder nehmen. Dagegen staunen wir über die Blüte des Mühlenbetriebs und Mehlhandels in unsrem Gau, welcher doch mit seinem Getreidebau lange nicht den eigenen Bedarf deckte. Die kleinen Rheingauer Bäche sind wie besät mit Mühlen, beiläufig fünfzig an der Zahl, und die Anlage einzelner dieser Bachmühlen läßt sich bereits im zwölften und dreizehnten Jahrhunderte nachweisen. Abgesehen von der Gunst der vielen Wassergefälle war es die Nähe der beiden großen Fruchtmärkte in Mainz und Bingen, die Verkehrsstraße des Rheines und die gewerbliche Tüchtigkeit der Rheingauer Müller, was dieser Getreideindustrie in dem weinbauenden Lande so breiten Boden schuf. Bär bemerkt nämlich, daß der Mehlhandel hauptsächlich an den Niederrhein und nach Köln gegangen sei, weil man dort nur wenige Mühlen besessen (die Windmühlen sind neueren Ursprunges) und kein so feines Mehl habe mahlen können. Aus ähnlichen Gründen mag man sich auch das Gedeihen der Gerbereien in einem mittelaltrigen Gaue erklären, der immer an Weide= und Wiesland Mangel litt und nur mühsam und mit allem Aufgebot wirtschaftlichen Scharfsinnes den zur Weinbergsdüngung nötigen Viehstand aufrecht zu erhalten vermochte[1]).

Das Dorf Aulenhausen, durch die Ungunst der Lage von der reichen Bodenkultur der Nachbarorte ausgeschlossen, wandte sich schon so frühe zum Betrieb der Töpferei, daß es von den Ullnern (Töpfern) sogar seinen Namen erhalten haben soll. Und selbst der große Marktwald des Rheingaues, welcher geflissentlich gegen den Anbau abgesperrt wurde, mußte in den zahlreichen Kohlenbrennereien wenigstens eine halbwegs gewerbliche Ausbeute liefern. Es gab hier förmliche Köhler=Kolonien, und die Sage erzählt, daß das Grenzdorf Gladbach einer solchen seinen Ursprung verdanke. Dem stolzen Rheingauer Bürger däuchte aber derlei Erwerb zu geringe und er überließ ihn fremden Leuten, die an den gemeinen Rechten und Genüssen des Gaues keinen Teil hatten. Aehnlich fiel das Graben und Verführen von Putz= sand und das Schieferbrechen in den angrenzenden Thälern einem

---

[1]) Bär schreibt in den Diplomat. Beiträgen vom Jahre 1790 die Stallfütterung sei von vermöglichen Rheingauer Bürgern und andern Einwohnern schon lange eingeführt. Derselbe Autor gibt uns aber in seiner Eberbacher Geschichte eine Notiz, aus welcher ich wenigstens mit Wahrscheinlichkeitsgründen einen genaueren Schluß auf das hohe Alter der Stallfütterung im Rheingau ziehen zu können glaube. Die Eberbacher Mönche hatten auf ihrem Klosterhofe zu Leheim (im Gerauer Lande) schon im dreizehnten Jahrhundert Stallfütterung. Da aber die Bewirtschaftung der Eberbacher Klosterhöfe überall nach planvoll zusammenhängender Methode eingerichtet wurde, so läßt sich wohl annehmen, daß die Stallfütterung auch auf ihren Rheingauer Höfen, wo überdies die Natur des Bodens weit mehr hierzu drängte als bei Leheim, im dreizehnten Jahrhundert schon versucht worden sei.

armen und unfreien Volke zu, so daß nicht nur für die Grund=
form des Bodenanbaues, sondern auch für die bäuerlich gewerb=
lichen Nebennutzungen die Grenze des gefreiten Landes zur
Scheidelinie wurde. Dieser Gegensatz ist auch heute noch lange
nicht verwischt.

Ein Zeugnis, wie hier alte Anschauungen und Einrichtungen
auch bei sonst gänzlich veränderten Zuständen noch immer fort=
wirken, liefert das hart an der Rheingauer Grenze gelegene,
weiland kurpfälzische Städtchen Kaub. Das Schieferbrechen hat
sich dort zu einem ordentlichen Bergbau mit ausgezeichneter, weit=
berühmter Produktion gesteigert. Trotzdem gelten die Schiefer=
brecher — über 300 Bergleute — neben den altbevorzugten
Schiffern noch immer „als glebae adscripti und werden mit
Hochmut behandelt"[1], sie haben es noch nicht zu jener korpo-
rativen Organisation gebracht, die anderwärts den Bergmann so
entschieden kennzeichnet, besitzen keine eigene Tracht, keine Knapp=
schaftskasse, keine Bergfeste und nur wenig von der bergmännischen
Sprache, indes die Schiffer (die „Schiffschen") sich noch immer
durch Tracht, Spracheigentümlichkeiten, gemeinsame Feste und
stolze genossenschaftliche Abschließung auszeichnen.

Wenn übrigens die Bürger des Rheingaues im Mittelalter
der Handwerkerzünfte entbehrten, so gliederten sie sich darum doch
in mancherlei Körperschaften, welche wiederum mehr städtischen
als ländlichen Charakters sind. Hieher gehören z. B. die mehrere
Gemeinden umfassenden sogenannten **Kumpanschaften**, woraus
der Landesheerbann zusammengesetzt war, und welche recht eigent=
lich die militärische Gliederung der Städteburger nach Zünften
ersetzten.

Einer ganz individuellen Form genossenschaftlichen Verbandes
will ich hier aber näher gedenken, weil sie örtlich originell ist und
sich in Bruchstücken bis auf diesen Tag erhalten hat. Es sind

---

[1] Eigene Worte eines Kauber Pfarrers in Kehrein, „Volks=
sprache und Volkssitte" in Herzogt. Nassau II. 103.

dies die sogenannten Nachbarschaften oder Brunnengesell=
schaften. Das Alter derselben reicht jedenfalls hoch ins Mittel=
alter hinauf, obgleich, wie es scheint, ältere schriftliche Statuten
als vom Jahre 1607 [1]) bis jetzt nicht bekannt geworden sind.
Die Nachbarn gewisser Straßen oder Viertel verbünden sich zur
Unterhaltung und Reinigung eines gemeinsamen Brunnens, er=
wählen alljährlich einen „Bornmeister,“ legen ein „Bornbuch“ an,
verpflichten sich dann aber nicht bloß zum Zusammenhalten betreffs
des Brunnens, sondern auch zu gemeinsamen Festen, zu Hilfe=
leistung in allerlei Not und Gefahr, namentlich auch zu gegen=
seitiger Totenbestattung und zu gemeinsamem Trost im Leide.
(Zum letzten ist es auch ein altes Herkommen, daß die ganze
Nachbarschaft einem Nachbarn sein Kreuz helfe tragen und trinke
ein Maß Wein mit demselben zum Troste.“) Ein Nachbar soll
nicht einmal verreisen, ohne es vorher der „Nachbarschaft“ unter
Angabe der Ursache zu melden und Urlaub zu erholen, bei Strafe
eines halben Viertels Wein. (Die Strafen sind überhaupt fast
samt und sonders in Wein ausgemessen.) Am härtesten wird
Zank und Streit in den Versammlungen gestraft: der Friedens=
störer muß der gesamten Nachbarschaft für diesen Tag die Zeche
bezahlen — „wie vor Alters“. Diese Korporationen hatten dann
auch ihre eigenen Fahnen und Trommeln, ja von „Haken und
Geschütz“ ist die Rede, „so gemeiner Nachbarschaft zuständig“;
doch sind dies wohl nur Böller zu Freudenschüssen gewesen. Be=
sonders merkwürdig aber ist das Brunnenbuch, in welchem keines=
wegs bloß Notizen über das Brunnenfegen enthalten sind, sondern
es sollen vielmehr „jährlich alle denkwürdigen Sachen darin ver=
zeichnet werden.“ Und so finden wir denn auch in den von Schunk
mitgeteilten Proben, daß diese Brunnenbücher kleine Chroniken
gewesen sind und wie auch die Statuten selbst, von der städtischen
Bildung jener Bürger auf dem Lande Kunde geben.

---

[1]) Abgedruckt bei Schunk a. a. O. III, 243. Die „Nachbarschaft“
nennt sich damals schon die „uralt Benachbarten“.

Gegenwärtig sollen diese Nachbarschaften noch am vollkommensten in Lorch sich erhalten haben, sie kommen aber auch weiter rheinabwärts vor¹), und das „Bornbuch" besteht noch als „Nachbarbuch"; neben den uralt herkömmlichen Zwecken dienen die Zusammenkünfte jetzt aber auch zur Vereinbarung über Landtags- und Gemeindewahlen, Adressen u. dgl., und hält hier also sogar der Konstitutionalismus mit dem Mittelalter gute Nachbarschaft.

---

¹) Mehrein a. a. O. II, 189. Vergl. auch die Frankfurter Brunnenordnung in Lersners Frankf. Chron. II, 10.

Fünftes Kapitel.

Handel und Geisteskultur.

Wie das Gewerbe im Rheingau vereinzelt blieb und ohne politisch korporative Geltung, so auch der Handel. Der Gau hatte handeltreibende Weinproduzenten, aber keine Kaufleute.

Seine größten Handelsherren wären die Eberbacher Mönche gewesen, wenn ihnen die Ordensregel erlaubt hätte, sich anders als mittelbar am Handel zu beteiligen. Die Rheingauer Bürger suchten den nächsten Stapelplatz ihrer Weine außer Landes, in Bacharach, und die Eberbacher Mönche besaßen in Köln eine Hauptniederlage „ihrer entbehrlichen Produkte", wie Pater Bär vorsichtig sich ausdrückt. Diese entbehrlichen Produkte müssen aber sehr massenhaft gewesen sein; denn zum bequemeren Vertrieb derselben trat die Stadt Köln dem fernen Kloster 1191 das neben seinem Handelshof gelegene Rheinthor zu St. Servatius samt daran stoßendem Grund und Boden als Eigentum ab mit der Befugnis, „daß sich die Erbacher nach ihrem Belieben und Bedürfnis anbauen und in Friedenszeiten sowohl das Thor als die auf demselben zu errichtenden Anlagen frei benutzen könnten. Nur behielt sich die Stadt das Recht vor, bei Entstehung einer Fehde daselbst ihre Wachen aufzustellen" [1]. Der Besitz dieses fremden

---

[1] Die Urkunde, auch für die mittelaltrige Städtegeschichte interessant, findet sich abgedruckt in Bärs Dipl. Nachr. Beil. XXVIII. Erst 1595 verkauften die Eberbacher Turm und Thor mit allem Rechte wieder an die Stadt Köln.

Stadtthores blieb durch Jahrhunderte der Stolz des Klosters, und er war in der That ein stattliches Wahrzeichen seiner politischen und Handelsmacht.

Wenn es aber der Rheingau auch zu keiner eigenen Kaufmannsgilde brachte, so entwickelte er doch Handelseinrichtungen, die wieder entschieden auf das Städtewesen hinüberdeuten. Das Land handhabte seine gemeinsame Handelspolizei und Handelspolitik. Das ist durchaus nicht bäuerlich. Sind doch unsre deutschen Bauern heute noch vor allen Ständen wirtschafts- und sittenpolizeilich am meisten vom Staate bevormundet. Sie haben im Mittelalter die Förderung der eigenen Produktion und die Ordnung des Vertriebes ihrer Produkte nicht genossenschaftlich in die Hand nehmen können wie die Städte, und so setzte sich der moderne Staat zum volkswirtschaftlichen Vormund frei gewordener Bauernschaften, weil die hörigen Vorfahren nicht gelernt hatten, ihre Wirtschaft gemeinsam zu ordnen. Aber auch die freien Bauern waren individualistisch und scheuten vor der wirtschaftlichen Korporation zurück, die im Mittelalter allein Schutz und Macht verlieh, wie in unsrer Zeit vor der Association.

Darin unterscheiden sich nun die alten Rheingauer von andren freien Bauern: die Natur des Weinbaues und Weinhandels zwang sie zu gemeinsamen Wirtschaftsmaßregeln und ihre landespolizeiliche Autonomie ermöglichte deren Handhabung. Die ehemaligen Kellervisitationen und die Maßregeln gegen Weinverfälschung[1], welche uns jetzt als lästiger Zwang erscheinen würden, sind vordem hier auf dem Lande vielmehr Zeichen gemeiner Freiheit und Selbständigkeit gewesen, gerade so wie die

---

[1] Die Strafverfügungen gegen Weinfälscher scheinen ursprünglich von den Handelsstädten ausgegangen zu sein. S. Bodmann a. a. O. I. 107 und 409, wo ein Beispiel exemplarischer Bestrafung von Weinfälschern in Köln aus einer handschriftlichen Chronik mitgeteilt wird. Auch wäre das Frankfurter Verfahren gegen Weinfälscher, wie es in Lersners Chronik I, 493 dargestellt ist, hier in vergleichenden Betracht zu ziehen.

Zünfte in der Stadt, die uns jetzt Fesseln und Schranken dünken, weiland Hegestätten der Bürgerfreiheit, ja der Demokratie gewesen sind.

Eine höchst eigentümliche und darum auch oft erörterte Form rheingauischer Handelspolizei begegnet uns auf den Weinmärkten in den sogenannten „Gabelungen." Sie sollen in ihren Anfängen bis ins zwölfte ja ins elfte Jahrhundert hinaufsteigen; genauen Nachweis über das als „altes Herkommen" bezeichnete Verfahren hat uns Niklas Itzstein in seinem 1643 zusammengestellten „Rheingauer Landesbrauch" aufbewahrt. Damit die guten Weine nicht ausschließend von den fremden Kaufleuten gekauft und zu immer höheren Preisen hinaufgetrieben, die geringeren aber entwertet würden und liegen blieben, sortierte man die Ernte ganzer Gemeinden und teilte die Fässer in Lose von je zwei Stück und zwar derart, daß das beste Faß mit dem schlechtesten, das zweitgute mit dem zweitgeringsten und so fort zusammengethan wurde, wobei dann die mittlere Qualität endlich in den mittleren Losen sich vereinigte. Hierdurch waren überall mittlere Werte hergestellt und man konnte einen gleichheitlichen mittleren Preis durch Meistgebot bestimmen; war dieser erzielt, so zog ein jeder Käufer sein Los.

Als einmal in Rauenthal ein gegabeltes Faß liegen blieb und nachträglich von einem Kaufmann in Braunschweig reklamiert wurde, ließ es ihm die Gemeinde nicht eher ausfolgen, bis er von sämtlichen Mitkäufern das Zeugnis beibrachte, daß sie auf das Faß keinen Anspruch machten. Diese Mitkäufer wohnten aber in Walluff, Dortrecht, Schleswig und Minden, und das Gabelungsprotokoll war auch nach Minden gewandert! Darum beschloß man, daß künftighin eine Abschrift des Protokolls am Orte bei Gericht hinterlegt werden solle [1]).

Solche Gabelungen dünken uns jetzt wohl höchst wunderlich; dennoch bekunden sie im Mittelalter und den nächstfolgenden Jahr-

---

[1]) Schunk a. a. O. II. 398.

hunderten eine selbständige und gemeinsame Handelspolitik unsres Gaues, und man prophezeite schlimme Folgen, als sie im achtzehnten Jahrhundert aufgehoben wurden! Sie waren aber thatsächlich in sich selbst zusammengefallen und zwar aus dem Grunde, weil sich die großen Kapitalisten auf eigene Faust davon befreit hatten. Denn der Adel und die Stifter und dann auch die reicheren Bürger nahmen sich die Freiheit vor der Eröffnung des Marktes zu verkaufen und dadurch der für sie am wenigsten erwünschten Gabelung zu entgehen. Wie das große Kapital durch Manufakturen und Fabriken die Zünfte ökonomisch trocken gelegt hat, so sprengte dasselbe auch den genossenschaftlichen Bann des Weinbaues und Weinmarktes.

Uebrigens erstreckte sich die rheingauische Form der Gabelung auch über den Gau hinaus und bestand z. B. in Hochheim und Bodenheim. So sind auch die oben besprochenen „Nachbarschaften" rheinab gewandert bis Vornich, und manche andre Einzelzüge, die ich hier vom Rheingau mitgeteilt, werden sich zerstreut auch in andern benachbarten Rheinorten wiederfinden. Dies stößt aber meinen allgemeinen Satz nicht um, daß die große Summe eigenster Züge in Wirtschaft und Gesittung des Gaues aus dessen politischer Freiheit erwachsen sei. Denn wie der Rheingau ein Uebergangsgebilde von Bürgertum und Bauerntum bot, so gibt es auch benachbarte Rheinorte, welche wieder auf der Uebergangsstufe vom Rheingauer Halbbürger zum vollendeten hörigen Kleinbauern des armen Hinterlandes standen. Es wäre dann eine anziehende Aufgabe des Lokalgeschichtsforschers, nachzuspüren, inwieweit nicht bloß Rheingauer Weinbau, sondern auch rheingauische Sitten und Einrichtungen den Nachbarn zum Vorbilde gedient haben. Nur bei den Ueberhohern wird man vom einen so wenig wahrnehmen können wie vom andern.

Ich könnte die Erörterungen noch nach zwei Seiten weiter führen: Kunst und Wissenschaft wurden im Rheingau mannigfach gepflegt; dennoch ist das Land als solches kein Herd eigenartiger Geisteskultur gewesen. Von Niederich und Eltville bis

Lorch ist der Gau bedeckt mit einer Reihe zum Teil ausgezeichneter Denkmale romanischen und gotischen Stiles, und die Fülle und Zierlichkeit derselben sticht auffallend ab gegen die Dürftigtigkeit und Roheit der wenigen mittelalterigen Ueberbleibsel, welche der angrenzende Ueberhöher Landstrich, ja selbst die Nachbargegend der gesegneten Königshundrete aufzuweisen hat. Manche altberühmte deutsche Stadt besitzt nicht so viele und schöne Kunstdenkmale wie der Rheingau. Allein, daß künstlerischer Geist die Bürger beseelt habe, daß die Kunst ihr Eigentum gewesen oder geworden sei, wird niemand darzuthun vermögen.

Leichter wäre der Beweis des Gegenteils, für welchen schon die Thatsache einen Fingerzeig gibt, daß der Gau kein selbständiges Gewerbeleben kannte, welches im Mittelalter überall der Kunstbetriebsamkeit zu Grunde liegt. Es bildet auch der Gau keine maßgebende Architekturzone, sondern nur einen Ausläufer der Mainzer Kunstrichtung und war hier, wie auf andern Gebieten höherer Geisteskultur, eine Vorstadt von Mainz.

Gelehrte und litterarisch thätige Kleriker zählt der Rheingau nicht wenige während des Mittelalters; Jakob von Eltville (um 1350) und Rudolf von Rüdesheim (um 1470) haben sogar zwei rheingauische Ortsnamen berühmt gemacht in der mittelalterigen Geschichte der Theologie, allein das Wirken des einen gehörte seinem Kloster, Eberbach, des andern der Universität Heidelberg und niemand wird vor den vielen kleineren Gelehrten, welche Eberbach schon frühe unter seinen Mönchen aufführt, einen Schluß auf den wissenschaftlichen Geist der Rheingauer zu ziehen wagen.

Um so bedeutsamer erscheint im Gegenteil die Thatsache, daß zu einer Zeit, wo in den wirklichen Städten ein echt bürgerliches Bildungsleben mit frischesten Trieben aufsproßte, die Rheingauer Kulturgeschichte fast nur von theologisch gelehrten Mönchen zu erzählen, und andrerseits den Mangel an Schulen und den schlechten Zustand der wenigen vorhandenen zu rügen weiß (S. Bodmann I. 426 f.).

Auch der zahlreiche Adel des Gaues, obgleich er in der Periode der ritterlichen Kunst des dreizehnten Jahrhunderts schon fröhlich blühte und überhaupt ein glänzendes und äußerlich verfeinertes Leben geführt zu haben scheint, hat uns keine Zeugnisse hinterlassen, daß ihn ein ähnlicher künstlerischer Geist empor gehoben habe, wie die Ritterschaften Oberfrankens, Schwabens, Bayerns und Allemanniens.

Die Bürger waren Weinbauern, aufgeweckt durch ihre Freiheiten, regsam in der Bodenkultur, politisch ebenso fortschrittslustig wie das tonangebende Mainz, weit mehr als andre Bauern an städtische Bedürfnisse und städtischen Luxus gewöhnt, aber ohne den Ernst und die Tiefe einer gesammelten städtebürgerlichen Schule und Zucht des Geistes. Dieser uralte Gegensatz ist sicher eine Quelle der schon frühe beklagten materiellen und äußerlichen Sinnesart der Rheingauer, wie sie sich so leicht bei sozialen Uebergangsexistenzen einzustellen pflegt.

Im Mittelalter waren Stadt und Land durch das Recht unterschieden, während sich dieser Unterschied in unsrer Zeit in einen bloß wirtschaftlichen und sozialen umgesetzt hat. Trotzdem sehen wir, daß ein Landstrich, dessen Bewohner städtische Rechte und Freiheiten genossen, auch im Mittelalter immer nur halbwüchsig blieb, ein Bauernland mit Bürgerrechten, weil die Form der Siedelung, der Wirtschaft und der Gesittung, d. h. der soziale Gesamtcharakter, nicht städtisch geworden war. Und lassen sich die wichtigsten Rechtsunterschiede der alten Stände nicht überhaupt auf letzte wirtschaftliche Voraussetzungen zurückführen?

Andrerseits wird es aber auch dem Ohre des Rheingauers befremdend klingen, wenn ich sein Land ein Bauernland nenne. Und dieses Befremden ist berechtigt, ja ich bekenne selbst, daß meinem eigenen Ohre die Worte „Bauernland" und „Rheingau" nicht recht zusammenstimmen wollen. Allein ich weiß kein andres Wort, welches ein Land der überwiegend landwirtschaftlichen Kultur bezeichnete, die freilich hier von alters her getragen und durchdrungen war von industriellem und kaufmännischem Geiste; von einem Geiste, der seinen Rückhalt fand nicht in einem hörigen und auch nicht in einem nach alt germanischer Weise freien Bauerntum, sondern bei Bodenbauern, die von der Stufe uralt bäuerlicher Gemeinfreiheit zu städtebürgerlichen Freiheiten aufgestiegen waren.

Die Kulturgeschichte des Rheingaues lehrt uns, wie die Entwickelung eigenartiger Wirtschaftsformen im Mittelalter mit Rechten und Freiheiten des Volkes innig zusammenhängt; sie lehrt uns aber auch, daß die Sitten des Volkes nicht nivelliert, sondern im Gegenteil recht fest und scharf geprägt wurden durch das reichste Maß politischer Freiheit. Der Rheingau hatte und hat seine eigene Mundart, seinen besonderen charaktervollen Sittenkreis, seine auszeichnende politische Farbe, seine unterscheidende Bildungsatmosphäre. Wenig erbaut vom sozialen Konservatismus der Bauern, hat man auf liberaler Seite behaupten wollen, das treue Festhalten des Landvolkes an örtlich abgegrenzten Sitten, sei die Folge eines Stumpfsinnes, gezeugt von alter politischer Unfreiheit und Unterdrückung. Allein gerade die **freiesten** Bauernschaften an unsern nordischen Meeresküsten, wie in den Alpen und hier am Rheine sind auch in ihren Sitten die **originellsten** und ausdauerndsten gewesen; nur muß man freilich bei den Sitten noch etwas Tieferes denken als an Rock und Hosen und Hochzeiten und Leichenschmäuse. So haben auch nicht die landesherrlichen Städte, sondern die Reichsstädte, und unter diesen wieder hervorragend die mächtigsten, selbständigsten und reichsten, ein eigentümliches Sittengepräge des Bürgertumes bewahrt bis auf diesen Tag. Und wenn der Rheingau doch auch wieder mehr verloren hat von seinem ursprünglichen Volkscharakter, als z. B. die freien Bauernländer der Schweiz oder der Nordseemarschen, so geschah dies in jenen Jahrhunderten, welche ihm das alte Recht Stück für Stück raubten, und das halbstädtische Land rettungslos hinabzogen in den allgemeinen Verfall des deutschen Städtewesens.

V.

Eine geistliche Stadt.

(1866.)

Erstes Kapitel.

Einleitung.

1. Die Bischofsstadt Freising.

Eine geistliche Stadt — so nenne ich Freising. Damit ist freilich noch nicht viel Unterscheidendes gesagt; denn es gibt auch außerdem geistliche Städte genug in Deutschland und darunter größere und berühmtere. Allein eine geistlichere Stadt unter unsern geistlichen Städten gibt es schwerlich. Darum nehme ich jenes Beiwort hier im engen, gesteigerten Sinne und präge es dadurch zu einem unterscheidenden, für unsre Stadt besonders charakteristischen Worte.

Müßte man nicht heutzutage gar zart sprechen, so würde ich noch kürzer und stilvoller geschrieben haben: „eine Pfaffenstadt" in der guten Bedeutung des alten Sprachgebrauches.

Was Freising war und teilweise heute noch ist, das wurde es durch den Klerus. Freising ist berühmt in der deutschen Geschichte, aber doch nur durch seine Kirche und Schule, durch seine Bischöfe und geistlichen Gelehrten. Als Hauptstadt der Diöcese lag es vortrefflich; als Landeshauptstadt des Hochstiftes höchst ungünstig, am äußersten Nordsaume eines zersplitteten zum Teil weit entfernten Gebietes. Der Bischof konnte bequem seinen Sprengel beherrschen, aber die Stadt beherrschte kein Land. Der Freisinger Domberg ragt, auf viele Meilen sichtbar, weit über die endlose Ebene bis zu den fern aufschimmernden Alpen; die Stadt liegt versteckt hinter dem Berge. Volkreich, politisch groß, selbständig in der Macht des Bürgertums ist sie niemals geworden, sie besaß kein reiches Patriziat, keine trutzigen Zünfte, kein eigenartiges Gewerbe, keinen bedeutenden Handel, keine erhebliche Wehrkraft, und die Kriegsgeschichte Freisings ist überwiegend eine Leidensgeschichte.

Freising hat seine eigentümliche Rechtsentwickelung; sie wurde aber nicht, wie anderwärts, im Kriege gegen die Bischöfe und im Streben nach reichsstädtischer Selbständigkeit gewonnen, sondern auf friedlichem Wege und großenteils durch die Bischöfe.

Die klerikalen Einflüsse umschlangen und durchdrangen das bürgerliche Leben Freisings aller Orten. Und zwar gilt dies alles nicht bloß vom Mittelalter, sondern auch von den folgenden Jahrhunderten bis zur Säkularisation. Ja selbst auf unsre Zeit ist noch ein Schattenbild jener alten Zustände übergegangen, schattenhaft gegen sonst, aber doch deutlicher als bei fast irgend einer andern modernen weiland geistlichen Stadt.

2. Andre Bischofsstädte.

Ein Blick auf andre deutsche Bischofsstädte möge zeigen, daß ich nicht zu viel gesagt, indem ich Freising den besonders reinen und ausschließenden Typus der geistlichen Stadt beilege.

Das heilige Köln war neben seiner Heiligkeit zugleich auch Quartierstadt der Hansa, handelsmächtig, und wenn man im Mittelalter von den „Herren von Köln" sprach, so dachte man dabei nicht an die Geistlichen, sondern an die Kaufleute und Tuchmacher, welche sich wohl auch eines Kampfes mit dem Erzbischof getrauten. Trier, als älteste Stadt Deutschlands, blickte fast stolzer noch auf seine heidnische Urgeschichte als auf den Glanz seiner Bischöfe, es rang mit ihnen um reichsstädtische Freiheit, die es auch durch drei Jahrhunderte nahezu besessen hat. Das goldene Mainz, das deutsche Rom, stand an der Spitze des rheinischen Städtebundes, seine herausfordernd selbständige und lebenslustige Bürgerschaft war zur Zeit des Erzbischofs Siegfried so wenig wie in den Tagen der Klubbisten dem Klerus besonders

unterwürfig, und auch ohne die Residenz des vornehmsten geist
lichen Reichsfürsten würde Mainz doch immer als Rheinfeste und
Rheinhafen bedeutend gewesen sein.

Andre berühmte deutsche Bischofssitze sind berühmter noch
als Kaiserstädte, oder sonst hervorragende Schauplätze der Reichs=
geschichte, wie Speyer, Paderborn, Magdeburg, Halber=
stadt, Merseburg, Regensburg, Augsburg, wozu sich
meistens dann auch die politische Selbständigkeit der Stadt, Kämpfe
der Bürger mit den Bischöfen und eigene, mitunter überwiegende
Handels= und Gewerbemacht gesellen. Und obendrein sind alle
die eben genannten Städte schon im sechzehnten Jahrhundert ganz
oder teilweise protestantisch geworden.

Im deutschen Norden bietet wohl nur noch Münster eine
wirkliche Parallele zu Freising. Geistlich schon nach dem Sinne
seines Namens, trägt Münster in seiner baulichen Physiognomie
wie in seiner Geschichte entschieden das Gepräge der geistlichen
Hauptstadt. Allein eben diese Geschichte zeigt zugleich durch Jahr=
hunderte das Schauspiel des Ringens der Bürger nach reichs=
städtischen Rechten und nach Abschüttelung der landesherrlichen
Gewalt des Bischofs. Den endlichen Sieg gewann der Bischof
nach dem Siege über die Wiedertäuferei, bei welcher sich Münster
nicht eben ganz korrekt geistlich bewährt hatte. Münster ist zudem
nicht bloß als geistlicher, sondern überhaupt als städtischer Mittel=
punkt Westfalens bedeutend, dann als ein Sitz des westfälischen
Adels, dessen patrizische Häuser mit den klerikalen Gebäuden wett=
eifern; man würde Münster zu wenig thun, wollte man es schlecht=
weg eine geistliche Stadt nennen.

Im Gegensatze zu den bischöflichen Großstädten, welche alle
samt über die bloß geistliche Stadt hinausgewachsen sind und zu
den ehemaligen Bischofssitzen unsres protestantischen Nordens
gibt es nun allerdings einige Städte im katholischen Süd= und
Mitteldeutschland, die mit Freising im rein geistlichen Charakter
zu wetteifern scheinen: Salzburg, Passau, Eichstädt, Bam=
berg, Würzburg, Fulda.

Allein Salzburg hatte seine bürgerlichen und seine Reformationskämpfe, die Freising nicht kennt, Salzburg war als Landeshauptstadt eines Gebietes von 174 Quadratmeilen ein so hervorragendes politisches Zentrum, wie es Freising niemals werden konnte. Passau, das Donau-Koblenz, würde durch seine handelswichtige Festungslage auch dann einer der notwendigsten Städtepunkte Oberdeutschlands gewesen sein, wenn niemals ein Bischof dort gesessen hätte. Aehnlich Bamberg und Würzburg, zwei durch die Natur der Bodenplastik vorgezeichnete Städte, welchen der Keim selbständiger wirtschaftlicher Entwickelung für alle Zeit schon geographisch verbürgt ist. Nur Eichstädt und Fulda rücken dem Charakter Freisings sehr nahe: wo man sie überhaupt nennt unter den deutschen Städten, da thut man's wegen ihrer geistlichen Geschichte. Eichstädt ist aber doch nur ein Bischofssitz untergeordneteren historischen Ranges, und wenn Fulda in ältester Zeit Freising überragt durch seine klerikale Kulturmacht, so hat es dieselbe doch nicht so lange und andauernd zu steigern und bis nahe zur Gegenwart zu behaupten gewußt.

Man sieht aus alledem, daß ich das Beiwort „geistlich" bei Freising schon unterstreichen darf. Vielleicht drücke ich mich noch deutlicher aus durch den Vergleich mit einer slavischen Stadt, die gleichfalls eine unterstrichen geistliche ist, mit Gnesen. Diese Stadt der Kirchen versetzt uns sofort auf den Boden kirchlichen Lebens, so wie wir nur den Namen hören und mag wohl nahezu ein polnisches Freising sein. Und dennoch ist mir selbst Gnesen nicht ganz geistlich genug zur vollständigen Parallele. Die Krönungsstadt der polnischen Könige, weckt sie in dem Polen auch politisch-nationale Erinnerungen, und wenn in dem Nationalheiligtum ihres Domes der Leib des hl. Adalbert ruht und verehrt wird, so führt dieser Name zugleich auf die Adalbertsmesse, welche Gnesen periodisch wenigstens eine profane Handelswichtigkeit verleiht, wie sie Freising niemals besessen hat.

In dem Vorgesagten glaube ich aber nicht bloß mein Beiwort Freisings flüchtig erläutert, sondern auch angedeutet zu haben, was ich im Grunde will mit diesem Aufsatze. Ich will nichts weiter als eben dieses notwendige Beiwort rechtfertigen. Ich will weder eine Ortsbeschreibung noch eine Geschichte der Stadt geben, sondern lediglich die Charakterskizze einer geistlichen Stadt wie sie sich in Freising als dem reinsten Typus einer großen Gattung spiegelt. In Bayern weiß man trefflich Bescheid über Freising; auswärts kennen gelehrte Leute den Meichelbeck, allein Meichelbeck ist doch nicht Freising. Das überreich zu Tage liegende Material der freisingischen Schriften war mir übrigens nur Mittel zum Zweck. Mein Hauptstreben zielte, nationalökonomisch gesprochen, vielmehr auf Stoffverarbeitung als auf den Rohstoff. Das Einzelbild dieser Stadt sollte dem Leser unvermerkt als ein Gattungsbild aus dem Rahmen treten, nicht als ein Beitrag zur bayrischen Ortsgeschichte, sondern als eine Studie zur vergleichenden Kenntnis des deutschen Städtewesens.

3. Klerikale Litteraturquellen.

Der schulgerechte Autor stellt „Litteratur" an die Spitze seiner Abhandlung, das heißt ein Verzeichnis der Bücher und Handschriften, die er benutzt hat oder hätte benutzen sollen. Ich beginne hier gleichfalls mit Litteratur, aber nicht um meiner Arbeit einen gelehrten Strich zu geben, sondern weil die reiche freisingische Speziallitteratur in ihren bloßen Büchertiteln und Autornamen schon zum lebendigen Bilde wird und uns unmittelbar auf den geistlichen Boden versetzt, der die Stadt und ihre Geschichte trägt.

Im Bibliotheksaale bereits umweht uns geistliche Luft, so wie wir über Freising forschen; fast alle Hauptautoren von der ältesten bis zur neuesten Zeit sind Geistliche gewesen, und der Bibliothekar kann bei den meisten Schriften zur Geschichte Freisings in Verlegenheit geraten, ob er dieselben unter der Rubrik historia schlechthin in seinen Katalog eintragen oder sie zur historia ecclesiastica ausscheiden soll. Die umfassendste oder doch mindestens am sorgsamsten und selbständigsten gepflegte

Sammlung der Frisingensia befindet sich dementsprechend auch in geistlichem Besitze, in der domkapitel'schen Bibliothek zu München.

Eine Geschichte der Stadt Freising ist noch nicht geschrieben; um so fleißiger schrieb man die Geschichte der freisingischen Bischöfe. Wie ein Heiliger (Korbinian) das Bistum gründete (724) und ein andrer Heiliger (Bonifacius) dasselbe zu einem ständigen Bischofssitze erhob (739), so beginnt auch die Speziallitteratur Freisings mit einem Heiligenleben, der Biographie Korbinians von Aribo. An dem Faden der Biographie der Bischöfe spinnt sich die Geschichte Freisings weiter und aus der Perspektive des Domberges können wir dann gelegentlich auch die Entwickelung der Stadt beobachten. Ganz ähnlich findet sich's anderwärts bei den echten Residenzstädten weltlicher Fürsten. Nicht bloß die Geschichte, auch die Geschichtschreibung der Stadt wird von der Fürstengeschichte aufgesogen; in den Reichsstädten dagegen ist der fruchtbare Keimboden der bürgerlichen Städtechroniken.

Unter den Vertretern der historischen Litteratur Freisings erscheinen Bischöfe, Mönche, Domherren, Dompröpste, ein Domdechant, ein Kaplan, geistliche Professoren und Priester andrer Grade. Nun wäre es eben nichts Besonderes, wenn im früheren Mittelalter bloß Geistliche über diesen geistlichen Fürstensitz geschrieben hätten; allein auch zur Zeit der Renaissance (Veit Arenpeck und Joh. Freiberger) und im achtzehnten Jahrhundert (Meichelbeck) herrschen die geistlichen Federn. Ja man kann sagen, bis zur Säkularisation ist keine namhafte selbständige Schrift über Freising erschienen, die nicht entweder einen geistlichen Herren zum Verfasser hätte, oder in den wenigen Ausnahmefällen mindestens solche Laien, die wie Joachim Haberstock als Schulmeister, wie Georg Philipp Finkh als Kammerdiener, Rat und Sekretär, wie Joh. v. Prey als Hofkammerdirektor, oder wie Hoheneichner als Archivar in Brot und Würden des Bischofs standen. Auch nach der Säkularisation bis zur Gegenwart waren es überwiegend Geistliche, welche sich mit selbständigen Beiträgen zur Geschichte Freisings beschäftigten.

Die historische Litteratur Freisings gliedert sich sehr einfach in drei Perioden. Die erste geht vom achten bis zum fünfzehnten Jahrhundert und umfaßt lauter Bücher, welche nebenher Beiträge zur Geschichte von Freising liefern, obgleich ihr Hauptinhalt weder auf eine Geschichte der Stadt noch des Bistums gerichtet ist. Hierher gehört der Bischof Aribo (764–784) mit dem Leben des hl. Korbinian; der Mönch Kozroh mit seinem von 810–818 auf Befehl eines Bischofs (Hitto) verfaßten Schenkungsbuche, liber traditionum antiquus; Bischof Otto I. (1138–58) mit seiner Chronik und dem Buche de gestis Friderici primi; der Domherr Radevich (oder Ragewin) mit der Fortsetzung der letztgenannten Schrift; ein andrer freisingischer Domherr des zwölften Jahrhunderts, Conradus Sacrista, als Verfasser eines weiteren Schenkungsbuches (des vierten nach Meichelbeck), und endlich auch ein Laie, der Notar Ruprecht mit seinem Stadtrechtsbuch von 1328[1]). Ruprecht hat seine Ausnahmestellung als schreibender Laie in der geistlichen Stadt, wo sonst nur Kleriker die Feder führten, wie es scheint, selber empfunden: denn er sagt im Epilog des Buches:

„Es ist geschrieben aus aines laien mund:
„Ruprecht von Freysing ist er genannt!" ꝛc.

Doch war es in unserm Jahrhundert wiederum ein Geistlicher, Westenrieder, der die erste Ausgabe des Rechtsbuches besorgte[2]) und auf dessen wissenschaftliche Bedeutung aufmerksam gemacht hat[3]).

Die zweite Periode der freisingischen Geschichtsbeiträge geht vom fünfzehnten Jahrhundert bis zur Säkularisation: sie beginnt mit Veit Arnpeckh und gipfelt in Meichelbeck. In dieser Zeit herrschen die Chroniken oder Kataloge der Bischöfe von Freising. Die Lektüre dieser Chroniken mutet uns an wie der

---

[1]) Litteratur darüber bei Gengler, „Quellengesch. des in Bayern geltenden Privatrechtes".
[2]) München 1802 und in dessen „Beitr. z. vaterl. Gesch." Bd. VII.
[3]) Akad. Rede über das Rechtsbuch des Rupert v. Frei. 1802.

Gang durch eine Ahnengalerie: aus den chronologisch zusammengestellten Bildnissen der einzelnen Bischöfe spricht die Geschichte des Bistums. Zu diesen Bischofschronisten zählt im fünfzehnten Jahrhundert der bischöfliche Kaplan Veit Arnpeckh¹), im sechzehnten der Domherr Johannes Freiberger²), welchen sich aus diesem und dem folgenden Jahrhundert noch fünf weitere anonyme Autoren ähnlicher handschriftlicher Chroniken beigesellen³), die mit Ausnahme der Beiträge Finkhs wohl sämtlich auf klerikale Federn zurückweisen.

Solche biographische Verzeichnisse der Bischöfe wurden dann von Geistlichen, wie von dem Subprior Peter Kaindl, dem Kanonikus Schmidt, dem Benefiziaten Waltl († 1848) u. a., bis gegen die neueste Zeit geschrieben und der fürstbischöfliche Kammerdirektor Prey gab sogar die alphabetischen Biographien der Domherren!⁴)

Auch die Kunst half den Catalogus episcoporum darstellen. Joachim Haberstock setzte ihn in Verse, ich will nicht sagen in Poesie⁵), und im achtzehnten Jahrhundert wurde die Reihenfolge der Bischöfe für den „Fürstengang" (zwischen Schloß und Dom) gemalt nebst den Ansichten der wichtigsten Orte des hochstiftischen Landes und kurzen biographischen Aufschriften⁶). Dieser halb gemalte, halb geschriebene Catalogus reicht bis 1789. Für den letzten, nach der Säkularisation gestorbenen Bischof wäre nur noch notdürftig Platz gewesen, wenn man die zwei Bilder an der oberen Schmalseite eng zusammengerückt hätte, dann aber für keinen mehr; — es waltete also ein ähnliches Spiel des Zufalles wie bei den Kaiserbildern im Römer zu Frankfurt.

---

¹) De gestis episc. Frising. abgedr. in Deutingers Beitr. III.
²) Chron. episc. Frising. ecclesiae, abgedr. bei Deutinger I.
³) Beschrieben von Hoheneichner im Archiv der Gesellsch. f. ält. deutsche Geschichtskunde Bd. IV, und Deutinger I.
⁴) In einem handschriftl. Foliobande auf der k. Hofbibliothek zu München.
⁵) Episcopi Fris. elegiaco carmine, bei Deutinger I.
⁶) Abgedruckt bei Deutinger I.

Die alten Biographien der Bischöfe sind in Meichelbecks Historia Frisingensis zu einem großen Geschichtswerke empor gewachsen, welches, reich mit Urkunden belegt, vielfach über die Geschichte des Bistumes hinausgreift und nicht bloß einen örtlichen Leserkreis, sondern (laut des Titelblattes) den orbis eruditus ins Auge faßte. Meichelbeck, der Benediktiner und freisingische geistliche Rat, war nicht nur ein Geistlicher dem Stande nach, sondern auch nach seinem Standpunkte „strenger Kurialist". Er schrieb jenes Hauptwerk zur Verherrlichung eines geistlichen Doppeljubelfestes (1724) im Auftrage eines Bischofs (Johann Franz), welchem es auch gewidmet ist, und nicht bloß der Autor des trefflichen Buches, sondern selbst der Autor der vielen Fehler in den Abschriften der beigedruckten Urkunden (vgl. Karl Roth, „Oertlichkeiten des Bistums Freising") scheint ein Geistlicher, der Benediktiner Leonhard Hohenauer, gewesen zu sein. Die Biographie Meichelbecks, des berühmtesten Biographen der freisingischen Bischöfe († 1734), steht aber wiederum in einem geistlichen Buche, in dem Chronicon Benedictoburanum, herausgegeben 1753 auf Kosten des Benediktbeurner Klosters. Auch ist jener Bischof Johann Franz, wenn zwar nicht unter, doch neben den geistlichen Historikern Freisings mit Ehren zu nennen als eifriger Sammler, Ordner, Abschreiber und Retter von Urkunden und wegen seiner Randglossen zu mehreren handschriftlichen Chroniken der Bischöfe[1]).

Die dritte Periode freisingischer Geschichtslitteratur (im neunzehnten Jahrhundert) hat viel älteres Material gesichtet, veröffentlicht, vervollständigt, aber auch wesentlich Neues dazu gewonnen. So gab Baumgärtner, ein Geistlicher, den deutschen Auszug von Meichelbecks Geschichte neu heraus (1854) und führte die Chronik bis zur Gegenwart. Hoheneichner (weiland fürst-

---

[1]) S. Deutinger S. 7 und 9. Hier verdient auch der Kanonikus F. A. Schmidt als Verf. der Hauptmatrikel des Hochstiftes (1738–40) genannt zu werden.

bischöflicher Hofrat und Archivar) sammelte mannigfache monographische Beiträge. Vor allen aber machte sich Dompropst Martin v. Deutinger verdient durch den Abdruck so vieler älteren Quellenwerke in seinen „Beiträgen zur Geschichte ꝛc. des Erzbistums München und Freising" (1850 ff.) ¹). In diesem reichen Sammelwerke gab dann Gentner, ein Geistlicher, die Geschichte des Klosters Weihenstephan (Bd. VI S. 1—350), welche uns in immer weiterer geistlicher Perspektive wiederum auf eine eigene Mönchschronikenlitteratur zurückweist.

Nach zwei Seiten hat unsre Zeit aber auch neue Themen freisingischer Spezialforschung angeschlagen: in der Kunst- und Rechtsgeschichte.

Zwei Geistliche, der Domdechant v. Heckenstaller ²) und der Exbenediktiner Gandershofer ³) erinnerten zuerst wieder in besonderen Schriften an die hohe monumentale Bedeutung des Freisinger Domes. (Heckenstaller, der in seiner Vielgeschäftigkeit als Kleriker, Architekt, Wasserbaukommissär, Archivar, Schriftsteller und Kunstdilettant uns schon persönlich so recht in das gemütliche Treiben einer kleinen geistlichen Residenzstadt versetzt, hat dann auch wieder einen geistlichen Biographen gefunden in dem Domkapitular Schwabel⁴). Was Heckenstaller und Gandershofer nur erst angeregt, das führte ein dritter Geistlicher aus, Professor Sighart: er gab uns umfassende Kunde von sämtlichen Kunstschätzen Freisings und sicherte ihnen die gebührende Stelle in der bayrischen und deutschen Kunstgeschichte⁵). Selbst

---

¹) Auch D.s Herausgabe der älteren Matrikeln des Bistums F., 1849 und 1850, ist hier zu erwähnen.

²) Dissertatio historica de antiquitate.... cathedralis Frising., 1824.

³) Denkwürdigkeiten der Domkirche zu Freising, 1824.

⁴) Lebensskizze ꝛc. Heckenstallers, 1833.

⁵) Der Dom zu Freising, 1852. Mittelalt. Kunst in der Erzdiöcese München-Freising, 1855. Geschichte der bildenden Künste in Bayern, 2 Bde., 1862.

sehr bedeutende auswärtige Forscher hatten bis dahin wenig Notiz genommen von den Denkmalen unsrer Stadt; beispielsweise ist in der ersten Auflage von Kuglers Kunstgeschichte (1841), die sonst so fleißig dem einzelsten nachspürt, nicht einmal der Name Freisings genannt.

Bei den rechtsgeschichtlichen Studien aus der freisingischen Geschichte treten nun freilich überwiegend juristische Schriftsteller in den Vordergrund, v. Maurer, Häberlin, Gengler, Föringer u. a. Allein Häberlins „Systematische Bearbeitung der in Meichelbecks Historia Frisingensis enthaltenen Urkundensammlung" ist wenigstens, wie schon der Titel besagt, durchaus auf das urkundliche Material des gelehrten Benediktiners gebaut, und jene Schriften bieten überhaupt vielmehr Beiträge zur deutschen Rechtsgeschichte aus freisingischen Quellen, als Beiträge zur Geschichte Freisings.

Ich könnte meinen Hinweis auf die weit überwiegende Beisteuer geistlicher Federn zur freisingischen Speziallitteratur noch weiter ausspinnen. Schrieb doch sogar ein Geistlicher (Sighart) ein freisingisches „Eisenbahnbüchlein", als die bayrische Ostbahn eröffnet wurde. Schwerlich dürfte eine andre deutsche Stadt ein ähnliches Eisenbahnbuch besitzen, denn es belehrt nicht etwa über die besten Wirtshäuser, sondern über die Kirchen- und Kunstdenkmale in Freising und längs der nächsten Bahnstrecken von den Kirchen in Feldmoching und Milbertshofen bis zum Dome hinauf.

Man ersieht aus alledem: der gelehrte Berg von freisingischen Geschichtsbüchern ist fast durchaus ein geistlicher Berg, so gut wie der wirkliche „gelehrte Berg", welcher Schloß und Dom trägt, und die trockene Ueberschau bloßer Büchertitel wird an sich schon zu einem kulturgeschichtlichen Bilde, darin sich die geistliche Physiognomie der alten und neuen Stadt in klaren Zügen spiegelt.

Zweites Kapitel.

Der Freisinger Domberg.

Das alte Freising liegt hinter dem Domberg und neben dem Klosterberg von Weihenstephan. Es wird im Nordosten und Südwesten von drei Klöstern in der Flanke gepackt, von Neustift, Weihenstephan und St. Veit, und gegen Süden steht ihm der Domberg vor der Nase. Nur den Rücken — nordwestlich — hatte die Stadt frei; dort grenzt keine dominierende geistliche Besitzung. Dort öffnet sich aber auch keine große Verkehrsbahn: von Südwest nach Nordost flutete das Leben, nach Nordwest trägt man die Toten schon seit dreihundert Jahren zur Ruhe. Hier, an der Rückseite der Stadt, öffnete sich kein Hauptthor, hier drängten sich viele kleine Häuser und unbedeutende Straßen an die Mauer, und eine lange Zeile neuer Tagelöhnerhäuschen, welche seit einigen Jahren über den alten Stadtbering hinausgewachsen sind, bezeugt uns, daß auch heute noch auf dieser Seite die Stadt zum Lande übergeht.

Das weithin sichtbare landschaftliche Wahrzeichen Freisings sind die zwei geistlichen Berge: Weihenstephan und der Domberg. Beide sind sehr mäßig hoch, der eine erhebt sich nur 152, der andre nur 100 Pariser Fuß über den Isarspiegel, allein beide herrschen, nicht nur weil sie die höchsten Punkte sind, sondern weil sie zugleich mit ihren breiten, langgestreckten Rücken für feste, abgeschlossene und ausgedehnte Besiedelung Raum boten. Welches ganz andre Gesicht würde die Stadt gewonnen haben, wenn sie sich, statt in eine Thalenge geklemmt zu bleiben, über den Domberg und gegen die Höhe von Weihenstephan hinauf ausgebreitet hätte; allein wie ganz anders müßte auch die Geschichte Freisings gewesen sein, damit dieses hätte geschehen können!

Ein jeder der beiden Berge hat seine Vorzüge und beim abwägenden Vergleichen ihrer Lage thut einem die Wahl wehe. Doch haben die Bischöfe klug gewählt, als sie sich auf dem Berge festsetzten, welcher die natürlichen Straßenlinien zu Wasser und zu Land und folglich die Stadt beherrscht, und die Mönche, als sie die Höhe behielten, welche für Garten und Feld und also auch für die Herrschaft über das umliegende Kulturland den günstigen Raum bot.

Die größten und reichsten Erinnerungen der Sage und Geschichte ruhen nicht auf dem Thale, auf der Stadt Freising, sie haften an den beiden Bergen. Dort hinauf blicken wir zuerst beim Aufsuchen von Römerspuren wie von sagenhaften oder historischen Zügen aus der Zeit des Frankenkönigs Pipin oder der alten bayrischen Herzoge. Das Wirken Korbinians in Freising bewegt sich wesentlich zwischen den beiden Höhen und der Weg, welchen er zur Gründung des Bischofssitzes genommen, ist auch örtlich bezeichnet durch den Weg, welcher sich vom östlichen Rücken des Weihenstephaner Berges hinüber zum Domberge zieht, gleich einer Reihe von Stationen mit Erinnerungsmalen seines Namens geschmückt. So stehet auch der Baum, an dessen Grünen oder Absterben der Volksmund Gedeihen oder Untergang der Stadt Freising knüpft, die uralte Korbiniansinde, nicht unten bei der Stadt, sondern auf dem Osthange des Weihenstephaner Berges. Im Jahre 1865 ist die Linde ausgebrannt und man gab sie schon verloren, aber im selben Jahre fingen die geretteten Aeste auf dem inwendig verkohlten Stammesrumpfe dennoch wieder zu grünen an, und man will selbst die damals herabgestürzten Holzstücke in einem andern Sinne dauernd lebendig erhalten, indem man Statuen des hl. Korbinian daraus zu schnitzen gedenkt.

Seit dem achten Jahrhundert und dann durchs ganze Mittelalter und herauf bis zur Gegenwart sind die beiden Berge überwiegend die Träger der historischen Bedeutung Freisings, und zwar ging auch die Geschichte denselben Weg, wie der hl. Korbinian: sie zog von Weihenstephan mehr und mehr zum Domberge als der geschichtlich steigend wichtigeren Höhe. Wie aber Korbinian auf jedem der beiden Berge bereits eine Kirche vorfand[1]), so sollen die zwei Berge sogar in germanischer Urzeit schon eine Art geistlicher Berge gewesen sein. Wenigstens nach einer sprachlichen Hypothese, von der ich durchaus nicht behaupten will, daß sie stichhaltig sei; ich wünsche nur, sie wäre stichhaltig. Jedenfalls ist sie Wasser auf meine Mühle und nicht schlechter als viele andre. Weihenstephan hieß ursprünglich Tetmons, das erklärt man für den Berg des Teut und Freising soll von einer Kultusstätte der Freya auf dem Domberge seinen Namen tragen[2]). Jedenfalls hat der Name Freisings mit oder ohne Freya einen alten geistlichen Klang. Das bedachten sogar die Freisinger Illuminaten des achtzehnten Jahrhunderts, welche Freising „Theben" nannten, die Stadt der Osiris, die Stadt der Priester, der Tempel und der Gräber — an der Mosach.

Uebrigens gibt es eine noch viel wunderlichere Deutung des Namens Freising als von der Göttin Freya. Nach dem oft citierten Ausspruche des Aeneas Sylvius, welcher auf eine Stelle im Leben des hl. Maximilian zurückführt, hätten die Römer den Ort Fruxinium oder Frixinia genannt von seiner fruchtbaren Lage[3]). Nun hat diese Fruxinia scheinbar gar nichts zu schaffen mit dem geistlichen Berge, von welchem ich hier handeln will, dennoch führt auch sie mich auf denselben, wie man in Freising

---

[1]) Vita S. Corb. bei Meichelbeck I.

[2]) Letzteres bei Sighart, Dom zu F. Tetmons wird in vielen Büchern als Berg des Teut erklärt. Schmeller gibt die ohne Zweifel beste Ableitung des Namens Freising von dem Eigennamen „Frigiso".

[3]) Eine andre Auslegung dieser alten Namensformen bei Meichelbeck I.

eben immer wieder auf den Berg geführt wird. Der Eindruck
der Fruchtbarkeit ist bei der Freisinger Landschaft doch nicht gerade
so überwältigend, daß man aus demselben den Charakternamen
des Ortes schöpfen möchte, allein die beiden geistlichen Berge
schmückt allerdings eine ausgezeichnete Fruchtbarkeit und uralt hohe
Kultur des Bodens. Die Südseite des Domberges war früher
großenteils ein Weingarten, welcher am Fuße des Abhangs in
Obst-, Gemüse- und Blumengärten überging. Dieser freisingische
Weinbau ist bereits vom hl. Korbinian begründet worden und
folglich die Rebenkultur an unsern Isarhöhen um volle hundert
Jahre früher historisch beglaubigt als bei irgend einer der hoch-
berühmten Lagen des Rheingaues. Wäre es aber nicht gerade
ein Heiliger gewesen, der hier die ersten Reben gepflanzt und ein
Bischof Aribo — welcher ihm das Zeugnis darüber ausgestellt
hat, so würden wir vom freisingischen Weinbau des achten Jahrhunderts vermutlich ebensowenig wissen wie vom rheingauischen.
Obgleich nun der Weinberg, auf Merians Bild von 1642 noch
sichtbar[1]), längst verschwunden ist, so breitet sich doch noch immer
ein äußerst fruchtbares Gartenland über einen Teil des Domberges
und an den sonnigen Mauern der obersten Terrasse reift neben
der Traube sogar die Feige, trotz der absoluten Höhe von 1471
Pariser Fuß. Wer also etwa geradenwegs durchs Erdinger Moos
oder über die Garchinger Heide hierhergegangen ist, dem mag es
da droben schon nach Fruxinia aussehen. Ähnlich bei Weihenstephan, wo das hochkultivierte Staatsgut der landwirtschaftlichen
Schule als das eigentlich moderne Fruxinium aus dem alten
Klostergute erwachsen ist.

Der Domberg überragt aber die zu Füßen liegende Stadt
und ihr Gebiet nicht bloß durch seine Fruchtbarkeit, sondern auch

---

[1]) Merian, Topogr. Bav. S. 20 ff. druckt eine ihm aus Bayern
zugesandte Beschreibung F.s ab, die weit brauchbarer ist, als die meisten
seiner übrigen Texte. Auch die zwei Ansichten F.s sind gut gezeichnet:
Das älteste vorhandene Bild der Stadt soll von 1520 sein.

durch seine Festigkeit. Er ist ihre Burg, ihre Citadelle, und eine Citadelle taugt nach Umständen bekanntlich ebensogut, eine Stadt zu zügeln als sie zu verteidigen.

Das alte Freising war nicht besonders fest, Mauer und Graben waren sehr einfach und klein, die fünf Thortürme unbedeutend; selbst der relativ stärkste Turm des Mohrenthores (gegen Neustift, jetzt abgebrochen) hatte keine Vor- oder Seitenwerke, der Turm des Münchener Thores, welcher mit seinem zierlich durchbrochenen Treppengiebel noch heute den Eingang der Stadt schmückt, sieht mehr wie ein artiger Dekorationsbau aus, als wie ein Festungswerk. (Beiläufig bemerkt soll es zunächst der Fürsprache eines Geistlichen vom Domberge zu danken sein, daß dieser malerische Turm nicht unlängst abgebrochen wurde.)

Um so fester als jene Stadtmauern stand der Domberg über der Stadt. Ringsum steil abfallend, war er nur von Osten durch einen Fahrweg zugänglich, von Westen durch einen steilen Reitweg (beide durch stattliche Thortürme auf der Mitte des Berges geschlossen), von Süden durch einen leicht zu sperrenden Fußsteig. Im Süden bot schon am Fuße die Mosach eine natürliche Deckung, im Osten Mosach und Isar; die westliche und östliche Höhe des Berges war mit Verteidigungstürmen bekrönt, von welchen eine hohe Mauer zum Münchener Thore heruntezog, und noch fünf bis sechs andre Mauern stiegen vom Plateau in Querlinien zum Thale nieder. Die Domherrnhäuser auf der zur Stadt gekehrten Rückseite sahen im siebzehnten Jahrhundert zum Teile selbst noch festungsartig ins Thal hinab: auf hohen fensterlosen Untermauern erhoben sich mehrere derselben am Abhange, turmartig aufsteigend, und wehrten das Eindringen quer den Berg herauf so gut wie ein förmliches Verteidigungswerk. Am südlichen Rande des Plateaus aber war Dom und Schloß durch eine besondere Mauer mit Türmchen gegen einen etwa den Weinberg heranstürmenden Feind geschützt. Der Domberg erscheint demgemäß als eine selbständige Feste, von der Stadt durch Mauern und Thore abgeschlossen, und der Umstand, daß sich auf dem Berge

nicht bloß geleitetes Wasser befand, sondern für den Notfall auch
eigenes Quellwasser, machte seine Stärke noch unabhängiger.

Wie aber der Domberg gleich einer Burg über der Stadt
thronte, so war auf dieser großen Feste eine engere Burg noch
einmal besonders befestigt, das Schloß der Fürstbischöfe, durch
Mauer und tiefen Graben. Als man 1861 die Röhren zur Gas=
leitung legte, sollen deutliche Spuren dieser mittelaltrigen inneren
Befestigung wieder aufgefunden worden sein.

Und nicht bloß militärisch war der Domberg von der Stadt
abgeschlossen, sondern auch sozial. Bischof Otto I., der große
Geschichtschreiber, verfügte bei seiner Erneuerung der Regeln des
Domstiftes, daß kein Laie innerhalb der beiden Thore des Dom=
berges wohnen solle. Der ummauerte Berg glich also fast einem
großen festen Kloster, wie denn auch zur Zeit des hl. Korbinian
ein wirkliches Kloster der älteste Kern seiner weiteren geistlichen
Besiedelung gewesen ist.

Schon durch diese Eigentümlichkeiten der Lage findet die
geistliche Burg des Domberges in Deutschland schwerlich ihres=
gleichen. In andern deutschen Bischofsstädten hatten zwar auch
die geistlichen Herren ihr fest begrenztes Quartier; allein der
Bischofssitz als Krystallisationskern der ringsum anschließenden
Stadtteile, verliert entweder später seine uralte Absonderung, oder
der Fürstenhof des Bischofs übersiedelt wohl gar aus der früheren
burglichen Abgeschiedenheit in die Stadt. Letzteres geschah z. B.
in Würzburg, dessen Marienberg als Residenz der Bischöfe seit
dem dreizehnten Jahrhundert manche Aehnlichkeit mit dem Frei=
singer Domberge bietet. Der Würzburger Dom aber liegt unten
in der Stadt und im achtzehnten Jahrhundert baute auch der
Bischof da drunten sein neues Schloß. In Freising vermochte
sich weder der Domberg mit der Stadt zu verschmelzen, noch konnte
die Stadt den Bischofssitz vom Berge herabziehen.

Einziger noch als durch diesen Umstand erscheint uns jedoch
die Stätte des Domberges, wenn wir erwägen, was alles inner=
halb ihrer zwei Thore lag.

Auch ein Berg (oder eine Stadt) kann seine aerugo nobilis haben, seinen edeln Altersrost, so gut wie ein Erzbild. Diese aerugo ist der tiefe Trümmerschutt, welcher jetzt die oberste Bodendecke des Domberg-Plateaus bildet. Neuere Erdarbeiten zeigten, daß der Schutt stellenweise bis acht Fuß hinabsteige, und in dieser Tiefe fand man römische Münzen; drei Fuß unter dem Boden aber mittelaltrige (brandenburgische und kölnische) Goldmünzen des fünfzehnten, Silbermünzen des sechzehnten Jahrhunderts. Von Münzfunden in der Stadt ist mir nichts bekannt, dagegen erzählte mir Professor Sighart, dem ich die vorstehende Notiz verdanke, von einer Menge Spielmarken des Mittelalters, welche dort in alten Häusern gefunden worden seien. Also droben bei den geistlichen Herren die Dukaten, unten bei den Bürgern die Rechenpfennige.

Ueber jenem Schutt, den der zerstörende Gang der Jahrhunderte auf dem Domberge gehäuft, erhebt sich nun der Dom mit andern Kirchen, das Schloß, die alten Domherrnhäuser und sonst noch genug Gebäude, alle einstmals den Bedürfnissen der geistlichen Kolonie gewidmet. Am merkwürdigsten ist die Ueberzahl der Kirchen, wie sie vordem, dichtgeschart, der enge Raum umschloß. Vor der Säkularisation zählte man nicht weniger als vierzehn Kirchen und Kapellen da droben: den Dom, St. Benedikt, St. Johannes, St. Peter, St. Andreas, St. Martin, St. Salvator, dann die bischöfliche Hauskapelle und die Kapellen in der Domdechantei, in der Dompropstei, im Propsteigebäude von St. Andreas, im Lerchenfeldhof, Colonnahof und Waldkirchhof. Man wird schwerlich einen zweiten Ort in Deutschland finden, wo so viele Kultusstätten auf so kleiner Fläche zusammengedrängt waren und trotz des Abbruches einzelner Kirchen auch heute noch sind.

Auf dem Domberge bestanden vier Kanonikate: beim Dom, St. Paul, St. Johannes und St. Andreas. Seltsam genug aber hauste inmitten all des wimmelnden geistlichen Lebens sogar auch ein Einsiedler, ein Seitenstück zu den neun Einsiedlern, die bei Schleißheim je ein paar Büchsenschüsse voneinander saßen.

Rechnet man zu den Kirchen des Domberges noch die drei Kirchen von Neustift, dann die sieben Kirchen an und auf der Höhe von Weihenstephan (die Klosterkirche, St. Jakob, St. Veit, die Abteikapelle, die Magdalenenkapelle, die Korbinianskapelle und die Frauenkapelle) und endlich die Kirchen der Stadt (St. Georg, die Kirche des Franziskanerklosters, des hl. Geistspitals, die Gottesackerkirche, die Münchenerkapelle u. a.) — so kommt über ein Viertelhundert heraus, und es begreift sich, wie das turmreiche Freising auf alten Bildern so ganz anders dreinschaut als sonst jene mittelaltrigen Städte, bei welchen die Festungstürme mit den Kirchtürmen wetteifern, ja sie an Masse überbieten, während Freisings unansehnliche Thor- und Mauertürmchen von der Schar großer und kleiner Kirchturmspitzen tief in Schatten gestellt sind. Schon von fernher verkündete sich dem Auge die geistliche Stadt.

Die Säkularisation von 1803 trachtete bei Freising vor allen Dingen den Charakter der geistlichen Fürstenstadt zu verwischen; sie wandte darum ihren Zerstörungseifer folgerecht besonders scharf gegen die beiden Berge Weihenstephan und den Domberg. Wer es nicht weiß, der sieht dem Berge des hl. Stephan jetzt nicht entfernt mehr an, daß dort einmal zwei Klöster mit so vielen Kirchen und Kapellen gestanden haben; alle Bauwerke von irgend kirchlichem Charakter sind entweder abgebrochen oder umgebaut. Auch auf dem Domberge wurde beträchtlich aufgeräumt. Man nannte ihn damals lieber den „Residenzberg"; Dom klang zu dumpf und dunkel. Wo früher die Andreaskirche stand, wird jetzt Wäsche getrocknet, die Stätte der Peterskirche bezeichnet ein Kreuz, die Johannes- und Martinskirche wurden in Magazine verwandelt und auch der Abbruch der Domkirche beantragt wegen vorgeblicher Baufälligkeit. Den ersten Anstoß zu ihrer Rettung gab ein französischer Dragoneroberst, welcher im Jahre 1805 den längst geschlossenen Dom als den besten Platz erkannte, um eine Kirchenparade zum Geburtsfeste des Kaisers Napoleon abzuhalten[1]).

---

[1]) Baumgärtner S. 383.

Mit dem Verschwinden des Domes würde die Physiognomie von Freising in der That ganz anders, das heißt höchst charakterlos geworden sein.

Nicht dies aber ist zum verwundern, daß so viel zerstört wurde auf dem Domberg, sondern daß man so viel übrig gelassen hat. Obgleich kein Bischof mehr da droben sitzt und keine Domherren, kein geistlicher Hofstaat und kein Einsiedler, obgleich längst schon Laien genug innerhalb der beiden Thore wohnen, so ist der Domberg doch auch heute noch ein geistlicher Berg. Er beherrscht nicht mehr die Stadt, aber auf seiner Höhe herrschen wenigstens sozial die Geistlichen, und durch den Domberg behauptet Freising einen entschieden geistlichen Zug, wenn man es auch nicht mehr schlechthin eine geistliche Stadt nennen kann. Man darf auch noch von dem „gelehrten" Berge sprechen wegen der vielen geistlichen Lehranstalten (Klerikalseminar, Knabenseminar, Lyceum, Schullehrerseminar), die auf seiner engen Fläche vereinigt liegen gleichsam als die letzten Absenker der uralten Domschule. Ist er auch nicht mehr ein gelehrter Berg fürs Römische Reich wie zu den Zeiten Ottos, so ist er doch ein gelehrter Berg für Freising und Altbayern.

Viel Geistliches ist seit der Säkularisation wieder restauriert worden auf dem Domberge. Man hatte zeitweilig Kürassiere hinauf gelegt und das Landgericht und das Taubstummeninstitut. Allein das alles haftete nicht an dem Berge; die Geistlichen behielten zuletzt doch die Oberhand. Auch die äußerlichen Verwüstungsspuren der Säkularisation wurden möglichst wieder ausgeglättet. Die Altäre erhielten aufs neue ihren verlorenen Schmuck, die aus den Kirchen genommenen Reliquien wurden bei einem eigenen „Reliquienfest" 1828 wieder in den Dom zurückgebracht, die gotische Johanneskirche, nachdem sie fast vierzig Jahre als Magazin gedient, sorgsam wiederhergestellt, und wenn auch in der Martinskirche kein Gottesdienst mehr gehalten wird, so ist sie dafür seit etlichen Jahren ein Diöcesanmuseum kirchlicher Kunstaltertümer geworden, gesammelt von einem Geistlichen

(Sighart) und zunächst fruchtbar für den Unterricht der Klerikal=
alumnen des geistlichen Berges.

Von dem Klerus erhielt Freising sein monumentales Ge=
präge; einzelnen Geistlichen haben wir aber auch die Bewahrung
dieses Gepräges in baulustiger wie in zerstörungslustiger Zeit
ganz besonders zu danken. Als Bischof Albert I. im Jahre 1159
den neuen Dombau unternahm, ließ er den zweiten Fassaden=
turm in der gleichen schmucklosen Einfachheit, wie den damals
fast zweihundertjährigen Nachbarn, den turris regalis aufführen,
während man anderswo doch eher den alten Turm modernisiert
als den neuen altertümelnd nachgebildet hätte. Solche historische
Pietät im schöpferischen und schaffenslustigen zwölften Jahrhundert
ist gewiß höchst selten; noch unerhörter aber ist wohl, daß Jo=
hann Franz, derselbe Bischof, welcher 90 000 Gulden daransetzte,
um die Innenwände des Domes in Stucco und Fresko zu ver=
zopfen, doch den Aufbau der uralten Turme nicht antasten ließ,
vielmehr seinem Kapitel gegenüber die Restauration der Turm=
pyramiden im altromanisch einfachen Stile durchsetzte. Und dies
geschah 1721, als die Verballhornungswut der Zopfkunst auf
ihrem Höhepunkte stand [1]).

Zu den Männern, welche unersetzliche Kunstaltertümer aus
der Sturmflut der Säkularisation retteten, zählt vor allen der
Domdechant Hedenstaller und der Priesterhausdirektor Dr. Zarbl,
welcher im Verein mit den Münchener Künstlern Gartner und
Ludw. Schwanthaler die ersten Gedanken und Pläne zur Restau=
ration des Domes anregte und viele bedeutende Altertümer
(z. B. die alten Wandgemälde des Langschiffes, die berühmte
hölzerne Monstranz u. a.) wieder entdeckte, behütete und wieder
herstellen ließ. In ähnlichem Geiste wirkte nachgehends Professor
Sighart; er hat nicht wenige verschüttete Kunstaltertümer Freisings
wieder ans Licht gezogen und geordnet, anderes vor Zerstörung
bewahrt.

---

[1]) S. Hedenstaller, Dissertatio de ecclesiatheca Fr.

Ohne das treue Walten solcher Kunst- und Geschichtsfreunde vom Domberge würde Freising gewiß nicht entfernt mehr jenes charaktervolle Bild der alten geistlichen Stadt bieten, wodurch es jetzt den Gebildeten fesselt. Denn auch hier wühlten Leute genug, die, wie König Ludwig I. vordem so treffend in Sachen Nürnbergs sprach, nicht eher ruhen wollten, als bis sie alles so platt gemacht hätten wie ihre eigenen Schädel.

Drittes Kapitel.

Die Stadt hinter dem Domberge.

1. Häuser und Straßen.

Ich verlasse den Berg und steige zur Stadt herunter.

Wer sich in die ältere Geschichte der geistlichen Kolonie auf dem Domberge vertieft, der kann bedeutende Thatsachen in großen Zügen malen. Wer aber die Abhängigkeit der Stadt vom Domberge schildern will, der arbeitet ins Kleine; denn er hat eben nicht sowohl zu verzeichnen, was Großes geschehen ist, als was nicht geschehen konnte infolge der einseitigen Entwickelung der Stadt. Der Domberg heischt historischen Stil, die Stadt Genrestil, und der Humor der Thatsachen muß hier nicht selten schadlos halten für einen höheren Gedankenzug, welcher im Stoffe nicht vorbedingt ist.

Bei einem Gange durch die Straßen drängen sich uns überall Erinnerungszeichen der geistlichen Vergangenheit entgegen; die Erinnerungszeichen des alten Bürgertums müssen wir aufsuchen, finden aber nicht gar viel.

Gleich am Thore das Stadtwappen borgt sein Wappenbild von der Legende, in dem Bären des hl. Korbinian.

Freising hat, wie fast jede deutsche Stadt, verschiedene Wahrzeichen. Sie charakterisieren sich sämtlich durch einen geistlichen Anklang. Im vorigen Jahrhunderte sagte man: „Wer in Freising keine Glocke gehört und keinen Pfaffen gesehen hat, der darf nicht sagen, daß er dort gewesen." Die Korbinians=

linde, der Schicksalsbaum der Stadt, ist von einem Heiligen ge=
pflanzt, ein geistlicher Baum. Als drittes Wahrzeichen zeigt man
in Freising einen weißen Mohren. Er steht, ein monumentaler
Thürhüter, im Eingange des fürstbischöflichen Schlosses und hat
diesen Ehrenplatz ohne Zweifel dem gekrönten Mohrenkopfe im
Wappen des Domkapitels zu danken. Eine, wie mir scheint
etwas apokryphe, Sage führt diesen Mohrenkopf auf den Bischof
Nitger oder Nizo (1039—1052) zurück, dessen Namen man in
Niger latinisiert haben soll. Aus dem echt deutschen „Nitger"
einen Neger zu machen, sieht allerdings einem weißen Mohren
ähnlich. Uebrigens zählt Nitger nicht wegen seiner Hautfarbe,
sondern als Gegner des Papstes Leo IX. zu den schwarzen Bi=
schöfen, und da er überdies ein böses Ende nahm, ist es doch
nicht gerade wahrscheinlich, daß man sein Andenken im bischöf=
lichen Wappen verewigte. Man dürfte also den Ursprung der
Mohrenköpfe und des weißen Mohren anderswo zu suchen haben.
Eher als auf Nitger wäre wohl auf seinen Gönner, den Kaiser
Heinrich III. oder Schwarzen zu schließen, der alle Schenkungen,
Rechte und Freiheiten der Freisinger Kirche bestätigte. Allein auch
diese Erklärung wäre doch nur ein Spiel der historischen Phantasie
ohne feste Beweispunkte.

Freising hat — innerhalb seiner Mauern — zwei Denk=
male: die Mariensäule bei der Stadtkirche, von Bischof Albert
Sigismund (1651—85) errichtet, und das neue Standbild des
großen Bischofs Otto, durch welches die ehemals profane Roß=
schwemme vor dem Dome jetzt auch geistlich geweiht worden ist.
Ein kleinerer Denkstein mit bloßen Namensinschriften am west=
lichen Aufgange des Domberges bezieht sich auf fast lauter geist=
liche Herren, wie auch die meisten modernen Gedenktafeln an
alten Häusern der Stadt. Die nicht geistlichen Monumente König
Max Josephs und des letzten Grafen von Abensberg stehen durch
ein Spiel des Zufalls beide vor dem Thore.

Den Kern der Stadt bildet die sogenannte „Hauptstraße",
welche sich vom Veitsthore herüber dem Fuße des Domberges

entlang zieht, zugleich aber auch die Richtung der wichtigsten Verkehrsader Freisings, den Weg von München nach Landshut bezeichnet. Wer durch die Hauptstraße gewandert ist, der hat so ziemlich die Stadt gesehen. Abgesehen von den lithographischen Katasterblättern ist ein Plan der heutigen Stadt meines Wissens nicht veröffentlicht; die Straßenzüge sind auch so einfach und so kurz beisammen, daß man dessen kaum bedarf. Und wer die heutigen Straßen kennt, der kann sich auch ganz leicht ein Bild des mittelaltrigen Freisings machen; im wesentlichen ist hier wenig verändert: die geistliche Stadt war konservativ oder stabil, wie man will.

Ein socialer Aufbau der Stadtteile, welcher uns vergönnte, die alte Gliederung der Bürgerschaft schon in den Quartieren und Straßengruppen zu verfolgen (wie etwa in Augsburg), hat sich nicht durchgebildet. Auch die Namen der Straßen und Plätze sind nicht entfernt so charaktervoll und lehrreich wie in andern alten Städten. Insbesondere fehlen jene vom zünftischen Beisammenwohnen der Handwerker entsprungenen Straßennamen, die anderswo neben dem örtlichen Sitz auch die Macht der einzelnen Gewerbe monumental bekunden. Man ersieht diesen Mangel leicht aus dem folgenden Verzeichnis der wichtigsten alten Platz und Straßennamen Freisings: die weiße Lucke, am Worth, am Pühel, in der Waizen, auf der Herrenbruck; der Graben, Burggraben, Parthof, Rindermarkt, der Pacherbeunt, wo der Nachrichter ist, und am Pacherl bei St. Jörg, am Gries, am Mornbach; dann die Ziegelgasse, Spitalgasse, Kirchgasse, Fischergasse ꝛc. Im Jahre 1610 wurde nach Meichelbeck der Stadtteil, wo das Franziskanerkloster steht, „Thaber" genannt, ein längst verschollener Name. Statt besonders benannter Stadtviertel begnügte man sich wohl mit der Gliederung in die drei Pfarreien St. Georg, St. Andreas und St. Veit.

Von mittelaltrigen Hausnamen wurden mir bei Bürgerhäusern nur der „Krebsfischer" und der „Hasüber" bezeichnet. Letzteres, ein Bräuanwesen, erscheint in einer Cessionsurkunde von

1536 im Besitze der Bürger Sigmund Hasüber und Georg Loth. Daher der Name. Auch die vier Mühlen Freisings bewahren heute noch ihren mittelaltrigen Namen.

Gegenüber diesen kaum erwähnenswerten Ueberresten bürgerlicher Hausnamen haben sich die Namen geistlicher Herren viel zahlreicher und dauernder an ehemals geistliche Gebäude geheftet. Freising besitzt keine alten Patrizierhäuser, wohl aber an ihrer Statt seine Domherrnhöfe, bis auf diesen Tag nach den Familiennamen einzelner Domherren genannt: den Colonnahof, Wernerhof, Waldkirchhof, Lehrbachhof, Lerchenfeldhof, Danzer- und Heckenstallerhof.

Architektonisch merkwürdige Privatbauten aus älterer Zeit finden sich nur wenige, wie etwa die gotische Apotheke und das Seelnonnenhaus. (Wobei ich für fremde Leser bemerke, daß letzteres Haus kein Kloster ist und Seelnonnen keine Nonnen sind, sondern Leichenfrauen, wie der Seelmönch ein Leichenbesorger, und kann also ein Seelmönch um so füglicher eine Seelnonne heiraten, da eines nicht vor dem Handwerk des andern zu erschrecken braucht.) In einer so geistlichen Stadt wie Freising wird gegenwärtig bei Neubauten gern gotisiert; das läßt sich auch ungesagt denken.

Da nun die Freisinger Bürger so wenig gebaut haben, die geistlichen Herren aber so viel, so gingen nach der Säkularisation eine Menge ehemals geistlicher Wohn- und Wirtschaftsräume in Bürgerhände über. In dieser geistlichen Stadt haben also die Geistlichen den Bürgern mitunter sogar die Häuser gebaut und nicht eben die schlechtesten. Einzelne Domherrnhöfe gaben prächtige Privatwohnungen, die großartigsten Bierkellerräume stecken in den Fundamenten einer ehemaligen Klosterkirche (Weihenstephan) und die Terrasse des schönsten Sommerkellers ruht auf den Grundmauern des St. Veitstiftes, an demselben reizenden Aussichtspunkte, welchen sich der hl. Korbinian zu seiner ersten Zelle erwählt hatte. Ja in dem aufräumenden Jahre 1803 kochte man sogar (laut Nachweis des damaligen „Freisinger Anzeigers") in

Bürgerhäusern auf den Leichensteinen von Kanonikern und Stiftsdechanten, welche nach der Zerstörung der Andreaskirche als dauerhafte Herdplatten benützt wurden, und machte mit geistlichen Epitaphien Kaminwände hinter den Öfen feuerfest.

Doch viel mehr noch als für Privatleute haben die alten Kleriker für öffentliche Anstalten des modernen Freising gebaut. Hier ward in der That eine sehr willkommene Erbschaft gehoben. Die Centrallandwirtschaftsschule bezog die Räume einer Benediktinerabtei, die Kürassiere ein Prämonstratenserkloster, eine Gemeindeschule quartierte sich ins Franziskanerkloster, das Appellgericht ins Benediktinergymnasium, die Gewerbeschule in ein Domherrenhaus, das Schullehrerseminar in die Dombechantei, und das städtische Krankenhaus erhob sich auf dem Grund und Boden des fürstbischöflichen Hofgartens.

In der allgemeinen Physiognomie der Häuser und Straßen unterscheidet sich unsre Stadt wenig von andern oberbayrischen Landstädten: sie erhält ihr auszeichnendes Gepräge nicht durch sich selbst, sondern durch die geistliche Burg auf dem Berge. Nur einen kleinen Zug will ich berühren, der dem Fremden, welcher zur Sommerszeit von München herüberkommt, sofort ins Auge fällt. Das ist die Fülle des Blumenflores an, in, ja auf den Häusern von Freising. Die Bürger sind eifrige Blumenfreunde, sie schmücken Fensterbank, Treppe, Altan, Plattform des Hauses gern mit Blumenstöcken, und Münchener, Ulmer und Augsburger Handelsgärtner ziehen alljährlich mit Blumenvorräten hierher und machen gute Geschäfte. Diese Liebhaberei ist ohne Zweifel schon alt, sie hat sich auf die Nachbardörfer verbreitet bis Moosburg hinüber und kontrastiert scharf mit der Blumenarmut in den Häusern und Gärten der angrenzenden Münchener Gegend. Die Frage ist wenigstens erlaubt, ob hier nicht an einen Zusammenhang mit der uralten Gartenpflege der geistlichen Herren von den beiden Bergen zu denken sei?

Wenn ich aber bei dem Blumenschmuck den Einfluß der geistlichen Hand nur mit einem großen Fragezeichen vermuten

kann, so läßt sich dieser Einfluß, oder richtiger die bevormundende
Fürsorge, bei einem andren, notwendigeren Schmuck der Straßen
urkundlich nachweisen. Absichtslos haben die Geistlichen den Bür=
gern Häuser gebaut und ohne Testament der Gemeinde so manches
stattliche Gebäude hinterlassen, allein mit Willen half Bischof
Philipp (1540) der Stadt ihre Straßen pflastern durch die An=
weisung von jährlich acht Pfund Pfennigen zu diesem Zwecke.
So kamen auch die Straßenlaternen vom Domberg herunter in
die Stadt; denn der Bischof Johann Konrad gab sie den Bürgern,
freilich erst hart vor dem Thorschlusse des geistlichen Regimentes,
im Jahre 1798. Für das Licht in diesen bischöflichen Stadtlaternen
mußten einzelne städtische Gewerbe und die geistlichen Korpora=
tionen gemeinsam sorgen, wobei fast die Hälfte der Kosten auf
die Geistlichen fiel. Die betreffende Verfügung zeigt, wie gut
selbst damals noch die geistlichen Finanzen den bürgerlichen die
Wage hielten, wie stark aber auch das Domkapitel, die Kollegiat=
stifte und die fürstbischöflichen Aemter zu Gemeindelasten bei=
gezogen wurden. Auch scheint es fast, als ob jene erste bischöf=
liche Straßenbeleuchtung im Jahre 1803 gleichfalls säkularisiert
worden sei; denn 1811 wird aufs neue zur Straßenbeleuchtung
aufgefordert, allein einzelne Bürger erhoben einen passiven Wider=
stand gegen die durchgreifend gleichmäßige Aufbürdung einer
solchen Gemeindelast und erst 1823, also gerade ein Viertel=
jahrhundert nach dem ersten Beginne, gedieh die allgemeine
Straßenbeleuchtung Freisings zur vollendeten Thatsache. In
geistlichen wie in andren Residenzen war die Gemeinde eben
viel besser daran gewöhnt, Geschenke allerhöchsten Ortes zu
empfangen, als allgemeine Lasten zu tragen, und wenn es von
einer Volksabstimmung sämtlicher deutscher Fürstenstädte des
achtzehnten Jahrhunderts abgehangen hätte, dann säßen wir
vermutlich heute noch mit geschenkten Laternen im alten Reich.
Das geschah nun aber nicht, und so leuchtet denn jetzt bereits
die Gasflamme in den Straßen unsrer geistlichen Stadt, und
nur das Pflaster erinnert, trotz der trefflichen neuen Fußsteige,

teilweise noch etwas an den Bischof Philipp und seine acht Pfund Pfennige.

Ich sagte, das alte Freising liegt hinter dem Domberge, buchstäblich und bildlich. Jenseit des Münchener Thores ist nun aber auch ein ganz neues Freising vor den Domberg gerückt. Drei Gebäude ragen dort jetzt unter andren charakteristisch hervor: der Eisenbahnhof, eine Fabrik mit hohem Schornstein und die protestantische Kirche. Das sieht dem alten Freising wahrlich nicht mehr gleich: Weltverkehr, Fabrikindustrie und eine protestantische Gemeinde! (Beiläufig bemerkt hat auch Gnesen, das polnische Freising, zu seinen zwölf katholischen Kirchen neuerdings eine protestantische erhalten.)

Die protestantische Kirche unsrer Stadt, in modernisiert romanischem Stile, ist teilweise aus den Mitteln des Gustav Adolfvereins erbaut; für die Freisinger Bürger wäre sie nicht nötig gewesen, aber jene drei neuen sozialen Elemente, welche der Gesellschaft der Stadt ganz neue Schattierungen brachten, die Beamten, das Militär und die Landwirtschaftschule, brauchten auch diesen vom alten Freising am schärfsten abstechenden Neubau. Als Gustav Adolf am 1. Mai 1631 hierher kam, nahm er den Freisingern — nebenbei — allen Wein (in Summa 1000 Eimer) und alles Bier weg. Das neunzehnte Jahrhundert hat den Schaden und einiges andre wieder gut gemacht, indem gerade der Gustav Adolfverein die freundliche Kirche, einen Schmuck des modernen Stadtbildes, für Freising bauen half. Ich sage das im tiefsten Ernste. Eine protestantische Kirche in Freising, welches sich strenger als fast irgend eine andre Stadt selbst den vorübergehenden Regungen der Reformation verschloß, hat ganz besondere Bedeutung. Sie ist hier ein Denkmal jener örtlichen Kreuzung der Bekenntnisse, jener Gleichberechtigung der Konfessionen und jenes konfessionellen Friedens, durch welchen unsre Zeit in Liebe vergessen und in Liebe wieder sühnen will, was vergangene Jahrhunderte im Glaubensstreite und Glaubenshasse gesündigt haben.

2. Charakter der Kunstarchitektur.

Wenn nun aber die Straßen und Bürgerhäuser Freisings nichts hervorragend Eigentümliches bieten, so ist die Stadt darum doch keineswegs architektonisch farblos; sie gewinnt ihre ausgesprochenste Physiognomie durch die alten Kirchen.

Fast jede Periode mittelalterlicher Baukunst war in den Freisinger Kirchen vertreten, am bedeutendsten aber herrscht der Romanismus des zehnten bis zwölften Jahrhunderts. (Auch die bei der Säkularisation abgebrochenen Kirchen von St. Veit und St. Andreas waren romanisch.) Zu der Zeit als Geistliche noch Baupläne entwarfen, als die Kunst überhaupt noch vorwiegend in den Händen des Klerus lag, erhielt Freising seine zumeist maßgebenden Bauwerke. Beim Dombau von 1159 soll Bischof Albert I. am Plane gearbeitet, ja „eigenhändig und mit vielem Schweiß" am Werke selbst sich beteiligt haben[1]). Diese klerikale Periode gewann Freising einen Platz in der deutschen Kunstgeschichte: die gotische Johanniskirche ist in ihrem Innenraum äußerst fein und geistvoll durchgeführt, allein ein notwendiges, unersetzliches Glied in der Kette der deutschen Gotik ist sie doch keineswegs, der romanische Dom mit seiner Krypta hingegen gehört zu den maßgebenden Hauptwerken, wer von ihm nichts weiß, kann sich heutzutage keinen gründlichen Kenner des deutschen Romanismus nennen.

Nun wird sich aber ein Kunstfreund, der die Freisinger Bauwerke zum erstenmale und zunächst von außen erblickt, gar leicht enttäuscht fühlen. Die Außenarchitektur des Domes ist denn doch übereinfach, fast roh, die Türme plump massig, die Schiffe gedrückt; die Johanniskirche mit ihren unorganischen Außenwänden erscheint unbedeutend und an der gotischen Stadtkirche zu St. Georg wirkt der Mangel der Strebepfeiler dürftig und nüch-

---

[1]) Veit Arnpeck und Meichelbeck. S. auch Sighart, Gesch. der b. Kunst in B. 154.

tern. Auch das Renaissanceschloß der Fürstbischöfe hat eine äußerst kahle Front, die nur als Staffage der Landschaft erträglich ist, aber wahrlich nicht als Kunstwerk. Kurzum, jene anmutigen, reichen, frei und kühn aufstrebenden Formen romanischer und gotischer Kunst, die uns in den rheinischen Städten schon bei einem bloßen Gange durch die Straßen entzücken, sucht man in Freising vergebens. Das äußere Bild der Stadt wird dadurch derb und hart charakteristisch; schön ist es durchaus nicht. Anders freilich, wenn wir ins Innere der Kirchen dringen. Beim Dome kann man geradezu sagen, je tiefer man hinein- und hinuntersteigt, um so mächtiger fesselt er das künstlerische Auge. Schon die Vorhalle ist weit harmonischer, als wir's nach der kahlen Fassade irgend hätten erwarten mögen; dann gehen wir — seltsamerweise — ins Schiff hinab und gerade die vertiefte Anlage des Schiffes gab Anlaß zu einem ebenso originellen als wirksamen Innenbau, und wenn wir endlich noch tiefer in die Krypta gelangen, so erschließt sich uns eine wahre Märchenwelt phantastischabenteuerlicher Skulpturen inmitten einer prächtig aufgebauten Säulen- und Pfeilerhalle. Aehnlich überrascht uns beim Eintritt in die Johanniskirche eine so reine und harmonische Gotik, daß wir gar nicht begreifen, wie man außen so formlos und innen so formvollendet bauen konnte. Auch die Stadtkirche bekundet innen den Künstler und außen den Handwerker.

Nun mag man allerlei hineinsymbolisieren, daß hier so schöne gute Kerne in so rauher Schale geheimnisvoll versteckt lägen, die Thatsache wird dadurch doch nicht hinwegsymbolisiert, daß allen diesen Freisinger Architekturen die reine Harmonie des Inneren und Aeußeren fehlt, die Harmonie des vollendeten Kunstwerkes.

Das gilt aber nicht bloß von Freising, sondern, wie mir scheint, von der mittelalterlichen Baukunst des ganzen oberbayrischen Landes. Große Schönheit, Reichtum, Originalität und Tiefsinn im einzelnen steht hier fast durchaus in schneidendem Gegensatz zu allerlei Härte und Nüchternheit der Gesamtanlage. Umgekehrt ist es an der Donau und mehr noch am Rhein und Main in der schwäbischen und fränkischen Kunstzone, wo wir nicht nur die harmonisch vollendetsten Hauptwerke romanischer und gotischer Architektur zu suchen haben, sondern selbst bei unbedeutenden Bauten, die an Originalität oft weit hinter gleichartigen Werken Bayerns zurückstehen, dennoch durch Anmut und Harmonie der Gesamtanlage überrascht werden.

Ich erkläre dies teilweise aus dem Umstande, daß das Rhein=, Main= und Donauland seit alter Zeit städtisch und städtereich war, weltoffen, im Weltverkehr sich bildend und abschleifend, ferner, daß die Kunst in jenen glänzenden Städten frühe schon Selbstzweck wurde, und daß die Kunstbetriebsamkeit durch das vereinte Zusammenwirken der Bürger, Fürsten und Edeln mit dem Klerus nicht bloß in der gotischen, sondern schon in der spätromanischen Zeit hier eine universellere, freiere, harmonischere Durchbildung gewann. Oberbayern dagegen war ein Bauernland mit äußerst wenigen Städten, in sich abgeschlossen; für ein selb= ständiges Bürgertum war nur mäßig Raum; der Klerus und später die Landesherren bestimmten wesentlich die monumentale Kunst und bei einem Kirchenbau lag es den Geistlichen ohne Zweifel näher, die Kunstsymbolik des Innenraumes für die Kultuszwecke durchzuführen, als eine Formenfülle nach außen, in welcher zunächst dem freien Schönheitsbedürfnisse gehuldigt wird.

Viertes Kapitel.

Geistliche Herrschaft.

1. Aus der Freisinger Kriegsgeschichte.

Im Mittelalter gab es Bischöfe im Harnisch und mit dem Streitkolben und gab auch kriegerische Bischofsstädte, wie etwa Mainz oder Köln, Städte, die nicht bloß durch die Stärke ihrer Mauern Ruhm gewannen, sondern auch durch den soldatischen Geist ihrer Bürger. Nun hat zwar Freising gleichfalls einige streitbare Bischöfe aufzuweisen und darunter sogar einen rechten Haudegen, den Bischof Berthold (1381—1410). Zur Strafe seines unbischöflichen Wandels mußte der aber auch nach seinem Tode mitternachts umhergeisten (wie die kleine Klosterneuburger Chronik erzählt), und obgleich er bereits am 7. September 1410 gestorben war, kam er doch erst am 28. August 1689 aus dem Fegefeuer in den Himmel, worüber man hier dürfen natürlich nur geistliche Autoren citiert werden — Meichelbeck II. I. 184, dann Barnabas Kirchhuebers „Gnaden und tugendreichen Anger", München 1707, S. 58—67, und Deutingers Beiträge VI, 552 ff. des näheren nachschlagen kann.

Sonst trugen die Freisinger Bischöfe entschieden das Gewand des Friedens und ihre Stadt war keine kriegerische Stadt; die Bürger haben zwar im Kriege viel gelitten, aber wenig gestritten. Die Geschichte ihrer Kriegsdrangsale zählt viele Blätter; eine Geschichte der Kriege Freisings hingegen würde so mager ausfallen wie eine Geschichte der Freisinger Revolutionen. Also auch in seinem friedsamen Dasein bewährte Freising ein geistlicheres Naturell als andre geistliche Städte.

Zeichen und Wunder gehen durch die ganze Freisinger Chronik bis ins ungläubige achtzehnte Jahrhundert hinein. Selbst in den Klang der Waffen mischt sich zum öfteren der Glockenklang der Wundersage, und man darf wohl behaupten, der überirdische Schutz, dessen sich die Freisinger vorab in zwei Kriegsfällen berühmen, ist merkwürdiger als der Waffenschutz, den sich ihre Vorfahren selber zu geben wußten. Coelitus propugnatur heißt es auf den Domfresken, welche die Jahrhunderte der freisingischen Geschichte darstellen. Meichelbeck erzählt: Als die Ungarn im Jahre 955 die Stadt sechs Tage lang verheerten, soll der Domberg in so dichten Nebel gehüllt worden sein, daß die Barbaren den Dom nicht fanden, und auf die Fürbitte des damaligen Bischofs Lantpert — der ein Heiliger war — sollen die aus der Stadt herauflodernden Flammen vor dem Dome zurückgewichen sein. Das Andenken an diese letzte, geistlich wenigstens etwas gemilderte Ungarnot wurde denn auch bis zur neuesten Zeit in der geistlichen Stadt geistlich gefeiert durch einen Fasttag.

Ein andermal, als der bayrische Herzog Stephan von Ingolstadt gegen Freising ausgezogen, wurden seine Mannen auf Fürbitte der Jungfrau Maria so schreckhafterweise in die Irre geführt und durch Feuerflammen auf ihren Lanzen verwirrt, daß sie sich des andern Morgens staunend wieder vor den Thoren von Ingolstadt statt vor Freising fanden.

Häberlin tadelt den unbedingten Wunderglauben Meichelbecks, der uns diese und ähnliche Geschichten so fest erzählt und sonst doch ein für seine Zeit ganz kritischer, urkundenforschender Historiker gewesen ist. Allein man braucht jene vielen Legenden so wenig wie Häberlin für bare Geschichte zu nehmen und kann doch sagen: es gehört zum eigensten historischen Kolorit unsrer geistlichen Stadt, daß ihre Chronik überall von Legenden durchwebt ist, und es wäre jammerschade, wenn ein andrer als gerade ein so grundgelehrter und doch zugleich so wunderglänbiger Mönch wie Meichelbeck die maßgebende Hauptgeschichte von Freising geschrieben und die Wundersagen in Vergessenheit versenkt hätte. Für den politischen Historiker mögen bloß die nachweisbar geschehenen Thatsachen Geschichte sein; für den Kulturhistoriker ist auch Geschichte, was unbeglaubigt vor Jahrhunderten als geschehen geglaubt wurde, ja es kann dieses sogar ein um so bedeutsameres Stück Sittengeschichte sein, je unbeglaubigter und unglaublicher es an und für sich dasteht.

Von den bayrischen Fehden des vierzehnten und fünfzehnten Jahrhunderts wurde Freising wiederholt berührt und hatte im schmalkaldischen Kriege viel zu leiden und mehr noch im dreißigjährigen. Doch ging es damals natürlicher zu. Als die Schweden 1646 das Schloß stürmten, wehrte sich die kleine Besatzung tapfer, wenn auch vergebens. Und unten in der Stadt vermochten geistliche Gebete zwar nichts gegen den Feind, wohl aber geistliche List, indem ein vortreffliches Mahl bei den Franziskanern das Herz Wrangels zur Milde rührte. Der Guardian des Klosters, Ludwig Getspeck, hat die Bedrängnis durch die Schweden beschrieben in einer auf der Hof- und Staatsbibliothek zu München aufbewahrten Handschrift[1]).

In gar vielen, auch protestantischen Orten Deutschlands wurde der westfälische Friede kirchlich gefeiert; in Freising geschah dies durch eine Wallfahrt des Bischofs und der Bürgerschaft zum hl. Sebastian nach Ebersberg.

Mochten die Schweden im dreißigjährigen Kriege gegen eine so streng katholische und geistliche Stadt besonders hart gewesen sein, so kam für Freising auch im Jahre 1796 noch ein besonderer Schreckenstag, bei welchem der Feind Beweggründe zur Rache wenigstens vorschützte, die sich auf den geistlichen Charakter des Ortes bezogen. Der Fürstbischof hatte, wie es einem geistlichen Herrn wohl nahe lag, den Bischof von Speyer und französische

---

[1]) Descriptio notabilis malorum a Suecis Frisingae illatorum ab anno 1646. Cod. bav. 1095.

Emigranten gastfreundlich aufgenommen; das mußte dann die Stadt büßen durch eine teilweise Plünderung.

Zu größeren militärischen Operationen war freilich die Kriegsmacht des Fürstbischofs nicht ganz ausreichend; denn sie bestand gegen Ende des achtzehnten Jahrhunderts aus 36 Grenadieren und 18 Trabanten. Nach mündlicher Ueberlieferung hatte ein solcher Trabant im Jahre 1799 seinen Posten unterm Thorbogen am Domberg und bettelte die Passanten an, ähnlich wie in Köln zur selben Zeit die Schildwachen an den Stadtthoren die einziehenden Reisenden angebettelt haben sollen. Die merkwürdigste militärische Eigenschaft solcher kleinen Werbecorps war in der Regel ihre Virtuosität im Desertieren. Vom Bischof Ludwig Joseph (1769—88) wird besonders scharfe Kriegsdisziplin gerühmt, d. h. — Strenge gegen die Deserteure. Allein auch diese soldatische Strenge war geistlich mild. Da nämlich das Wiedereinfangen einige Schwierigkeit hatte in einer Stadt, wo die Auslandsgrenze auf drei Seiten gleich vor dem Thore anfing, so wurden bloß die Namen der Fahnenflüchtigen auf ein Blech geschrieben und an den Galgen genagelt.

Schon vor der Mitte des achtzehnten Jahrhunderts besaß die Stadt eine Bürgerwehr neueren Schnittes, Fußgänger sowohl als Reiter. Die Fahne des Fußvolkes zeigte das Bild des hl. Korbinian und soll wie die Reiterstandarte von geistlicher Hand gekommen sein, ein Geschenk des Bischofs Johann Franz aus dem geistlichen Jubeljahre 1724.

Also auch über der stillen Kriegsgeschichte Freisings schwebt ein geistlicher Hauch.

2. Aus der Freisinger Revolutionsgeschichte.

Die Freisinger hatten keinen Anlaß, sich nach außen besonders kampfbegierig zu entwickeln; sie erwiesen sich aber auch friedfertig in ihrem inneren Gemeinleben und gegenüber den Bischöfen. Von dem Hader zwischen Bischof und Bürgerschaft, der die Geschichte unsrer meisten geistlichen Städte durch Jahrhunderte erfüllt, weiß, wie ich schon bemerkte, die Freisinger Chronik nichts.

Wir lesen wohl von einem solchen Aufruhr, den man irrtümlich befürchtet hat, nicht aber von einem Aufruhr, welcher vollführt worden wäre. Als Bischof Heinrich III. 1511 seinen feierlichen Einzug in Freising hielt, ritten ihm die Bürger mit fliegenden Fahnen entgegen; der Bischof glaubte, seine neuen Unterthanen wollten ihn angreifen und davonjagen, allein sie stiegen von den Pferden und der vermeinte Angriff war nur eine etwas lebhafte Huldigung.

Der Sage nach hätten die Freisinger nur an einen Bischof Hand gelegt, aber doch bloß an seine Leiche und nicht aus politischen Gründen, weil er im Regieren zu gewaltthätig, sondern aus rein menschlichen, weil er im Schenken zu karg gewesen, hartherzig gegen die Armen während der Hungersnot. Es war dies Gerold († 1231), dessen Leichnam die Bürger aus der Gruft rissen und in die Roßschwemme warfen, — wofern die Sage nicht lügt.

Ein Volksauflauf seltsamer Art ereignete sich im Jahre 1091. Die Bürger von Freising im Verein mit Leuten aus Pötting übten Volksjustiz an drei der Zauberei verdächtigen Weibern, marterten und verbrannten sie, indes ein Priester und zwei Mönche von Weihenstephan die Ueberreste der unschuldig Gemordeten nachgehends ehrlich begruben, und ein Chronist des Klosters die Aufruhrstifter als incitati in diabolicum zelum brandmarkt. Abgesehen davon, daß in jenen unruhigen Tagen die Bürger den Mönchen von Weihenstephan überhaupt nicht hold waren und in der Weinschenke des Abtes in Freising den Zapfen vom Fasse schlugen, wobei übrigens der Bischof Partei für die Bürger nahm[1], sehen wir hier Fanatismus und Aberglauben bei den Bürgern, menschlicheren Sinn bei den Mönchen.

---

[1] Gentner, Gesch. von Weihenstephan, bei Deutinger VI. 20 ff

Das sind wohl charakteristische Züge von Volksbewegungen in einer geistlichen Stadt, allein Erhebungen der Bürger gegen den Bischof sind es doch nicht. Von einer solchen gibt es nur eine stark humoristisch gefärbte Probe in dem berühmten „Moos=kulturstreit," der von 1763 bis 1772 gespielt hat. Als ein rechtes Kabinettsstück ist er schon oft und ausführlich geschildert wor=den[1]), ich skizziere ihn hier aber doch noch einmal ganz kurz, weil sonst meinem Gesamtbilde ein kräftiger Farbenton fehlen würde, und weil dieser Streit, gleich dem Widerstreben der Bürger und anderer Stiftsunterthanen gegen die vom Bischofe 1784 verfügte Beschränkung des „Wetterläutens"[2]) zeigt, daß auch noch im achtzehnten Jahrhundert der Fortschritt viel mehr auf dem geist=lichen Berge begünstigt wurde, als unten in der Stadt.

Auf dem öden Moorboden jenseit der Isar weidete das Vieh, was mit einem hier etwas kühnen Bilde der „Blumenbesuch" genannt wird. Eine Anzahl Bürger wünschte 1763 lehnsweise Ueberlassung eines Teiles dieser Gemeindegründe zu Trockenlegung und Anbau. Der Bischof und das Stadtpflegamt war dafür, der Magistrat und die Mehrheit der Bürgerschaft dagegen. Dem=ungeachtet schritt man zur Kultivierung; Erlasse und Vorstellungen für und wider kreuzten sich, die Anhänger der rationellen Land=wirtschaft wurden von den Anhängern des poetischen Blumen=besuches als „Moosschlucker" verhöhnt, die begonnene Kultur nächtlicherweile verwüstet. Ein Dompropst wandte sich schürend auf die Seite der Blumenbesucher gegen die Moosschlucker, und so stieg die Erbitterung dergestalt, daß auf den 4. Mai 1768 offener Krawall angesagt wurde, und zwar durch zwei Vieh=hüterinnen, welche eigens zu diesem Zwecke im Auftrag der eifrigsten Blumenbesucher von Haus zu Haus gingen. Die

---

[1]) Von Baumgärtner, Obernberger, von dem anonymen „Reisenden durch den bayerischen Kreis" u. a.

[2]) Eine noch gangbare mündliche Ueberlieferung erzählt, daß in der Wetterglocke des ehemaligen St. Veitstiftes ein Tropfen vom Blute Christi eingegossen gewesen sei.

Kulturarbeiten sollten am hellen Tage gewaltsam zerstört werden. Bischöflicherseits wurde hingegen eine Art Aufruhrakte unter Trommelschlag verlesen und achtzehn Mann Grenadiere an die Isarbrücke beordert, um den Uebergang zu wehren. Die Bürger aber kamen an die dreihundert stark mit Hauen und Schaufeln, verdrängten die Grenadiere und forcierten die Brücke, wie es scheint ohne alles Blutvergießen, und zerstörten die neuen Abzugsgräben und Anlagen. Zur Antwort sperrte der Fürstbischof das Rathaus und suspendierte den Magistrat. Allein die Partei des Blumenbesuches gab trotzdem nicht nach, und man rief zuletzt die guten Dienste einer auswärtigen Macht, des Kurfürsten von Bayern, zur Vermittelung an. Dieser hohe Schiedsrichter wurde nun aber dermaßen von mißvergnügten Freisingern belagert, daß er sich selber retten mußte durch einen Befehl gegen „das Ueberlaufen des Hofes zu München". Es war sogar eine Frauenversammlung in Freising abgehalten und eine Frauendeputation an den Kurfürsten geschickt worden. So machte sich die Geschichte immer lustiger, wenn sie nicht gar so traurig gewesen wäre, und die nächste Folge war, daß der Fürstbischof Clemens Wenceslaus das begonnene Werk wieder liegen ließ, welches erst von seinem Nachfolger Ludwig Joseph 1772 im Interesse der Landwirtschaft zu einem glücklichen Ende geführt wurde.

Jene achtzehn Grenadiere aber, welche an der Isarbrücke standen und nicht kämpften, waren die einzigen fürstbischöflichen Truppen, die jemals gegen Freisinger Bürger in den Kampf gezogen sind.

3. Gedankenkämpfe.

Unsre geistliche Musterstadt war allezeit ein stiller Ort, und nicht einmal der Tumult und Kampf neuerungsdürstiger Gedanken störte ihren Frieden mit dem Klerus. Aus dem Freisinger Volke ist wohl ein Volksheiliger hervorgegangen, der Thorwart Lantoser (im dreizehnten Jahrhundert), und eine Volksheilige, die fromme Hellseherin Klara Reischl (im siebzehnten Jahrhundert), aber von einem volkstümlichen Freisinger Ketzer finde ich keine Spur.

Die Stadt blieb unberührt von den Erschütterungen der Reformation, während dieselben doch in den benachbarten bayerischen Landen wie in der erzbischöflichen Metropole Salzburg bedeutend nachzitterten. Zwar unter dem Klerus von Freising muß Luthers Lehre schon ein wenig verfangen haben, da Bischof Philipp (1498—1541) die wankenden Priester mit Degradation bedroht und so dem Umsichgreifen protestantischer Ideen steuert. Allein auch dies ist nur ein leicht vorübergleitender Schatten, ohne nachhaltige Folgen, weil sich eben die Bürger nicht selbständig erhoben für die Reformation wie in andern Städten. Dazu aber hätten sie schon lange vorher sich unabhängiger machen müssen von den geistlichen Herren des Domberges in ihrer politischen Stellung, unabhängiger in Nahrungsstand und Arbeit, unabhängiger in ihrer Bildung. Kurzum sie hätten schon lange vor Luther gar keine Freisinger mehr sein dürfen[1]).

Im zwölften Jahrhundert lag Freising offen in der Welt und empfing und gab Impulse des deutschen Kulturlebens; im siebzehnten und achtzehnten liegt es im Winkel, abgeschlossen für sich, gleich so vielen andern oberdeutschen Städten.

Freising war eine Stadt der Schulen und der Wissenschaft. Auf den Bänken seiner Domschule saßen Könige, wie Ludwig der Deutsche, Ludwig das Kind, Heinrich II., und viele berühmte Männer lehrten und lernten daselbst. Dies geschah in der klerikalen Kulturperiode des Mittelalters, und man kann sagen, vom

---

[1]) Freising besaß bis zur neuesten Zeit keine protestantischen Einwohner; es hatte (wenn wir von Neustift absehen) auch keine Juden und also auch keine Judenverfolgungen. Wohl aber fand 1463 auf Befehl des Kaisers eine friedliche Judenversammlung aus vielen Städten des Reiches in seinen Mauern statt; der Bischof sollte die Hebräer wegen des Wuchers verhören. Ob sie aber nicht bloß verhört, sondern auch belehrt und bekehrt worden sind, wissen wir nicht.

Schlusse des achten bis zum Ausgang des zwölften Jahrhunderts bietet die Freisinger Schule ein deutsches Interesse. Oertlich bedeutend bleibt sie in der fürstbischöflichen Zeit auch später noch (vorab im sechzehnten Jahrhundert), allein sie wird bereits von andern Nachbarstädten überflügelt und hat den Uebergang zu den neueren feineren Formen der Universität, der Akademie, des vom Klerus unabhängigen humanistischen Gymnasiums nicht gefunden. Aehnlich war die Wissenschaft Freisings fast durchaus klerikal und zunftgerecht zugeknöpft. Die Freisinger Gelehrten schrieben lateinisch bis tief ins achtzehnte Jahrhundert. Freising hegte mancherlei Kunst, allein die freieste unter den freien Künsten, die Poesie in der Muttersprache, welche zumeist vermittelt zwischen dem gelehrten Buche und der Volksbildung, schlummerte an dem geistig sonst so vielfach angeregten Orte. Und während zur Reformationszeit eine volkstümlich frische Prosa anderwärts mit zündender Kraft entwickelt und von katholischen wie protestantischen Streitern derb gehandhabt wurde, schrieb man in der geistlichen Stadt lateinische Kataloge der Bischöfe, wohl gar in elegischen Distichen.

Ich sagte in einer früheren Schrift, ein großer Teil des bayerischen Volkes habe das achtzehnte Jahrhundert nicht erlebt, sondern sei aus dem siebzehnten unversehens ins neunzehnte gekommen. Das gilt insbesondere auch von Freising Wie wenig der große nationale Aufschwung deutscher Litteratur und Wissenschaft des achtzehnten Jahrhunderts selbst den gelehrten Berg berührte, das bekunden absichtslos die Freisinger Schriftsteller und die Schulordnungen[1]) aus jener Zeit. Der ungenannte Verfasser der berüchtigten „Reise durch den bayerischen Kreis" (1784) rühmt — hierin wohl ein unverdächtiger Zeuge — daß sich damals „einige gute Köpfe aus dem Nebel hervorzuschwingen begönnen", das heißt: daß der Fürstbischof (Ludwig Joseph) den Pereira „von der Macht der Bischöfe" und Wielands „goldenen

[1]) Bei Deutinger Bd. V.

Spiegel" lese, ingleichen, daß Bayle, Helvetius, Pascal und
Montesquieu nunmehr endlich auch in Freising bekannt geworden
seien. Ob man sich aber mit den ernsteren deutschen Denkern
wie Leibnitz, Lessing, Winckelmann, Kant, Justus Möser, ob man
sich mit der eben im ersten Frühscheine aufleuchtenden neuen
deutschen Nationallitteratur auch nur halb so eifrig bekannt ge=
macht habe, steht billig zu bezweifeln. Die großen philosophischen,
politischen, sozialen und litterarischen Gedankenkämpfe seit den
siebenziger und achtziger Jahren rauschen kaum beachtet an
solchen abgeschlossenen Städten vorüber, in deren Mauern man
eine um fünfzig und hundert Jahre ältere Zeit im stillen
fortlebte.

Darum nimmt es nicht Wunder, daß zuletzt eine Karikatur
der Aufklärung, die Spielerei des Illuminatentums in Freising
und namentlich bei den Geistlichen besondern Anklang fand,
gleichwie in der vielfach ähnlich entwickelten geistlichen Schwester=
stadt Eichstädt ("Erzerum" in der Illuminatensprache, wie Frei=
sing "Theben"). Der letzte Fürstbischof, Joseph Konrad, verhängte
am 28. Juli 1794 scharfe Maßregeln gegen das Illuminaten=
wesen, welches unter seinen Geistlichen wucherte. Allein damals
drohten längst ganz andre Gefahren als von dieser nichtigen
Geheimbündelei. Ein Weltsturm pochte an die Pforten der geist=
lichen Städte und sprengte sie von außen, wenn auch die Bürger
innen noch so ruhig blieben, und verwehte nicht bloß die Illu=
minaten, sondern auch das Fürstbistum Freising; und neue
Reiche, ein neues Volk, neue Gesittung und Bildung erstanden
auf der Stätte jener alten Zustände, in welchen die geistliche
Stadt mit ihrem noch geistlicheren Berge so eigentümlich ge=
wurzelt stand, so schön geblüht hatte und so wunderbar langsam
abgeblüht war.

Fünftes Kapitel.
Bürgerliche Betriebsamkeit.
1. Gewerbe und Handel.

Die Bürger von Freising mochten behaglich leben unter dem Krummstabe, allein für eine selbständige, gebietende wirtschaftliche Macht reichte ihre Betriebsamkeit nicht aus.

Die Lage der Stadt war ganz geschaffen zum Ausgangspunkte ältester klösterlicher Kolonisation, gleichwie zu einem mittelalterlichen Herrschersitze; zu einem bedeutenden Mittelpunkte des Handels und der Gewerbe dagegen taugte sie weit weniger. Die Isar strömt unter den Mauern der Stadt, ist aber nicht schiffbar, ein Arm der Mosach fließt durch die Straßen, allein er genügt nicht zu größern industriellen Anlagen, eine für den großen Verkehr wichtige Heerstraße zieht durch die Thore, doch eine echte Handelsstadt fordert die Kreuzung mehrerer Hauptstraßen; im Rücken der Stadt liegt ein weites, reiches Bauernland, allein vor derselben und zur Seite dehnt sich weithin ein magerer, dürftig bevölkerter Moor- und Geröllboden. Die politische Grenze lief hierbei möglichst ungünstig: das gute Land im Norden war bayerisch, das schlechte im Süden freisingisch, und wie diese üble Lage in den Jahren 1751—56 den scheinbaren Grund abgeben mußte zur Einführung der bayerischen Gesetzbücher in Freising, d. h. zum Vorspiele der Mediatisierung[1], so war sie schon längst

---
[1] S. Rockinger in der Bavaria I, 869.

eine wirkliche Ursache des geringen materiellen Aufschwunges der Stadt gewesen.

Der größte Teil des nächstgelegenen freisingischen Gebietes taugte nur als Viehweide oder für Jagd und Fischerei, also für die drei patriarchalischen Urformen der Bodenausbeutung. Im zwölften Jahrhundert deckte Wald die weiten Flächen an der Isar, im siebzehnten finden wir hier noch zerstreutes Buschwerk; jetzt sind diese Flächen südlich der Stadt großenteils Wies- und Weideland. Ein stundenweit ausgedehnter Weideboden ist keine gute Nachbarschaft für städtische Betriebsamkeit. Wenn Merian die „überaus großen" Viehweiden, wo das Rind neben dem Hirsche ging, als Gegengewicht gegen die „sonst harte Landesart" rühmt, so wird der moderne Volkswirt darin eher ein Zeugnis für jene harte Landesart erkennen. In den Akten der Stadt finden sich viele Bräuche und Verordnungen über das Weidewesen, und die städtischen Kuh- und Roßhirten waren im sechzehnten Jahrhundert auffallend hoch besoldet, die Viehzucht selbst aber stand bis zu unsrer Zeit nicht auffallend hoch.

Bedeutsamer tritt uns Jagd und Fischerei entgegen, wie es für eine mittelaltrige Residenzstadt paßte: „Wildpret und Fisch gehören auf der Herren Tisch." Otto von Freising nennt den Domberg, von welchem man über unabsehbare Wälder hinausblickte, „gleichsam eine Warte der Jäger"[1]; dem Kaufmann und Handwerker aber taugt es besser, wenn er den Bauer, als wenn er den Jäger zum Nachbarn hat. Die Waldungen der Ebene dienten nach Otto besonders dem Weidwerk, die Hügelwälder, von welchen der Freisinger und Kranzberger Staatsforst noch als größere Trümmerstücke übrig sind, gaben Bau- und Brennholz. Eine prächtige Wildbahn boten die Isarwälder, da die Tiere längs dem Dickicht des Flusses bis zum Hochgebirg hinauf wechseln konnten, und noch vor wenigen Jahren wurde ein verirrter Gemsbock bei Freising erlegt. Am Fuße des Dombergs

---

[1] Chron. lib. V, cap. 24.

lag der Tiergarten des Fürstbischofs (seit 1625) und nördlich der Stadt die Fasanerie. Ein bischöflicher Hof hat seine Jagdgeschichte, so gut wie andre Fürstenhöfe, und im Hofstaate der späteren Bischöfe fungiert neben dem Oberststallmeister auch ein Oberjägermeister. Eine alte Aufzeichnung von Weihenstephan[1] erzählt, daß Bischof Meginhard, als er am 28. April 1098 morgens zur Jagd reiten wollte, Befehl gegeben habe, die Mönche aus Weihenstephan zu vertreiben. Während der Jagd wurde der Befehl vollzogen, allein da der Bischof vom Weidwerk heimgekommen war und auf seine erste Frage erfahren hatte, daß die Mönche vertrieben seien, starb er eines jähen Todes.

Die größte Jagdherrlichkeit scheint in Freising, wie anderwärts, nach dem dreißigjährigen Kriege bis ins achtzehnte Jahrhundert geherrscht zu haben. Schon der in den Kriegsläuften so ungeheuer herangewachsene Wildstand reizte und nötigte dazu. Es traf sich aber auch, daß damals mehrere bayrische Prinzen auf dem bischöflichen Stuhle saßen, welche Jagdlust und Weidmannskunst wohl schon von Hause mitgebracht hatten. Damals (noch um 1700) konnte man vom Domberge große Rudel Hirsche in den Isarauen sehen und Bischöfe und Domherren zogen fleißig zur Jagd. Aber auch schon in der ersten Hälfte des siebzehnten Jahrhunderts finden wir hundertachtzig bischöfliche Hatzhunde draußen bei den Pfarrern, Gutsbesitzern und Beamten eingelegt, und Georg Philipp Finth, dem wir bereits als Kammerdiener, Hofrat und Schriftsteller begegnet sind, fiel in Ungnade, weil ihm ein eingelegter Hatzhund heruntergekommen und krank geworden war, obgleich er denselben in der Kost — „wie die Ehehalten" gepflegt zu haben behauptete[2]. Erst nach vielen Bitten und Eingaben kam der unglückliche Mann wieder zu Gnaden. Unter Clemens Wenceslaus war aber die Jagd so tief gesunken, daß

---

[1] S. Gentners Gesch. v. Weihenstephan bei Deutinger VI. 20 ff. Anders freilich berichtet Meichelbeck.
[2] Hormayrs Taschenb. 1833.

dieser Kirchenfürst am 24. Januar 1764 den Kapitularen die Wildbahn nur noch ohne Hunde zu benützen gestattete. Jetzt ist die alte fürstliche Jagdherrlichkeit in den Jsarauen ganz verklungen, und wohl zum letztenmal wurden dort durch König Ludwig I. große Hirschjagden abgehalten.

Wie es mit der Freisinger Jagd recht herrschaftlich und residenzmäßig bestellt war, so auch mit der Fischerei. Die Moſach bildete ehedem viele kleine Weiher (vor dem Jsar- und Veitsthor) und es erscheint sogar ein Wirtshaus „am See". Die einzige Straße Freisings, welche den Namen eines Gewerbes trägt, ist sehr bezeichnend die „Fischergasse"; hier befand sich die „Vischpank" und wohnten die Fischer, welche den Welt- und Klostergeistlichen die Fastenfische zu liefern hatten. Die Arbeit war so ausgedehnt und geteilt, daß sogar ein eigener Krebsfischer bestand, welcher bloß Krebse fangen durfte, „die Fische aber mußte er laufen lassen". Mit dem Verschwinden der geistlichen Herrlichkeit ist freilich der Fischfang sehr herabgekommen, von den ehemaligen Weihern gibt es nur noch dürftige Ueberreste, der „Krebsfischer" ward zum bloßen Hausnamen, und ein gutes Teil der Freisinger Fische wandert jetzt auf den Münchener Markt.

Unter den Gewerben unsrer Stadt erfreute sich nur eines einer hervorragenden und dauernden Blüte, das war die Bierbrauerei. Da große Kaufherren oder sonst bedeutende Großgewerbe nicht vorhanden waren, so bildeten die Brauer den Rahm der Bürgerschaft. Zahlreich, angesehen und wohlhabend lieferten sie häufig den Bürgermeister und den Verwalter des hl. Geiſtspitales. Noch in der Gewerbestatistik von 1848 werden die Brauereien als das einzige Großgewerbe bezeichnet[1]), und das stattlichste moderne Privatgebäude Freisings ist ein Brau- und Gasthaus. Wie ansehnlich die Brauerei in älterer Zeit gewesen,

---

[1]) Gegenwärtig sind freilich auch noch andre Industriezweige über das bloße Handwerk hinausgewachsen: Tuchfabrik, Dampfsäge, Eisengießerei, Gasfabrik.

erhellt daraus, daß 1647 ein freisingisches Brauanwesen nach Befund der Türkensteuer auf 18,000 Gulden geschätzt wurde, und daß bei der Umlage des Laternengeldes von 1798 die achtzehn Brauer zusammen 128 Gulden beitragen mußten, während die vierzehn Kaufleute und Krämer nur 36 Gulden steuerten. Dennoch fürchteten die Brauer die Konkurrenz des Domberges. Als im Jahre 1735 nicht mehr bloß weißes Bier, sondern auch braunes droben im Hofbräuhaus eingesotten werden sollte, beschwerten sich sämtliche Brauer der Stadt, daß sie hierdurch zu Grunde gerichtet würden und den großen Aufschlag, welcher im vorhergehenden Jahre 7865 Gulden betragen hatte, nicht mehr bezahlen könnten. Von der Milde ihres geistlichen Herrn erhielten sie dann auch günstigen Bescheid.

Die große Zahl der Brau- und Wirtshäuser war wohl teilweise durch den Verkehr der München-Regensburger Straße bedingt, nicht minder aber zog der geistliche Hof Fremde in die Stadt und bei großen geistlichen Festen erreichte der Fremdenzufluß seinen Höhepunkt. Als z. B. im Jahre 1508 Bischof Philipp, aus dem Hause der Pfalzgrafen bei Rhein, unter Anwesenheit vieler weltlicher und geistlicher Großen sein erstes Hochamt celebrierte, strömte eine Volksmenge in Freising zusammen, wie man sie dort vorher niemals erlebt zu haben glaubte. Aehnlich im Jahre 1709 bei Uebertragung der wiederaufgefundenen Reliquien des hl. Nonosus in die Domkirche[1]), dann 1724 bei der acht Tage dauernden tausendjährigen Jubelfeier des Bistums, 1824 bei dem gleichfalls durch eine Woche ausgedehnten elfhundertjährigen Jubiläum, 1828 bei dem Reliquienfeste, wo ganze Gemeinden von nah und fern zugewandert kamen. Auch die allgemeinen Kirchenjubeljahre zogen Tausende von fremden Andächtigen in die Stadt, wie nicht minder die Prozessionen und Wallfahrten. (Unter den letzteren ist die aus dem Mittelalter stammende Wallfahrt der Mamminger charakteristisch als Laien-

---

[1]) „Freisinger alter und neuer Gnadenschatz", 1710.

prozeſſion; der älteſte Bauer hält beim Anfang und Schluß der
Wallfahrt eine Anrede an die Gläubigen, und die Wallfahrer
gehen in Freiſing in kein Wirtshaus, ſondern werden von den
Bürgern bis auf dieſen Tag unentgeltlich bewirtet und beher=
bergt.) Jedenfalls gab der geiſtliche Hof und die vielen und
glänzenden geiſtlichen Feſte dem Verkehr einen kräftigeren Anſtoß
als der Handel der Stadt und ihre Märkte, die im neunzehnten
Jahrhundert der Zahl wie der Zeitdauer nach ohne beſonderen
Nachteil beträchtlich beſchränkt werden konnten.

Wenn nun aber auch in Freiſing kein andres Gewerbe dauernd
ſo einflußreich geworden iſt wie die Brauerei, ſo tauchen doch
vorübergehend gewerbliche Altertümer oder Kurioſitäten auf, die
eines Platzes in der Chronik der Stadt würdig erſchienen. Sie
führen ſämtlich wieder auf den geiſtlichen genius loci zurück. So
glänzt Freiſing ſehr frühe in der Geſchichte des Orgelbaues, da
ſchon 873 Papſt Johann VIII. den Biſchof Anno bat, ihm eine
Orgel und einen Orgelbauer und Spieler nach Rom zu ſenden.
Nicht minder zählt unſre Stadt zu den Wiegenſtädten der Buch=
druckerkunſt, indem der Ulmer Buchdrucker Johann Schäffler um
1495 vorübergehend hier verweilt und für den geiſtlichen Bedarf
gearbeitet hat [1]). Auch die Buchbinderei kommt als bürgerliches
Gewerbe ſchon frühe vor; 1492 war Lienhard ein „puechbinder"
in Freiſing, der band „Triſtan und Iſolde", letzteres allerdings
wohl weniger für den geiſtlichen Bedarf.

Uebrigens hat ein irgend ſelbſtändig hervorragendes Kunſt=
gewerbe in Freiſing niemals dauernd Beſtand gewonnen (wie
etwa in Nürnberg oder Augsburg), und die kirchlichen Kunſt=
bedürfniſſe vermochten ſo wenig eine eigene Freiſinger Kunſtſchule
ins Leben zu rufen, wie ein namhaftes Kunſtgewerbe. Dazu
hätte es neben dem kulturmächtigen Klerus auch eines nicht minder
bedeutenden Bürgertumes bedurft, und wenn im frühen Mittel=
alter Klöſter und Biſchofsſtädte voran waren in der Kunſtinduſtrie,

---

[1]) S. Rockinger, Bavaria I, 867.

so wurden sie doch in den folgenden Perioden von den Reichsstädten überflügelt. Freising besitzt manches Prachtstück kirchlicher
Geräte und Schmucksachen und besaß noch viel mehr dergleichen;
bei den meisten dieser Arbeiten weiß man nicht, wo sie verfertigt
wurden, und wo nähere Angaben über den Ursprung vorhanden sind,
da werden wir fast immer auf auswärtige Werkstätten gewiesen.

Eine ganz absonderliche freisingische Industrie ging unmittelbar von einem Bischofe aus. Albert Sigismund (1651—85),
auch als Bauherr und Weidmann bekannt, beschäftigte sich mit
der Verarbeitung von Glas, namentlich zu künstlichen Edelsteinen,
welche man „Freisinger Fluß" nannte, und zu optischen Gläsern.
Die Kunst der Bereitung des Flintglases soll seinem Bedienten,
Büchsen= und Perspektivmacher Christian Murr, in einer Vision
von einem Benediktiner offenbart worden sein¹). Die Freisinger
Brillen und Perspektive, welche solchergestalt durch geistliche Hand
und Hilfe verbessert worden waren, erfreuten sich damals eines
vorzüglichen Rufes, und obgleich man jetzt keinen „Freisinger
Fluß" mehr macht, so kann man ihn doch noch an Kirchengeräten
u. dergl. angebracht sehen. Auch im Drechseln war Bischof
Albert Sigismund ausgezeichnet. Die Drechslerei blüht zur
Zeit noch immer in Freising, und wohl wenige andre Handwerker
können sich eines so vornehmen geistlichen Gewerbsvorfahren rühmen. Neben den Edelsteinen aus Glas sind dann auch die Brote
aus Stein als ein seltsames Produkt ehemaliger freisingischer Technik
zu nennen²). Man verfertigte sie zum Andenken an ein Wunder,
womit der fromme Thorwart Zemoser soll begnadet worden sein.

So führt uns also auch die Gewerbegeschichte unsrer geistlichen Stadt immer wieder auf geistliche Spuren. Das Recht,
Markt zu halten, hatte ein Bischof, Gottschall, von einem Heiligen, Kaiser Heinrich II., (um 1000) erlangt, wie auch das
Recht des (vordem kaiserlichen) Zolles und der Münze. Das

---

¹) Näheres bei Baumgartner S. 215 f.
²) Obernberger, Reisen durch Bayern II. 44-5

bekannteste Freisinger Münzstück, der „Mohrenkopf", trägt, wie schon der Name andeutet, das bischöfliche Sinnbild; Münzen der Stadt gibt es nicht, ja man vermutet, daß die Bischofsmünzen nicht einmal in Freising geschlagen worden seien. Ein andrer Bischof, Leopold (1377—81), bestätigte die Vorrechte der Stadt, aber mit dem ausdrücklichen Zusatze, „daß auf jedem Eigentum, welches verkauft werden sollte, des Hochstiftes Forderung, Steuer und Wacht verbleibe." Der Magistrat hatte zwar die niedere Polizei und die Gerichtsbarkeit, der Bischof die höhere, allein der Bischof strafte doch auch die Bäcker, welche ihr Brot nicht zeichneten, er verleiht das Zimmermannsrecht, schlichtet den Streit der Metzger (1436), verweist sie auf das „Satzbuch" und entscheidet über den Ort der Fleischbänke[1]). Dazu hatte aber auch das Kloster Weihenstephan schon frühe seine Schneider, Schuster, Brauer und Maler in der Stadt. Rechtlich, sozial und wirtschaftlich war der alte Freisinger Handwerker überall abhängig von den geistlichen Herren. Diese Abhängigkeit schützte und förderte ihn wohl überwiegend in den früheren Jahrhunderten, wie man ja sogar in den Handwerksfrohnden der bischöflichen Städte den ersten Keim des Zunftwesens gesehen hat[2]), später aber, als sich das Bürgertum anderwärts fest auf die eigenen Füße stellte, mußte das früher heilsam leitende Band zur lästigen Fessel werden. Von Handwerksmeistern, die — wie anderswo — durch ihr selbständiges Auftreten im Rat und in der Gemeinde sich einen historischen Namen gemacht hätten, oder durch überragendes Geschick, Glück und Reichtum über die Mauern der Stadt hinaus berühmt geworden wären, finde ich darum auch nichts, wohl aber erzählt die Geschichte der Stadt von einigen Handwerkern, welche uns den klerikalen Geist der alten Bürgerschaft leibhaft vor Augen stellen. Ein Bäcker erhält den Leib des hl. Placidus von Rom und läßt ihn mit großer Pracht fassen, und ein Schlosser rettet bei der

---

[1]) Nach Urkunden im Freisinger städt. Archiv.
[2]) Roscher, System der Volkswirtschaft II, 287.

Säkularisation ein Gnadenbild aus einer profanierten Kapelle und bewahrt und verehrt es vierzig Jahre lang in seinem Hause, bis er endlich die Wiederherstellung der Kapelle erlebt und das Bild an seinen alten Platz zurückgeben kann. Und dergleichen mehr.

2. Verfall und Wiederaufbau.

In den drei letzten Jahrhunderten geht es in Freising ganz ähnlich wie in den kleineren weltlichen Fürstenstädten: der bürgerliche Wohlstand hängt zunächst von den Finanzen und der Wirtschaft des regierenden Herren ab. Kargte der Bischof oder verzehrte er sein Geld auswärts, dann litt die Stadt; griff er den Gewerben untern Arm, verschwendete er recht standesmäßig, dann gedieh die Bürgerschaft. So waren die letzten Jahrzehnte des sechzehnten Jahrhunderts für Freising eine schmale Zeit, weil damals Bischof Ernst auf allzu breiter Basis, nämlich auf fünf Bischofsstühlen zugleich saß (Freising, Köln, Lüttich, Hildesheim, Münster) und während seiner langen Regierung (1567—1612) nur sehr wenig nach Freising kam. Das Geld „ging außer Landes" und die Bürgerschaft verarmte; zum Ersatz der vielen dem Domstift nutzlos verursachten Kosten ließ dann Bischof Ernst ein Altarblatt von Rubens um 3000 fl. malen, was aber den Gewerben der Stadt schwerlich aufgeholfen hat. Dagegen konnte Freising die argen Drangsale des dreißigjährigen Krieges rascher verschmerzen als manche Nachbarorte, weil von 1618—51 der Bischof Veit Adam regierte, ein geschickter Finanzmann und kluger Haushalter, welcher trotz des Krieges die Einkünfte seiner Kirche zu mehren verstand und eine gefüllte Rentkammer hinterließ. Und es folgte in der zweiten Hälfte des siebzehnten und der ersten des achtzehnten Jahrhunderts sogar eine materielle Glanzperiode Freisings. Da wurde stattlich Hof gehalten, gebaut, gemalt, gemeißelt, da wurden prächtige Feste gefeiert; die Bischöfe, zum Teil aus fürstlichem Hause, verfügten eben über bedeutende Privatmittel und brachten dieselben zu Gunsten ihrer Kirche und Residenz mit fürstlicher Freigebigkeit unter die Leute.

Als die Säkularisation dem Fürstbistume ein Ende gemacht hatte, da konnte man vollends erst recht deutlich sehen, wie unmittelbar der Wohlstand der Bürgerschaft Freisings von dem geistlichen Hofe bedingt gewesen war. Die Einwohnerzahl sank von 6000 auf 3500 herab; noch im Jahre 1821 standen 191 Mietwohnungen leer, von 300 bestehenden Gewerben wird kaum ein Drittel mehr als lebenskräftig bezeichnet, der Wert der Realitäten war um vier Fünfteile gesunken, die örtlichen Stiftungsfonds büßten infolgedessen beträchtliche Summen an Zinsen ein und ihr Kapitalvermögen selber schwebte in Gefahr[1]). Als man 1805 und wiederholt 1808 die fürstlichen Häuser und Gründe zum Verkaufe ausbot, fanden sich keine Käufer, erst 1822 konnte ein Teil der alten Propstei- und Domherrenhöfe veräußert werden.

Freising hat diese traurige Periode des Verfalles überwunden. Nicht mehr als geistlicher Fürstensitz, sondern auf Grund des modernen Verkehres und selbständiger Betriebsamkeit gewann die Stadt erneutes inneres und äußeres Wachstum. Als sich die Bürgerschaft am 27. Juli 1821 an den König wandte, um wenigstens die Residenz des neuen Erzbischofs ihrer Stadt zu retten, sprachen die Bittsteller die Besorgnis aus, daß außerdem das altberühmte Freising zu einem Bauerndorfe herabsinken werde. Keines von beiden ist geschehen. Der Erzbischof residiert in München und Freising ward kein Bauerndorf, sondern wuchs vielmehr über die mittelaltrigen Mauern hinaus; die Einwohnerzahl war schon 1851 auf 5326 gestiegen, und stand 1867 auf 7839, einer Ziffer, die wohl zu keiner früheren Zeit erreicht worden ist. Hiermit ist allerdings nicht entfernt gesagt, daß Freising auch seine ehemalige Bedeutung wiedergewonnen habe, denn die geistige Kulturmacht mißt sich nicht nach Ziffern, bei einer Stadt so wenig wie bei den Völkern und Individuen.

---

[1]) Näheres in den bayerischen Landtagsverhandlungen von 1822, im Auszuge bei Baumgärtner S. 292 ff.

Sechstes Kapitel.

Schenkung, Stiftung und Almosen.

In geistlichen Städten waren drei Dinge vordem mindestens ebenso wichtig als Arbeit, Kauf und Tausch, sie heißen: Schenkung, Stiftung und Almosen. Die religiöse Pflicht der guten Werke und die sittliche der Barmherzigkeit wirkte hier oft entscheidender auf Erwerb und Besitz als das volkswirtschaftliche Gesetz von Angebot und Nachfrage.

Die Geschichte der Schenkungen an die Kirche berührt in Freising zunächst den Domberg; ihre reichste Periode geht durchs achte und zehnte Jahrhundert, und der fünfte Bischof, Atto (784—811), führte den Beinamen scriptor, weil er so viele Schenkungsurkunden geschrieben hat.

In der Geschichte der Stiftungen hingegen wetteifert die Stadt mit dem geistlichen Berge. Während die großen Schenkungen an die Kirche im vierzehnten Jahrhundert allmählich aufhören, erscheint die folgende Zeit um so reicher an Wohlthätigkeitsstiftungen. Da ersteht das Hl. Geistspital (1374), das Bruderhaus (1560), das Leprosenhaus (1587), die Almosentrüchelstiftung[1] (1620), der Liebesbund für die armen Seelen (1713), das Krankenhaus (1724), das Armen- und Waisenhaus, das reiche Almosen, die Schollsche Stiftung für Hausarme ꝛc.

---

[1] Von Truche, Truhe, Kasten.

Unter allen diesen Stiftungen hat das Hl. Geistspital die größte Wirksamkeit entfaltet und allein unter allen seinen Bestand gerettet bis auf diesen Tag. Gegründet von einem Geistlichen, dem Domherrn Konrad Gaymann († 1376), ist es von Klerikern wie von Bürgern namentlich im fünfzehnten und sechzehnten Jahrhundert aufs reichste mit Stiftungen und Vermächtnissen begabt worden, und noch unmittelbar nach der Säkularisation (1804) belief sich sein Vermögen auf 124296 fl.

Bei diesem Spitale suchten darum nicht bloß arme Kranke Genesung, sondern gesunde reiche Leute fanden dort auch Kapitaldarleihen, das Spital griff ins Gebiet dreier Fakultäten, als kirchliche, medizinische und volkswirtschaftliche Heil- und Hilfsanstalt. Im Jahre 1637 hatte das Domkapitel den Schweden eine Ranzion von 1500 fl. zu zahlen, es entlehnte 900 fl. vom Spital; ein andermal (1766) borgt es 2500 fl. daselbst zu 4 Prozent. Bischof Johann Theodor (1737) braucht 1000 fl. zum Betrieb des Eisenhammers bei Werdenfels: das Hl. Geistspital streckt ihm die Summe vor, wie der „Liebesbund am Gottesacker" dem Bischofe Johann Franz 600 fl. darlich zum Ankaufe von Zeilhofen (1717). Auch die bayrische Landschaft erhielt vom Spital eine Summe zum allgemeinen Landesdarlehen[1]). Wer in Freising große Kapitalien aufnehmen wollte, der konnte nicht zu den Juden gehen, weil es keine gab; er ging zu den frommen Stiftungen.

Doch ist ein Leihen auf Zins immerhin etwas profan; geistlicher ist das Schenken. Und in Freising wurde gern und viel geschenkt. Da schenkt Bischof Ludwig Joseph im Winter 100 Klafter Holz an die armen Leute und kauft bei teurer Zeit Korn für seine Unterthanen auf; gelegentlich eines Festes läßt er Brot, Wein und Bier an 1600 Arme austeilen. Bischof Konrad V. schickte die abgeordneten Bürger, welche ihm die ansehnliche In-

---

[1]) Laut der Urkunden im städtischen Archive.

fulsteuer nach Krain brachten, wieder mit dem Gelde nach Freising zurück, wie denn überhaupt die Bürger auf Steuernachlässe oft besser eingerichtet waren als aufs Steuerzahlen. In den Tagen des so äußerst mildthätigen Bischofs Ludwig Joseph geschah es sogar, daß der Bischof fast zur nämlichen Zeit seinen Unterthanen in der Grafschaft Werdenfels die Steuern nachließ, wo ihm selber in Wien ein Haus mit Beschlag belegt wurde wegen der Steuern, die seine Beamten dort nicht bezahlt hatten. Die Mehrzahl der Bischöfe aus den zwei letzten Jahrhunderten werden ganz besonders als Väter der Armen gepriesen, wenn auch nicht alle so weit gingen wie Johann Theodor, der ein eigenes „Thoralmosen" eingerichtet und noch 1751 die etwas verspätete Stelle eines Bettelrichters geschaffen hat.

An solchen geistlichen (und auch weltlichen) Fürstensitzen des vorigen Jahrhunderts waren es übrigens nicht die unterm Bettelvogt stehenden Zunftbettler, welche am meisten geschenkt erhielten, sondern Leute von gar vielerlei Zunft und Zeichen; die halbe Stadt lebte mitunter vom Hofe, und es gab da so zahllose und zart verschmolzene Uebergangstöne zwischen den Kategorien des Nehmens, Bettelns und Verdienens, daß man das eine vom andern oft schlechterdings nicht unterscheiden konnte.

In der Freisinger Volkssage gibt es einen ganz besonders bösen Bischof, das war jener Gerold, dessen Leiche das Volk in die Roßschwemme warf, weil er den hungernden Armen kein Brot gegeben.

Der Thorwart an Gerolds Schloß dagegen, Otto Semoser, der den Armen heimlich das Brot zutrug, ward ein Volksheiliger.

Ein Bischof der neueren Zeit, Johann Franz, wurde zwar nicht kanonisiert, genoß aber nach seinem Tode unter den Bürgern die Verehrung eines Heiligen, an dessen Grabe man Votivtafeln aufhängt. Diese Ehre hatte er aber gewiß nicht seinen vielgepriesenen Verdiensten um Kunst und Wissenschaft zu danken, sondern seinem stilleren Walten als Vater der Armen.

Schenkung, Stiftung und Almosen geht in dem geistlichen Sinne der Altvordern an sittlicher Weihe weit voran der Arbeit, dem Kauf und dem Tausche.

Der hl. Korbinian hatte an der Höhe von Weihenstephan eine Quelle erbetet, und wie Moses mit dem Stab aus dem Berge geschlagen. Als man das heilkräftige Wunderwasser, die geschenkte Gottesgabe, später gegen Geld verkaufen wollte, da versiegte der Quell.

So erzählt die fromme Sage.

Ich führe den Leser im Eingang dieser Skizzen auf den Domberg; ich führe ihn auch am Schlusse noch einmal hinauf, um ihm zu guter letzt noch ein Stücklein Fernsicht zu zeigen.

Man schaut da droben gar viele Meilen in die Runde, aber so weit das Auge trägt, über zahllose Dörfer hinaus, vermißt es doch den reichen Schmuck städtischer Staffage; nur die Türme Münchens beherrschen die langgedehnte Linie des Mittelgrundes. Weiter fort aber gegen Süd zum Hochgebirg hinüber dämmert verschwimmend jene liebliche Landschaft, welche man modern geographisch die bayerische Seenzone nennt, früher nannte man sie volkstümlich den „Pfaffenwinkel". Dort reihet sich, anstatt der Städte, Kloster an Kloster: Andechs, Bernried, Schäftlarn, Polling, Wessobrunn, Benediktbeuren, Schlehdorf, Ettal, Tegernsee, Chiemsee u. s. f. Also die uralten Hauptsitze geistlicher Kultur, Freising und der Pfaffenwinkel im Norden und Süden, München in der Mitte, keine andre bedeutende Stadt auf weit und breit.

München als landesherrliche Hauptstadt im Mittelgrunde, Freising als geistliche Metropole im Vordergrunde beherrschen aber nicht bloß die Landschaft aus der Vogelschau des Dombergs, sie beherrschten auch das Land; sie standen hier einsam und ohne ebenbürtige städtische Nebenbuhler. Im alten Bayern waren vor allen die Landesherren stark und die Geistlichen. Das Bürgertum saß wie auf kleinen Inseln inmitten des großen Bauernlandes, und die Bürger machten den weltlichen wie den geistlichen Herren ungleich weniger zu schaffen, als anderwärts. Nicht daß es den Stadtgemeinden im einzelnen an Tüchtigkeit, den Städten an Rechten und Privilegien gefehlt hätte, aber es fehlte an Städten, es fehlte der Wetteifer, die Reibung, die gegenseitige Stütze und Ergänzung vieler, eng benachbarter Bürgergemeinden. Das gerade ist es, was in Schwaben und Franken manchmal dem kleinsten Neste so frische Lebensfülle, so schneidige Originalität verliehen hat. Jene vielen und ansehnlichen bayerischen Märkte, welche Städte werden konnten, aber nicht werden durften, sind für Bayern in manchem Stück charakteristischer als die wirklichen Städte.

Im städtearmen Lande blieb Freising eine so rein geistliche Stadt, gleichwie München eine so rein landesherrliche Stadt blieb, bis Bayern aufhörte, rein bayerisch zu sein, bis die Residenzstadt München zunächst die Hauptstadt eines städtereichen Königstaates wurde, dann eine Großstadt, zu welcher die fernen Städte näher herangewandert sind durch den länderverengenden Weltverkehr.

Im vorigen Abschnitte schrieb ich von einem Gau, der obgleich Bauernland, dennoch ein Land mit Bürgerrechten war, gleichsam eine auf etliche Quadratmeilen ausgegossene Stadt. Auch dieser Gau stand unterm Krummstabe, allein er liegt am weltoffenen, städtereichen Rhein. Die geistliche Herrschaft entscheidet hier nicht schlechthin, sie ließ im Mittelalter nach Umständen großes und kleines Bürgertum unter sich gedeihen und freie wie gebundene Bauernschaft dazu. Natur und Geschichte des ganzen umgebenden Landes entscheidet zugleich mit der Form und Macht der Herrschaft.

Wie aber Freising noch immer — wofern man's nicht gar zu streng nimmt — eine geistliche Stadt heißen kann, so fühlt man auch heute noch aus dem Charakter des altbayerischen Volkes heraus, daß im alten Bayernlande vor allen zwei Herren stark gewesen sind: der Herzog und der Priester. Wer darum Freising nicht gesehen hat, der kennt Altbayern nicht, und wäre er auch sonst schon weit im Land herumgereist; denn eine Stadt, die so lange und so rein eine geistliche Stadt geblieben, war nur möglich auf der bayerischen Hochfläche, und durch die Geschichte Freisings erfahren und begreifen wir erst, welche tiefe Wurzeln die geistliche Macht über ein Jahrtausend im bayerischen Volksleben geschlagen hat und heute noch schlägt.

VI.

Die Holledau.

(1867.)

Erstes Kapitel.

Holledauer Volkshumor.

1. Namen und Grenzen der Holledau.

Das Holledauer Land ist berühmt durch seinen Hopfenbau, und das Holledauer Volk durch seinen derben Humor. Es ist aber leichter vom „Holledauer Landhopfen" als vom Holledauer Volkshumor zu schreiben; denn von ihrem Hopfen hören und reden die Holledauer allweil gern, an das auszeichnende alte Besitztum ihres Humors in Lied, Sage und Anekdote sind sie minder gern erinnert, und vollends ungern an den Spaß, welchen sich andre mit ihnen erlaubt haben.

Darum gibt es eine alte und eine neue Reiseregel für die Holledau. Die neue rät dem Wanderer, welcher recht gut aufgenommen sein will, er möge als Hopfenhändler reisen; die alte aber warnte ihn, daß er nicht frage nach vier Dingen: nicht nach den Grenzsteinen des Landes — denn das sind vier Galgen von Freising, Moosburg, Abensberg und Pfaffenhofen; nicht nach den Volksgrenzen — denn die Holledauer fangen da an, wo die gescheiten Leute aufhören; nicht nach der Mundart — denn jeder Holledauer redet drei Sprachen: „dumm, dallet und dappi", und endlich nicht nach dem Holledauer Wallfahrtslied denn es singt gleich im ersten Vers vom Pferdediebstahl, der schwachen Seite, der geheimen Herzensneigung der alten Holledauer.

Den Hopfen darf man also suchen, aber den Humor muß man ungesucht an sich herankommen lassen, sonst könnte man gleichfalls ungesucht — noch etwas andres kennen lernen, was hierzuland altberühmt ist: die Holledauer Grobheit. Nun fließen jedoch zum guten Glück die litterarischen Quellen über den Humor der Holledau weit reichlicher als über den Hopfen, und da nicht bloß Frankreich, sondern auch die Holledau ihre „gerechte Empfindlichkeit" besitzt, so ist mir's allerdings beruhigend, daß ich mich für jeden neckischen Zug, welchen ich anführe, durch gedruckten Nachweis aus Holledauer Autoren decken kann, deren Schriften von ihren Landsleuten mit verdientem Wohlwollen aufgenommen wurden.

Lacht, scherzt und spottet ein Volk gutmütig über sich selbst, so ist das immer ein Zeichen bewußter Kraft, frischen, sprudelnden Lebens, brausenden Uebermutes, und wenn der durch und durch realistische, zugleich aber auch naiv strengkatholische Holledauer den heiligen Castulus anruft:

„Heiliger Sankt Castulus! um was ich dich noch bitt':
Um hunderttausend Gulden — und bring mirs Geld gleich mit,
Um hunderttausend Gulden und noch einmal so viel,
Alle Jahr' ein anders Weib, und in Himmel 'nein — wann ich will —."

so hört man heraus wie sich die Leute wohl fühlen in ihrer Haut und in all ihrer guten und schlimmen Originalität.

Anders steht es freilich mit dem Spott der Nachbarn über die Holledauer. Er zielt nicht auf einen Ueberschuß des Wohlbehagens, sondern im Gegenteil auf die frühere Abgeschlossenheit, Armut und Unkultur des Landes und auf des Volkes allzuderben Naturwuchs. Allein gleichviel. Die Holledau, über welche man so manches Witzwort gemacht hat, muß dann eben doch schon seit uralter Zeit den Nachbarn eigenartig und merkwürdig erschienen sein, wert einen besondern Namen zu führen. Und daß dieser Name vom vierzehnten aufs neunzehnte Jahrhundert lebendig sich vererbt hat, verdankt die Holledau ohne Zweifel bloß dem scharf geschnittenen Charakter ihrer Bevölkerung.

Ursprünglich von der Landschaft entnommen (die Au am Hallwalde), blieb dieser Name im Volksmunde bestehen, weil die so besonders gearteten Leute einen besonderen Namen forderten; man kann also sagen: die Holledauer retteten die Holledau als ein selbständiges Land in der noch ungeschriebenen „Geographie des deutschen Volksmundes". Die Holledau war niemals ein Gau oder ein Herrschaftsgebiet, noch drängt etwa schlaghaft unterscheidende Bodenbildung zu einem eigenen geographischen Namen: die Holledauer drängten dazu, weil sie sich so schlaghaft von den angrenzenden altbayerischen Stammesgenossen unterschieden, und ohne die Neckereien und Witzworte, welche sich an diesen Namen knüpfen, wüßten es wahrscheinlich nur noch die Lokalhistoriker, daß es einmal auf Aventins, Appians und Xinths Landkarten eine „Hallethaw" gegeben habe.

Zunächst noch ein Wort über diesen Namen: er wird uns rasch wieder zum Holledauer Humor, und der Humor dann wiederum ganz ungezwungen zum Hopfen führen.

Ich bin so frei und schreibe „Holledau", und zwar nach der neuen Reiseregel wie die Hopfenhändler; die Gelehrten schreiben nach Schmellers Vorgang „Hallertau". Letzteres ist die urkundliche Schreibart des vierzehnten und fünfzehnten Jahrhunderts, und hat als älteste beglaubigte Form gewiß den größten etymologischen Wert. Allein es handelt sich hier nicht um einen toten, sondern um einen lebendigen Namen, und den sollte man heute eben auch schreiben, wie er heute im Volksmunde lebt. Ich habe nach meiner Methode der Quellenforschung überall im Lande selbst scharf aufgehorcht und immer nur „Holledau" oder „Holladau" gehört, ich habe mir das Wort von allerlei schriftkundigen Holledauern, von Bauern, Wirten, Kellnerinnen, Beamten und Pfarrern buchstabieren lassen, und sie haben samt und sonders Holledau buchstabiert. Lipowsky in seiner Preisschrift über das Landgericht Moosburg (1861) bezeichnet „Holladau" als allgemeinen Sprachgebrauch, und die Allg. Ztg. schreibt in ihren Boten und Handelsberichten wechselnd bald „Holledau" bald „Hollidau"

Dieses schwebende a, e oder i können wir nun auch getrost in der Schwebe lassen. Denn für unsern Namen gibt es keine „amtliche Schreibart", welche für die offizielle Geographie Deutschlands zu einer Zeit abgeschlossen wurde, wo die wissenschaftliche Erforschung der Ortsnamen noch sehr im Argen lag: diese amtliche Form ließ dann allerdings nichts in der Schwebe, sondern fixierte im Zweifelsfalle meist das Schlechteste.

Uebrigens habe ich noch einen tiefern Grund, daß ich diesmal nicht dem größten bayerischen Sprachforscher, sondern den Bauern folge. Hallertau oder Holledau, der alte und der neue Name, bezeichnen die zwei Epochen, in welchen dieser Landstrich aufblühte, selbstbewußt, mannhaft geworden ist. Als im vierzehnten Jahrhundert die vier Marktflecken dieser Hügel, Wolnzach, Mainburg, Au und Nandlstadt, politisch und sozial in die Höhe kamen, ja teilweise erst das Recht des Zaunes und Grabens, des Stocks und Galgens und des Wochenmarktes gewannen, da lesen wir auch zum erstenmal von der Hallertau, und zwar in Urkunden. In unsrer Zeit hingegen beginnen wir von der Holledau in Zeitungen zu lesen, nämlich in landwirtschaftlichen und Handelsblättern, auf Grund des neuen Aufschwungs durch den Hopfenbau, welcher seit kurzer Frist ganz neue ökonomische und soziale Zustände hier angebahnt, und die fast verschollene und verspottete Gegend zum zweitenmale selbstbewußt und namhaft gemacht hat. Ich fasse diese modernen Zustände als letztes Ziel meiner Darstellung ins Auge, und darum bediene ich mich auch des modernen Namens.

Für solch eine Landschaft, die es bloß zu einem historischen und volkstümlichen, nicht aber zu einem amtlichen Namen gebracht hat, gibt es dann auch nur schwebende und wechselnde Grenzen. Ich bezeichne die heutige Holledau als das Hügelland zwischen Amper, Ilm, Donau, Abens und den Moosburg-Landshuter Isarhöhen.

Schon diese Grenzen deuten auf den im Lande gewurzelten Volkscharakter. Die Holledau ist von Flüssen, offenen Thälern und großen Straßenzügen begrenzt, d. h. die Welt zieht an ihr vorbei, sie selber hingegen ist ein Land der Waldhügel, der Wasserscheiden, zahlloser kleiner Quellengebiete, nach Süd und West von großen Forsten umrahmt, nach Norden durch einen dichtbewaldeten Höhenzug (Forst Dürrenbuch) wie durch einen Wall gegen das Donauthal abgeschlossen. Hart vor den Thoren der Holledau liegen Städte — Moosburg, Abensberg, Neustadt, Pfaffenhofen, - in der Holledau gibt es nur Dörfer und Marktflecken. Rings um die Holledau zieht sich ein Grenzgürtel historisch bedeutender Orte: Scheyern, Abensberg, Landshut, Gamelsdorf, Freising — Orte, welche uns in die bayrische Landesgeschichte und mitunter auch darüber hinausführen; die Geschichte der innern Holledau blickt fast nur in sich selbst hinein, sie ist lokalster Natur. Der Freund monumentaler Kunst kann einen höchst lohnenden Gang machen, wenn er rund um die Holledau herum wandert; von Station zu Station wird er sich bei dieser Grenzbegehung durch kunstgeschichtlich lehrreiche Bauten gefesselt finden, durch die Kirchen, Klöster, Schlösser und Rathäuser im Ilm-, Abens-, Donau- und Isarthal. Dringt er aber ins Innere der Holledau, so kann er sein Skizzenbuch getrost in der Tasche lassen, sobald er Gelbersdorf und St. Alban im Rücken hat; außer er müßte sich denn notieren wollen, daß es in Wolfersdorf noch bis zu diesem Jahr eine Kirche mit Strohdach gab, wodurch dieselbe einzig in der ganzen Münchener Diöcese gewesen ist.

Eine überaus große Zahl kleiner Adelssitze war vordem über die Holledau verstreut, Herrenhäuser, häufig im Thal inmitten der Dörfer gelegen und durch Wassergräben geschützt. Wening (1700) zeigt uns noch viele derselben in Abbildungen, es sind meist rohe und unbedeutende Bauwerke im Stil des sechzehnten und siebzehnten Jahrhunderts, charakteristische Denkmale des in sich abgeschlossenen ehemaligen Kleinlebens dieser Gegend. Die größeren landesfürstlichen Schlösser (Vohburg, Trausnitz, Isareck ec. ec.) lagen vor der Schwelle der Holledau. Von Burgen liest man viel in der Holledauer Geschichte — heutzutage aber ist das merkwürdigste, daß man keine einzige mehr sieht, ich meine ordentliche Burgen mit phantastisch ruinösen Türmen und verwitterndem, epheuumranktem Mauerwerk.

Dafür bietet denn manchmal ein altes Bauernhaus dem landschaftlichen Romantiker köstlichen Ersatz; ein Blockhaus, rein aus massiven Balken gezimmert, deren warme graubraune Naturfarbe noch durch keine tote Kalktünche verdrängt ist, mit winzig kleinen Fenstern (Gutzerle) und einem desto größeren Strohdach, so borstig und struppig wie es kaum ein Ruysdael gemalt, wie es nur Rembrandt auf seinen Radierungen wiederzugeben vermocht hat. Aus einiger Ferne weiß man kaum ob das Häuslein für Mensch oder Vieh bestimmt sei, ob man ein Naturprodukt oder Menschenwerk vor sich habe, und gerade darum verbindet sich's so höchst organisch mit der Landschaft. Doch werden diese malerischen Hütten merklich seltener, und wer so recht in ihrem Anblick schwelgen will, der muß schon den Mut haben zu den „vier letzten Dingen" vorzudringen, wie man die vier abgelegensten und schmutzigsten Dörfer der Holledau (Osterwahl, Koppenwald, Haslach und Zielstätten) genannt hat.

Der grobe Spruch, daß die Holledau da anfange wo die gescheiten Leute aufhören, hat, aus dem Spaß in den Ernst übersetzt, doch wohl keinen andern Sinn, als daß man städtischer Gesittung Valet sage, so wie man die Holledau betritt. Allein die launigen Holledauer wissen sich doch wieder ihr eigenes Städtewesen zu schaffen. Sie nennen den Pfarrer von Rudelshausen den „Bischof der Holledau", und Dr. Prechtl, der gründlichste Geschichtskenner und Beschreiber dieses Landes, bringt diesen Titel in Zusammenhang mit der Bedeutung von Rudelshausen in ältester Zeit, wo dieses Dorf einem Untergau den Namen gegeben hat. Eine ähnliche scherzhafte Rangerhöhung gibt der bekannte Holledauer Reim: „Wolnzach, Nandelstadt und Au sind die drei größten Städte in der Holledau." Wenn Nandelstadt, ein höchst ländlicher Flecken mit 499 Einwohnern, zu den drei größten Städten der Holledau zählt, so fragt man billig wie denn hierzuland die kleinen Städte aussehen, und kommt zuletzt wohl gar noch Hagsdorf, welches 34 Familien und dabei — glückliches Hagsdorf! — nur einen Dienstboten besitzt.

So lernen wir die Holledau als eine Art Insel kennen, von städtischer Kultur umspült, aber nicht durchflutet. Zwei Eisenbahnen (München-Ingolstadt und die Ostbahn) streifen ein Stück der Holledauer Grenzen, entsprechend dem Zuge zweier alter Heerstraßen, die gleichfalls nur den Saum des Landes berührten, während nur eine größere Straße (Freising-Abensberg) mitten durchführt, welche von Prechtl jedoch nicht eben eine große Verkehrslinie, sondern eine "Straße der Armut" genannt wird. Mehr als fünftausend Handwerksburschen, Schauspieler, Gaukler, Guckkastenträger, Grabler, Vagabunden, Hopfenbrocker 2c. sollen alljährlich dieses Weges gehen, und ich füge noch jene Hausiererfamilien hinzu, welche im leinwandgedeckten Wagen einherfahren, aus dessen dunklem Schoß das Weinen kleiner Kinder und das Wimmern junger Hunde hervordringt. Denn die armen Leute treiben nebenbei auch ambulante Hundezüchtung und Hundeverkauf als einen, wie ich glaube, statistisch noch nicht berücksichtigten Zweig des Hausiergewerbes, und wurden darum von den Holledauern in diesem Jahr beschuldigt, daß sie, neben anderen ungenannten Einfuhrartikeln, auch die Hundswut importiert hätten.

Charakteristischer als diese Hauptstraße sind übrigens die vielen Feldwege, welche bergauf bergab die zahllosen verworrenen Hügelwellen der Holledau durchkreuzen. Sie sind sprüchwörtlich, nicht weil man so gut darauf fährt, sondern weil man so gut darin stecken bleibt. Der aus losem Sand und Lehm gemischte Boden macht die Holledau sehr unwegsam, vorab bei Regenwetter, und wirkte ohne Zweifel auch zu seinem Teil mit, daß Land und Leute vor Zeiten so abgeschlossen, so insular geblieben sind. Allein dieses selbe Gemisch von Sand und Lehm läßt jetzt andrerseits den Hopfen so üppig gedeihen, der Hopfen aber öffnet die Holledau der Welt und führt eine neue

Kultur herein, so daß man sagen kann: der lehmige Sandboden machte die Gegend unwegsam im Mittelalter, und wegsam in der Gegenwart.

2. Das Schelmenländel.

Die schlechten Wege bringen uns aber auch noch auf eine andre Fährte. Ein unwegsames, dünnbevölkertes Wald- und Hügelland zwischen großen belebten Heerstraßen mußte in alter Zeit vortreffliche Schlupfwinkel für Spitzbuben bieten. Die Holledau ist darum kriminalistisch altberühmt, man nannte sie volkstümlich wohl auch das „Schelmenländel", und der ehemalige Pfarrer Anton Nagel in Moosburg hat einen „Grundriß des Schelmenländels der Roßdiebe der Halletau" hinterlassen, welcher den „Urkunden aus dem Schloßarchiv zu Au" von Prechtl und Geiß beigedruckt wurde.

Man führt die frühere Unsicherheit der Holledau auf zweierlei historische Anfänge zurück; entweder auf den dreißigjährigen Krieg, der ja ganz Deutschland für eine lange Folgezeit mit umherschweifendem Raubgesindel bevölkerte, oder auf die vielen kleinen Burgen, welche in der Holledau versteckt lagen, und das Land im Mittelalter zu einer besonderen Zufluchtsstätte des Raubrittertums gemacht haben. War doch nicht einmal der Kaiser sicher, wenn er längs der Holledauer Grenze zum Reichstag ritt. Denn das Gefolge Kaiser Sigismunds wurde, als er 1434 von Ulm nach Regensburg zog, von einem Herrn von Abensberg rein ausgeplündert. Die Abensberger samt ihren Genossen aber hatten ihre Sammelplätze und Schlupfwinkel in der Holledau.

Gewöhnlich gibt man jedoch dem Ruf des Schelmenländels einen weit minder vornehmen Ursprung. Etliche Holledauer sollen einen Schimmel gestohlen und denselben, als sie sich verfolgt sahen, in eine Feldkapelle versteckt haben. Sie konnten aber das Tier nicht rechtzeitig wieder holen, und da später die Kapelle geöffnet wurde, fand man den Schimmel verhungert.

Darum heißen die Hollebauer auch „Schimmelfänger" und die vielen vereinzelten Kapellen, welche als ein rechtes Wahrzeichen des Landes da und dort die Hügel krönen, „Schimmelkapellen".

Nun ist es allerdings aus den Akten erwiesen, daß in der Hollebau sehr viel geraubt und gestohlen wurde, und namentlich der Pferde= und Viehdiebstahl stark im Schwange ging; ja man hat sogar einen besonderen Zeitraum als die Glanzepoche des hiesigen Gaunerwesens mit genauen Jahreszahlen abgegrenzt (von 1649—1805). Allein unter den Hollebauer Dieben — von Thomas Haag, der siebenundvierzig Kirchen plünderte, bis zum Tabakschörgenkatherl, vom Kramermarx bis zu dem Patriarchus Gallus Auer, der mit seinen Söhnen und drei Enkeln an einem Tage gehängt wurde — stehen Fremde und Einheimische in buntester Reihe, und in dem ältesten Aktenstück über den Hollebauer Roßdiebstahl (vom Juni 1649) werden meistenteils „Landfahrer und umbvagirente leith" dieses Verbrechens bezichtigt, so daß die Hollebauer häufig nicht sowohl die Diebe als die Bestohlenen gewesen zu sein scheinen.

Dabei kann noch ein andrer Umstand unser Urteil aufklären: ich spreche von diesen Diebsgeschichten wie ein Buch, und man sollte meinen, ich habe den Kramermarxl und das Tabakschörgenkatherl direkt aus den Akten studiert. Dies ist aber gar nicht der Fall: verschiedene Register der Hollebauer Diebe stehen ganz bequem in gedruckten Büchern zu lesen, und hierin liegt, wie mir scheint, ein wichtiger Fingerzeig. Die alten Hollebauer haben am Ende gar nicht mehr gestohlen als andre Leute, allein man hat die Hauptspitzbübereien gerade dieses Landstrichs besonders treu im Gedächtnis behalten, und zuletzt schwarz auf weiß verewigt, während sie anderwärts vergessen worden sind.

Und daran ist wiederum der Humor schuld. Weil die Hollebauer ihre Roßdiebe so lustig selbst besangen, und von andern damit aufgezogen wurden, so erwuchs dieser Zug zum populärsten Wahrzeichen des Volkes; diesem Wahrzeichen forschten dann die modernen Altertümer nach und brachten zuletzt das ganze Sündenregister ans Licht. Wir haben einen deutschen Dichter, der mit besonders liebenswürdigem Behagen das Neckische, Lustige, Gemütliche des Diebstreibens — den Galgenhumor — darzustellen verstand, Johann Peter Hebel; von dessen unvergleichlichem Heiner, Dieter und Zundelfrieder muß man sich inspirieren lassen, wenn man die rechte Stimmung für das Studium der alten Holledauer Gaunereien gewinnen will.

Das „Schelmenländel" ist hier ein gar treffendes Wort. Schelm hat einen Doppelsinn, es schließt den Spitzbuben und den Schalk in sich. Die Spitzbuben lieferte guten Teils die ganze weite Nachbarschaft in unsre zum Auflauern und Entkommen gleich wohl gelegene Holledau; den Schalk gaben die Holledauer allein dazu. Und wenn die Holledauer Bauern harmlos von sich selber sangen:

„Wir sollten unser neune sein,
Und sind nur unser drei;
Sechse sind beim Schimmelstehlen,
Maria steh uns bei!"

dann sang auch der ritterliche Grenzwart der Holledau, Herr Jakob Püterich von Reichertshausen, nicht minder harmlos von den Rittergedichten seiner berühmten Bücherei; er habe sie zusammengebracht

„mit stehlen, rauben, und darzu mit lehen,
geschenkt, geschrieben, gehaußst und darzue funden,
— doch nur die alten Puecher,
der neuen acht ich nit zu thainer stunden."

Er sündigte gegen das siebente Gebot, allein er sündigte mit Geschmack und Auswahl, und bekennt das ganz heiter und frei in seinem gereimten Bibliothekskatalog. Meint man darum, gar manche andre wütende Büchersammler hätten nicht minder gestohlen, weil sie's nicht so lustig eingestanden haben, wie dieser wackere Ritter aus dem Schelmenländel?

Freilich ist der kriminalistische Humor den Hollebauern mitunter auch zu bunt geworden. Das alte Wappen des Marktes Randlstadt zeigt ein abgeschlagenes Menschenhaupt. Nun ist aber Randlstadt merkwürdig durch seine Gerichtsaltertümer: ein Wirtshaus heißt heute noch „zum Richterwirt", weil in dessen Mauern vordem die Gerichtsschranne gehegt wurde, und der Randlstadter Galgen wird als ein Meisterstück im Liede besungen. Zu alledem nun den abgeschlagenen Kopf im Wappen, das war den Randlstädtern denn doch gar zu scharfrichterlich, und also kamen sie ein um ein neues Wappenzeichen, und erhielten es in Form einer Blume. Statt des alten wohlfeilen Spottes forderten sie aber jetzt einen neuen, tieferen Spott erst recht heraus; sie hatten vergessen, daß jener Kopf, weit entfernt auf die Hollebauer Kriminaljustiz zu deuten, vielmehr, als ein Haupt auf einer Schüssel, ihren alten Schutzpatron, Johannes den Täufer, darstellte, und hatten sich also statt des vermeintlichen armen Sünders einen höchst respektabeln Heiligen aus ihrem Wappen hinwegpetitioniert.

In dem weiten Hügellande Südbayerns, zwischen den Alpen und der Donau, gibt es noch ein rechtes Seitenstück zur Hollebau: die „Stauden" bei Augsburg. Auch sie sind eine Art Insel, wohin sich altschwäbisches Bauerntum in härtester, derbiter, zum Teil roher Form zurückgezogen hat, wie altbayrisches in die Hollebau; auch die Stauden sind von Städten und großen Straßen, überhaupt von Kultur begrenzt, die wenig hineingedrungen ist, und das Wertachthal, welches den Stauden fort und fort den Verkehr an der Nase vorbeigeführt hat, heißt im Volksmunde sogar schlechthin „die Straße". Die Stauden gelten für ganz besonders original in ihrer Mundart, und haben „fremder Redeweise beharrlich Aufnahme verweigert", wie Dr. Birlinger in seinem „Schwäbisch-Augsburgischen Wörterbuche" schreibt, wo Sprache und Sitte der Stauden mit eingehender Liebe und Treue dargestellt sind. Nun behauptet man zwar auch für die Hollebau ein mundartliches Wahrzeichen: soweit die Leute

„schet" statt „nur" sagen, soll die Hollebau gehen; allein „schet" hört man auch am bayrischen Wald, und in der Mundart liegt überhaupt nicht die maßgebende Signatur des Hollebauers. Sie liegt in seinem ganzen Wesen, im Gesamtcharakter, im geistigen Gepräge, welches sich aus gar vielen einzelnen Zügen zusammenwebt, von denen jeder für sich vielleicht nur als leichte Schattierung eines verwandten Grundzuges gemeinsamer altbayerischer Art erscheint. Das Ganze wird aber dann doch wieder etwas Neues und Eigentümliches.

3. Kleine Charakterzüge.

„Züge? Was sind Züge?" so fragte mich einmal ein Astronom in einer Rheinstadt, dem ich in der frischen Entdeckerfreude erzählte, wie ich eben ein paar ganz drastische Züge rheinischen Volkslebens auf der Landstraße erhascht habe. Der Mann sah mich bedenklich an, als wollte er sagen: wer gleich mir von Amts wegen schon gewöhnt sein müsse jedes Wort zu wägen, der dürfe einen so unbestimmten Ausdruck wie „Züge" gar nicht in den Mund nehmen. Nun berechnet man die Sternenbahnen freilich nicht nach Zügen, allein in Zügen malt man ein Menschengesicht und eine Volksphysiognomie obendrein, und für die Kulturgeschichte können Züge oft gerade so wichtig sein wie Thatsachen für die politische, und mathematische Proportionen für die Astronomie. Ich will aber meine Hollebauer doch auch einmal in Form einer mathematischen Proportion darstellen: wie sich der Staudenbauer zum Allgäuer verhält, so verhält sich der Hollebauer zum oberbayrischen Gebirgsvolk. Alle vier zeigen uns einen gewissen altertümlichen Naturzustand, dort des schwäbischen, hier des bayrischen Volkstums, welcher uns städtische Kulturmenschen, kraft des Gegensatzes, frisch und heiter anspricht. Allein in dem freien Hirtenleben des Hochgebirges kehrt uns jener Naturzustand seine positiv poetische Seite zu, in dem beengten, ringenden, abgeschlossenen Dasein des Waldbauern der Stauden und der Holledau seine negativ poetische Seite, d. h. die Prosa der Beschränkung, des Stillstandes, der altväterlichen Derbheit und Grobheit, welche sich aber im verneinenden Spiele des Humors doch wieder über sich selbst erhebt und zur Poesie verklärt.

Nun muß ich aber doch noch etliche „Züge" aufs Papier werfen, damit der Leser diesen künstlichen Satz geschwind wieder vergesse.

Die Holledauer sind streng katholisch, und der echte Bauer ist dabei noch so oft so ganz naiv in religiösen Dingen, daß wir uns geradeswegs ins Mittelalter oder nach Süditalien versetzt glauben. Gleich in einem der vordersten Dörfer der Holledau sehe ich im Wirtshaus folgende charakteristische Scene. Das Kruzifix in der Fensterecke war herabgefallen auf die darunter stehenden Blumenstöcke und dabei recht schmutzig geworden. Die Wirtin eilt hinzu mit dem Wasserkübel, wäscht das Bild, stellt es dann prüfend vor sich hin, und spricht: „So, lieber Herrgott, jetzt bist wieder sauber, aber daß du mir nicht noch einmal auf d'Nasen fallst!" Dann heftet sie's sorgsam wieder auf seinen Platz, tritt zurück und betet ein Vaterunser, damit es unser Herrgott nicht übel nehme, daß er vorhin so schlecht am Nagel gehangen habe. Die himmlischen Dinge sind eben diesen Leuten so vertraut, daß sie ganz menschlich mit ihnen verkehren.

Am Nordrande der Holledau liegt Engelbrechtsmünster, wo der berühmte bayerische Humorist Anton v. Bucher (ums Jahr 1780) eine Zeitlang Pfarrer war, und seine Geschichte „Pangraz des Bürgersohns" schrieb. Buchers zahlreiche Schriften enthalten eigentlich nur Variationen über zwei Themen: entweder er geißelt die Jesuiten, Bettelmönche und unwissenden Pfaffen mit ganz erbarmungsloser Satire, oder er zeigt uns den Humor einer primitiven Volksbildung, welche sich durch den Glauben nicht sowohl zu dem Heiligen erhebt, als das Heilige ganz gemütlich zu sich herab nimmt, und dadurch aus dem größten kirchlichen Eifer Dinge sagt und thut die auf jeder höheren Bildungsstufe als

frivoler Spott erscheinen würden. Bucher soll in Engelbrechts=
münster mit besonderem Behagen geschrieben haben, und ohne
Zweifel hat er hier und in der Umgegend viel gelernt für jenes
zweite Grundthema seiner Bücher. So mußte ich mir denn auch
bei der Anrede der Wirtsfrau an ihr Kruzifix augenblicklich sagen:
das ist ja wie ein Blatt aus Buchers sämtlichen Werken. Nur
daß Bucher die Farben dicker aufgetragen hätte. Allein die Holle=
bau von 1867 ist in diesem Stücke freilich auch nicht mehr so
grell gefärbt wie die Holledau von 1780.

Soweit vom Glauben. Ich hörte aber auch von einem
Holledauer Bauern, der bereits zu Kritik und Zweifel gekommen
war. Er glaubte an keinen Gott, schlechterdings nicht, und keine
Predigt wollte ihm in den Kopf gehen. Da geschah es, daß er
sich im Juni 1862 mit seinem Bruder auf freiem Felde befand
als das schwere Hagelwetter kam mit Schloßen wie Hühnereier,
die schlugen ihm zwei Löcher in den Kopf. Und als ihm nun
der Bruder das Blut von der Stirne wischte und den Kopf mit
dem Sacktuch verband, fragte er den Zweifler: „Glaubst du jetzt,
daß es einen Gott gibt?" „Ja!" sagte er, und schielte verstohlen
nach dem Himmel, ob nicht eine zweite Ladung nachfolge —
„jetzt glaub' ich's!"

Uebrigens sind die harten Köpfe der Holledauer berühmt
auch im buchstäblichen Sinne. Bei festlichen Anlässen soll hier
nicht weniger gerauft und geprügelt werden als anderswo in
Altbayern, dagegen bleibt weit seltener ein Mann auf dem Platze.
„Wenn einem Holledauer kein Kirchturm auf den Kopf fällt, so
hat's nicht viel zu sagen." Vor zehn oder mehr Jahren starb
einer der gefürchtetsten Raufbolde, dem oft genug ein blutiges
Ende prophezeit worden war, zuletzt dennoch eines medizinischen
oder sogenannt natürlichen Todes. Bei der Leichenschau entdeckte
man gegen zwanzig alte Narben von zum Teil sehr schweren
Wunden, die ihm allesamt nichts gethan hatten. Einmal war
ihm der Schädel so jämmerlich zerschlagen worden, daß man ihn
schon verloren gab, und ließ darum seine Mutter rufen. Die

erschrockene Frau fragte: wo denn die Verletzung sei? Als man ihr antwortete: am Kopfe! sprach sie wieder aufatmend: „Gottlob, daß es keinen edlen Teil getroffen hat!"

Ein Volk, welches so derb ist in der Faust und in der Rede wie die Hollebauer, wird auch nicht gar zu weiche und feine Verse in seinen Liedern singen. Jene innigen, fein empfundenen Reimpaare, jene neckischen und doch zugleich so wehmütigen Liebesklagen, wie sie mitunter im Volkslied des bayerischen Hochgebirges überraschen, sucht man in der Hollebau wohl vergebens. Lipowsky bezeichnet die hierorts gangbaren Schnaderhüpfeln als öfters schmutzigen Gehalts, häufig voll derben Witzes und Spottes. Man hat so manche sentimentale Liebesgeschichte aus den Liedern unsers Hochgebirgs herausgehört, und in Versen und Prosa litterarisch weitergesponnen. Ich setze eine Hollebauer Liebesnovelle dagegen, welche zu Wolfersdorf an einer „Martersäule" verewigt ist; sie klingt gar nicht wie säuselndes Zitherspiel in der Sennhütte. Der starke Görgel von Wolfersdorf, ein wegen seiner Körperkraft gefürchteter Bursche, kam in einer Mainacht des Jahres 1779 vom Besuch bei seiner Geliebten in Halsberg; da sieht er plötzlich einen ungeheuren Graben vor seinen Füßen, und daneben ein Ungetüm, welches ihm den Uebergang wehrt. Görgel prallt zurück, ermannt sich aber und setzt mit gewaltigem Sprung hinüber. Allein der Doppelaffekt von Liebesrausch und Gespensterfurcht an einem Abend, das war zuviel gewesen für den starken Görgel. Als er nach Hause kam, hatte er den Verstand verloren, und fand ihn auch nicht wieder. Nun aber fühlte er sich erst recht als den starken Mann, und ließ sich gar nicht mehr halten und bannen in seiner Raserei; man wollte ihn darum nach Au transportieren in festes Gewahrsam. Unterwegs jedoch rang er mit seinen Führern und brach ihnen aus, worauf einer derselben den armen Görgel kurzweg zusammenschoß. So endete sein Liebeswahnsinn.

Ich will nun aber zeigen, wie man diese Martersäulengeschichte in eine wirkliche historische Novelle verarbeiten kann, und greife dabei wieder zu meiner These zurück, daß die Holledau ein von Kultur rings umgrenztes Naturland sei. Unweit der äußersten Nordwestecke der Holledau liegt die Vohburg, wo Herzog Albrecht mit der schönen Agnes Bernauerin die seligsten Liebestage lebte — das ist die edle, rein menschliche Liebe am Saume der Holledau mit tragischem Hintergrund. An der äußersten Südwestecke unsers Landstrichs liegt Reichertshausen; dort haust ungefähr zur selben Zeit des fünfzehnten Jahrhunderts Herr Jakob Püterich, schwärmt für die alte Epik der ritterlichen Minne, bewahrt und rettet uns den einzigen Codex von Ulrich von Lichtensteins Frauendienst (der mit Methode verrücktesten Liebesgeschichte die je gelebt und geschrieben worden ist), setzt den Katalog seiner Bibliothek in Verse, und überschickt ihn als „Ehrenbrief" der Erzherzogin Mathilde von Oesterreich, um derselben als einer Dame sondergleichen zu huldigen, obgleich er nur durch eine andre Dame von ihren Vortrefflichkeiten gehört hat, sucht jedoch neben diesem ganz spirituellen Minnedienst auch andern schönen Frauen, vielleicht in minder spiritueller Weise, zu huldigen, worüber ihm seine Hausfrau Anna sehr derbe Worte sagt — das alles ist die Donquixoterie des versinkenden mittelalterigen Minnekults am Saume der Holledau mit komischem Vordergrund. Und nun endlich der starke Görgel in der innersten Holledau (den wir aus dem achtzehnten ins fünfzehnte Jahrhundert zurückversetzen), grimmig liebend und kämpfend, ganz naturwüchsig, ganz in Holz geschnitten, ein Recke aus der Bauernhütte mit tragikomischem Mittelgrund.

Wie diese drei Motive zu einem Ganzen zu verweben und in Handlung zu setzen seien, das überlasse ich Andern, und gehe inzwischen zum Hopfenbau über.

Zweites Kapitel.

Holledauer Landhopfen.

1. Wirtschaftliche Resultate.

„Der Engländer in der Holledau" — unter diesem Titel wurde vor Jahren eine Posse auf dem Münchener Volkstheater gegeben, in welcher vermutlich ein steifleinener englischer Tourist in lustigen Konflikt gebracht wird mit der Derbheit und Schalkheit der Holledauer. Inzwischen sind die Engländer wirklich in die Holledau gekommen, aber nicht um über das naturwüchsige Volkstum zu staunen, sondern um Hopfen zu kaufen; ja englische Unternehmer haben sogar große Hopfengüter bei Siegenburg und Mainburg erworben, und bei letzterm Ort eine ganz neue Anstalt zum rationellsten Trocknen der Hopfen eingerichtet, welche die Neugierde und das Nachdenken der Holledauer in hohem Grade weckt. Die Leute haben also ganz recht, wenn sie dem Wanderer gern erzählen, daß man die Holledau neuerdings sogar in England kenne, nämlich auf dem englischen Hopfenmarkt; dafür kennt man sie in Deutschland um so weniger. Allein von der Fremde herüber wird man am sichersten zu Hause berühmt; Händel und Haydn gewannen ihren großen deutschen Ruhm erst von England aus, warum nicht auch der Holledauer Hopfen? Es erinnert mich jener Stolz der Holledau auf ihren englischen Markt an den Stolz, welchen ich in meiner Jugend als Nassauer empfand, da es hieß: die Engländer exportierten unser Holzkohleneisen zur Verfertigung ihrer solidesten Maschinenteile, und als vollends dann englische Kapitalisten selber kamen und große Eisenwerke in unserm Lande gründeten — genau wie es jetzt mit dem Hollebauer Hopfen geschieht.

Der Hopfenbau dieses Landstrichs ist zwar nicht neu, denn er kann gegenwärtig sein tausendjähriges Jubiläum feiern (erste urkundliche Erwähnung zwischen 854 und 875); allein daß man die Hollebau schlechthin als das „Altbayerische Hopfenland" charakterisieren kann, daß der Hopfen hier die Hauptquelle des Wohlstands geworden ist, und, den bloßen Landverbrauch weit überflügelnd, auswärtigen Markt gewonnen hat, dies ist eine neue Thatsache.

Nicht bloß bei den Individuen, auch bei den Völkern und Gauen entwickelt sich fortschreitende Teilung der Arbeit. Früher ward ringsum in Oberbayern Hopfen gebaut, und auf Tobias Volkmers Karte von München sehen wir im Jahre 1613 selbst diese Stadt noch von Hopfengärten umgeben. Doch Schritt für Schritt wich der Anbau aus den minder günstigen Strichen, um auf den günstigsten Strichen desto ausschließender und intensiver einzuwurzeln. So ging es anderswo mit dem Wein, so hierzulande mit dem Hopfen. Für die Hollebau ist nun diese Konzentration vergleichsweise erst von gestern, d. h. von 30 bis 40 Jahren her. Im Jahre 1812 soll die Hollebau nur beiläufig 100 Zentner Hopfen erzeugt haben, mit kaum nennenswerter Ausfuhr; 1858 dagegen schätzte man die Ernte bereits auf 13 000 Zentner, welche einen Erlös von 1—1½ Mill. Gulden darstellten, und natürlich zum größten Teil außer Landes gingen. Seitdem hat aber der Anbau wie der Wert des Produkts noch fortwährend und rasch zugenommen. Die 1865er Ernte schätzte man auf 20—25 000 Zentner, der Preis stieg auf 110—115 fl., ja 1866 im günstigsten Fall sogar auf 150, also im Durchschnitt wohl auf 115—120 fl., und die Gesamteinnahme wuchs über 2 Millionen Gulden hinaus.

Entsprechend gewann dann auch die Hollebau eine ganz neue Rangstelle unter den süddeutschen Hopfenländern. Auf dem

Nürnberger Hopfenmarkt galt am 26. Oktober 1865 der Spalter Hopfen 155—190 fl., der Hollebauer 110—135; am 12. Oktober 1866 Saazer 165—196, Spalter 150—190, Hollebauer 145—150, badischer und württembergischer 110—115 fl. Es bezeichnet einen ganz überraschenden Aufschwung, daß der alte „Landhopfen" unsrer sonst so kulturarmen Hügel dem weitberühmten fränkischen Gewächs so nahe rücken konnte.

Aehnlich wie man vor Zeiten edle Burgunderreben an den Rhein verpflanzte, hat man neuerdings durch Spalter und böhmische Setzlinge (Ferer) den Hopfen der Hollebau veredelt, und jetzt gehen die Hollebauer Setzlinge schon wieder zu gleichem Zweck in die nachrückenden Nachbarstriche.

2. Gesittungsresultate.

Ich bin hier zu einer sehr naheliegenden Parallele gekommen — des Hopfenbaues mit dem Weinbau. Und doch trifft diese Parallele nur die Form des Anbaues, sie verläßt uns so wie wir tiefer gehen, d. h. auf den Zusammenhang des erzielten Produkts mit dem Volkscharakter. Schon der Sprachgebrauch deutet auf diesen Unterschied: der Winzer „baut Wein", aber der Hopfenbauer baut kein Bier, sondern lediglich ein Ingrediens, mit welchem überall in der Welt beliebige Biere gewürzt werden können. Darum gehört der Wein voll und ganz seinem Geburtsort, er spiegelt uns die verklärte Natur seiner heimatlichen Erde für drei Sinne erkennbar, und da die Weinbauern ihren eigenen Wein auch einigermaßen zu trinken pflegen, so strahlt die Volksart solcher gesegneten Länder auch wieder den Geist des heimischen Weines wie in einem Spiegel zurück. Das alles kann man vom Hopfen nicht behaupten. Nur die Methode seines Anbaues und der Handel, welchen er ins Land zieht, wirken umbildend auf des Volkes Art und Gesittung. Und für solchen Einfluß liefert allerdings die Hollebau den schlagenden Beleg.

Der Hopfen lohnt den Anbau auch im kleinsten Maßstab.

Selbst der Holledauer Taglöhner, welcher nur eine schmale Parzelle und eine Kuh besitzt, hat doch sein Hopfengärtchen, und zu bestimmter Frist verhilft es ihm zu einem Stück baren Geldes. Klingende Münze auf den Termin; darin liegt der verlockendste Reiz des Hopfens gerade für den kleinen Mann. In den meisten Dörfern sieht man darum sogar vor jedem Haus je eine oder zwei Hopfenpflanzen; an der einzigen Pflanze kann der Besitzer einen halben Gulden jährlich gewinnen, und in Glücksjahren einen ganzen Gulden. Der Fremde begreift den Sinn dieser einzelnen Hopfenstange nicht — sie ist vielleicht eine Sparbüchse für die Kinder des Bauern.

Oefters stößt man mitten im Wald auf einen geschützten, gegen Süden geneigten Fleck, der mit Hopfen bedeckt ist, man sieht Kirchhöfe ganz in Hopfengärten versteckt, und aus den steilsten Schluchten der zerrissenen Sandhügel, wo sonst kaum eine Ziege weidete, ragt ein Wald von Hopfenstangen. Hopfenland ist in der Regel kein malerisches Land; in der Holledau jedoch zerstören die Hopfengärten noch weit weniger die Poesie der Landschaft als in Franken, eben weil sie so häufig noch in Wald und Wiese verwebt sind, und namentlich zur Frühlingszeit mit ihrem lichten Grün gar anmutig gegen das dunkle Tannendickicht und seinen leuchtenden Moosboden abstechen. Gerade dieses scheckige Durcheinander erzählt uns den jähen Kontrast der alten und neuen Wirtschaft. Früher bezeichnete man die Holledau als Waldland mit mäßig ergiebigem Getreidebau, und jetzt ist sie von einer Handelspflanze beherrscht, welche fast jede Familie und selbst die kleinsten Leute in den Strom eines ganz neuen gesteigerten Arbeitslebens gezogen hat. Vor 160 Jahren schrieb Wening noch von der Holledau: die Luft ist gut, der Boden aber schlecht; jetzt ist dieser geringe Boden ergiebiger geworden als der beste Weizengrund.

Dieser Hopfenbau bis zur armen Hütte hinab verjüngt und hebt nun aber die Volksgesittung, ganz ähnlich wie anderswo der Obstbau. Sehen wir im Gebirg eine recht prächtige Vieh=

herde oder im Getreideland ein recht stolzes Kornfeld, so schließen
wir daraus zunächst auf den Reichtum des Besitzers; denn wer
nur eine Kuh oder nur ein Tagwerk Landes sein eigen nennt,
der wird es niemals zu einem so schönen Stück Vieh und kaum
je zu so schwer beladenen Aehren bringen, wie der reiche Mann.
Beim Hopfen= oder Obstgarten aber erkennt man zunächst den
persönlichen Fleiß des Eigentümers. Eine magere Kuh ist dem
Taglöhner keine Schande, dagegen trifft ihn Spott und Ver=
achtung der Nachbarn, wenn er seinen Obstbaum verwildern läßt,
oder seinen Hopfen verwahrlost. Da beobachtet und kritisiert fort
und fort ein jeder Fleiß und Geschick der andern, das weckt den
Ehrgeiz und erzeugt eine Regsamkeit, welche zuletzt das ganze
sociale Leben durchdringt. In Franken und der Pfalz, wo die
Raupennester und Misteln auf den Apfelbäumen seit alter Zeit
die öffentliche Kritik so scharf herausforderten, sind die Leute
schon längst auch in anderen Dingen weit kritischer geworden als
in Altbayern. Ich durchwanderte diesen Frühsommer die Holle=
dau. Welch wimmelndes Leben regte sich in den Hopfenfluren
— man nennt sie Hopfengärten, obgleich sie jetzt offene Felder
sind, aber vor alters waren sie als Gärten umzäunt, und die
Arbeit ist mehr denn je Gartenarbeit —; da ward der Boden
gehäufelt, gesäubert, die Reben aufgebunden, und selbst mich
Fremden und Laien reizte es beständig, die außerordentliche Ver=
schiedenheit im Behandeln der einzelnen Parzellen zu beobachten
und zu kritisieren. Ich riet auf den Mann aus seinem Hopfen=
garten. Und nun gar die Einheimischen! Ueberall redeten sie
vom Hopfen, er bildete den Anfang fast jedes Gesprächs, wie
sonst in der Welt das Wetter; man prüfte, lobte, tadelte, ver=
hieß guten oder schlechten Erfolg, kurzum es wurde über ein
Ding gesprochen, von welchem man sonst in bayerischen Dorf=
wirtshäusern äußerst selten reden hört — über die Arbeit. Da
muß dann freilich die alte Holledau mit ihrer Naivetät, ihren
Roßdiebstählen, ihren weitberühmten Flüchen und Derbheiten
rasch ins Sagen= und Fabelbuch zurücksinken.

Und hierzu kommt noch etwas andres. Der Hopfen macht nicht bloß kritisch, er ist auch für sich selbst schon kritisch genug. Nicht nur daß er großen Eigensinn in guten und schlechten Jahrgängen zeigt, er gedeiht auch nicht lange in gleicher und wachsender Güte auf demselben Boden. Die Hopfengärten müssen dann entweder verlegt oder durch künstliche Düngung dauernd ausgiebig behauptet werden. Das heißt der Hopfen drängt nicht nur unerbittlich und rasch zum individuellen Fleiß, sondern auch zum rationellen Landbau. Hiermit öffnet sich die Fernsicht auf eine neue Epoche, vielleicht auf eine Katastrophe. Es wird über kurz oder lang ein Wettkampf der großen Unternehmer mit den kleinen Bauern beginnen, es werden fremde Kapitalisten ins Land gezogen werden, und nicht bloß Engländer, und die Holledau wird wegen des jungen Ruhms ihrer Hopfenmärkte leichter sich bequemen, gute Nachbarschaft mit eingewanderten Landwirten zu halten, als dieses sonst dem so spröden altbayerischen Bauern zusagt. Merkwürdig genug, daß ein solcher Prozeß gerade bei dem so abgeschlossenen, unwegsamen, von städtischer Kultur bloß umgrenzten Winkel zuerst durchbrechen muß.

Vordem waren es zwei Dinge, welche das Gemüt und die Beine des Holledauers in Bewegung setzten: die **Jahrmärkte** und die **Wallfahrten**; denn wer nicht des Jahres wenigstens zweimal wallfahrten geht, ist kein echter Holledauer. Die Würze jener Märkte bestand aber häufig mehr im Raufen, als im Kaufen, und ob bei den Wallfahrten die Erbauung immer Hauptsache war, mag dahingestellt sein. Wer darum die ganze Holledau gleichsam auf einen Fleck versammelt und im leuchtenden Festkleid sehen wollte, der besuchte den „Alberganer Markt" in St. Alban — einem Orte, der wesentlich nur aus Kirche und Wirtshaus besteht, und wo in der Kreuzwoche Wallfahrt und Markt ergänzend in **eines** fallen.

Jetzt aber hört man häufig schon ein andres Wort. Man sagt: wer die Holledau im wahren Festglanze sehen will, der gehe im Herbste durchs Land, wann der Hopfen verkauft und der überschüssige Erlös verjubelt wird. Dann öffnet die vordem so abgeschlossene Holledau ihre Thore: die Holledauer kommen zwar noch immer wenig in die Welt, aber die Welt kommt zu dieser frohen Herbstzeit in die Holledau, zunächst in der Gestalt von Hopfenhändlern, und da der Hopfen vielmehr im einzelnen aufgekauft, als auf größeren Schrannen verhandelt wird, so gibt das ein Drängen und Treiben durchs ganze Land, und die Bauern selber machen sich auf die Beine, und es beginnt ein gegenseitiges Besuchen; denn man will doch sehen, was Freunde und Bekannte für Geschäfte gemacht haben, und will mit ihnen vergnügt sein. Das ist ein Bild aus der neuen Holledau, nicht aus der alten Hallertawe.

Am schärfsten aber zeichnet folgende Thatsache den Umschlag. Früher wollte kein Holledauer in der Holledau wohnen, und dem Fremden erging es hier, wie in so vielen rauhen oder armen, volkstümlich benannten Gegenden: wenn er im Lande nach der Holledau fragte, so ward er vom Pontius zum Pilatus gewiesen, von einem Thal zum andern; und die Holledau war nirgends zu finden. Seit aber der Holledauer Hopfen kursfähig auf der Börse geworden ist, fragt man nicht mehr vergebens nach der Holledau. Im Gegenteil, Orte, welche entschieden niemals hierher gehörten, wollen jetzt auch in der Holledau liegen; sie wächst mit ihren Hopfenpreisen. Und hier wiederhole ich einen im Eingange bereits angedeuteten Gedanken, den man jetzt erst ganz verstehen wird: mit den politischen Privilegien und dem bürgerlichen Gedeihen ihrer Marktflecken tritt der Name der Holledau zuerst ans Licht der Geschichte; mit der originalen wirtschaftlichen Produktionskraft, welche jetzt erst aus dem Boden sprosset, blüht er wieder auf. Es gibt ein Holledauer Lied, aus den vierziger Jahren, welches, Arndts „Deutsches Vaterland" nachahmend, die Holledau erfragt mit dem steten Rundreim: „O nein, nein, nein! die Holledau muß größer sein!" Die Schlußstrophe kommt aber dann auch zu keiner irgend genügenden Antwort, zu keiner klaren Gebietsabgrenzung. Heute kann man sie geben: man braucht nur die „Hopfengrenze" in Reime zu setzen. Dann gewinnen wir die wahre „Groß-Holledau", entsprechend dem wahren Groß-Deutschland „soweit die deutsche Zunge klingt", nur leider mit dem Unterschied, daß jene Hopfengrenze erobernd vorrückt, indes wir uns Deutschlands politische, wie Deutschlands Volks- und Sprachgrenze so ganz unter der Hand immer weiter zurückdrängen lassen.

Es wäre leicht allerlei gegenwärtig besonders gern gehörte Moral an den Bericht vom wirtschaftlichen Aufschwung der Holledau zu knüpfen; allein ich habe nicht moralisiert, als ich vom alten Galgenhumor und der Poesie der Grobheit sprach, also moralisiere ich auch nicht über die löbliche neue Hopfenprosa. Ich wollte bloß gegenständlich erzählen, was ich auf zweierlei Spaziergängen ganz unbefangen wahrnahm: auf einem Gange durch die abgelegenen Ortschaften und die einsamen, wenig gekannten Tannen- und Hopfendickichte des Landes, und dann auf einem Gange durch die kaum minder abgelegene und unbekannte Speziallitteratur der Holledau — auch eine Art Waldeinsamkeit — welche aber nicht minder lustig und erfrischend zu durchwandern ist als die wirklichen Thäler und Hügel.

VII.

Das Gerauer Land und seine Kaiserstätten.

(1866.)

Erstes Kapitel.

Geographie im Volksmunde.

Als ich in den Märztagen dieses Jahres meinen gelehrten Münchener Freunden sagte, ich wolle einen Gang durchs „Gerauer Land" machen, fragten mich alle, wo denn das Gerauer Land liege? Eben weil sie Gelehrte sind, wußten sie's nicht; denn jener Name lebt nur im Volksmunde. Als ich aber ins Gerauer Land gekommen war, wunderten sich dort andrerseits die ungelehrten Leute, daß ich eine ganze Eisenbahntagereise weit gefahren sei, lediglich um einmal durchs Gerauer Land zu gehen. Denn nur gelehrte Interessen können wohl den Reisenden von fernher in dieses Ländchen locken, welches ein reines Bauernland ist, und wo doch seit Jahrhunderten fast jede Scholle von den Geschichtsforschern durchpflügt wurde.

Ohne jemand nahe zu treten, setze ich nun auch bei den meisten meiner Leser voraus, daß sie nicht wissen, wo das Gerauer Land liegt, ausgenommen sie müßten geborene Hessen-Darmstädter sein.

Und doch war dieses Ländchen zum öftern der politische Mittelpunkt des deutschen Reichs, die enge Schaubühne, auf welcher entscheidende Scenen unsrer alten Geschichte spielten. Im Gerauer Lande begann Ludwig der Fromme jenen Kampf mit seinen drei ältern Söhnen, der zunächst auf das Lügenfeld bei Colmar führte, im Gerauer Land wurde Karl der Dicke abgesetzt und Ludwig das Kind stellenweise erzogen; in den Ufer-

auch dieses Ländchens wurde aber auch Konrad II. zum deutschen König gewählt an einem politisch und poetisch gleich hohen Tage, und in der alten Kaiserpfalz des Landes waren die Großen des Reichs versammelt, als sie Heinrich IV. den Entschluß zum verhängnisvollen Zuge nach Canossa abrangen.

Nunmehr wissen freilich alle meine Leser, daß ich auf Tribur und Kamba ziele, und also auch wo das Gerauer Land liegt, und bloß der Name war ihnen fremd. Er gehört in jene noch ungeschriebene Geographie des Volksmundes, wo die Filder zu suchen sind und die Holledau, das blaue Ländchen, der Hickengrund, der Hüttenberg, der Einrich und hundert andre deutsche Landschaften, deren Grenzen das offizielle Gebiet unsrer alten und neuen Staaten so lustig durchkreuzen, als sei die Karte von Deutschland dem Volke zu allen Zeiten noch lange nicht bunt genug gewesen.

Uebrigens erlischt der Name des Gerauer Landes, wie mir scheint, allmählich auch beim Volke. In Frankfurt zwar kennen ihn die Hausfrauen noch durch die „Gerauer Bauern", welche ihnen die besten Kohlköpfe zum Sauerkraut bringen, und in Mainz und Wiesbaden war vor der Anlage der Mainz-Darmstädter Eisenbahn das Gerauer Land vielgenannt als eine besondere Domäne der Frachtfuhrleute, welche auf der alten Gerauer Straße noch immer erfolgreich mit der Taunus- und Main-Neckarbahn konkurrierten. Und endlich wenn einer ein recht böses Gesicht macht, so sagt man in dortiger Gegend: man meint der habe die Pfalz vergiftet, und wolle auch noch ans Gerauer Land.

Bei diesen drei Dingen also, beim Sauerkraut, den Fuhrleuten und den bösen Gesichtern, blieb der Name des Gerauer Landes bis heute gangbar. Den Topographen des achtzehnten Jahrhunderts hingegen galt er noch als allgemein geläufig und steht auch auf ältern Karten. Es ist kein Fortschritt, daß unsre heutigen Kartenzeichner solche volkstümliche Gebietsnamen vornehm ignorieren. Die Länder des Volksmundes gehören auch zur „politischen Geographie" und haben oft einen weit tiefer begründeten und dauernden Bestand als gar manches Staatsgebiet.

Jene alten Autoren, welche des Gerauer Landes gedenken, kommen freilich in einige Verlegenheit über den Umfang desselben; denn die Gebiete der Geographie des Volksmundes haben dehnsame Grenzen. Diese Dehnbarkeit benutze ich nun auch, und untersuche nicht lange was man alles mit Recht oder Unrecht zum Gerauer Lande gerechnet hat, sondern bezeichne kurzweg das südliche Mündungsdreieck des Mains, d. h. die Niederung des rechten Rheinufers zwischen Darmstadt und Mainz, oder die nordwestliche Ecke der alten Obergrafschaft Katzenelnbogen als das Gerauer Land.

Genauere Kenner werden mich sofort einer kleinen Annektierung bezichtigen, indem ich etliche kurmainzische und isenburgische Gebietsteile ganz unterhand mit herüber nehme. Allein da Isenburg und Kurmainz selber schon längst annektiert sind, so besorge ich wenigstens nicht, daß es mir ergehe wie dem alten Dilich, der im Jahr 1605 die wetterauischen Grafen in großen Schrecken versetzt hat, weil er in seiner hessischen Chronik nebenbei auch die Wetterau beschrieb. Die Grafen fürchteten nämlich allen Ernstes hessisch gemacht zu werden, wenn es ein Scribent so ungestraft wagen dürfe, sie im Buche mit Hessen unter ein Titelblatt zu stecken.

Ich bin jedoch mit dem Namen des Gerauer Landes noch nicht fertig; denn solche Volksaltertümer reizen zum Nachdenken. Als das benachbarte Darmstadt noch ein Dorf war, residierten die vormaligen Landesherren, die Grafen von Katzenelnbogen, auf Schloß Dornberg bei Großgerau. Es sind nun bald vierhundert Jahre her seit jene mächtigen Grafen ausgestorben sind, und fünfhundert Jahre seit Gerau nicht mehr der Landesmittelpunkt ist: dennoch hat das Volk wenigstens in dem Namen des Gerauer Landes eine Erinnerung an seine mittelalterliche Vergangenheit bewahrt. Nicht darum, weil es sich etwa nach den Dynasten von Katzenelnbogen zurücksehnte — die sind verschollen und vergessen — oder weil im Mittelalter üppigerer Wohlstand, reicheres Gedeihen hier geblüht hätte: das Gerauer Land ist heute wohl gleichförmig wohlhabender als in irgend einer früheren Zeit, und die wehmütig rückwärts deutende Poesie der Verarmung und des Verfalles fehlt ihm gänzlich. Der Grund sitzt tiefer, und ich glaube ihn darin zu finden, daß das südliche Mündungsdreieck des Mains in jenen Tagen, wo Großgerau dessen politischen Mittelpunkt bildete, noch weltbekannt und weltoffen dalag, von zwei Hauptadern des großen südwestdeutschen Verkehrs durchzogen, ausgezeichnet nicht bloß durch sein inneres privates Gedeihen, sondern auch nach außen durch seine kriegs- und verkehrswichtige Lage. Es geht bei den Ländern wie bei den Individuen: nicht was wir für uns selber sind, schafft uns einen dauernden Namen, sondern was wir für andre bedeuten.

Versunkene Kleinstaaten sind gegenwärtig ein zeitgemäßer Gegenstand. Darum füge ich in dieser Richtung noch eine weitere Notiz hinzu. Das Gerauer Land bildete, wie bemerkt, einen Teil der obern Grafschaft Katzenelnbogen, und wohl „zur Schonung berechtigter Eigentümlichkeiten" blieb dieser Name als Provinzialname auch unter hessischer Herrschaft bis in den Anfang unsers Jahrhunderts. Im Volksmund ist er jetzt nahezu erloschen, nur bei einem einzigen Anlaß hat er sich dennoch behauptet: beim Heiraten. Der echte Gerauer will, daß die Vermögensfrage in den Ehepakten geordnet werde, „nach katzenelnbogischen Rechten", und sieht darauf, daß dieser Ausdruck in der Urkunde stehe. Die katzenelnbogischen Länder sind eine besondere Fundgrube für Rechtsaltertümer (wie schon Jakob Grimm gezeigt hat), und die rechtsgeschichtlichen Denkmale bilden überhaupt wohl das merkwürdigste, was unsre Zeit an der alten Grafschaft finden mag. So ist es auch eine Rechtsfrage, bei welcher das Volk allein noch den Namen des längst untergegangenen Staatsgebiets im Munde führt, und zwar eine Rechtsfrage, welche das Volksleben da berührt, wo es immer das treueste Gedächtnis zeigt, in der Familie.

Wenn übrigens der Name des „Gerauer Landes" allmählich zu verschwinden droht, so verzichtet das Volk doch keineswegs darauf, die Gegend besonders zu benennen, und hält wenigstens die abgeschlossene geographische Selbständigkeit seiner kleinen Heimat als notwendig aufrecht. Der Deutsche ist überall ein geborener Partikularist, und mehr als irgendwo ist in Deutschland der Partikularismus der Vater des nationalen Bewußtseins. So nennen dann die Gerauer ihr Ländchen jetzt mehrenteils „das Ried", d. h. sie gehen vom historischen Motiv des Namens zum geographischen über[1]). Allein auch diese Bezeichnung ist sehr alt, und der treffliche Wenck wollte sie vor Zeiten daher ableiten, daß in der Gegend „so viele Riedgräser wachsen". Das ist als ob einer sagte: „der Wald heiße Wald, weil so viele Waldbäume darin stehen."

Wie aber „Gerau" auf die alte Staatsgeschichte zurückweist, so das „Ried" auf die rätselhafte Geschichte der jüngsten Bodenbildung. Es ist der eigentümlichste Reiz dieser Gegend, daß man überall zwischen Rätseln wandelt, überall auf schwankenden Boden tritt, und daß die historische wie die physische Topographie hier mit einer Reihe der merkwürdigsten Thatsachen und Forschungen beginnt, um hinterdrein mit großen Fragezeichen zu schließen. Diesen Rätselpfad schlage ich nun ein, nicht um die Rätsel zu lösen, sondern nur um dem Leser anzudeuten, was alles hinter einer so langweiligen Fläche von Tannenwäldern, Wiesen und Kartoffeläckern, wie das Gerauer Land, verborgen liegen kann.

---

[1]) Seit dieser Aufsatz geschrieben wurde, entstand nun auch eine „Riedbahn", und dieser amtliche Eisenbahnname wird den Namen des „Gerauer Landes" vollends verdrängen helfen.

Zweites Kapitel.

Tribur.

Suchen wir zuerst den Weg nach Tribur, welches man neuerdings Trebur schreibt. Wir kennen den Ort schon von den Schulbänken her und haben uns vielleicht schon oft gefragt: wie denn nur eine ganze Reihe von Königen und Kaisern dazu gekommen sei, in diesem abseits gelegenen Dorfe zu residieren, mitten im reizlosen Flachlande, während nur wenige Stunden entfernt das Rhein= und Mainthal so viel schönere Land und Strom beherrschende Punkte in Fülle darbot, von der Natur vorbestimmt zu Königssitzen, indes doch nur die Laune Tribur zu einem solchen erwählt zu haben scheint.

Dies ist das oft besprochene Rätsel der Lage von Tribur, wozu sich dann noch das Rätsel seines Namens und das Rätsel seines Verfalles gesellt.

Den Schlüssel zur örtlichen Bedeutung Triburs finden wir aber zunächst auf einem Fußmarsch durchs Land; das bloße Betrachten der Landkarte reicht hier nicht aus, man muß die Karte auch „abgehen".

Es ist überall nicht gleichgültig, von welcher Seite wir einen Menschen zuerst kennen lernen, oder durch welches Thor wir in eine Stadt einziehen. So darf man nicht von der nächsten Eisenbahnstation (Nauheim) nach Tribur gehen, wo man von hinten ins Dorf kommt, sondern man wähle den Weg von Gerau herüber, wo wir dem Dorfe von vorn ins Gesicht sehen.

Schon die Wege um Tribur sind charakteristisch: Tribur liegt nur an Nebenwegen. In Hessen-Darmstadt, dem Lande des Chausseen-Luxus, will das etwas sagen, wenn das starkbevölkerte, vielleicht reichste Dorf eines Kreises mit der nahen Kreishauptstadt nur durch einen krummen Feldweg verbunden ist. Tribur ist nicht verarmt, aber in sich zurückgezogen, und in den denkwürdigen Tagen seiner Königspfalz beschrieb der Verkehr hier ganz andre Bahnen.

Da es eben geregnet hat, so kommen wir nur langsam voran auf dem lehmigen Feldweg; ein solcher Weg, auf welchem man leichter stecken bleibt als vorwärts kommt, eignet sich vortrefflich, um kritischen Gedanken über Lage, Namen und Verfall von Tribur nachzuhängen. Rechter Hand, nur wenig seitab, begleiten uns Gruppen von Weiden, Erlen und Pappeln. Diese Bäume zeichnen einen von Südost nach Nordwest fortlaufenden Wiesenstreif mitten im Ackerlande, von einer kleinen, trägen Wasserrinne (Schwarzbach) befeuchtet. Ueber den Wiesen ruht ein Geheimnis. Ließ doch die historische Phantasie, die rechte Patronin des Gerauer Landes, sogar den nachmaligen Kaiser Julian auf Schiffen mit achthundert Mann diesen Wiesgrund hinauffahren, als er im Jahr 357 gegen die Allemannen zog![1] Heutzutage rudert höchstens ein Geschwader von Gänsen statt eines Schiffsgeschwaders den Bach hinauf. Es soll aber in alter Zeit der Neckar nicht bei Mannheim in den Rhein gemündet haben, sondern anderthalb Stunden über Mainz, zwischen Tribur und Ginsheim, und jener Wiesgrund, der sich in der That als ein zusammenhängender Streif feuchten und moorigen Landes von Tribur bis gegen Ladenburg zieht, wäre dann das alte Neckarbett. Dazu soll sich aber auch der Main in seinem untersten Laufe südwärts gegen jenen alten Neckar abgebogen haben, also, daß der Main unterhalb Tribur in den Neckar und beide ver-

---

[1] Auf Grund, aber genauer betrachtet, trotz der Stelle bei Ammianus Marcellinus XVII, 1.

eint zum Rhein geströmt waren. Das gäbe freilich der Gegend ein ganz andres Gesicht, ja überhaupt erst festen Charakter, und Tribur beherrschte dann auf einer Landspitze, einem kleinen Vorgebirge, den Zusammenfluß der drei Gewässer, es wäre kein zufällig mitten aus dem Flachland aufsteigendes Dorf, sondern ein geographischer und strategischer Hauptpunkt: das Rhein=Main=Neckar=Koblenz.

Allein leider ist's nur zu gewiß, daß in der Karolingerzeit, als Tribur obenauf kam, der Neckar nicht mehr unter seinen Mauern vorbeifloß, und der Main bereits bei Mainz mündete. Dennoch erklären uns jene verlandeten und versumpften Wasserlinien die bedeutsame Lage des alten Tribur. Auch das Volk hat die veränderten und doch niemals ganz trocken gelegten ehemaligen Flußbette immer als eine rechte Landesmerkwürdigkeit aufgefaßt, ja es scheint, daß die Volkssage hier zuerst zur historischen, dann zur naturwissenschaftlichen Untersuchung jener alten Wasserlinie geführt habe.

Denn die Chronisten Sauer und Winkelmann, welche des Problems zuerst gedacht, berichten uns augenfällig nur, was sie aus dem Volksmunde gehört hatten. Die Sage legt die Veränderung des alten Flußlaufs in eine möglichst neue Zeit. Natürlich. Das Alter einer Stadt, einer Kirche oder Burg wird vom Volke fast immer recht hoch hinaufgetrieben; denn je älter ein solches Denkmal, um so vornehmer und merkwürdiger wird es, und der patriotische Geist der Sage trachtet die Ortsmerkwürdigkeiten immer aufs äußerste merkwürdig zu machen. Hier aber lag das Ding umgekehrt. Je neuer die gewaltige Veränderung zweier Flußlinien, um so unerhörter war sie; wenn nur vorsündflutliche Fischeidechsen auf dem Neckar durchs Gerauer Land zum Main geschwommen sind, so rührt uns das wenig; aber wenn die Kinder unsrer eigenen Vorfahren vor hundert oder zweihundert Jahren in der Geographiestunde gelernt hätten, daß der Neckar den Main aufnehme und mit diesem bei Ginsheim in den Rhein fließe, das wäre doch staunenswert.

So soll denn auch nach einer Tradition, wie sie Abraham Sauer am Schlusse des sechzehnten Jahrhunderts aufzeichnete, erst König Ruprecht von der Pfalz (im Anfang des fünfzehnten) den Neckar in seine heutige Mündung bei Mannheim abgeleitet haben. (Aehnlich wie erst Karl der Große die Berge bei Bingen von gefangenen Sachsen hat auseinander reißen lassen, daß der Rhein durchfließen konnte. Gezwungene Arbeit taugt aber alleweil nicht viel, darum machten sie ihr Tagewerk nicht sauber fertig, und ließen die Felsbänke des Binger Loches stehen.) Als aber die historischen Forscher späterhin nach sicheren Zeugnissen suchten, schob sich der Termin des veränderten Neckarlaufs immer höher hinauf; man mußte den König Ruprecht, ja man mußte das ganze Mittelalter preisgeben, und blieb zuletzt über tausend Jahre früher, beim Kaiser Valentinian stehen. Allein auch Valentinian als Flußkorrektor des Neckarlaufs steht und fällt mit einer einzigen zweifelhaft ausgelegten Stelle des Ammianus Marcellinus (XXVIII), und so werden die Geschichtsforscher die Frage des alten Neckars wohl an die Naturforscher abtreten müssen, und diese geben wiederum ein paar Jahrtausende mehr zu und sagen: noch in der Periode der gegenwärtigen Erdbildung vereinigte sich ein Neckar- und ein Mainarm unter Tribur.

Dies ist uns nun aber gerade genug; denn jene alten Rinnsale waren durch das ganze Mittelalter noch ein wasserreicher, sumpfiger Ueberschwemmungsboden, der erst durch den sogenannten „Landgraben" im sechzehnten Jahrhundert trocken gelegt wurde, sie deckten Tribur von zwei Seiten, und geben der Lage der Königspfalz auch heute noch eine ganz besondere geographische Signatur.

Dazu kommt aber ferner, daß Tribur in alter Zeit von zwei Hauptstraßen berührt wurde — von Straßen, welche sogar älter sind als das Palatium. Die eine zog von der Rheinfurt bei Oppenheim, die andre von der Rheinfähre bei Mainz herüber. Diese Fähre, ein Reichslehen, befand sich zur Zeit der fränkischen Könige jedoch nicht da, wo jetzt die Schiffbrücke steht (nördlich der Mainmündung), sondern bei Weißenau oberhalb Mainz, südlich vom Main, und zielte also auch auf das linke Mainufer. Der ganze große Verkehr zwischen Mainz und Frankfurt, welcher später über Hochheim und Höchst sich bewegte, ging im früheren Mittelalter über Königsstädten unweit Tribur, und die breite Landzunge von Tribur bildete also den Knotenpunkt der zwei wichtigsten Rheinübergänge hiesiger Gegend; in diesem Dreieck kreuzten sich die Hauptstraßen, welche aus den aufblühenden nahen Rheinstädten ins Mainland hinaufführten.

Wie hat sich das alles geändert! Nur zwei Namen zeigen uns noch die verwischte Spur jener alten Straßen, die „Hoster=straße" bei Tribur und die sogenannte „Aschaffenburger Straße", gut zwei Stunden nordostwärts im Haßlocher Wald. Aschaffenburg liegt doch fern genug, und die Wege nach dieser Stadt ziehen längst ganz andre Linien: dennoch lebt der Name heute noch im Volksmunde, wie Dr. Friedrich Scharff in seiner treff=lichen Monographie über „die Straßen der Frankenfurt" bezeugt.

Als Goethe im Mai 1793 von Frankfurt zum Belagerungs=heere nach Mainz reiste, konnte er natürlich die allbekannte Straße auf dem rechten Mainufer nicht behaupten, sondern er wandte sich halbwegs aufs linke, kreuzte jenen „Aschaffenburger" Weg, und ging bei Ginsheim, also nahe der alten fränkischen Reichs=fähre, über den Rhein. Diesen Weg nennt er einen neuen im Gegensatz zu der „alten freien" Straße auf dem rechten Main=ufer. Allein er geriet in der That auf den uralten Weg. Goethe, als Frankfurter Kind, hätte schon durch den Namen des „Bischofs=wegs" im Frankfurter Wald daran erinnert werden können, daß früher die Mainzer Bischöfe jene verschollene Straße des linken Mainufers einschlugen und Frankfurt links liegen ließen, wenn sie von Mainz nach Aschaffenburg ritten. Allein Geschichtsstudien über alte Straßennamen lagen den meisten Zeitgenossen Goethes noch viel weiter links als Frankfurt den Mainzer Bischöfen.

Da man nun im heutigen Tribur, wo so viel zu suchen und so wenig zu finden ist, auch nicht einen Stein mehr sieht, den selbst die Einbildungskraft Jonathan Oldbucks für ein Ueberbleibsel des alten Tribur halten könnte, so lassen wir unser Auge noch etwas über die Landschaft schweifen. Im Bilde der heiteren Gegend spiegeln sich uns zunächst allerlei heitere Hypothesen über den Namen „Tribur", und hier, wie überall im Gerauer Land, werden wir sofort gar anmutig ins Blaue und Weite geführt.

Drei Bergzüge schließen fernab den Horizont von Tribur: Odenwald, Taunus und Donnersberg; also sagt man: Tribur ist Dreiberg, oder wer ein besonderer Liebhaber des Keltischen ist: es bedeute die heilige Dreizahl der Kelten, bezogen auf jene drei Berge als Göttersitze. Drei Flüsse verbinden sich unter Triburs Mauern, und wo drei Flüsse sind, da können auch drei Furten sein, also ist Tribur Dreifurt. Ueberall geht die Rechnung bei Tribur in Drei auf, und sogar der große Reichsforst, welcher Tribur gegen Nordost den Rücken deckte, heißt der Drei-Eich. Drei Burgen setzt die Sage nach Tribur, drei Kirchen sollen dort gestanden haben, und obgleich nur noch eine übrig ist, so hängt darin doch eine Tafel, welche in Versen besagt, daß Tribur in drei Sprachen (deutsch, latein und griechisch) gleicherweise die Dreistadt bedeute. Drei Orte dominierten der Reihe nach im Gerauer Land: Tribur, Gerau und Darmstadt; sie folgen sich wie die drei Tempora Plusquamperfektum, Perfektum und Präsens (oder ist Hessen-Darmstadt seit dem neuesten Krieg richtiger ein „Imperfektum"?), und entsprechen den drei Perioden der Landesgeschichte: fränkisches Königsland, mittelaltrige Grafschaft der Katzenelnboger, moderne Landeshoheit Hessens. Der politische Schwerpunkt schob sich dabei von West nach Ost, im Gerauer Lande wie in Deutschland. Drei geologische Systeme charakterisieren das Gerauer Land, aber in umgekehrter Altersfolge von Osten nach Westen. Und endlich gibt es drei alte Tribur: am Rhein, in Westfalen (jetzt Drewer) und in Thüringen (Treiber an der Ilm). Es steckt ein eigener neckischer Dämon in diesem Tribur; da der Name sich niemals verändert hat (er heißt immer Triburis, Tribura, Triburia ꝛc.), so kann man eben alles mög-

liche daraus machen, ohne daß einem die vergleichende Urkunden=
forschung auf die Finger klopft.

Nun ist Tribur dem deutschen Geschichtsfreund bekanntlich
ein gar trauriger Ort, fast nur durch nationales Elend, Jämmer=
lichkeit und Unglück berühmt. Allein die tragischen Schatten,
welche in unsern Gedanken über dieser Stätte lagern, kontrastieren
aufs schneidendste mit dem jetzigen Dorf und seiner Umgebung:
da ist alles nüchtern, hell, freundlich, behäbig; breite Straßen,
sauber getünchte Häuser, keine Spur des Altertums, wohl aber
schon der unvermeidliche Dampfschlot am Ausgang des Dorfes.
Der hochgelegene ummauerte Kirchhof mit der Kirche soll die
Stätte des alten Palatiums gewesen sein, es ist ein friedlicher,
gut gepflegter Kirchhof wie hundert andre, mit einer Zopfkirche
wie Tausende.

Derselbe Gegensatz herrscht aber auch zwischen dem, was
uns die Geschichte und was uns die örtliche Sage von Tribur
erzählt. In jedem Zug strafen sich hier Geschichte und Sage
Lügen. Tribur soll, wie die Bauern heute noch wissen, vor
Zeiten eine große Stadt gewesen sein, die „Hauptstadt des Lan=
des", zwei Meilen im Umfang, das zweite Rom genannt. Es
ist aber immer nur ein Dorf gewesen mit einer Pfalz und einem
königlichen Hofgut. Aus Neid sollen die Römer nach einer alten
Tradition Tribur zerstört und die ehemalige Herrlichkeit dem
Boden gleichgemacht haben, während umgekehrt Triburs Dasein
seit dem zwölften Jahrhundert ein äußerst friedliches gewesen,
und die Königsburg wahrscheinlich nach und nach in sich zer=
fallen ist. Trotz der glänzenden Hochzeit, welche Heinrich IV.
mit der italienischen Bertha in ihren Mauern feierte, war sie
wohl räumlich klein und unbedeutend, wie fast alle derartigen
Gebäude vor der Hohenstaufenzeit, und bei der Armut der Gegend
an Bruchsteinen erklärt sich's, daß die Ueberreste bis auf die letzte
Spur verschwunden sind. Nur der historische Ruhm des Namens
hat sich dem Volk in dem Bilde der großen Hauptstadt ver=
körpert erhalten — von den düster ernsten Ereignissen, welche

den kleinen Ort berühmt machten, und die gar manchen Stoff zur sagenhaften poetischen Umbildung in sich schlössen, weiß es nichts mehr. Ueberhaupt hat das deutsche Volk so außerordentlich viele kleine Geschichten, engste Lokalgeschichten, treu im Gedächtnis behalten und sagenhaft fortgebildet: von der großen Reichsgeschichte blieb ihm vergleichsweise gar wenig sitzen.

Man hat häufig gefragt: warum sich so viele Könige so oft in dem unheimlichen Tribur aufhielten, da doch die benachbarten Pfalzen von Nierstein oder Frankfurt weit einladender gelegen waren. Zu den mancherlei guten Gründen, welche andre für Tribur vorbrachten, will ich noch einen Gesichtspunkt fügen, der mir eben in dem Umstand gegeben scheint, daß diese Pfalz fast nur durch große Unglückstage berühmt geworden ist.

Tribur war eine militärische Position. Ein Blick auf die Karte des alten fränkischen Reichs aber zeigt, daß es damals keine Position gegen einen äußeren, sondern nur gegen einen inneren Feind sein konnte; es beherrschte den Ober- und Niederrheingau, die Rhein- und Mainlinie, und wer sich hier behauptete, der hatte festen Fuß mitten im Frankenland. Darum war Tribur zur Zeit der Karolinger und der Salier so recht die Pfalz des Bürgerkrieges, der Sammelpunkt der Verschwörer und Empörer und aber auch die Citadelle zur Bewältigung des Aufstandes. Vergnügenshalber ist wohl selten ein König nach Tribur gezogen; wie überhaupt bei dem steten Wanderleben unsrer alten Könige und Kaiser, so entschied auch hier das politisch-militärische Bedürfnis des Augenblicks zumeist für die Wahl des Aufenthalts. War Friede im Innern, wandte sich eine thatkräftige Politik des Herrschers nach außen, dann brauchte er Tribur nicht. Darum ist Tribur nur durch schwache oder unglückliche Fürsten weltbekannt geworden; starke und glückliche Fürsten sind zwar auch zeitweilig dort gewesen, haben aber wenig Entscheidendes dort gethan; die guten oder gleichgültigen Triburer Reichstage gehören der speziellen Reichsgeschichte, die schlechten und traurigen der Weltgeschichte.

Hierfür ein paar genauere Belege. Von Karl dem Großen vermutet man bloß, daß er nach Tribur gekommen sei; um so mehr war Ludwig der Fromme dort zu Hause. Gleich beim Beginn der Kämpfe dieses Kaisers mit seinen Söhnen (832) zeigt sich Tribur als militärische Position. Der jüngere Ludwig lagert bei Lampertheim (Worms gegenüber); der Vater, vorher in Mainz, geht nun auch seinerseits über den Rhein und besetzt Tribur; als nun der aufrührerische Sohn sah — so erzählen die Annalen von St. Bertin — daß sein Vater mit einer so großen Anzahl von Getreuen den Rhein überschritten habe, und auch der gehoffte Abfall im väterlichen Heere nicht eintrat, ergibt er sich. Bei der zweiten Empörung desselben Sohnes (839) sammelt Ludwig abermals sein Heer bei Tribur. Und als dieser Sohn (Ludwig der Deutsche) zum Regiment gekommen war, führte ihn die Nemesis zu drei Reichstagen nach Tribur, auf welchen der Streit verglichen werden sollte, den nun seine Söhne wiederum mit ihm angefangen hatten. — Karl der Dicke wird in Tribur abgesetzt (887). Allein Karl selbst war nicht in Tribur, als er „aus einem Kaiser ein Bettelmann wurde", wie sich Regino ausdrückt. Seine Gegner vielmehr hatten diesen Schlüssel des Landes in Händen, und Karls Absetzung war bereits beschlossen, während er sich auf dem Wege von Frankfurt herüber befand, und nur noch gerade früh genug nach Tribur kam, um seine Schmach vollendet zu sehen. Dieser Tag von Tribur brachte dem Kaiser Arnulf die Krone. Arnulf war kein schwacher Fürst und brauchte nicht bei Tribur zu kämpfen; er berief statt der Soldaten die Geistlichen dorthin zu einer Kirchenversammlung, und als er im Jahr 893 einen dunkeln Reichstag daselbst gehalten hatte (dunkel, weil wir nichts Weiteres von ihm wissen), ging er ins Kloster Fulda, um zu beten. Das wäre auch am Ort gewesen vor und nach so manchen andern Triburer Reichstagen, die uns noch dunkler erscheinen, weil wir etwas von ihnen wissen.

Ludwig das Kind wohnte besonders häufig in Tribur; je elender es ums Reich stand, um so besuchter war diese Pfalz,

sowie ein günstigerer Stern aufgeht, tritt sie in den Hintergrund.
Konrad I. ist noch oft dort gewesen, Heinrich I. gar nicht, die
drei Ottonen, Heinrich II., Konrad III. und Heinrich III. manch=
mal, allein entscheidende Ereignisse für das Reich knüpfen sich im
ganzen zehnten Jahrhundert nicht an Triburs Namen. Die kräftige
äußere Politik wandte sich nach andern Himmelsgegenden, und
der innere Zwist entbrannte zwischen andern Stämmen.

Erst unter Heinrich IV. wird das wieder anders. Schon
mit der Erwählung dieses Unglücksmannes, da er noch Kind war,
und mit seiner vormundschaftlichen Regierung tritt die Unglücks=
pfalz sofort wieder scharf beleuchtet hervor, als bequemster Schau=
platz zu Empörungen der großen Vasallen.

Hier in seiner eigenen Pfalz belagert, wird Heinrich (1066)
gezwungen, dem Erzbischof Adalbert von Bremen zu entsagen.
Und ähnlich wie die widerspenstigen Großen dem dicken Karl in
Tribur zuvorgekommen waren, geschah es auch, als sich die Fürsten
am 16. Oktober 1076 dort einfanden, um Heinrich abzusetzen.
Heinrich stand jenseits des Rheins und konzentrierte seine Macht
bei Oppenheim, die Gegner, in der ungleich günstigeren Stellung
bei Tribur, beherrschten aber die Stromlinie und hatten auch
bereits alle Fahrzeuge am diesseitigen Ufer zusammengebracht, um
den Uebergang zu erzwingen. Darum konnten sie vor dem Be=
ginn des Kampfes mit letzten Bedingungen vor Heinrich treten,
wie man sie nur nach geschlagener Schlacht vom Sieger erwarten
durfte; und Heinrich gab nach, entließ sein Heer und leistete jenes
Versprechen, die Aufhebung des päpstlichen Bannspruchs zu er=
wirken, welches ihn zuletzt nach Canossa führte. Seit diesem
schlimmen Tage kam er wahrscheinlich nicht wieder nach Tribur,
gleich als ob er's verschworen habe, einen Ort wiederzusehen, wo
er so arge Schmach erfahren.

Mit dem Reichstag von 1119 schließt Triburs Kaiser=
geschichte. Noch einmal war es der Streit des Reichsoberhauptes
(Heinrich V.) mit den Fürsten wegen des päpstlichen Bannes,
der diesen letzten Tag veranlaßt hatte. Mit diesem Tage ver=

sinkt auch die alte Pfalz ins völlige Dunkel. Die glanzvolle Zeit der Hohenstaufen führte die Entscheidung über des Reiches Schicksal an andre Orte, und als Friederich Barbarossa das große Reichsfest von 1184 in dieser Gegend feierte, wählte er bereits den Ort auf dem rechten Ufer der Mainmündung. „Dat was de groteste hochtit en, die ie gewart an Dudischeme lande", wie Eike von Repgow im Zeitbuch schreibt; die Zelte des Kaisers und der vierzigtausend zu Gast geladenen Ritter schauten damals nur noch von fernher, vom Königstuhl des Erbenheimer Berges, in das Geraner Land und zur verwaisten Pfalz von Tribur hinüber.

In trauriger Zeit berühmt geworden, hörte Tribur auch in trauriger Zeit auf, königliches Hofgut zu sein: König Wilhelm von Holland verpfändet es dem Grafen Dieter von Katzenelnbogen, um dessen Stimme zu erkaufen, und Richard von Cornwallis, dessen beste Politik gleichfalls Erkaufen und Bestechen war, bestätigte die Verpfändung. Das war der passende Abschluß für die alten Triburer Aufruhrgeschichten.

Drittes Kapitel.
Das Feld der Königswahl bei Kamba.

Ich lade den Leser nunmehr ein, mich in eine etwas erfreulichere Landschaft zu begleiten, in die Rheinsümpfe Oppenheim gegenüber — ich meine erfreulich für einen guten Deutschen, der in Gedanken spazieren geht, denn außerdem sind diese Sümpfe durch ihre Fieberluft den Umwohnern bekannt. Auf dem hohen Damme, der das Sumpfland vom Rheine trennt, ist es zwar an heißen Tagen völlig schattenlos und an kühlen sehr windig, wir lagern uns aber doch daselbst, um ein Hauptkapitel in Wipos Vita Chuonradi II. und eine Hauptscene in Uhlands Herzog Ernst zu lesen, welche beide jetzt in sehr bequemen Taschenausgaben zu haben und statt des Bädeker in diese Gegend mitzunehmen sind.

Jedermann kennt die prächtige Erzählung des Werner von Kiburg im zweiten Akt des Uhlandschen Trauerspiels, die Erzählung von der Wahl König Konrads II. So dichterisch schön diese Episode, so historisch treu ist sie: Uhland hat den Wipo in Verse und in Poesie gesetzt; das war aber freilich nur möglich, weil auch Wipos prosaischer Bericht schon wie der Entwurf zu einem erhabenen Gedicht an uns vorüberzieht. Von unserm Damme nun übersehen wir die ganze Schaubühne jener Königswahl, die als dramatisches Bild eines großen politischen Ereignisses ebenso einzig war in deutschen Landen, wie das Reichsfest des im Hintergrund aufsteigenden Erbenheimer Königstuhls als Prunkgemälde ritterlicher Herrlichkeit.

Nicht als ob ich meinte, auf dem braunen Sumpfboden sei Konrad II. in den sonnigen Septembertagen 1024 gewählt worden: dort floß in jenen Tagen wohl ein weit ins Land ablenkender Arm des Rheins, aber gleich vorn rechts am alten Ufer liegt der Kammerhof und das Kammerfeld auf trockenem uraltem Kulturboden, da soll das Dorf Kamba gestanden sein mit seinem karolingischen Königsgut, und auf der weiten Fläche lagerten die Ostfranken, Bayern, Schwaben, Sachsen und Wenden, am jenseitigen Rheingestade aber, gegen Oppenheim, wo sich die Grenze des Mainzer und des Wormser Gebietes schied, die Rheinfranken und Lothringer. Eine schmale mit Buschwald bedeckte Insel zieht sich heute noch am rechten Ufer entlang, sie mag uns als ein Ueberrest jener Insel des Wipo gelten, in deren heimlichem Dickicht die Wählenden da und dort zusammen kamen zu vertrauter Rücksprache. Zwischen den beiden Konraden stand zuletzt die Wahl, beide von fränkischem Stamme, Freunde, Vettern, den vorangegangenen Herrschern beide gleich nahe verwandt. Die Stimmen waren geteilt, es drohte Spaltung der Wahl

> „Und wie nun harrend all die Menge stand
> Und sich des Volkes Brausen so gelegt,
> Daß man des Rheines stillen Zug vernahm —
> Da sah man plötzlich wie die beiden Herrn
> Einander herzlich faßten bei der Hand,
> Und sich begneten im Bruderkuß:
> Da ward es klar, sie hegten keinen Neid,
> Und jeder stand dem andern gern zurück."

Ergriffen von diesem Bilde der Eintracht treten die Fürsten in den Kreis zur Wahl, Erzbischof Aribo von Mainz wählt zuerst „vollen Herzens und mit freudezitternder Stimme" Konrad den Aeltern, die andern Fürsten fallen ihm bei, und als die Reihe den jüngern Konrad trifft, da kürt auch er den Freund

und Nebenbuhler, und dieser ergreift seine Hand „und zieht ihn
zu sich auf den Königssitz." Alles Volk bricht in Jubel aus
und donnernden Zuruf, Kunigunde, des Kaisers Heinrich Witwe,
übergibt dem Erwählten die Reichskleinodien, das Wahlgetümmel
löst sich auf in einen Festzug — das Volk und die Fürsten wallen
rheinabwärts nach Mainz, damit der König dort sofort gekrönt
werde. Jauchzend zogen sie dahin, wie Wipo sagt, die Geist=
lichen sangen Psalmen, die Laien Lieder, jeder nach seiner Weise,
„und wäre Karl der Große mit dem Scepter leibhaftig wieder
erschienen, so hätte das Volk nicht höher jubeln können über
des großen Kaisers Wiederkunft, als über dieses Königs ersten
Herrschertag."

Betrachten wir zuerst die Landschaft. Es ist keine jener
schönen Rheingegenden, die man auf Rouleaux und Dessertteller
malt, sondern eine weite, scheinbar langweilige Fläche; für den
Künstler würde sie jedoch bedeutende Motive bieten zu einer
charaktervollen und großstilisierten Komposition. Die scharf ge=
schiedene Doppelnatur des Ober= und Mittelrheins blickt sich
nämlich hier auf beiden Ufern gleichsam Aug in Auge: das
vergessene, selten betretene rechte Rheinufer längs des Gerauer
Landes ist noch ganz oberrheinisch, das linke von Oppenheim
bis Mainz mittelrheinisch; rechts ein halbfertiges flaches Land,
Dämme, Altwasser, Torfmoore, Buschwald mit hundertjährigen
Eichengruppen, welche sich bei Ginsheim zum letztenmal unmittel=
bar in der Flut des Rheines spiegeln, statt der Dörfer nur ver=
einzelte Höfe; links hingegen Dorf an Dorf, Rebenhügel, wim=
melnder Verkehr, ein hochkultivierter Boden. Wie der Fluß hier
bei der Königswahl die Lager der ost= und westrheinischen Völker
schied, so scheidet er heute noch das in mittelrheinisches Land
hineinragende oberrheinische Landschaftsbild. Nun wäre dies alles
schön und gut, wenn uns Wipo, der Einzige, welcher die Königs=
wahl als Augenzeuge breit geschildert, nicht noch ein ganz be=
sonderes Rätsel aufgegeben hätte. Er bezeichnet die Grenze von
Worms und Mainz als die Stätte der Wahl, und fügt hinzu:

„Ueber Namen und Lage des Orts mehr zu sagen überlasse ich den Topographen." Schriftsteller sind oft wunderliche Leute: mit ebenso vielen Worten als Wipo braucht, um zu sagen, daß er nichts sage, hätte er uns alles genau sagen können, was wir wissen wollen! Es gibt aber noch ein andres gleichzeitiges Zeugniß für den Ort, einen Brief des Abtes Bern von Reichenau (vom Juli oder August 1024, abgedruckt im zweiten Bande von Giesebrechts Kaisergeschichte), worin es heißt: die Wahl werde am Rhein in dem Orte Kamba stattfinden, und wahrscheinlich mit Benützung dieses Briefs nennt dann der hierfür in der Regel citierte Hermannus Contractus gleichfalls Kamba. Dieses Kamba aber, ein längst ausgegangenes Dorf, lag nicht zwischen Worms und Mainz, sondern auf dem rechten Rheinufer.

Die beiden Konrade haben sich auf dem fraglichen Platze zwar im Augenblick geeinigt über die deutsche Königskrone, allein über den fraglichen Platz konnten die deutschen Gelehrten in sechzig Jahren noch nicht einig werden. Bodmann als Mainzer, und folglich Ueberrheiner, hielt sich bloß an die „Grenze vom Worms und Mainz", und verlegte die Wahl in die Berge bei Lörzweiler; dadurch rettete er sie zwar völlig dem linken Ufer, schlug aber auch der ganzen weitern Erzählung bei Wipo geradezu ins Gesicht. Andr. Lamey und Wenck hingegen, als Forscher der rechten Uferlandschaft, hielten sich an Kamba, unbekümmert um die „Grenzen von Worms und Mainz", welche nun doch einmal auf dem rechten Ufer nicht zusammenstießen. Nun folgten die Historiker bald Bodmann, bald Lamey, und einige, der Lokalgeschichte unkundig, legten Kamba zwischen Worms und Mainz, was freilich den Streit sofort schlichten würde, aber urkundlich falsch ist. Das Aergste begegnete jedoch unsrem großen Altmeister Jakob Grimm, welcher (in den deutschen Rechtsaltertümern S. 243) Konrad und nebenbei noch drei oder vier andre Kaiser gar zwischen Wiesbaden und Erbenheim gewählt werden läßt, wozu ihn aber weder rechts- oder linksrheinischer Lokalpatriotismus, noch irgend eine mittelalterige Quelle, sondern ein mißverstandener und allerdings

konfuser Satz in Bodmanns Rheingauischen Altertümern (I, 95)
verleitet hat.

Da ich nun aus einer Ueberrheiner Familie stamme, aber
am rechten Ufer des Flusses geboren bin, so glaube ich den Streit
zwischen den beiden Ufern recht parteilos vermitteln zu können.
Die Fürsten und Völker lagen auf beiden Ufern; Wipo, welcher
vom Lagerplatz des linken Ufers ausgeht, nennt jene Grenzen,
die unweit Oppenheim zusammenfließen, Abt Berno dagegen, vom
rechten Ufer ausgehend, Kamba, Oppenheim schräg gegenüber.
Hier kommt aber sofort wieder das landesübliche Gerauer Frage=
zeichen. Aus einer Urkunde Ludwigs des Deutschen von 864
(Cod. Lauresh. I, 36) wissen wir, daß Kamba auf dem rechten
Ufer lag, am Flusse, wir wissen, daß es einen Fischteich besaß,
etliche Schiffe, Wiesen, wir wissen allerlei Dinge, die wir gar
nicht wissen wollen, nur wo es denn genauer im Oberrheingau
gelegen, das wissen wir nicht, und dieses rätselhafte Kamba scheint
außerdem gerade so in den Urkunden versunken zu sein, wie im
wirklichen Boden. Ob es also Oppenheim so ganz „schräg gegen=
über" stand, das ist nur eine sehr wahrscheinliche Hypothese, zu
deren Stütze sich ein moderner Etymolog schwerlich mehr auf die
dortigen jüngern Ortsnamen des „Kammerfeldes" und „Kammer=
hofes" berufen wird. Da wir jedoch zunächst keine Denksäule
hier setzen wollen, so genügt es wohl, daß wir innerhalb eines
gewissen engern Umkreises des Orts Kamba sicher sind.

Wenn nun aber auch weiter die besten Gründe innerer Wahr=
scheinlichkeit uns bewegen die Stätte jener großen dramatischen
Scene, wo die Vettern sich umarmten, wo der ältere Konrad im
Ringe der Fürsten gewählt, vom Volke zuerst begrüßt, von
Kunigunde mit den Kleinodien begabt wurde, nicht drüben links
bei den widerstrebenden Lothringern, sondern rechts bei Kamba
zu suchen — dann ist es doch undenkbar, daß der jubelnde Fest=
zug gen Mainz sich auf dem rechten Ufer bewegt habe. Am
Rhein selbst konnten sie dort gar nicht gehen, sie hätten vielmehr
auf der alten „Hosterstraße" ins Land hinein nach Tribur ge=

mußt, und von da im Winkel hinüber zur Weißenauer Rhein=
fähre; das wäre aber ein großer Umweg gewesen (und flutende
Volksmassen suchen den kürzesten Richtweg), und ein erzlang=
weiliger Weg dazu, der zu dem glänzenden Bilde gar nicht stimmt.
Hier gebe ich also mein Gerauer Land preis und denke mir, weil
die Leute doch schon so viel hin und her gerudert waren zwischen
den Inseln bei Oppenheim, so sind sie nach der Wahl gleich ganz
hinübergefahren aufs linke Ufer, da hatten sie die geradeste und
schönste Straße durch lachende Fluren, fast immer den herrlichen
Strom entlang, da konnten sie Psalmen und Lieder singen, Geist=
liche und Laien, und in Nierstein einen guten Trunk mitnehmen,
„jeder nach seiner Art," wie Wipo schreibt.

So bleibt in diesem gelehrten Streit des linken und rechten
Ufers einem jeden sein Recht: dem ernsten rauhen Strande bei
Kamba der große politische Akt, und dem lachenden, weinbegrenzten
Gestade unter Oppenheim der fröhliche Festzug. Die Lothringer
aber und jene ultramontanen Bischöfe, welche allein mißvergnügt
waren und schmollend seitab gezogen sind, haben dann auch unter=
wegs keinen Niersteiner bekommen.

Viertes Kapitel.
Die Schwedensäule und die Schwedenburg.

Doch genug vom Mittelalter, welches so barbarisch war, sogar in Sachen deutscher Einigung einmal „Gefühlspolitik" zu treiben. Einem modernen Realpolitiker muß der Tag von Kamba wirklich recht sentimental und romanhaft vorkommen; wenn nur wenigstens ein Nebenbuhler den andern totgeschlagen hätte im Namen der Eintracht, und dann etwas Bürgerkrieg, das wäre doch noch ein frischer, patriotisch erquickender Zug!

Nun hat aber das Gerauer Land auch sein Denkmal eines Realpolitikers, und zwar ganz nahe bei Kamba, gleichfalls am Ufersaume, und dieses Denkmal führt uns dann auch in eine Zeit des deutschen Bruderkrieges, wo es gar nicht sentimental zugegangen ist.

Eine kleine Stunde unter Erfelden, hart am Rhein, zwischen mächtigen alten Eichen, steht ein Obelisk aus Sandsteinquadern, auf der Spitze sitzt (etwas unbequem) ein gehelmter und gekrönter Löwe, welcher mit dem vergoldeten Schwert in der rechten Tatze westwärts über den Rheinstrom deutet. Während andre Denkmale des siebzehnten Jahrhunderts meist mit ellenlangen geschwätzigen Inschriften überladen sind, steht auf diesem Steine kein Wort, nur der mit dem Schwert deutende Löwe redet; es ist der schwedische Löwe und er zeigt uns den Weg, welchen Gustav Adolf genommen: hier war es, wo der Schwedenkönig am 7. (17.) Dezember 1631 an der Spitze von

2000 Mann über den Rhein ging, und zwar, wie die Sage erzählt, auf dem vordersten Scheuerthor, denn sie läßt das schwedische Heer auf Scheuerthoren hinüberfahren. Allein die Feder erzählt unpoetischer als der Mund, und so finden wir in beglaubigten schriftlichen Berichten statt der Scheuerthore der Armee „Pontons", und statt des Scheuerthors des Königs einen Kahn.

In unsrem Lande des schwankenden Bodens stehen wir hier nun doch endlich einmal auf einem ganz gewissen historischen Punkt, bezeichnet durch einen gleichzeitigen fünfzig Fuß hohen Obelisken. Mehr kann man nicht verlangen. Und dennoch kennen wir den Platz nicht ganz genau, und selbst neben dem Obelisken steht wieder das landesübliche Fragezeichen. Die „beruffene Seul", wie sie ein alter Topograph nennt, ist nämlich im Anfang des achtzehnten Jahrhunderts gewandert, landeinwärts, um sie vor der andringenden Rheinflut zu schützen, so daß der genaue historische Punkt hier ins Wasser gefallen ist, wie bei Kamba in den Sumpf.

Allein die Säule bleibt bedeutsam: sie sagt uns, welches Gewicht der Schwedenkönig diesem Rheinübergang beilegte, denn unmittelbar nach dem Ereignis, inmitten der stürmisch vorwärts drängenden Kriegsläufte, ließ er dieses, für jene Zeit so große und kostbare Monument setzen, und noch lange nach seinem Tode ist der Obelisk fortwährend auf schwedische Kosten unterhalten worden.

Doch nicht bloß bei Erfelden hat sich Gustav Adolf ein Denkmal erbaut, ein ungleich größeres errichtete er noch in der äußersten Nordwestecke unsres Landstrichs, auf der südlichen Mündungsspitze des Mains und Rheins, die Festung Gustavsburg, welche zugleich eine kleine Stadt umschließen sollte. Gustavsburg würde, bei den veränderten Bodenverhältnissen und der veränderten strategischen Bedeutung von Mainz, eine ganz ähnliche militärische Position für das siebzehnte Jahrhundert geworden sein, wie das benachbarte Tribur für das neunte. In Mainz hielt Gustav Adolf Hof, gleich einem künftigen deutschen

Kaiser, und man hat die Mainzer Dezembertage des Jahres
1631 nicht unpassend mit dem Aufenthalt Napoleons in Erfurt
verglichen. Gustav Adolf erkannte sehr wohl, wie trefflich sich
von der Rhein-Mainmündung aus ein großer Teil Deutschlands
zugleich im Innern beherrschen und nach Außen vertheidigen lasse.
Und weil seine Pläne ganz besonders auf jenes „Innere" zielten,
hat er auch — bis auf unsre Tage zum letztenmal — dem rechten
oberen Rheinufer, Mainz gegenüber, dem Gerauer Land im
weitern Sinn, eine kriegsgeschichtliche Rolle zugedacht, und nicht
umsonst die Schwedensäule am Südende, die Schwedenburg am
Nordende aufgebaut.

Allein es kam anders. Das kleine Denkmal zwar, der
Obelisk, blieb stehen, das große dagegen, die Gustavsburg, ver-
sank mit Gustav Adolfs Fall. Im Jahre 1649 kam der hessische
Chronist Winkelmann zur Gustavsburg. Zum Studium von
Land und Leuten ritt er im Land umher, und zwar, als ein
ehemaliger Offizier, der im kaum beendeten dreißigjährigen Krieg
mitgefochten, wohl bewaffnet; wo er eine alte Inschrift lesen
will, da kratzt er mit dem Degen das Moos von den Steinen.
Winkelmann fand den Graben der Gustavsburg bereits mit
Buschwerk verwachsen, er ritt aber doch, „wiewohl nicht sonder
Gefahr", in die Festung hinein; die Stadt im Innern (auf 600
Häuser berechnet) war verschwunden, die Häuser abgebrochen oder
niedergebrannt, das schwedische und das brandenburgische Wappen
des Thors lagen im Graben, die Innenräume der starken Werke
waren mit Gras und Gesträuchen bedeckt. Noch lange zwar
zeichnete man auf Karten und Plänen den sechseckigen regularen
Stern der Bollwerke und Ravelins jener Musterveste damaligen
Stils, allein schon im Anfange des achtzehnten Jahrhunderts
war dieselbe in Wirklichkeit doch nur ein oder Trümmerhaufen.
Von da an blieb dieser wichtige Punkt durch die ganze kurmainzische Zeit völlig vernachlässigt, wie auch der Brückenkopf
von Kastel (auf dem rechten Mainufer) nur schwach befestigt
war. Wer wollte damals auch von Mainz aus Deutschland be-

herrschen! Erst die Franzosen bauten wieder stärkere Werke bei Kastel; sie mußten warum.

In allerneuester Zeit aber hat sich nun auch die Mainspitze der Gustavsburg völlig verändert. Vor wenigen Jahren war es hier noch gar still und einsam, kein Schiff legte an, kein Wagen fuhr in diese Sackgasse, die Ziegelhütte der Bleiau belebte als einzige Staffage die von Weidengebüsch umrahmte flache Ufer= landschaft. Wie ist das anders geworden! Die große Eisenbahn= brücke setzt hier über den Rhein, und zwei Bahnlinien münden auf der Mainspitze zur Brücke und in einen lärmenden Güter= bahnhof, welcher hier von großen Werkstätten, dort von einem neuen Rheinhafen begrenzt wird. Man hat denselben zwanzig Fuß tief ausgebaggert, daß jetzt die größten Schiffe hier ankern, wo sonst kaum ein Nachen anlegte, auf einer schiefen Ebene rollen die befrachteten Eisenbahnwagen bis direkt zum Bord der Schiffe hinab, und ein Dampfkrahn hebt mit unheimlicher Leichtigkeit die schwersten Lasten aus den Schiffen in die Eisenbahnwagen. Statt der versunkenen Gustavsburg decken jetzt stattliche Mon= talembertsche Türme den Flußübergang, und die turmartigen Pfeiler der Bahnbrücke sind selbst wieder wie Festungswerke an= zusehen; sie steigen so fest und doch so leicht in die Luft, und man sagt: sie könnten auch ebenso leicht in die Luft fliegen, da die Minengänge im Innern nur des Pulvers und der Lunte warteten.

Fünftes Kapitel.

Ein Land der Phantasie.

Die alten, später verlassenen Straßen gaben vor tausend Jahren dem Gerauer Land zunächst seine strategische Bedeutung; die neuen Schienenwege haben wenigstens die südliche Mainspitze wieder so fest gemacht wie sie seit Gustav Adolfs Tagen nicht gewesen ist. Es erging wunderbar mit diesen wechselnden Straßenzügen. Die Römer hatten ihre Mainstraße von Mainz aufwärts am rechten Mainufer, im frühern Mittelalter zog man überwiegend auf der linken Seite den Fluß hinauf, dann wurde diese linke Seite verlassen, und die rechte gewann wieder den Hauptweg; jetzt endlich aber führen parallele Bahnlinien auf beiden Ufern, und man kann mit den Römern rechter Hand von Frankfurt nach Mainz fahren und mit den Karolingern links zurück. Freilich alles nur so aufs ungefähr. So spannt sich auch die neue Eisenbahnbrücke unfern derselben Stelle über den Fluß, wo vor einem Jahrtausend die Fähre ging.

„In meiner Jugend bestaunte ich manchmal jenes bekannte Modell einer von Napoleon projektierten stehenden Rheinbrücke, welches in Mainz aufbewahrt wird, und die alten Mainzer pflegten damals so in ihrer Art zu sagen: „Das war ein Werk, wie es nur der Bonaparte unternehmen konnte, und er allein hätte es auch ausgeführt, wenn er länger oben geblieben wäre. Unsre heutigen Fürsten brächten alle miteinander keine solche Brücke fertig." Die feste Rheinbrücke war wie ein Mythus geworden, und so wenig ein nüchterner Mann erwartete, daß Napoleon leibhaftig wiederkomme (andre erwarteten es), so wenig gedachten die Leute jemals eine stehende Rheinbrücke zu erleben.

Nun steht aber dennoch die Brücke, und kühner dazu als nach dem napoleonischen Plan. Unsre Fürsten haben sie freilich nicht fertig gebracht, sondern eine Fürstin, wenn man will eine Tyrannin, die Dampfmaschine. Wie hat doch dieses Weib den alten Vater Rhein bezwungen! Wie ward der breite Strom schmal durch die Dampfschiffe, wie ward sein langer Lauf gekürzt durch die Bahnlinien zu beiden Seiten, wie bändigen ihn jetzt die festen Brücken, der sonst von Basel abwärts kein solches Joch mehr duldete!

An der Mainspitze mögen einem wohl dergleichen Gedanken kommen. Gehn wir aber zurück, etwas tiefer ins Gerauer Land hinein, dann erkennen wir, daß es doch noch einen mächtigeren aufbauenden Verwüster gibt als jene aufbauende Verwüsterin, die Dampfmaschine, das ist der Pflug. Die Ehe dieses alten stillen Bräutigams mit der ungestümen jungen Braut gäbe Stoff zu einem Märchen in Andersens Geschmack, wenn dieser Geschmack nicht längst Manier geworden wäre.

Kaum tritt uns irgendwo die zerstörende Macht des Pflugs gewaltiger entgegen als im Gerauer Lande. Dieser kleine Winkel ist so erstaunlich reich an historischen Erinnerungen und so erstaunlich arm an historischen Denkmalen, ja auch nur an genau erkennbaren Stätten seiner alten Geschichte. Vor dem Pflug ist alles zur Hypothese geworden. Keine altertümliche Stadt, keine bedeutende alte Kirche, keine nennenswerte Ruine, nichts erinnert uns an die Vergangenheit. Der Krieg hinterläßt Trümmer, und es gibt deutsche Landschaften, die gerade darum wunderbar reich an Denkmalen sind, weil sie fort und fort verheert wurden, und die Bewohner zuletzt aus Armut und Elend jedes Trümmerdenkmal stehen ließen. Der stetig leise wühlende Fleiß der höchsten Bodenkultur duldet solche Trümmer nicht.

Das Gerauer Land hat für einen mitteldeutschen Landstrich eine auffallend stille, gleichförmige innere Geschichte. Es hat nicht fort und fort den Herrn gewechselt, ist nicht rastlos zerrissen worden, wie so mancher Nachbargau; seit mehr als tausend Jahren kam es nur zweimal in andere Hand, auf friedlichstem Wege, das eine Mal durch Verpfändung, das andre Mal durch Erbschaft. Auch in dieser stetigen Geschlossenheit ist es wie ein oberdeutsches Stück Erde auf mittelrheinischen Boden vorgeschoben. Schon im Mittelalter (Lecheimer Klosterhof) und im sechzehnten Jahrhundert (Gehaborn) galten einzelne Punkte als Musterstätten rationeller Landwirtschaft, und auch heute ist das Land nur für zwei sehr unterschiedene Arten von Menschen besonders anziehend: für den Landwirt in seinem sichtbaren Teil — und für den Historiker — in seinem unsichtbaren.

Darum möchte ich das Gerauer Land ein Land der Phantasie nennen, obgleich es mit seinen Kartoffelfeldern und Krautäckern, seinen Tannenwäldchen und Moorflächen so nüchtern wie möglich aussieht. Allein ich behaupte auch nicht das Land sei phantastisch, sondern nur: man kann mit der Phantasie die wunderschönsten historischen Spaziergänge in diesem nüchternen Lande machen. Da stehen ein paar vereinzelte Tannenbäume mitten im weiten Feld, die sehen aus, als wüßten sie selbst nicht recht wie sie hierhergekommen: das sind die letzten Nachzügler des hier auslaufenden uralten Reichsforstes Drei Eich; weiter fort übers Gerauer Land hinaus kommt dann schon ein ordentlicher Wald und stolze Eichbäume des Drei-Eichs dazu. Oder wir sehen im Süden andre halbwegs hinweggepflügte Waldtrümmer: das sind die Anfänge des gewaltigen Reichsforstes Forehahi, des Föhrenhages, und weiter gegen Lorsch hinauf ist es schon noch ein prächtiger Forst, in welchem ein phantasiereicher Weidmann (ohne Schußkarte) auf Nibelungen-Reliquien Jagd machen darf. Ein verlorener Feldweg führt uns bei Krumstadt unversehens in gepflügtes Land, wo uns der Flurschütze anhält; die Pfändung darf uns nicht schmerzen, denn das war vermutlich ein alter Römerweg, wo wir gepfändet wurden, und vielleicht hat er direkt zum Munumentum Trajani geführt, welches entweder bei Pfungstadt, oder bei Wasserbiblos, oder bei Darmstadt, oder bei Heddernheim in Nassau, oder bei Rüsselsheim am Main, oder bei Höchst an der Nidder gelegen war. Die reichste Phantasie kann sich gar keinen freieren Spielraum wünschen, als ihn dieses einzige Munumentum Trajani gewährt. Kurzum, das ganze Land ward zum romantischen Irr- und Zaubergarten der Antiquare, nicht obgleich, sondern weil es seit Jahrhunderten so vernünftig, fleißig und erfolgreich angebaut, weil es ein so merkwürdiges Land für rationelle Landwirte ist.

So fand ich denn auch in einem Wirtshaus dieser Gegend nur zweierlei seltsame Zierat statt der Bilder an den Wänden des Gastzimmers: einen „Düngerkalender", auf welchem unter den Tags- und Monatstabellen lauter Düngeranalysen zu lesen standen, und sodann eine Tafel mit der Aufschrift: „Es ist verboten hier zu singen und zu pfeifen!" Das Gerauer Land ist eben ein Land der großen und kleinen Kontraste, nicht bloß weil der Weltverkehr periodisch dasselbe durchflutet und dann wieder verlassen hat, nicht nur weil dieser merkwürdige Winkel in unmittelbarster Nähe der besuchtesten und bekanntesten Rhein- und Maingegend zu den unbekanntesten Strichen von ganz Westdeutschland gehört, sondern auch weil man in einer Wirtstube nicht pfeifen und singen darf, während die Stube in einem andern Wirtshaus des Landes gerade ihren historischen Ruhm darin sucht, daß dort einmal so schön gesungen, und dann seit vielen Jahren fort und fort so fröhlich wieder nachgesungen worden ist.

In der Krone zu Großgerau nämlich ist oben hinauf ein Erkerstübchen, wo Claudius, der Wandsbecker Bote, im Jahr 1777, als er Oberlandeskommissär zu Darmstadt war, sein Rheinweinlied gedichtet haben soll. Da aber die Kritik bezweifelt, ob Claudius überhaupt dieses Lied gedichtet, und nicht bloß zum

Abdruck befördert habe, so stehen wir nun freilich auch in dem Erkerstübchen der Krone wieder auf dem bekannten schwankenden Gerauer Boden.¹) Allein das thut nichts zur Hauptsache. Denn die Wirtin als Augen= und Ohrenzeugin versicherte mir: Hunderte von fröhlichen Menschen haben geglaubt, daß hier im Herzen des berühmten Sauerkrautlandes das Lied gedichtet worden sei, und haben in diesem Glauben gar manche Flasche Wein in diesem Erkerstübchen getrunken, und das Rheinweinlied dazu gesungen und auf den Wandsbecker Boten angestoßen. Und wenn der geneigte Leser einmal hinkommt, so darf er's auch thun; denn das „Singen und Pfeifen" ist dort zur Zeit noch erlaubt.

¹) Das hier öfters gebrauchte Wort vom „schwankenden Gerauer Boden" hat sich inzwischen als in ungeahnter Weise prophetisch erwiesen durch die fortdauernden Erdbeben des Novembers 1869, welche unter Groß-Gerau ihren Centralherd hatten.

(Note zur 2. Aufl.)

VIII.

Aus dem Leithawinkel.

(1868.)

Erstes Kapitel.

Rohrau.

Ich ging von Hainburg — der letzten reindeutschen Donau=
stadt — stromaufwärts nach Petronell und bog dann gen Süden
auf den Feldweg, welcher über einen flachen Höhenrücken nach
Rohrau an der Leitha führt. Schon aus ziemlicher Ferne er=
blickt man die niedrigen Strohdächer des Dorfes, vorn überragt
von der Turmruine der (1865) abgebrannten Kirche, im Hinter=
grunde von Baumgruppen des gräflich harrach'schen Schloßparks.
Die sanft zur Leitha absteigende Thalsenkung ist baumlos, mit
feuchten Aeckern und nassen Wiesen rechts und links, die Fluß=
ufer sind eben, und Schilf und Rohr erinnern oft genug an den
Namen des Dorfes.

Wir denken uns den Geburtsort großer Künstler so gern
mit landschaftlicher Poesie geschmückt, und da sieht dann dieses
Rohrau, von Norden betrachtet, gar nicht darnach aus, als ob
es die Wiege eines der besten Meister deutscher Kunst, und voll=
ends gerade eines rechten Meisters der Naturpoesie in der Kunst,
gehegt habe. Nur der Hainburger Berg, gen Nordost in großen
und schönen Formen abschließend, deutet auf verheißungsvolle
Fernen.

Rohrau liegt auf dem linken, niederösterreichischen Leitha=
ufer, hart am Wasser; ein Gang über die Brücke würde uns
sofort auf ungarischen Boden bringen. Wir bleiben aber auf
der deutschen Seite und durchschreiten die ganze lange Haupt=

straße des Dorfes bis zum letzten Hause linker Hand, wo der Fahrweg nach Bruck ins Freie führt. Eine Steintafel, in die Mauer jenes Hauses gelassen, trägt die seltsam lakonische Inschrift: „Zum Haydn". Es ist Joseph Haydns Geburtshaus, arm, niedrig, schmal, den andern Bauernhäusern des Dorfes aufs Haar ähnlich, bloß aus einem Erdgeschoß mit vier Fenstern bestehend, Stall und Wohnräume gemeinsam von dem langgestreckten Strohdache bedeckt. Eine Steinbank vor den Fenstern bildet neben jener Tafel das einzige unterscheidende Wahrzeichen.

Wir gehen durch das überwölbte Thor, welches geradeaus in den kleinen Hof und Garten führt; ein im Hofe spielender Bauernbube errät schon was wir suchen, und deutet auf die Thüre links im Thorgange, auf die Küchenthüre, allein durch die Küche kommen wir dann in das Wohn= und Schlafzimmer, das einzige Zimmer des Hauses, ein mäßig großes, reinliches Gemach, mit weißgetünchten Wänden und brauner niedriger Holzdecke.

Hier also wohnte vor hundert und mehr Jahren der ehrsame Wagnermeister Matthias Haydn mit seinen zwanzig Kindern, hier soll sein ältester Sohn Joseph (1732) geboren sein. Wie aber eine solche Familie Platz gefunden in diesem Häuschen, das gehört auch noch zu den vielen Rätseln, die auf Haydns Lebensgeschichte ruhen. Allein zunächst denkt man an gar keine Rätsel, man ist vielmehr überrascht, alles genau so zu finden, wie man sich's ungefähr vorgestellt hat; die enge aber gemütliche, altmodische aber nette und reinliche Bauernstube kommt uns ja ganz bekannt vor, so bekannt wie die Geschichte von dem alten Wagnermeister Matthias, der am Sonntag nachmittag dort hinten am Ofen saß und mit Maria, seiner frommen Hausfrau, Lieder sang und auf der Harfe begleitete, und der kleine fünfjährige Sepperl saß auf dem Boden daneben und spielte die Geige dazu, indem er mit des Vaters Zollstab auf dem linken Arme auf und nieder strich. Da tritt dann der Schulmeister von Hainburg, der Vetter, durch die Küche zur selben Thüre

herein, durch welche wir auch eingetreten sind und sieht, daß der
Kleine seinen Stab vollkommen taktgerecht führt, und da jeder
wahre Schulmeister als ein Prophet in Kinderaugen und Kinder=
seelen muß lesen können, so ahnet er in dem taktfesten Aermchen
auch gleich den künftigen Musiker und nimmt den kleinen Joseph
mit nach Hainburg, wo es so viel schöner ist als in Rohrau,
wo sich Stadt und Fluß und Berge und Burgen zu einem
großen Prachtbilde aufthun und das arme Bauernkind Gottes
schöne Welt zum erstenmale so recht groß und reich erschaut und
allerlei große Dinge lernt: den Katechismus und Lesen, Schreiben
und Rechnen und Singen, Geigen und Blasen, ja sogar das
Paukenschlagen.

Allein die Hausfrau weckt uns aus unserm Traume — es
ist nicht mehr Frau Maria Haydn, die vorhin dort in der Ecke
sang, sondern die Frau Bürgermeisterin Prucker und reicht
uns ein grün eingebundenes großes Fremdenbuch, in welches
wir unsern Namen schreiben sollen, und viele Leute in Rohrau
glauben, das schöne Buch mit der Unzahl von Namen und „litte=
rarischen Bemerkungen" sei eigentlich das Merkwürdigste im
ganzen Hause. Das Buch erinnert uns, daß inzwischen bereits
hundertunddreißig Jahre unmerklich durch dieses Zimmer ge=
zogen sind, und daß seitdem bereits drei fremde Familien in vier
Generationen das Haus besessen und bewohnt haben, und nun
erst gewahren wir auch an der Wand eine mittelmäßige Litho=
graphie, die den kleinen Joseph selber wiederum als den alten
Haydn darstellt, und dieser alte Haydn ist dann auch schon vor
bald sechzig Jahren gestorben.

So schweben wir mitten inne zwischen Vergangenheit und
Gegenwart; dennoch aber bleibt bei uns der freundliche Gedanke
Herr, daß die Zeit mit wunderbar schonender Hand an dem
armen, engen Heiligtum vorübergegangen sei, und daß sich gar
selten wohl das Vaterhaus eines berühmten Mannes aus so
lange vergangenen Tagen finden dürfte, welches uns heute noch
so ursprünglich und unberührt anblickt wie das Haus in Rohrau.

Man hat es nicht aus litterarischer Pietät erhalten oder restauriert, wie andre „Geburtshäuser", sondern es blieb eben stehen wie es stand, weil es so einsam und abgelegen steht. Wie das Haus des kaiserlichen Rates am Hirschgraben in Frankfurt mit seinen behäbigen, wohlgeordneten, sinnig ausgestatteten Gemächern nicht als die zufällige Stätte der Geburt, sondern als der notwendige Ausgangspunkt der ganzen Entwickelung Goethes uns bedeutsam erscheint, so mußte Haydn auch in diesem strohgedeckten Bauernhause mit der einzigen Stube geboren werden, um ganz zu werden was er geworden ist.

Allein das Leben Haydns ist bis auf diesen Tag noch reicher von Mythen durchwoben als das irgend eines andern unsrer großen Tonmeister. Mythen reden im Kerne die Wahrheit, während sie in jedem äußeren Zuge uns aufs anmutigste belügen können. So ist nun aber auch Haydns Geburtshaus nur noch im Kerne, ich meine im Gesamtbilde, echt und unberührt. Namentlich ist es eine fromme Täuschung, daß jenes niedere Zimmer, welches gerade so aussieht, wie wir's uns gedacht haben, das Geburtszimmer des großen Meisters gewesen sei. In den dreißiger Jahren unsers Jahrhunderts verwüstete eine Ueberschwemmung das Haydnhaus und machte einen Umbau nötig, und das echte Geburtszimmer soll nicht links, sondern rechts von der Thorfahrt gelegen haben, wo sich jetzt gar kein Wohnraum mehr findet. Die Wohnstube ist demnach verloren gegangen; das Haus blieb uns aber doch in seinem historischen und poetischen Charakter treu erhalten, und nicht bloß das Haus, auch seine Umgebung, die Straße, das Dorf. Die Bibliothek des „Vereins der österreichischen Musikfreunde" zu Wien bewahrt ein Oelgemälde, welches Haydns Geburtshaus vor der Ueberschwemmung darstellt: mit künstlerischem Auge betrachtet, ist es ganz dasselbe Haus, wie es jetzt noch im Dorfe steht; das Auge des Kritikers aber widerspricht, es zählt die Fenster und findet fünf auf dem Bilde und in Wirklichkeit nur noch vier. Das sind nun verschiedene Standpunkte. Welcher ist der oberflächlichere?

Ich sagte, nicht bloß Haydns Geburtshaus blieb innerlich unversehrt, sondern auch ganz Rohrau. Kein fremdartiger Neubau, keine Fabrik, keine Eisenbahn stört den altertümlichen, bescheidenen Charakter des Bauerndorfes. Die Leute wissen auch, daß jenes Haus das Merkwürdigste in ihrem ganzen Orte war und blieb. Noch haut der gegenwärtige Wagnermeister von Rohrau mit einem krummen Beile seine Radfelgen aus, in dessen Eisen die Buchstaben M. H. und die Jahreszahl 1727 eingeschlagen sind, und behauptet, es sei das Beil des alten Matthias Haydn, alle Wagner des Dorfes hätten es seitdem gebraucht. Die vordere Hälfte des Eisens war schon öfters abgebrochen, ein neues Beil zu kaufen wäre besser und billiger gewesen; allein man hat immer wieder ein neues Vorderstück an das alte Beil geschweißt, dem alten Haydn zu Ehren.

Der Name des großen Tonsetzers ist in Rohrau ausgestorben und von seiner Familie lebt dort nur noch ein Glied, seine Großnichte, die Schmiedmeisterin, eine Frau in den sechziger Jahren.

Von vier Dingen erzählten mir die Bauern als den historischen Denkwürdigkeiten ihres Dorfes: von der großen Ueberschwemmung, vom großen Brande, von der Cholera, die bei ihrem ersten Weltgange Rohrau zuerst in ganz Deutschösterreich besucht habe, und von Joseph Haydn. Er schien die einzige Lichtgestalt unter so vielen Trauerbildern. Der schönste Tag aber soll gewesen sein, als man vor zwanzig und mehr Jahren die Gedenktafel an Haydns Geburtshaus enthüllte; die blasende Musikbande, welche damals dem Festzuge voran die Straße heraufzog, lebt heute noch als etwas Einziges in älterer Leute Gedächtnis. Benachbarte Liedertafeln feiern manchmal in Haydns Geburtsort ein Frühlingsfest und sorgen also dafür, daß wenigstens ein schwächerer Abglanz jenes großen Tages sich zeitweise wieder erneuere.

Als von all dieser musikalischen Herrlichkeit geredet wurde, fragte ich die Erzähler, ob sie denn auch schon Haydnsche Musik gehört hätten? „Ja wohl," erwiderten sie, „in der Kirche, wunderschöne Messen." Den Bauern von Rohrau scheint Haydn nur als Kirchenkomponist bekannt zu sein, während ihn die große musikalische Welt in dieser Eigenschaft am wenigsten kennt. Nun ist jene Antwort höchst begreiflich, denn wo sollten die Bauern auch Haydnsche Symphonien, Quartette oder Oratorien gehört haben? Dennoch lockt sie zu einem tieferen Gedankengange, für welchen ich nur in einem Satze den Weg andeuten will: Haydns eigentliche Kirchenmusik erinnert überall daran, daß der Komponist von Haus aus ein österreichisches Bauernkind gewesen ist; seine übrigen Hauptwerke zeigen den universell deutschen Meister; in der Kirche ist Haydn volkstümlich wie ein provinzieller Dialektdichter, im Konzertsaal ist er volkstümlich wie ein nationaler Dichter der Weltlitteratur.

Ich habe aber bis hierher Rohrau nur von einer Seite betrachtet, indem ich mich von Norden näherte und so das Dorf bis zum Südende, bis zu Haydns Geburtshause durchschritt. Mit diesem äußersten Hause aber ändert sich die ganze Scenerie, wir treten in eine liebliche, baumreiche Landschaft. Nur eine kleine Wiesenfläche trennt das Haus von dem gräflich harrachischen Schlosse, dem namengebenden Schlosse der ehemaligen Reichsgrafschaft Rohrau. Das gegenüberliegende Bauernhaus gab uns ein Künstlerbrüderpaar, Joseph und Michael Haydn; die Geschichte des Grafenschlosses führt uns unerwartet zu einem Schwesterpaar, welches durch Künstlerhand verklärt, allem deutschen Volke bekannt ist — wenigstens all unserm Volke, das seinen Schiller liest —: zur Gräfin Terzky und zur Herzogin von Friedland. Karl von Harrach, Ferdinands II. Staatsminister, erlangte vom Kaiser die Erhebung seiner Herrschaft Rohrau zur Reichsgrafschaft (1627); seine beiden Töchter waren die Gemahlinnen Wallensteins (in zweiter Ehe) und Terzkys. Ob die Urbilder dieser Frauengestalten, welche nun auf der Bühne leben und leben werden, hier im Schlosse selbst geboren sind, vermag ich nicht zu sagen; jedenfalls entstammten sie diesem

Hause und bezeichnen mit ihrem Vater den rasch erreichten und überschrittenen Höhepunkt des historischen Glanzes der Rohrauer Linie.

Das Schloß ist tiefgelegen; Graben und Brücke deuten auf den Grundplan einer ehemaligen Tiefburg, jetzt freilich ist ein mäßig großer, traulicher Herrensitz daraus geworden, im Stile des achtzehnten Jahrhunderts nicht ganz architektonisch schmucklos aufgebaut, von hohen Bäumen und Alleen umschattet, von einem wohlgepflegten Garten umgeben. Ich habe ein besonderes Gefallen an solchen gemütlichen Fürsten- und Adelsschlössern der Zopfzeit. Andere denken dabei gleich an Feudalität, Fürstendespotie, Adelsübermut, junkerliche Liederlichkeit und Bauernschinderei, und Schlossers ganze Geschichte des achtzehnten Jahrhunderts tritt ihnen sofort leibhaftig vor Augen. Mit dem milden Sinne des Wanderers sehe ich dagegen im Frieden solch schöner Herrenhäuser viel lieber, was Schlosser nicht gesehen hat, und vorab fällt es mir allezeit gleich ein, wie die keineswegs untadelhaften Edelleute dort vor hundert Jahren sich so vergnügliche Symphonien haben spielen lassen und Quartette und Trios dazu, und wie da alles symphonisch blies und geigte vom Grafen bis zum Bedienten und Bodenwichser hinab, und das war doch auch etwas Gutes. Ohne die tausend deutschen Adelssitze des vorigen Jahrhunderts hätten wir keine Haydnsche und Mozartsche Symphonie, und die Beethovensche wäre dann später auch ausgeblieben.

Wenn ich nun schon beim Anblick andrer alter Schlösser gerne an solchen Gedanken hänge und Gärten, Säle und Zimmer darum befreundet mich anschauen, wie viel mehr beim Schlosse von Rohrau. In der That, Bauernhaus und Herrenhaus bilden zusammen die richtige Signatur vom Geburtsorte Haydns, des volkstümlichen, aber auch des vornehmen, feinen, klassischen Meisters. Im Bauernhaus stand seine Wiege, die Wiege seiner klassischen Kammermusik aber stand in den Adelsschlössern. Zu Bauernhaus und Herrenhaus kommt aber in Rohrau endlich

noch ein drittes: Park und Wald, und den Wald dürfen wir
auch bei Haydn, dem Naturpoeten unter den Musikern, nicht
vergessen.

Ich ging eigentlich zum Schlosse, um das Denkmal Haydns
aufzusuchen, welches in der angrenzenden waldigen Au gegen
die Leitha hinüber stehen sollte. Die Bauern im Dorfe sagten
mir, der Weg dahin sei zwar strenge verboten, allein für Leute
„meinesgleichen" gelte das wohl nicht; übrigens sei der Weg
auch schwer zu finden. Ein Denkmal, so aufgestellt, daß man's
nicht finden kann und obendrein nur auf verbotenem Wege er=
reichbar, — das paßt wieder ganz für Haydn, der so unendlich
viel still verschwiegene Anerkennung, so viel heimliche Liebe und
Treue gefunden hat, der fleißig und unverdrossen gesucht sein
will und sich nirgends entgegendrängt. Und wie manchmal
nannten die musikalischen Parteien des Tages selbst dieses Suchen
schon einen verbotenen Weg: allein die Parteien versanken mit
dem Tage und Haydn wird immer und immer wieder gesucht.

Ich wandte mich also in die waldige Au. Schlagbäume,
die den Weg versperrten, bei jeder Kreuzung ein Pflock mit der
Aufschrift: „Verbotener Weg," eine Marderfalle quer über
meinen Pfad gestellt, zeigten mir, daß ich auf der rechten Spur
zum Haydnmonumente sei. Es ward immer stiller, heimlicher,
waldeinsamer, Rehe grasten am Saume der Lichtungen; ich ging
wie in einem Zaubergarten, umrauscht von der Waldpoesie früh=
lingsfreudiger Haydnscher Symphonien, der verbotene Weg ward
im Grase immer unsichtbarer und hörte zuletzt völlig auf, ein
Weg zu sein, ich geriet ins Dickicht — weit und breit keine
Spur von einem Denkmal, — und stand endlich vor einem
tiefen Wassergraben, in dessen dunkler Flut Schilf und Binsen
und überhängende Zweige sich spiegelten. Hinüber konnte ich
nicht und schlug also seitwärts auf gut Glück eine veränderte
Richtung ein.

Aus hohen Baumgruppen hervortretend stand ich plötzlich
vor einem Jägerhause; drei große Hunde begrüßten mich mit

wütendem Gebell, eine Magd, welche unfern arbeitete, lief auf
mein Anrufen davon und floh, statt zu antworten, ins Haus
hinein. Ich folgte ihr. Da trat mir unter der Thüre eine an=
mutige junge Frau entgegen, begleitet von einem zahmen Reh.
Sie erwiderte meine Frage nach dem Wege zu Haydns Denkmal
mit der zürnenden Gegenfrage, ob ich denn nicht gelesen habe,
daß alle Wege hierher verboten seien? wollte mir auch die Richtung
nicht angeben, indem ich mich doch nicht zurechtfinden würde.
Allein auf dem Wege meiner Haydnforschungen haben mich weder
die Alt= noch Neuromantiker, noch selbst die Zukunftsmusiker je=
mals zurückgeschreckt: wie sollte ich mich jetzt von einer schönen
jungen Frau zurückschrecken lassen?

Also erklärte ich ihr, ich sei über hundert Stunden Wegs
weit hierher gekommen, um Haydns Geburtshaus und sein Denk=
mal zu sehen, und würde daher jetzt auch gewiß nicht halbver=
richteter Sache wieder umkehren. „Schon als Knabe," fuhr ich
fort, „lange bevor Sie auf der Welt waren, habe ich von dem
Denksteine zu Rohrau gehört und gelesen und die Noten, welche
auf dem Sockel stehen viele hundertmale gespielt, gepfiffen und
gesungen, und die darunter eingegrabenen Verse von den ‚holden
Philomelen‘ und der ‚reizenden Schönen am schmelzenden Klavier‘
im stillen hergesagt: jetzt will ich diesen Rohrauer Lapidarstil
endlich auch einmal in den wirklichen Stein gehauen sehen!"

Meine wohlgesetzte Rede schien keinen Eindruck zu machen:
die Frau mit dem Reh würdigte mich nicht einmal einer Ant=
wort, ging ins Haus zurück und ließ mich stehen. Allein ich
täuschte mich. Es hatte sie doch wohl gerührt, daß der Ruhm
ihres verbotenen Heiligtums hundert Stunden weit gedrungen sei.
Nach wenigen Minuten kam sie zurück, ein Tuch um den Kopf
geschlungen (der Märzsturm tobte gewaltig draußen) und erklärte
mir, sie wolle mir selbst den Weg zeigen. So gingen wir nun
selbander in die waldige Au zurück und kamen bald zu einer
zwischen Bäumen versteckten kleinen Insel, in deren Mitte ein
schlichter Steinwürfel steht, gekrönt von Haydns Büste. Am oberen

Teile des Sockels ist das Andantethema aus einer der älteren
D-Symphonien des Meisters eingehauen mit den vorhin schon
fragmentarisch angedeuteten unterlegten Versen, deren größter
Vorzug gegenwärtig darin besteht, daß man sie, vom Regen aus-
gewaschen, nicht mehr recht lesen kann. Die Hauptinschrift besagt, daß Karl Leonhard Graf von Harrach diesen Denkstein im
Jahre 1794 habe setzen lassen. Der Kunstwert des Werkes ist
gering, aber es wird verklärt durch die Poesie des Ortes. In
dem schweigenden Dickicht spricht es uns rührend und erhebend
zum Herzen, und von wie vielen Meisterwerken der Monumental-
plastik kann man das gleiche sagen?

Doch nicht bloß der Ort, auch noch zwei andre Umstände
machen den Denkstein merkwürdig. Er wurde dem Künstler bei
Leibzeiten gesetzt und zwar zur Zeit seines zweiten Londoner
Aufenthaltes, das heißt in den Tagen, wo man in Deutschland
durch die Ruhmesspenden des Auslandes erst recht anfing zu
merken, was der Sohn der eigenen Heimat wert sei. Ich weiß
keinen andern deutschen Tonsetzer des achtzehnten Jahrhunderts,
dem man bei Lebzeiten schon ein Monument daheim errichtet hätte.

Andrerseits wird es aber auch in jenem Jahrhundert kaum
wieder vorgekommen sein, daß ein Reichsgraf einen noch leben-
den Bauernsohn seines Dorfes im eigenen herrschaftlichen Parke
monumental verherrlicht hat. Jener Graf Karl Leonhard von Harrach (geb. 1765, gest. 1831) führte neben andren hohen Titeln
das Prädikat eines „k. k. Hofmusik Grafen". Die Oesterreicher
sind in der Erfindung abgeschmackter Titel noch um ein klein
wenig fruchtbarer als die übrigen Deutschen. Ein in seiner Kunst-
verehrung so vorurteilsloser Graf wie jener Harrach soll aber
von der Nachwelt mit dem noch erhöhten Prädikat eines „wirklichen k. k. Hofmusik Grafen" ausgezeichnet werden.

Am Fuße des Denksteines hielt ich im Geiste eine Ueberschau der ganzen Scenerie: drüben hinter den Baumwipfeln die
Strohdächer des Bauerndorfs — dann das alte Herrenschloß —
ringsum Park und Wald und Wiese und Au — und im Vor-

bergrund ein anmutiges Frauenbild: das waren die echtesten anregenden Motive von Haydns Künstlerschaft, wofern man sie nur ein wenig mit seinem kindlichen, frommen, lebensfrohen Gemüte zu erfassen vermag. Ich hatte mich Rohrau genähert im Anblick eines beschränkten, kargen Daseins, und war Schritt für Schritt in ein reizendes, poesiegetränktes Idyll hineingewandert. Die schöne Frau aber, anfangs so strenge und wortkarg, war auch zusehends freundlicher und artiger geworden, als sie sah, daß wirklich nur die tiefe, durchs ganze Leben treu bewährte Jugendliebe für den Sohn ihres Dorfes mich auf die verbotenen Wege geführt. Sie hatte mich anfangs wohl für eine Art Landstreicher gehalten und verabschiedete sich von mir wie von einem ganz achtbaren Manne. Und doch hatten wir nur über Joseph Haydn miteinander gesprochen.

Als ich ins Dorf zurückgekehrt war, erzählte mir der Wirt, die Wilddiebe schlichen sich gerne in den Park, darum verbiete man die Wege, und der Graf sei ein melancholischer Herr, der die tiefste Einsamkeit in seinen täglichen Spaziergängen beim Haydndenkmal suche. Ueberhaupt dünke die verwachsene Au gar manchem etwas unheimlich. „In meiner Knabenzeit," so fuhr er fort, „hat der Platz ganz anders ausgesehen, da war unfern der Insel, wo jetzt Busch und Wald, noch die freie offene Pußta*). Dort haben wir Kinder gar oft gespielt und sprangen dann, wann es so halb dunkel zu werden begann, nach der buschigen Insel, um uns dort am rechten Schauer und Grausen zu ergötzen; denn wir glaubten, der Haydn mit seiner Zopfperücke sei einer von den biblischen Heiden, die das Gesetz nicht haben, und doch thun des Gesetzes Werk, und schauten scheu von allen Seiten nach dem

---

*) Wie der Nordschweizer selbst die kleinste Flachlandswiese gerne eine „Matte" oder ein „Mätteli" nennt, da wir bei Matten doch zunächst nur an eigentliche Alpenweiden denken, so ist dem ungarischen Grenznachbar auch die kleine Heide oder Weidefläche bereits eine „Pußta", ohne daß sie entfernt jene unabsehbare baumlose Fläche zu sein braucht, wie die Pußten im Innern Ungarns.

gespenstigen Götzenbild, schlichen gebückt rundum, einer den andern erschreckend, und wenn uns dann die Angst recht kalt über den Rücken lief, platzten wir plötzlich auseinander und jagten mit dem lauten Geschrei: der Heid, der Heid in die Pußta zurück."

Durch manchen helltönigen Haydnschen Satz klingt es leise wie eine Vorahnung jener Accorde des süßen Schauers der romantischen Schule. Und so erscheint zur Vollendung des Idylls Haydn, der die Kindersymphonie geschrieben, den Kindern seines eigenen Dorfes als die im Schrecken magisch fesselnde Gespenstergestalt eines Kindermärchens.

Das alles kann man bei einer Wanderung durch Rohrau sehen und erleben. Es ist schade, daß der alte Haydn nicht selber mitgegangen ist; ich vermochte die Eindrücke nur in trockenen Worten zu schildern: er hätte gleich eine Symphonie in D-dur daraus gemacht.

Zweites Kapitel.

Eisenstadt.

Rohrau und Eisenstadt liegen nur einen mäßigen Tagemarsch voneinander entfernt.

Man geht bis Bruck längs der Leitha, die hier und noch eine Strecke weiter aufwärts einen wirklichen Grenzfluß zwischen deutschem und ungarischem Lande bildet, während sie sich im ganzen vielmehr als ein Fluß darstellt, dessen Oberlauf durch reich bevölkertes deutsches Industrieland, dessen Unterlauf durch volkarmes ungarisches Weide- und Sumpfland zieht. Doch hat man in unsrer Zeit die Ausdrücke Trans- und Cisleithanien nicht ohne tieferen Grund und nicht bloß um des Wohlklanges willen gewählt. Die Leitha ist kein Grenzfluß und war es auch wohl niemals: allein der ganze Leithawinkel, durch das Leithagebirge, den Fluß und den Neusiedlersee bezeichnet, ist ein Uebergangsgebiet, wo dreifacher Gegensatz der Bodenbildung und des Volkstums so vielfach ineinander greift, gleichsam ineinander verzahnt ist, wie auf gar keinem andren Punkte der deutsch-ungarischen Grenze.

Bei Bruck aber, wo eine Hauptstraße und eine Haupteisenbahn aus Niederösterreich nach Ungarn führt, kann man das vielberufene Wort „diesseit und jenseit der Leitha" allerdings im Doppelsinne gebrauchen, denn die Leithabrücke, welche dem Städtchen den Namen gab, verbindet Deutschland unmittelbar mit Ungarn.

Nun bietet sich dem Fußwanderer ein zwiefacher Weg von Bruck nach der ungarischen Grenzstadt Eisenstadt. Ein Fußpfad, einsam schattig und angenehm zu gehen, folgt dem Höhenzuge des Leithagebirges und führt uns durch eine echt deutsche Mittelgebirgslandschaft. Die andre Straße, fahrbar, aber ein großer Umweg, zieht durch die Ebene längs des Nordwestrandes des Neusiedlersees und gibt uns schon den vollen Vorgeschmack ungarischer Scenerien.

Ich wählte diesen letzteren Weg, fuhr mit der Raaber Eisenbahn nach der ersten ungarischen Station Parndorf, und kreuzte noch ein gutes Stück ostwärts in die Parndorfer Pußta hinüber, um wieder zurück gegen die Nordspitze des Neusiedlersees zu lavieren. Welch ein Kontrast mit der hochromantischen Stromlandschaft von Preßburg, Theben, Hainburg, die ich in den vorhergehenden Tagen geschaut hatte, und gegen die Idylle von Rohrau! Und doch war ich nur wenige Stunden Wegs von allen diesen Orten entfernt. Ein furchtbarer Nordweststurm, den mir nachgehends selbst die Leute der Gegend für unerhört heftig erklärten, fegte über die kahle, baumlose Fläche, Schneewirbel untermischt mit Regenschauern vor sich hertreibend; die bergigen und hügeligen Hintergründe, welche sonst gen Norden und Westen abschließen mögen, waren nicht zu sehen, alle Formen zerflossen in tonloses Wolken- und Nebelgrau und nur der braune Boden der noch winterlichen Heide breitete sich unabsehbar vor meinen Füßen. Nun war ich doch gewiß in Ungarn, und begann im Voranschreiten ganz unvermerkt meine Kleidung zu magyarisieren. Den Hut ließ mir der Sturm keine Minute auf dem Kopf; also drückte ich ihn zusammen, zwängte ihn in die Reisetasche und setzte ein Hauskäppchen auf, welches auf die Entfernung ungefähr wie eine ungarische Mütze aussah, und die Ungarn nannten es später wirklich meine „deutsche Kucsma"; das hielt gegen den Wind. Die Hosen steckte ich in die Stiefel nach Art der Ungarn, denn alle Augenblicke sank ich bis über die Knöchel in den durchweichten Boden oder trat in eine Pfütze; den Rockkragen stellte ich auf, daß er zum stehenden ungarischen Kragen wurde, nicht aus Vorliebe für das Magyarentum, sondern damit ich die Ohren nicht erfror; und da ich bei Preßburg gesehen hatte, wie zweckmäßig sich die slavischen Bauern der Umgegend durch eine Kaputze von Schafspelz gegen den Wind schützen, so schlang ich meinen Plaid als eine Kaputze um den Kopf und verband Mund und Nase mit dem Taschentuch, weil es mir sonst unerträglich gewesen wäre, im schnellen Schritt den eisigen Wind einzuatmen, der mir den ganzen Tag unablässig ins Gesicht schlug.

Nachdem ich mich solchergestalt völlig nationalisiert hatte, ging es lustig weiter, bis mich Pferdegetrappel aus meiner stillen Beschaulichkeit weckte. Es war eine Reihe kleiner Leiterwagen, mit zwei bis drei Pferden bespannt und je von einem Kroaten geführt, welche nach Neusiedel zu Markte fuhren. Die Leute, bis über den Kopf in ihre Röcke aus Schaffellen gewickelt, bedeuteten mir aufzusteigen, da sie vermutlich nicht ahnten, daß jemand zum Vergnügen hier zu Fuß gehen könne. Allein ich lehnte es ab, bis mich ein verspäteter Nachzügler, der im scharfen Galopp von hinten herankam, fast über den Haufen gerannt hätte. Das hielt ich für einen Wink des Schicksals und stieg auf, fand aber bald, daß es für einen geborenen Deutschen fast leichter sei zu gehen, als auf einem solchen Wagen zu fahren. Quer über das Vorderteil des Wagens war nämlich ein unbefestigtes Brett gelegt, worauf ich mich mit dem Kroaten derart schaukeln mußte, daß wenn der eine plötzlich aufgestanden wäre, der andre auf der entgegengesetzten Seite hätte hinunterschnappen müssen. Die kleinen, geschundenen, katzenartigen Pferde liefen von selber beständig Galopp, der Fuhrmann hatte keine Peitsche und gebrauchte nur selten den Zügel, die Räder sanken bald in ein Loch, bald stießen sie wider einen Erdhaufen, der Wind traf uns in immer gewaltsameren und plötzlicheren Stößen, und da ich mich sonst nirgends anlehnen oder halten konnte, so schlug ich den Arm fest über die Schulter meines Kroaten, und in dieser freundschaftlichen Umschlingung begannen wir bald das lebhafteste

Gespräch, natürlich auf deutsch; denn in dem Grenzstriche des ungarischen Leithawinkels, wo Deutsche, Magyaren und Kroaten untereinander wohnen, verbindet sie alle doch wieder das gemeinsame Verständnis der deutschen Sprache. Der Mann fragte mich nach meinem Wanderziele; und da ich es für gut fand, ihm nur Oedenburg als solches zu bezeichnen, so riet er mir, nicht den Streckweg durch den Neusiedlersee zu gehen, denn ich würde dort bis über die Kniee in den Schlamm einsinken.

Dieser See, welchen Geographen in der Studierstube wohl gar das Gegenstück des Bodensees am Ostsaume der Alpenausläufer genannt haben, existiert nämlich seit zwei Jahren nur noch auf den Landkarten; im trockenen Sommer verschwand er damals zum größten Teile. Uebergroße Sommerhitze, Regenmangel ist überhaupt die gefürchtetste Landeskalamität für Ungarn. Der Kroat sagte, zwei Jahre habe der See gebraucht, um zu verschwinden, in zwei Jahren aber werde er wiederkehren; vor zweihundert Jahren sei es schon einmal geradeso gewesen. Die Fischer in den westlichen Uferdörfern verkauften jetzt Karpfen aus Wien, in zwei Jahren würden sie wieder ihre eigenen Karpfen nach Wien bringen. Denn der See sei doch nicht ganz verschlupft; ein großer Trichter in der Mitte des Beckens habe die Hauptmasse des Wassers verschlungen, einzelne stattliche Teiche beständen noch. So beginnt der Volksmund bereits sagenhaft von dem verlorenen See zu reden. Wer freilich das äußerst flache Becken des Neusiedlersees betrachtet (die größte Tiefe betrug nur dreizehn Fuß) und die Gestalt des umliegenden Landes, welches durch Hügelketten auf der einen Seite fast alle Zuflüsse ablenkt und auf der andern in die unabsehbare Fläche des Hansäg-Sumpfes verläuft, der begreift, wie der See, auch ohne jenen geheimnisvollen Trichter, bei der steigenden Austrocknung des Hansäg gleichfalls vertrocknen mußte und sich auch in zwei Jahren schwerlich wieder füllen wird.

Der verlorene Neusiedlersee ist uns aber ein noch echteres Wahrzeichen des Landes als da er mit dem schönsten Wasser-

spiegel erfüllt war. Sein Gestade sagt uns, daß wir inmitten
einer deutsch redenden Bevölkerung dennoch bereits auf unga=
rischem Boden stehen. Ungarn ist kein Land der großen, klaren,
tiefen Seen, sondern vielmehr der Sümpfe, Moräste und Binnen=
marschen, die von alten verlorenen Seebecken übrig geblieben
sind, und der Neusiedlersee mit dem Hansag verkündet uns als
ein bis zur deutschen Grenze vorgeschobener Vorposten die großen
Sumpfniederungen Centralungarns an der Theiß, am Körös,
Maros und der Donau. Das westliche Ufer des Neusiedlersees
mit seinem trockenen Hügelboden und den großen, teilweise um=
mauerten Ortschaften bietet uns noch deutschen Charakter in Volks=
und Landesart, das östliche mit den weit verstreuten kleinen An=
siedelungen des Hansag versetzt uns ganz auf ungarischen Boden
und nähert uns rasch den Magyaren.

Dies aber ist das wunderbar Fesselnde des Grenzwinkels
zwischen Preßburg und Oedenburg, daß hier nicht bloß Leute von
dreierlei Nationalität durcheinander verstreut wohnen, sondern
daß auch zugleich auf engstem Raume die Hauptformen unga=
rischer Landesart, hart neben der deutschen, im Kleinen vor=
gebildet sind. Die Schütt und der sogenannte Heuboden bei Preß=
burg öffnet uns beim ersten Schritte auf ungarisches Gebiet die
Perspektive auf das große Niederungsbecken des mittleren Donau=
landes, die Parndorfer Heide gibt uns einen kleinen Vorschmack
der Pußten, und der Neusiedlersee den Typus jener Sümpfe und
Moräste, welche Ungarn kennzeichnen. Zugleich aber sehen wir
diese dreifache Form des Tieflandes, welches sich gen Osten end=
los in die Ferne verliert, gen Westen, das ist an der Grenze,
von Bergen umsäumt; die kleinen Karpathen und die letzten
Ausläufer des deutschen Alpensystems im Leithagebirge treten sich
an der deutsch ungarischen Strompforte von Angesicht zu Angesicht
gegenüber, nur durch die Breite des Donaubettes getrennt. Auch
hierin liegt ein feines Wahrzeichen. Für Ungarn ist nicht
schlechthin die Ebene charakteristisch, wie für Polen, sondern das
Flachland in riesigem Bogen von Gebirgen umsäumt. Durch

Gebirgspforten treten wir aus deutschem und slavischem Gebiet in die ungarische Tiefebene. Ungarns Doppelhauptstadt, Pesth-Ofen, liegt am letzten Vorberge des Balonyerwaldes, die alte Krönungsstadt Preßburg am Fuße der kleinen Karpathen, die namengebende Stadt Unghvár vor den Ausläufern der großen Karpathen, im ungarischen Wappen trägt ein dreigipfeliger Berg das Patriarchenkreuz und die Ungarn haben ihren Krönungshügel und ihren heiligen Berg als besondere Nationalheiligtümer: Flachland am Vorgebirge oder mit den Bergen in blauer Ferne, das ist wenigstens ebenso echt ungarische Landschaft wie die endlose Fläche der Pußta.

Ein prächtiges Bild solcher berggesäumten Heide- und Sumpfflächen that sich vor mir auf, als ich, von der Parndorfer Heide herüberkommend, unfern Geoys den Nordrand des Neusiedlersees und die Preßburg-Oedenburger Landstraße gewann. Die Schneewirbel, welche bis dahin jeden Fernblick verschleiert hatten, zerstoben und gaben der Sonne Raum. Rechts zur Seite trat der letzte steile Vorhügel des Leithagebirges, mit einer Kapelle bekrönt, in den Vordergrund und seitab dehnten sich weithin die waldigen Leithahöhen gen Eisenstadt hinüber, vor mir breitete sich der grüne Boden des Seebeckens, von einzelnen blitzenden Wasserstreifen durchzogen, erst Ackerland, dann Wiesland, dann Sumpf, und weiterhin ein breit gedehnter brauner Sumpfboden, ferne von einer Schneefläche begrenzt, die am äußersten Saume des Horizontes durch einen blau und grau verdämmernden Wald abgeschnitten wurde, welcher fast unmerklich mit dem graublauen Himmel zusammenschmolz. Es war ein wundersam ergreifendes Stimmungsbild: nur rechts im Vordergrunde die plastische Form, dann alles formlos abgetönte Farbenskala in lauter gebrochenen Mitteltinten, ein unvergleichliches Problem für einen Koloristen. Denn was eben die großen Koloristen am liebsten thun, das hatte hier die Natur geschaffen: aus lauter Schmutzfarben die reinste Farbenharmonie. Im Sommer mag diese Landschaft kälter sein, die gebrochenen Töne werden sich in grelles Grün, Gelb und

Blau verwandeln; jetzt im kalten März schwelgte ich in den warmen Farben dieser echt ungarischen Palette, obgleich mir der Wind um die Ohren pfiff, daß ich kaum stehen bleiben konnte.

Von Preßburg bis Bruck ist die politische Grenze Ungarns zugleich eine landschaftliche: deutsches Hügelland auf der einen, ungarisches Flachland auf der andern Seite. Eine Volks- und Sprachgrenze ist sie aber nicht, denn die überwiegend deutschen Ansiedelungen reichen hier bis in die Schütt und bis Raab hinüber; die Landschaft spricht also viel früher ungarisch als das Volk.

Südlich von Bruck läuft die politische Grenze teilweise auf der Wasserscheide des Leithagebirges und umspannt ein Bergland zwischen Leitha und Neusiedlersee, welches uns landschaftlich ganz in deutsche Mittelgebirgsscenerien versetzt. Den städtischen Mittelpunkt dieses Winkels bildet Eisenstadt, den südlichen Flügelpunkt bezeichnet Oedenburg. Hier haben wir also deutsche Landschaft auf ungarischem Boden.

Die Ortschaften dieses welligen Berg- und Hügellandes sind entweder deutsch oder kroatisch; die Ortsnamen deutsch und magyarisch. Die Deutschen haben die Kultur- und Sprachherrschaft; die Magyaren suchen hier wie anderswo mit ihrem neu gewonnenen politischen Regiment auch ihre Sprache und Sitte breiter einzubürgern, und da man heute schon sagt, daß Wien anfange halb ungarisch zu werden, so muß Eisenstadt, Oedenburg und Preßburg doch wohl auch ungarischer als vordem geworden sein. Die Kroatendörfer erscheinen wie eingestreute Kolonien und ihre Bewohner wie ein absterbendes Volkselement. Früher rühmte man die Größe und Stärke der kroatischen Männer dieser Gegend und die Schönheit der Mädchen. Das soll jetzt anders geworden sein. Die Leute arbeiteten sonst nur so viel sie mußten und produzierten bloß, was sie brauchten. Inmitten der fleißigen, teilweise industriellen ungarisch-deutschen und niederösterreichischen Grenzbevölkerung kann sich ein so lässiges Naturvolk nicht lange mehr behaupten: durch die gesteigerte Wirtschaft wird sein nationaler Typus umgestaltet, oder es wird völlig hinweggearbeitet. Seit die Kroatenkinder in die benachbarten Fabriken gehen, soll sich der ganze Volksschlag merklich verändern.

Alles zusammengenommen macht die Gegend am Leithagebirge und am Neusiedlersee den Eindruck einer deutschen „Mark" im mittelalterlichen Sinne des Wortes, das heißt, wir finden uns auf fremdem Boden, aber dieser äußerste Saum fremden Landes steht unter deutscher Kulturherrschaft, er ist ein zur Schutzwehr der wirklichen Grenze ins Ausland vorgeschobener Vorwall. Oesterreich hat noch viele solcher „Marken": möge man ihre deutsch=nationale Bedeutung in Wien niemals vergessen.

Das sprechendste Sinnbild dieses deutschen Marken=Charakters des westungarischen Grenzsaumes bieten die Ortsnamen: fast alle Dörfer und Städte führen hier zwei Namen, einen deutschen und einen magyarischen. Nur im selteneren Falle ist der eine Name eine bloße Umbildung des andern, oder eine wörtliche Uebersetzung, weit öfter drücken beide einen ganz andern Begriff in völlig selbständigem Worte aus; Deutsche und Magyaren mögen sich viel leichter wechselweise unterdrücken als ausgleichend vermischen. Die deutschen Namen der Städte kennt man in der ganzen Welt, die magyarischen lernt man meist erst hier an Ort und Stelle kennen, und Poststempel, Eisenbahnfahrpläne, Ortstafeln und Wegweiser sorgen jetzt genügend dafür, daß wir erfahren, Preßburg heiße Posony, Oedenburg Sopron, Raab Györ, Wieselburg Mosony, ja Wien selber bleibe in Ungarn nicht Wien, sondern heiße Becs[1]). So heißt Purbach am Neusiedlersee Fekete Város (Schwarzstadt), Donnerskirchen Feher Egyháza, Kroisbach Rákos, Holling

---

[1]) Es ist bezeichnend für Oesterreich als die polyglotte Monarchie, daß nicht einmal die Hauptstadt bei allen Völkern des Reiches einen Namen von gleicher Wurzel hat. Zwar sagt der Italiener und Rumäne Vienna, der Böhme Viden, der Pole und Ruthene Wieden; der Slowene dagegen Dunaj, der Kroate und Serbe Bec, der Magyare Becs (sprich Betsch).

Boz, daneben aber auch Wenden Wedeny), Gols Gállos, Somarein in der Schütt Somorja in bloßer Lautumbildung.

In den meisten Fällen kann man nachweisen, daß die deutsche Form der Ortsnamen des ungarischen Leithawinkels älter sei als die magyarische; aber nicht in allen. Denn es haben hier, nach kleinen Strichen wechselnd, verschiedene Einwanderungen und Rückströmungen im Laufe der Jahrhunderte stattgefunden. So sitzen im Hügellande des Oedenburger Komitats die „Hienzen", deutsche Bauern, welche schon vor den Magyaren zur Karolingerzeit hier eingewandert sind, während die deutschen „Heidebauern" am Neusiedlersee erst im sechzehnten Jahrhundert, also lange nach den Magyaren kamen. Das treue Festhalten an den grundverschiedenen Doppelnamen aber bezeugt jedenfalls, daß der Einfluß der einen Nationalität niemals völlig und dauernd Herr zu werden vermochte über die andre.

Die „Hienzen" und die „Heidebauern" führen mich noch zu einer Bemerkung in Parenthese. Nach Czoernig sollen die Hienzen bayrischen, allemannischen und fränkischen Stammes sein, die Heidebauern dagegen Schwaben. Wir erhalten also in der kleinen Grenzecke an der Leitha und dem Neusiedlersee neben den scharf abstechenden landschaftlichen Typen zugleich die bunteste Musterkarte der Volkselemente: Deutsche viererlei Stammes und Kroaten und Magyaren dazu.

Eisenstadt, welches ich auf so langem Umwege endlich erreiche, heißt auf magyarisch Kis Marton, das ist Klein-Martin, im Gegensatze zu Nagy Marton, Groß-Martin, dem jetzt kleineren Mattersdorf. Der kleine und der große Martin lockt mich aber zu einer Episode, womit sich diese Betrachtung über die deutsche Mark zwischen Preßburg und Oedenburg nicht unpassend abschließt.

Vor dem hohen Chore der Preßburger St. Martinskirche steht eine lebensgroße Metallstatue von Donner, also aus dem achtzehnten Jahrhundert. Sie stellt den heiligen Martin von Tours dar, wie er vom Pferde herab mit seines eigenen Mantels

Hälfte den nackten Bettler bekleidet. Der Heilige trägt eine ungarische Mütze und ungarische Sporenstiefel und zerschneidet den Mantel mit einem Husarensäbel. Obgleich die Gruppe der neueren Kunst angehört, war es doch echt mittelalterlich, den gallischen Bischof des vierten Jahrhunderts als einen modernen Ungarn zu kleiden; denn der mittelaltrige Künstler plagte sich nicht mit kulturgeschichtlichen Kostümstudien, sondern gewandete seine Heiligen am liebsten nach eben gangbarer Landessitte. Hätte Donner denselben heiligen Martin für eine deutsche, französische oder italienische Stadt modelliert, so würde er ihm vermutlich ein etwas verzopft antikes Gewand und römische Soldatenstiefel gegeben haben; für Ungarn taugte ihm die mittelalterliche Auffassung, welche den vor nahezu anderthalb tausend Jahren verstorbenen gallischen Bischof arglos in die ungarische Gegenwart rückt. Die eigensten Charakterzüge des Magyarismus waren und sind bis auf diesen Tag noch großenteils mittelalterlich.

Der Husarensäbel des heiligen Martin von Tours hat aber auch noch einen andren Grund. Denn obgleich der berühmte Bischof im fernen Gallien die Stätte seiner historischen Thaten fand, war er doch in Pannonien geboren und zwar zu Sabaria, das ist das heutige Stein-am-Anger, welches die Magyaren Szombathely nennen. Freilich ist er darum noch kein geborner Ungar, weil es eben zu Kaiser Konstantins Zeiten überhaupt noch keine Ungarn im Eisenburger Komitat gegeben hat. Allein wenn es nationale Besitzansprüche gilt, dann greift ein für seine Nationalität begeistertes Volk gerade so ungeniert rückwärts über die Geschichte hinaus, wie es der Geschichte vorgreift. Und also hatten die Ungarn ganz recht, wenn sie sich den pannonisch-gallischen Martinus des vierten Jahrhunderts als einen echten Magyaren des achtzehnten darstellen ließen. St. Martin ist ein ungarischer Nationalheiliger; verschiedene Dörfer tragen ihren Namen von ihm, während sie auf deutsch ganz anders benannt sind, vor allem aber ist der „heilige Berg der Ungarn", Szent Marton bei Raab, auf den Namen des Bischofs getauft; warum soll also ein Heiliger, der dem Lande so viele gute Dienste geleistet, nicht ungarische Stiefel tragen?

Diese Statue steht, wie gesagt, vor dem Chore der Preßburger Martinskirche, auf der Straße. Tritt man ins Innere des gotischen Gebäudes, welches eben in der Restauration halbwegs vollendet ist, so fesselt zumeist wiederum der Chor; es ist der Ort, wo durch lange Zeit die ungarischen Könige gekrönt wurden. Eine Tafel in der Wand, noch moderner als die Statue draußen, besagt uns das und zählt die Namen der hier gekrönten Häupter auf — in deutscher Sprache.

Wenn der Ungar den Bischof von Tours als einen der berühmtesten Patrone des Landes seinen Landsleuten vorführen wollte, so kostümierte er ihn ungarisch; wenn er aber aller Welt erzählen wollte, daß hier seine Könige gekrönt seien, so mußte er's in deutscher Sprache thun.

Die alten deutschen Einwanderer haben Eisenstadt vor tausend Jahren seinen Namen gegeben; aber erst vor hundert Jahren hat der Wagnerssohn von Rohrau dem versteckten Städtchen einen Namen gemacht. Hier fand Joseph Haydn von 1760 bis 1790 die Stätte seiner kunstgeschichtlich epochemachenden Wirksamkeit, seines kräftigsten und eigensten Schaffens. Und obgleich Haydn schon vor seiner Eisenstädter Zeit die ersten Quartette und Symphonien schrieb, so kann man doch Eisenstadt die Wiege des deutschen Quartetts und der deutschen Symphonie nennen; denn nicht der früheste halbreife Versuch, sondern die erste Stufe der Vollendung und des nachhaltig durchschlagenden Erfolges ist hier das Entscheidende. Von Eisenstadt aus eroberte Quartett und Symphonie die musikalische Welt; es begann eine neue Kunstepoche, die klassische Blütezeit der reinen Instrumentalkunst, der absoluten Musik.

Welch ein Wechsel der Scenerie, wenn wir uns von Rohrau nach Eisenstadt versetzen! Rohrau, ein unscheinbares Dorf mit dem heimeligen Schloß und Garten, versteckt sich in den Auen der Leithaniederung, Eisenstadt, die Bergstadt, unmittelbar vor dem höchsten Gipfel des Leithagebirges hoch gelegen, beherrscht die Gegend weithin, sein großer Tiergarten und die von alten Lindenalleen beschatteten Landstraßen verkünden dem Wanderer schon von fernher eine fürstliche Residenz im glänzenden Stile des vorigen Jahrhunderts.

Wohin wir ringsum die Schritte lenken, zeigt sich die schönste Nachbarschaft: Weingärten, Waldberge und fruchtbare Hügel, verknüpft mit weiten, malerischen Fernsichten, die uns das sumpfige und öde Flachland eben nur als einen in Farbenharmonie verklärten duftigen Hintergrund malen. Vornehme Weine von mancherlei Art wachsen: wofern man den Schritt etwas groß nimmt, gleichsam vor der Thüre: der süße Ruster, ein Frauenwein, an die Rebe des Südens erinnernd, der geistvolle Oedenburger, rheinweinartig, ein Trank für Männer, während der Eisenstadter (bei St. Georgen) wenigstens als bürgerlicher Haustrunk gelten mag für beiderlei Geschlecht. Ueberall eine heitere, reiche Natur, zum frohen Lebensgenusse stimmend und verschönt von der Kunst, welche uns in dem berühmten parkartigen Schloßgarten von Busch- und Baumgruppen zu Teichen, Wasserfällen, Felsen, Tempeln, Statuen, einer Allee von Rosenbäumen und zuletzt zu einem Berggipfel führt mit einer landschaftlichen Rundschau so schön und großartig, daß sich in keinem Herrengarten der ganzen österreichischen Monarchie ihres gleichen finden soll. Wir stehen in einem abgelegenen Grenzwinkel, wir fühlen die tiefe Einsamkeit des Ortes und doch beschließt derselbe eine so reiche kleine Welt der Schönheit in sich, daß wir sagen müssen, für den still aus sich heraus ins große schaffenden Künstler ließe sich kaum eine anregendere Stätte denken.

Das fürstlich Esterhazy'sche Schloß zu Eisenstadt versteckt sich nicht zwischen Bäumen, wie der trauliche Herrensitz von Rohrau; es thronet frei und hoch und schaut als ein Wahrzeichen weit ins Land hinein. Am Ende des siebzehnten Jahrhunderts in großen Verhältnissen prächtig und prunkhaft aufgeführt, erinnert es an die imposanten Wiener Palastbauten und übertrifft an Masse und Schönheit die Residenz gar manches regierenden deutschen Fürsten. Der neue Anbau und Umbau vom Jahre 1805 mag zwar vieles anders gestaltet haben, als es zu Haydns Eisenstadter Zeit gewesen, allein er bewahrte wenigstens die für uns merkwürdigsten Räume, die beiden Konzertsäle.

Gegenwärtig ist nun freilich der Glanz des Eisenstadter Hoflebens verblichen und es ruhet vielmehr die melancholische Poesie der versunkenen Herrlichkeit auf dem stolzen Schlosse. Seit der „Esterhazyschen Katastrophe", wie man hierzuland zu sagen pflegt, ward es gar stille in Eisenstadt, und der Reichtum des Fürstenhauses ist nicht mehr in dem Sinne sprichwörtlich wie vor hundert Jahren, als man hohe Gäste von nah und fern mit wahrhaft königlichen kunstgeschmückten Festen ehrte. Die große Lindenallee, welche vom Neusiedlersee herüberführt, auf stundenweit den Herrensitz ankündend, fiel im Frühjahr 1868 unter dem Beile, da die Bauern dem Fürsten das Recht nicht mehr zugestehen wollten, ihre Grundstücke mit aristokratischen Bäumen zu beschatten, welche schmücken, aber keine Früchte tragen. Statt der 197 Grenadiere, die noch vor sechzig Jahren die Wachmannschaft des Schlosses bildeten, sah ich nur einen einzelnen Diener im Portale auf und niedergehen, und was jedenfalls bedauerlicher, die Mannschaft der einst so berühmten und zahlreichen Musikkapelle ist jetzt auf ein Trio, zwei Violinisten und einen Contrabassisten zusammengeschmolzen, welche aber immer noch unter einem fürstlichen Kapellmeister stehen, dem vierten und wie er selber glaubt, letzten Nachfolger Haydns. Die Amtsthätigkeit des Herrn Kapellmeisters Zaitz, dessen freundliche Führerschaft mir meine besten Eisenstadter Eindrücke aufschloß, beschränkt sich dann nur noch auf die Leitung des Kirchengesanges und die Bewahrung des Musikarchivs im Schlosse.

Die Esterhazyschen Finanzen werden sich nun freilich wieder bessern und bei einem Majorate, welches in Ungarn allein

71 Quadratmeilen umfaßt und einen Kapitalwert von eben so viel Millionen Gulden darstellt[1]), ist die Rückkehr des alten Reichtums vielleicht nur eine Frage der Zeit. Allein jene Herrlichkeit, von welcher das Schloß zu Eisenstadt erzählt, wird darum doch nicht wiederkehren: denn sie wurzelte in den politischen und Kulturbedingungen einer begrabenen Epoche.

Die Geschichte des Hauses Esterhazy bietet Thatsachen, welche sich ungesucht in den Gedankengang dieses Aufsatzes fügen. Ich will sie wenigstens andeuten, bevor ich den Blick vom Eisenstadter Schlosse zur Stadt lenke.

Die Familie Esterhazy von Galantha, obgleich nach Name und Stamm magyarisch, fand Ausgang und Schwerpunkt ihrer Macht und ihres Besitzes im Preßburger und Oedenburger Komitat, das heißt auf überwiegend deutsch-ungarischem Grenzboden. Der eigentliche Gründer der Größe des Hauses, Nikolaus Esterhazy (1582 bis 1645) hatte seinen Lieblingssitz bereits in Großhöflein bei Eisenstadt, und seine Nachfolger wählten Eisenstadt zu ihrer bevorzugten Residenz, obgleich sich ihre Güter nachgerade über fast ganz Ungarn ausbreiteten und zuletzt den fünfundzwanzigsten Teil der produktiven Bodenfläche des ganzen Königreichs einschlossen.

Zwei Häupter des Hauses sind es, welche als Staatsmänner im siebzehnten Jahrhundert hervorragten und dem Hause eine bestimmte historische Signatur gaben: eben jener Nikolaus und dessen Sohn Paul (1645 bis 1721). Beide suchten fortwährend zu vermitteln zwischen den Interessen Ungarns und der habsburgischen Dynastie und leisteten dadurch dem österreichischen Kaiserhause die wesentlichsten Dienste in den verworrenen ungarischen Händeln zu jener Zeit. Diese große Rolle der beiden Esterhazys spielt von den Tagen der Erwählung des nachmaligen Kaisers Ferdinand II. zum Könige von Ungarn (1618) bis zur

---

[1]) Ich benutze hier wie bei den nachfolgenden historischen Notizen die gediegene Monographie über „Das fürstliche Haus Esterhazy" von K. v. Horvath und Emmerich v. Hajnik im dritten Jahrgang der „Oesterreichischen Revue".

Erringung des Erbrechtes der ungarischen Königswürde für das Haus Habsburg (1687). Nikolaus hat am 1. Juli (1618) dem Könige Ferdinand das Banner im Krönungszuge vorgetragen und Paul Esterhazy hat am 9. Dezember 1687 dem ersten erblichen Könige von Ungarn die Krone aufs Haupt gesetzt. Noch auf seinem Todesbette schrieb jener Nikolaus: „Ein Tollhäusler ist, wer da glaubet, daß ein für sich bestehendes Fürstentum Ungarn diese Nation und das Vaterland zu erhalten im stande sei." Die dauernde Verbindung Ungarns mit dem deutschen Herrscherhause, das Gravitieren des Magyarenlandes nach Wien hinüber bezeichnet jene Periode, in welcher die Esterhazys reich und mächtig wurden.

Doch vergaßen sie auch damals nicht, daß sie Magyaren waren. Und eben jener ältere Paul Esterhazy wurde zuletzt beiseite geschoben, weil er den österreichisch=ungarischen Centralisationsplänen widerstrebte, wie sie unmittelbar nach dem Gewinn der erblichen Stephanskrone in Wien auftauchten. Sein Enkel Nikolaus, welchen man, wohl in Erinnerung an Lorenz von Medici, den „Prächtigen" nannte, schuf eine zweite Periode des Glanzes für das fürstliche Haus im achtzehnten Jahrhundert. Sie fällt wiederum bezeichnend in die Zeit, wo Maria Theresia klug und vorsichtig, Joseph II. rasch und unbedacht Ungarn deutsch und österreichisch zu machen suchten. Damals begann namentlich der Adel die ungarische Tracht und Sitte abzulegen und die heimische Sprache am Wiener Hofe zu verlernen. Damals wurde in Eisenstadt deutsche und italienische Kunst gepflegt, französischer Prunk entfaltet und in dem benachbarten Esterhaza ein ungarisches Versailles geschaffen. Der Name Esterhazy wurde den Historikern der Musik und der Malerei geläufig; den einen, weil in Eisenstadt die Wiege der Wiener Tonschule stand, den andern, weil jener prachtliebende Nikolaus und sein gleichnamiger Sohn die berühmte esterhazysche Galerie nachmals in Wien gründeten, welche so lange als eine der ersten Kunstsammlungen Deutschlands galt, bis sie der ungarische Patriotismus des Hauses neuerdings nach Pest verpflanzt hat.

So werden wir also auch bei der Geschichte des Hauses Esterhazy überall daran erinnert, daß wir uns in Eisenstadt auf deutschem Boden innerhalb der ungarischen Grenzen befinden.

Auch nicht bloß Schloß und Landschaft von Eisenstadt, auch das Städtchen hat seinen besonderen Charakter und bedeutet etwas für sich; es ist die letzte echt deutsche Kleinstadt dieses Grenzstriches. Die größeren Nachbarstädte Preßburg und Oedenburg sind zwar auch in ihrem Kern deutsch, allein schon das bunte Gemisch der durch Handel und Verkehr dort zusammengeführten Slaven und Magyaren, an Physiognomie, Tracht, Sprache, ja am Fuhrwerk und den Pferden[1] meist sofort erkennbar, gibt ihnen doch ein entschieden gemischteres, fremdartiges Gepräge. Nur die am unteren Eingange Eisenstadts isoliert zusammengebauten Scheunen muten uns ausländisch an, und die untere Kirche mit ihren alten Verteidigungswerken, eine kleine Festung, erinnert an die Grenzlage des Ortes. Dieser Eindruck ist uns aber nicht mehr neu, denn er begleitet uns von Preßburg und Hainburg herüber längs der ganzen Leithalinie: zwischen Preßburg und Hainburg winken die Trümmer der hohen Preßburger Feste den letzten Abschied aus Ungarn nach, während uns bei Wolfsthal die aus Waldesgrün aufragende Ruine einer Burg den ersten Gruß aus Deutschland entgegen sendet; den Donaupaß beherrschet alsdann die „Hainburg die alte", wie sie im Nibelungenliede heißt und eine lange Mauer, welche vom Burgberge längs der Stadt zum Strome niederzieht, sperret den Landweg; dann dehnt sich stundenweit eine Kette alter Schanzen von der Donau bei Petronell bis zum Niesiedlersee, an der deutschen Seite des Sees zeigen selbst die Dörfer Ueberreste alter Befestigung, und gelegentlich sagt uns ein Heiligenstock mit der Inschrift: „Behüt' uns vor der Pest", oder ein Türkenkopf als Ornamentstück eines

---

[1] Der magyarische Bauer reitet auf einem Pferde, der deutsche Bauer führt auch hier wie bei uns den schweren biederen deutschen Ackergaul, der Kroat dieses Grenzwinkels fährt mit „Katzen"; allen Dreien aber ist der weiße, großgehörnte ungarische Ochse gemeinsam.

alten Baues, daß jene Grenzwehren nicht bloß zwischen Deutschen und Ungarn, sondern auch zwischen dem Abendlande und den Türken errichtet wurden.

Eisenstadt baut sich in ziemlich langer Linie einen Berg hinan: der untere Teil ist durch jene feste Kirche bezeichnet, in der Hochstadt erhebt sich das Schloß, über dasselbe hinaus bergaufwärts gruppiert sich aber noch eine Art Vorstadt um eine zweite Kirche, die Bergkirche.

In der Gruft dieses seltsam komplizierten Rundbaues ruhen die Gebeine Joseph Haydns. Die meisten Leser werden Haydns Grab auf einem Wiener Kirchhofe suchen, wie noch in vielen Büchern gedruckt steht, und sie finden dort auch die Stätte des ursprünglichen Grabes, durch den Stein bezeichnet, welchen ein dankbarer Schüler, Sigismund Neukomm, seinem Meister setzen ließ. Allein der Sarg, welcher Haydns sterbliche Ueberreste umschließt, wurde elf Jahre nach seinem Tode auf Anordnung des Fürsten Esterhazy hierher übertragen. Ein einfacher Stein an der Innenwand der Kirche mit einer verhüllten Lyra und langer lateinischer Inschrift bezeichnet den Ort. Ich erfuhr erst später in Wien, daß man auch in die Gruft hinabsteigen könne, daß es aber nicht sehr erbaulich da unten aussehe; Haydns Sarg stehe zwischen den Särgen eines Hauptmannes und einer Sängerin. Der Gedanke, dem Meister in Eisenstadt, der Stätte seines reichsten Wirkens, einen letzten Ruheplatz zu bereiten, war ohne Zweifel würdig und schön. Allein nicht in der alten, arg verzopften Bergkirche, sondern unter den Bäumen des herrlichen Parkes hätte der Frühlingsverkünder der neueren deutschen Tonkunst ruhen sollen, der Naturpoet der Instrumentalmusik, welcher nicht bloß in der „Schöpfung" und den „Jahreszeiten", sondern meines Erachtens viel reizender und tiefer noch in so vielen Symphonien und Quartetten seine helle Freude an Gottes frischer freier Welt bald jubelnd, bald kindlich andachtsvoll in alle Lande hinaus gesungen hat.

Das Haus, welches Haydn bewohnte, lag im mittleren Teile

des Städtchens, nicht weit vom Schlosse. Das Schloß selbst aber, in welchem er drei Jahrzehnte lang musizierte und dirigierte, bewahrt uns seine besten Reliquien, seinen musikalischen Nachlaß.

Noch zeigt man im Schlosse den großen und kleinen Konzertsaal. Der größere, ein stattlicher, hoher Raum von bereits etwas verblichener Pracht, war für die Opern und großen Konzerte bestimmt, der kleinere gehörte der Kammermusik und dem kleinen Orchester. Die jetzige Generation erzählt davon freilich nur noch vom Hörensagen, denn die Musikherrlichkeit, welche auch nach Haydns Abgang noch geraume Zeit im Schlosse waltete, ist längst verklungen. Leuchtenden Auges berichtete mir mein Führer von dem letzten Konzert, welches vor dreißig Jahren in diesen der hohen Muse der Symphonie geweihten Räumen gegeben wurde: „das war unvergleichlich schön; am einen Ende des Saales spielte Johann Strauß, der Walzerkönig, und dann abwechselnd am andern Ende eine Bande Zigeuner." So ändern sich die Zeiten.

Neben dem großen Konzertsaale befindet sich das „Musikarchiv", mit einem Originalporträte Haydns geschmückt, welches den Künstler lebensgroß, fast ganze Figur, sitzend darstellt. Es zeigt uns Haydn bereits als ältern Mann, dem Augenscheine nach etwa als Sechziger, ist ganz wacker gemalt und meines Wissens wenig bekannt. Hydn hatte Unglück mit seinen Porträten; die verbreitetsten Stiche und Büsten stellen den lebensmüden Greis dar mit allen entstellenden Zügen des fast kindischen hohen Alters, während der Kopf nach früheren, seltener vervielfältigten Abbildungen in jüngeren Jahren fein, geistreich, ja anmutig gewesen ist. Berühmte Männer sollten in dem Bilde ihrer vollen frischen Manneskraft vor dem Auge der Nachwelt stehen.

Doch zurück ins Eisenstadter Musikarchiv, welches man anderswo eine Bibliothek nennen würde; in Oesterreich ist man aber mit dem Worte „Archiv" sehr freigebig und selbst die Wiener Vorstadttheater haben ihr Archiv und ihren „Archivar". In seinen großen massiven Schränken birgt jenes Eisenstadter Archiv wirkliche

Schätze. Eine reiche Auswahl von Musikwerken vorab des achtzehnten Jahrhunderts ist da aufgehäuft, darunter manches seltene und ungedruckte Stück, und die höchst mannigfache Auswahl, in welcher hier italienische und deutsche Meister vertreten sind, bezeugt, daß man in Eisenstadt wenigstens nicht einseitig musiziert hat.

Beim Einblick in die wohlgefüllten Notenschränke stieß ich auf ein erwähnenswertes kunstgeschichtliches Phänomen. In überaus großer Masse liegen hier neben so vielem anderen die handschriftlichen Werke Gregor Joseph Werners, des Vorgängers von Haydn in der Eisenstadter Kapellmeisterei. Dieser Komponist war mir bis dahin nur bekannt durch seine burlesken sogenannten „Tafelstücke" musikalische Possenspiele mit Arien und Rezitativen, welche unter dem Titel „Gemütsergötzendes Tafelkonfekt", der „Wiener Tandelmarkt" und die „Bauernrichterwahl" in den Jahren 1750 und 54 erschienen sind. Die Musikalien in Eisenstadt zeigen uns aber einen ganz andern Mann: hier ist der burleske Lokalkomiker ein höchst ernsthafter, musikalisch orthodoxer Kirchenkomponist, der im strengen Satze einen ganzen Berg von Messen und verwandter Kultusmusik geschrieben hat. Ein ähnliches Doppelgesicht, unterschieden wie Tag und Nacht, haben aber auch andre oberdeutsche Musiker aus der Mitte des vorigen Jahrhunderts. So der Freisinger Placidus Camerloher, den Gerber als einen Vorverkünder des deutschen Streichquartettes namhaft gemacht hat: er springt gleich Werner mit beiden Füßen von der übervolkstümlichen Bureske zur ganz gravitätischen kontrapunktischen Scholastik, wie man aus seinen wunderlichen Symphonien auf der Münchener Staatsbibliothek und aus seinen in Freising aufbewahrten Kirchenwerken ersehen mag. Und dann Florian Gaßmann, der in seinen Streich-Trios oft die reinste und roheste Kirmeßmusik gibt, in seinen fugierten Quartetten hingegen als der gestrengste Magister auftritt, jeden leisen Anflug von Gemüt, Witz und Humor sofort mit gelehrtem Stirnrunzeln verscheuchend. Das Geniale bei Haydn und Mozart beruht nun aber gerade darin, daß sie diese Gegensätze von Ernst und Lustigkeit, von volkstümlichem Tanz- und Liebeston und gearbeiteter Kunst ineinander zu schmelzen und eben dadurch zu verklären wußten.

Ein ganz verwandtes Phänomen, wie es mir bei den beiden Eisenstadter Kapellmeistern Werner und Haydn vor Augen trat, zeigt sich übrigens in weit größerem kunsthistorischen Maßstabe, wenn wir die bald trocken gelehrte bald volksmäßig „grobianische" deutsche Litteratur des sechzehnten und siebzehnten Jahrhunderts mit jener Poesie des achtzehnten vergleichen, welche gleichfalls darnach rang, das volksmäßige und kunstmäßige endlich organisch zu verbinden, bis Goethe in seiner Frühperiode diesen Preis gewann und damit zugleich die höchste Weihe eines Klassikers.

Den interessantesten Bestandteil der Eisenstadter Sammlung bildet Haydns musikalischer Nachlaß. Er wurde unmittelbar nach des Meisters Tode vom damaligen Fürsten Esterházy angekauft und von Wien hierhergebracht, wo er bis vor wenigen Jahren verschlossen und unbenützt liegen blieb. Da gelang es endlich dem trefflichen Wiener Musikhistoriker C. F. Pohl, dem Verfasser des Buches „Mozart und Haydn in London", diesen Nachlaß untersuchen, ordnen und literarisch benützen zu dürfen. Früchte dieser Untersuchungen liegen bereits vor in dem eben erwähnten Buche, noch reicher werden sie zu Tage treten in der ersten umfassenden und kritischen Biographie Haydns, mit welcher Pohl eben beschäftigt ist, und die uns auch endlich einmal einen chronologischen Katalog der Haydnschen Werke bieten wird, und aus den Quellen geschöpftes Material statt der gangbaren oft genug mythischen Ueberlieferungen.

War es mir auch nicht vergönnt, Haydns Nachlaß in Eisenstadt gründlich zu prüfen, so bin ich doch einer der wenigen, die ihn gesehen haben und zwar in einer Weise, daß ich ein allgemeines Urteil über seinen Inhalt schöpfen konnte.

Der Nachlaß soll, wie man versichert, diejenigen Werke des Meisters enthalten, welche er selber bei seinem Tode besaß. Nun ist das zwar eine stattliche Masse von Notenbündeln; allein trotzdem würde dann Haydn an seinem Lebensabend lange nicht die

Hälfte dessen sein eigen genannt haben, was er während mehr als fünfzig Jahren geschrieben und in die Welt geschickt hat. Die meisten der hier vorhandenen Werke gehören seiner letzten Periode an und der weitaus größere Teil wurde schon bei seinen Lebzeiten veröffentlicht. Nur selten begegnet man dabei der eigenen Hand des Komponisten; die meisten Manuskripte sind Abschriften eines Notenschreibers. Wer aber weiß, wie erbärmlich inkorrekt viele und oft bedeutende Werke Haydns gedruckt wurden und dann in weiteren Abdrücken mit einer immer wachsenden Schar von Fehlern sich erfüllten, dem werden solche alte Kopien aus dem Besitze des Meisters, und manchmal wenigstens durch seinen eigenhändigen Namenszug auf dem Titelblatte bestätigt, für die endliche Herstellung eines kritischen Textes doch nicht unwichtig erscheinen. Zeigte doch jüngst erst Franz Wüllner in der ersten korrekten und vollständigen Partitur-Ausgabe der herrlichen Symphonie, welche Haydn bei seiner Doktorpromotion in Oxford aufführte, was durch Handschriften-Vergleichung hier alles noch zu gewinnen und zu leisten sei.

Es versteckten sich aber auch wertvolle Inedita in Haydns Nachlaß. Jene reizende Symphonie in H (vom Jahre 1772), welche vor zwei Jahren als ein völlig unbekanntes Werk von Rieter-Biedermann in Winterthur in Partitur gestochen und von Wüllner vierhändig bearbeitet wurde, stammt aus dem Eisenstadter Archiv. Auch die Partitur, nach welcher Lachner die Wiederaufführung des verschollenen Oratoriums Tobias in München unternahm und H. M. Schletterer den Klavierauszug (Wolfenbüttel bei Holle) verfaßte, findet sich hier.

Neben diesen und weiteren neuerdings gehobenen Schätzen berühre ich einen andern kleinen Schatz des Nachlasses, der noch seiner Hebung harrt und mir besonders in die Augen stach.

Man weiß, daß Haydn viele Kompositionen für das Baryton, das Lieblingsinstrument seines Fürsten, geschrieben hat. Diese Arbeiten sind, wie es scheint, niemals veröffentlicht worden und waren wohl auch ausdrücklich bloß für den Fürsten verfaßt.

Reiche Kunstfreunde hielten damals noch etwas auf solchen Alleinbesitz. Nun fand ich in Eisenstadt eine Sammlung von Trios für Violine, Baryton und Violoncell, sehr elegant abgeschrieben, prächtig eingebunden und in einer besonderen Kapsel verwahrt; sie sind dem Fürsten gewidmet und tragen auf dem Titelblatte die Unterschrift von Haydns eigener Hand: di me Giuseppe Haydn. Es sind ausgesetzte Stimmen, die ich nur rasch durchblättern konnte; allein auch ohne Partitur sah ich doch, daß hier eine Anzahl anmuthiger Streich=Trios vorliegt, in jener freieren Form, welche man damals wohl auch „Serenade" nannte, aus größeren und kleineren Sätzen zusammengefügt, die gewiß noch geeignet wären, in weitesten Kreisen die Freunde einer feinen Hausmusik zu erfreuen. Die Quartettgeiger, welche zu Beethovens Trios und zu Mozarts Divertimento greifen, wenn etwa der vierte Mann ausgeblieben ist, vermissen eine ähnliche Aushilfe aus Haydns Feder. Sie könnte ihnen hier geboten werden. Denn das Baryton, welches wir nicht mehr besitzen, ist in der Lage der Viola gehalten, und es bedürfte die Barytonstimme wohl nur einer Umschreibung in den Altschlüssel, um jene Trios auch für uns vollkommen spielbar zu machen. Aber nicht bloß wegen des dreistimmigen Satzes, sondern auch wegen der eigentümlich gebauten Form scheinen mir die Baryton=Trios eine selbständige Ergänzung zu Haydns Quartetten, Klavier=Trios und Sonaten.

Auch ein Violinkonzert fiel mir in die Hände, welches wahrscheinlich noch unbekannt ist und näherer Prüfung sicher würdig wäre. Hat doch Haydns lange vergessenes Klavierkonzert in D sich neuerdings wieder viele Freunde erworben und ist mit Erfolg öffentlich vorgetragen worden. Die Violine lag aber Haydn technisch weit näher als das Klavier, und an klassischen Violinkonzerten haben wir wahrlich keinen Ueberfluß.

Zum Schlusse erwähne ich noch der italienischen Opernpartituren Haydns, welche uns aus dem Archive noch ein Stück Wegs über Eisenstadt hinaus führen sollen. Sie liegen in des Meisters eigener Handschrift vor, in jenen wohlbekannten kleinen, festen, eng gedrängten Noten, die in früheren und späteren Manuskripten immer wie mit derselben Feder, mit demselben Zuge geschrieben erscheinen, nur sehr selten durch eine Korrektur oder Abänderung unterbrochen. Diese italienischen Opern waren für die Bühne von Esterháza bestimmt. Dort — am Südostrande des Neusiedlersees — in öder Einsamkeit zwischen Sumpf und Wald, hatte Haydns fürstlicher Gönner in den fünfziger Jahren des vorigen Jahrhunderts ein prunkvolles Schloß erbaut und (so liebte es jene Zeit) in abgelegener Einöde mit stolzen Alleen und Sommer= und Wintergärten umrahmt. Der berühmteste Schmuck von Esterháza aber war das Operntheater, wo besonders die italienische Oper gepflegt wurde. Man legt der Kaiserin Maria Theresia das Wort in den Mund: „Wenn ich eine gute Oper hören will, so gehe ich nach Esterháza."

Längst schon ist es stille geworden in Esterháza, die Kunstschätze sind ausgewandert, das Theater ist verschwunden, die alte Herrlichkeit des erkünstelten Prachtsitzes versank. Auch Haydns italienische Opern sind verschollen und großenteils verloren, selbst die in Eisenstadt geretteten Opernpartituren sind lückenhaft und nur eine Anzahl gedruckter Textbücher zeigt genauer, was früher vorhanden war und gibt Winke für die Chronologie von Haydns Werken. In Goldpapier geheftet erinnern uns diese Textbücher an die vornehmen Gäste, welche vordem in Eisenstadt und Esterháza mit Kunstgenüssen fürstlich bewirtet wurden — und das italienische Hofopernwesen jener Zeit erinnert uns dann selber wieder oft genug an Goldpapier. Die Gegenwart hat an Haydns italienischen Opern gewiß nicht viel verloren; sie bekunden, was der geschickte Mann im herkömmlichen Geschmacke der Zeit leicht und sicher machen, nicht was er über die Zeit hinaus aus der Tiefe seines Genius schaffen konnte. Dennoch war die Schulung durch die italienische Oper für Haydn wie für Mozart notwendig; sie schmeidigte die Härte und Trockenheit der überlieferten deutschen Technik und führte beide Künstler zu jener Universalität des Schaffens, in welcher die Musik wie die Poesie unserer klassischen Periode die großen Kunstepochen anderer Völker überragt und nur mit dem gleich universalen Schaffen der großen italienischen Maler des sechzehnten Jahrhunderts vergleichbar ist.

Bei Esterháza beginnt die magyarische Sprachgrenze und der Hanság-Sumpf: dieser Ort bildete also den äußersten Vorposten unsers ethnographischen wie nicht minder unsers musikalischen Leithawinkels. Man kann aber auch von einer musikalischen Leithalinie reden. Sie ist freilich keine Grenze, sondern eine topographische Basis für den Entwickelungsgang des Vaters der modernen absoluten Musik und seiner Schule. Der Leser kennt bereits die Orte, welche er verbinden muß, um diese Grundlinie zu erhalten, die der Musikhistoriker mit dem Auge des Kulturhistorikers betrachten möge: Hainburg, Rohrau, Eisenstadt, Esterháza. Aus Hainburg stammte die Familie des alten Matthias Haydn und war von da nach Rohrau gewandert, wo Joseph geboren wurde, der aber dann wiederum in Hainburg die ersten Lehrjahre seiner Kunst durcharbeitete; in Eisenstadt fand er die Stätte seiner eigensten und reichsten Entwickelung, und während wir hier die Fülle seines Schaffens bewundern, gemahnt uns Esterháza, wie Haydn als Opernkomponist wohl auch seine Kraft verschwendet und doch nicht ganz fruchtlos verschwendet hat.

Der Leithawinkel ist eine Völkerscheide. Es sind aber drei durch ihren Volksgesang besonders ausgezeichnete Völker, welche hier zusammenstoßen: die Deutschen, und zwar von dem so besonders sangesreichen bayerisch-österreichischen Stamm, die Magyaren und die Slaven, und zum Anhang dürfen wir obendrein auch noch die Zigeuner als Instrumentalisten erwähnen. Mozart aus den Salzburger Voralpen und Haydn aus dem Leithawinkel waren schon durch ihre Geburtsheimat vorbestimmt, die scholastisch versteifte Kunstmusik durch den frischen Volksliederton zu verjüngen. Gar mancher hat es bereits ausgesprochen, daß man aus gewissen Haydnschen Rondos die wild feurige Tanzmusik der Pußta herüberklingen höre, während Haydn anderseits in vielen seiner Menuette geradezu einen niederösterreichischen Ländler aufspielt. Die Sache geht aber noch tiefer. Haydns größte Originalität ruht vielleicht in seiner neuen, immer wieder überraschenden Rhythmik. Ich weiß keine Gegend auf deutschem Boden, wo das Ohr des Eingeborenen von Kindheit an und ganz von selber derart für rhythmische Kontraste sich schärfen könnte, wie in unserm Grenzwinkel zwischen Hainburg und Esterháza.

Von allen Punkten dieses deutschen und ungarischen Grenzlandes laufen nun aber die Hauptstraßen wie Radien zurück zum deutschen Centrum der Gegend, nach Wien; und so vollendete auch Haydn seine Hainburger Lehrjahre bereits in Wien, verbrachte dann in seiner Eisenstadter Periode dort alljährlich mehrere Wintermonate und siedelte endlich im letzten Zeitraum seines Schaffens ganz nach der Kaiserstadt über, um endlich doch wieder in Eisenstadt sein Grab zu finden. Obgleich nun Eisenstadt zugleich auch der Ausgangspunkt der Schule Haydns, der Sammelplatz seiner älteren Schüler war, so spricht man doch nicht von einer Eisenstadter, sondern von einer Wiener Tonschule, denn in Wien fand die Schule aus dem Leithawinkel erst Ausbau und Vollendung und gewann neue Elemente durch Mozart und seinen Schülerkreis. Welchen Gegensatz bildet aber der örtliche Gang, welchen das Genie Mozarts genommen hat, zu dieser örtlichen Entwickelungsbahn Haydns! Mozart tritt schon als Kind in die große Welt und wir staunen, wie er im bewegten Reiseleben und oft genug von den widersprechendsten fremdartigen Eindrücken umrauscht, doch immer die rechte Sammlung in sich zu finden wußte und nie sich selbst verlor. Haydn kommt aus der Einsamkeit; aber in dem einsamen Eisenstadt umgibt ihn neben der prächtigen Natur doch bereits eine Fülle künstlerischer Eindrücke und Genüsse, die ihn befähigten, später in Wien und London auch die große Welt naiven Sinnes zu verstehen und seiner Kunst zu erobern. Das geht bei ihm alles stätig und schrittweise auf zusammenhängender Bahn, nicht kühn und sprunghaft wie bei Mozart.

Und selbst das letzte Asyl Haydns, jenes kleine, nette Häuschen in einer stillen Seitenstraße der Mariahilf Vorstadt zu Wien ist vor sechzig Jahren wohl eine Stätte fast ländlicher Einsamkeit gewesen hart neben dem Getümmel der großen Stadt. Wie Haydns Geburtshaus in Rohrau durch die Abgelegenheit des Ortes noch in der Grundform seiner alten Gestalt sich erhalten hat, so bietet auch des Künstlers Sterbehaus in Wien noch wesentlich dasselbe Bild, welches Reichardt schildert, als er den lebensmüden Greis besuchte. Die Straßenfront ist noch ganz echt und ursprünglich, nur daß uns eine kleine Gedenktafel und ein Schild mit der Aufschrift: "N. N. Lederwaren=Erzeuger" derb genug in die Gegenwart versetzt. Noch sehen wir hinter dem Hofe das Gärtchen mit dem alten Gartenhause und betreten die jetzt freilich ganz leere und verödete Dachstube, in welcher die „Jahreszeiten" komponiert wurden. Mitten in der Stadt konnte der Tondichter seinen Blick aus dem engen Fenster doch immer noch in Gottes freie Natur über die nächsten Gärten schweifen lassen. Die Gärten sind jetzt alle verbaut, nur der Garten vor Haydns Hause blieb erhalten. Die Wände des Stübchens sollen vordem über und über mit Noten beschrieben gewesen sein: ein späterer Besitzer ließ sie übertünchen, und als einzige Merkwürdigkeit zeigt man nur noch die Thürschwelle, tief ausgeschnitten, angeblich von „Engländern", welche sich durch lange Jahre hier Späne mitzunehmen pflegten, eingedenk des Weltruhmes, welchen sich der ehemalige Bewohner dieses einsamen Stübchens in ihrer Weltstadt London gewonnen hat. Jetzt kommen solche Engländer seltener.

Der bloße Geburtsort kann unter Umständen sehr gleichgültig sein für die spätere Entwickelung eines bedeutenden Mannes; aber das Land, in welchem er lebte, lernte und arbeitete, wird uns den Schlüssel zu vielen Geheimnissen seines Schaffens geben.

Noch mancher deutsche Landstrich ist zu durchwandern, um aus seinem volkstümlichen und kulturgeschichtlichen Charakter That= sachen und leitende Gedanken für die Geschichte des Lebensganges unsrer großen Männer zu gewinnen. Möchten andere sich dazu angeregt fühlen durch diese Skizze.

IX.

Elsässische Kulturstudien.

(1870.)

„Ich habe die schlechte Gewohnheit, am liebsten über Gegenstände zu schreiben, von welchen niemand etwas lesen mag, und über Stoffe zu reden, von welchen niemand hören will. Urkunde dessen sind die zwei Bände meiner „Freien Vorträge", meiner „Kulturgeschichtlichen Charakterköpfe", meine „Fünfzig Novellen" und auch dieses „Wanderbuch": trotzdem fand ich immer viele Leute, welche mich lasen oder mir gerne zuhörten. Vielleicht dauerten auch gerade darum meine Bücher etwas länger, weil sie nicht „tagesgemäß" waren.

Zum Abschluß der dritten Auflage des vorliegenden Buches füge ich nun aber noch einen Aufsatz bei, der zur Zeit, da ich ihn schrieb, wirklich sehr tagesgemäß war. Dies geschah nämlich im September und Oktober 1870, und ich begann damals die Arbeit unmittelbar nach der Eroberung von Straßburg. Aller Augen waren auf das Elsaß gerichtet, dessen Art der Angliederung an Deutschland noch im Dunkeln lag, obgleich jeder Deutsche deren Notwendigkeit erkannte und forderte. Welch tagesgemäßer Stoff waren doch damals „Elsässische Kulturstudien"; allein ich ließ das vollendete Manuskript volle sechs Monate bis zum Frühjahr 1871 liegen, wo es in dem von mir redigierten Brockhausschen Historischen Taschenbuch zum Abdrucke kam. Der Reiz der Neuheit des Stoffes war inzwischen verloren gegangen; er ist es noch viel mehr heute nach 21 Jahren.

Trotzdem schien mir, als ich die längst von mir und andern vergessene Arbeit wieder hervorzog, daß dieselbe eines gewissen dauernden Gehaltes nicht entbehre und eigentlich eine notwendige Ergänzung meines Wanderbuchs sei, wenn ihnen auch nur eine Wanderfahrt im Geiste vorangegangen war, eine Wanderfahrt durch das Land, welches ich auch in der französischen Zeit schon betreten hatte, und durch die Geschichte seines Volkes, die mir auch schon früher nicht fremd geblieben war. Das Wanderbuch giebt sich aber auch zugleich als zweiter Band von „Land und Leuten". Es sollte meine Methode der Erforschung des Zusammenhanges von Volk und Land darstellen und Illustrationen hierzu vorführen; dies geschieht fast auf jeder Seite des folgenden Aufsatzes, und so mögen die Worte, welche ich in großer Zeit niederschrieb, bekunden, daß auch die Siegesthaten unsrer Nation mich sofort zum Weiterarbeiten an dem Werke begeisterten, welches eine Hauptaufgabe meines Lebens war, zum Studium des deutschen Volkes nach den persönlichsten Einflüssen seines Landes und seiner Geschichte.

Im Herbste 1870 schrieb ich wie folgt:

Wie das Elsaß französisch ward, darüber hat man viel und gründlich geforscht und geschrieben. Minder eingehend hingegen wurde die Frage untersucht, wie es denn geschah, daß die Elsässer nahezu Franzosen geworden wären. Ich gebe hier einen kleinen historischen Beitrag zur Antwort auf diese Frage.

Die deutschen Waffen haben das Elsaß Deutschland zurückerobert. Es war keine leichte Arbeit. Nun hoffen wir das Land auch zu behalten, und da erwächst dann sofort die weitere Aufgabe, daß wir auch die Elsässer Deutschland zurückerobern -- und das wird gleichfalls keine ganz leichte Arbeit sein. Es liegt nicht in meinem Plane, praktisch-politische Probleme der Gegenwart und Zukunft unmittelbar zu erörtern. Aber der Finger der Geschichte deutet auf die Zukunft. Und so machte sich's denn auch in diesem Aufsatze ganz von selbst, daß solche Fingerzeige hie und da zwischen den Zeilen zu sehen sind, ja etliche Male gerieten sie dem Verfasser sogar in die Zeilen.

Straßenland.

Die Stadt Straßburg führt als Wappen einen silbernen Schild, welcher von einer roten Straße schräg durchzogen wird. Nach der Sage wäre dieses Wappen ein redendes und spräche den zwiefachen Namen der Stadt aus: der Silberschild die „Silberstadt" Argentina und die rote Straße „Straßburg". Die rote Straße wird aber auch die Blutstraße genannt und auf die Blutfährte gedeutet, welche die Kriegsheere in so vielen Jahrhunderten durch die Stadt gezogen haben.

Es ruht ein feiner Sinn in diesem Spiel mit dem gleichviel wie entstandenen Wappenbilde. Straßburg ist in der That eine Burg der Straßen wie wenig andere Städte, und ein Waffenplatz, zu welchem schon oft genug die Blutstraße großer Entscheidungskriege führte. Wie aber jenes Wappen Straßburg symbolisiert, so Straßburg das Elsaß. Das ganze Land ist ein Land der Straßen und war dazu seit alter Zeit ein Land der Kriegsstraßen, ein Kriegsland. Die Natur selbst hat ihm diese zwiefache Signatur aufgeprägt, deren zweite Hälfte für die Bewohner freilich eine mehr interessante als angenehme Mitgift sein dürfte.

Mit richtigem Blick erkannten die Franzosen seit zwei Jahrhunderten diesen Doppelcharakter des Elsässer Landes und suchten in ihm einen Schlüssel, den Sinn der deutschen Bevölkerung dem französischen Wesen zu gewinnen.

Man kann die ganze Rheinebene des linken Ufers, wie sie von Basel bis Mainz geradeaus nordwärts zwischen Fluß und Gebirg sich breitet, eine große Naturstraße nennen, und seit alter Zeit ziehen dann auch hier drei Straßen parallel nebeneinander: der Strom, die Uferstraße und die Straße am Bergsaume. Hierzu gesellt sich noch für das Elsaß (wenigstens von Basel bis Straßburg) ein Kanal und endlich die Eisenbahn, als fünf gleichlaufende

Straßen von Süd nach Nord. So ist dem ganzen Elsaß sein Hauptweg gewiesen: es stellt die westlichste Verbindungslinie her zwischen Ober- und Mitteldeutschland. (Als Ethnograph bin ich so frei, auch die deutsche Schweiz zu Oberdeutschland zu rechnen.) Erst in zweiter Linie kommen dann die Straßen, welche vom Rheine durchs Gebirg westwärts nach Frankreich führen; nur zwei derselben (von Straßburg nach Nanzig und von Mülhausen nach Besançon) sind gleichfalls durch die Bodenform scharf und notwendig vorgezeichnet; und auch hier laufen auf engem Raume je dreierlei Wege nebeneinander: Landstraße, Eisenbahn und Kanal. Um aber diese Querstraßen durchs Gebirg den Straßen längs des Rheins gleichzustellen, mußte die Kunst das meiste thun, dort that es die Natur.

Elsaß, das Straßenland, kehrt also von Haus aus sein Gesicht Deutschland, den Rücken Frankreich zu, und Elsaß, das Kriegsland, macht es folgerecht umgekehrt. Wollten nun die Franzosen, nachdem sie das Elsaß äußerlich an sich gerissen, gerade in dem Straßen- und Kriegslande den Schlüssel zur Umwandlung des deutschen Elsässers in einen „Rheinfranzosen" finden, so galt es einen geographischen Frontwechsel des ganzen Landes: dasselbe mußte kehrt machen — das Gesicht gegen Frankreich, den Rücken gegen Deutschland im friedlichen Verkehre, und andrerseits den Rücken gegen Frankreich, das Gesicht gegen Deutschland im Kriege — zwei verschiedene Stellungen, die aber doch mit demselben Ruck hergestellt werden konnten.

Bevor ich diesen merkwürdigen Frontwechsel schildere, sei mir jedoch noch ein Fingerzeig auf eine andere Thatsache gestattet.

Das Elsaß ist nicht bloß Straßenland, sondern auch Grenzland an der Scheidelinie zweier grundverschiedener Nationen. Ein echter Elsässer vom alten Schlage würde gar sagen, es liegt zwischen zwei Nationen. Denn er nennt seine Nachbarn überm Rhein die „Dütschen", seine Nachbarn hinter den Vogesen die „Wälschen", er selbst aber ist weder dütsch noch wälsch, sondern bleibt für sich allein als Elsässer in der Mitte stehen. Diese

Grenztheorie ist dann freilich auch weder politisch noch ethnographisch, sondern bloß elsässisch. Dazu weiß der Elsässer das Nützliche seiner Grenz- und Zwischenlage gar wohl zu schätzen, nur meint er, sein Land habe etwas zu viel Auslandsgrenze. Das ist richtig, und darum soll der Sache auch im nächsten Friedensschlusse abgeholfen werden. Ein deutsches Elsaß mit dem nötigen Stück Lothringen wird nur mehr die Hälfte seiner bisherigen Auslandsgrenze haben.

In einem Grenzlande, welches zugleich Straßenland, schmeidigt sich der Volkscharakter, es kreuzen sich die Nationalitäten, und dem genauen Forscher wird es zuletzt unmöglich, die Stammes- und Sprachgrenze auf der Karte als Linie zu zeichnen; denn eine verschwimmend abgetonte Fläche wäre genauer, gerade weil sie hinlänglich ungenau ist. Die Elsässer trösten sich schon lange mit dieser Thatsache als mit einem Naturgesetze, dem niemand trotzen kann. Sie sagen: „Zur alten Reichszeit war es freilich anders, denn damals lag das Elsaß zwar auch schon an der großen Heerstraße, aber nicht an der großen Grenze. Erst durch die Zurückdrängung des deutschen Elements in Burgund und Lothringen, dann durch den Anfall dieser Provinzen an Frankreich, wurde unser Land an den Rand gerückt, wahrlich nicht durch unsere Schuld." Seit das Elsaß nicht mehr wie vordem ein Land der deutschen Binnenstraße ist, wurde es Uebergangsland, Zwischenland; kein Wunder, daß auch das Volk ein Mischvolk wurde und französisch denkt, während es deutsch spricht! Man spitzte derlei Gedanken theoretisch zu, und in diesem Sinne faßt Johann Friedrich Aufschlager in seiner „Landeskunde des Elsasses" (1825) die Aufgabe seiner Heimat folgendermaßen: „Von Schweizern, Deutschen, Niederländern (!) und Franzosen umringt, ist das Elsaß dazu bestimmt, den Verkehr mit allen diesen Völkern zu unterhalten und die mannigfaltigsten Güter der Natur, der Wissenschaft und Kunst zu empfangen und mitzuteilen." Das Elsaß wäre demnach so eine Art von Speditions- und Transitland der internationalen Kultur. Aehnlich hörte man bei den benachbarten Schweizern früher wohl die Ansicht, die Schweiz sei das große Gasthaus der Nationen. Und da ein Gastwirt wünscht, daß die Gäste nicht sowohl durchfahren, als einkehren und sitzen bleiben, so machte man seinerzeit diesen Gasthauscharakter auch als Argument gegen das schweizerische Eisenbahnnetz geltend.

Nach diesen Vorbemerkungen gilt es nun, näher zu untersuchen, wie die Franzosen den Charakter des Straßenlandes ausbeuteten, um das elsässische Volk, während es ein Träger des „internationalen Kulturtransites" zu sein wähnte, zu festen Franzosen zu machen. Hierbei sind vorab drei Dinge zu unterscheiden: die Wasserstraßen, die Landstraßen und die Zolllinien.

Im Mittelalter war das Elsaß im eminenten Sinne „Rheinland", Straßburg „Rheinstadt". Die Straßburger Schiffer rühmten sich, vor allen deutschen Städten zuerst den oberen Strom der Schiffahrt geöffnet und mit Wein und Getreide befahren zu haben. Sie waren durch Jahrhunderte die wichtigsten Förderer des elsässischen Handels. In einem einzigen Monat des Jahres 1351 zählte man bei hundert Kaufmannsschiffe, welche aus dem Straßburger Hafen rheinabwärts segelten; zur Zeit der Frankfurter Messen und der Einsiedeler Wallfahrten belebte sich der Fluß nicht bloß durch den Güterverkehr, sondern auch durch den Personentransport. Von allen Rheinstädten beherrschte Straßburg das weiteste Stromgebiet, es sorgte planvoll für Fahrbarkeit und Sicherheit seiner langen Wasserstraße, und die Schiffer der Stadt zählten zu den bevorzugtesten Zunftgenossen, wovon der „Enckerzunft Artikelbuch" Zeugnis gibt, welches mit dem Jahre 1350 beginnt und — bezeichnend für den hereingebrochenen Wandel dieser Dinge — mit dem Jahre 1748 geschlossen wurde.

Dieser reiche, fröhliche Rheinverkehr verband aber vor allen Dingen das Elsaß und Mitteldeutschland, er zielte dann in zweiter Linie auf Burgund und Lothringen und namentlich auf die Schweiz. Basel und Straßburg werden in der Geschichte der Straßburger Rheinschiffahrt, welche einer besonderen Schrift würdig erschien

(L. H. Nicolay, „De Argentinensium in Rheno navigatione", Straßburg 1760), überaus häufig zusammen genannt, und die Rheinfahrt des Züricher Breitopfs nach Straßburg im Jahre 1576 ist in unsern jüngsten Tagen oft genug citiert worden, wo wir Deutsche uns gern erinnerten, wie sinnig einst die deutsche Schweizerstadt ihre bundesbrüderliche Hilfe der deutschen Stadt des Elsasses angezeigt hatte. In schneidendem Gegensatze dazu stand freilich, daß die Schweizerkantone — nur hundert Jahre später! am 18. Oktober 1681 den Franzosenkönig Ludwig XIV. zu Ensisheim bewillkommneten, als er sich anschickte, in das eben so schmachvoll hinweggenommene Straßburg zu ziehen. Sie hatten's damals fast so eilig wie der schweizerische Bundesrat am 8. September 1870 mit der Anerkennung der neuen französischen Republik.

Am Rhein konzentrierte sich das deutsche Volkstum des Elsasses; in den Vogesen wurde es mannigfach angenagt und durchbrochen. Die Rheinebene war und ist rein deutsch; am Rhein berührt sich elsässische Mundart am innigsten mit den deutschen Nachbardialekten, wie Schweizerdeutsch bei Hüningen herüberstreift, Breisgauer Mundart bei Neubreisach wenigstens bruchstückweise über den Rhein reicht, und nördlich der Zurmündung pfälzische und elsässische Redeweise sich zusammenwebt. In den Vogesen dagegen liegen jene zerstreuten Dörfergruppen, in welchen das uralte keltisch-romanische Patois haften blieb, die „Bauernsprache", wie sie seltsamerweise wohl auch im Lande genannt wird. Da wo der hohe Hauptzug der Vogesen dem Rhein am nächsten tritt, bei Kolmar, ist auch das am weitesten nach Osten vorgeschobene Dorf, welches französisch spricht, La Baroche, und wo im Grenzwinkel von Mülhausen und Altkirch der Vogesencharakter der Landschaft überhaupt die rheinische Natur auf engsten Raum zurückdrängt, haben auch die modern französischen Sympathien am tiefsten Wurzel gefaßt. Rheinisch und Deutsch entspricht sich eben allerwege. Dies beiläufig, und doch ist's eine Hauptsache.

Nun besaß aber der elsässische Rheinverkehr eine Eigentümlichkeit, die im ganzen weiteren Stromlaufe nicht wieder vorkommt:

soweit ihm überhaupt irgendwelche größere Handelsbedeutung zu=
kam, mündete dieser Verkehr in einen einzigen Hafen; elsässische
Schiffahrt und Straßburger Schiffahrt deckten sich nahezu, und
auch auf dem gegenüberliegenden Ufer war hier kein Hafen, der
sich entfernt mit Straßburg messen konnte. Am Mittel= und
Niederrheine ist dies ganz anders: da liegen große und kleine
Hafenplätze hüben und drüben in raschem, buntem Wechsel und
wetteifern miteinander seit alter Zeit. Der Straßburger Rhein=
handel dagegen überwog schlechthin am ganzen Oberrhein bis
Speier, ja bis Mainz. Die Landkarte erklärt diese Thatsache.
Der Rhein von Hüningen bis Lauterburg ist noch immer ein
Bergstrom, obgleich er durch die breite Ebene fließt; sein wech=
selndes Bett, sein weites Ueberschwemmungsgebiet lockte kaum
ein Dorf, geschweige eine Stadt an den Uferrand. Nur bei
Straßburg, wo sich neben der Illmündung das Hügelland gegen
den Rhein vorschiebt, zeichnete die Natur die Straßenkreuzung
und den Rheinübergang vor, und die Menschen machten dann
auch den Hafen. Am ganzen Rheine hat nur Mainz eine gleich
notwendige und gleich herrschende Lage. Und doch sind gerade
diese beiden Städte durch die unselige „Rheinfrage" so tief unter
ihre mittelalterige Größe herabgesunken!

Beherrschte nun aber Straßburg allein sein weites oberrhei=
nisches Ufergebiet, so folgte daraus dreierlei:

Erstlich. Die elsässische Rheinschiffahrt diente minder dem
Lokalverkehr als dem großen Durchgangsverkehr; auch auf seinem
Strome war das Elsaß Transitland. Es ist aber leichter, den
großen konzentrierten Transit durch einen neuen politischen Mittel=
punkt und veränderte Handelspolitik nach einer ganz andern
Himmelsgegend zu leiten, als den individuellen Lokalverkehr.
Was darum den Franzosen am Oberrheine voll gelang, das würde
ihnen zwischen Mainz und Köln nicht halbwegs gelungen sein, und
hätten sie das dortige linke Ufer auch zweihundert Jahre besessen.

Zweitens. Wenn man das Gesicht Straßburgs unter der
Hand vom Rheine abwandte, so konnte durch diese einzige That=

sache der wirtschaftliche Zusammenhang von ganz Elsaß und Deutschland einen Riß bekommen. Denn Straßburg hat nicht nur den herrschenden Hafen, es hat auch die herrschende Brücke des Oberrheins. Brücken kann man am Ende überall schlagen, aber nicht überall laufen die großen Naturstraßen zur Brücke wie bei Straßburg. Wenn darum Schöpflin und andere ältere Historiker behaupten, das keltische Argento-ratum (Königsburg) bedeute eine „Stadt an der Ueberfahrt", so haben sie zwar nicht richtig geforscht, aber doch, nach ihrer Auffassung der Stadt, sinnig geraten. Die Straßburger Brücke ist unter der französischen Herrschaft nicht verödet, denn sie förderte nach wie vor den großen Verkehr zwischen Deutschland und Paris. Aber sie verödete für den Lokalverkehr von Ufer zu Ufer. Und andere Brücken rheinaufwärts wurden gar nicht geschlagen. Man vergleiche hier die oberrheinische Strecke von Lauterburg bis Mainz mit jener von Lauterburg bis Basel. Der geographische Charakter beider ist nahe verwandt und die Entfremdung der Staaten wie des Volkes lähmte auch unterhalb Lauterburg gar lange den Verkehr beider Ufer, demnächst aber werden hier bereits fünf Eisenbahnen die Reisenden direkt über den Fluß führen, während der um die Hälfte längere elsässische Oberrhein entsprechend nur den straßburger Uebergang aufweisen kann. Nicht bloß die Verödung der Rheinstraße, auch die Verödung der Rheinübergänge entsprach der Verwälschung des Elsasses.

Drittens aber ward der Strom in dem Maße tauglicher zum festen Grenzgraben, als er für den Verkehr bedeutungsloser wurde. War einmal die natürliche Straße aufgegeben, so kam die natürliche Grenze von selbst.

Dies alles benutzten die Franzosen vortrefflich, und die Weltlage kam ihnen dabei lange Zeit so gut zu statten, daß sie's fast unvermerkt benutzen konnten. Im achtzehnten Jahrhundert bis zur Revolution ging und schlich der Rheinverkehr still seine Wege; er war durchaus noch nicht unbedeutend. Die alten Traditionen wirkten noch fort. Alle Zollschranken im Innern des Elsasses und am Rheine waren 1680 gefallen und nur an der Auslandsgrenze wurde noch ein mäßiger Zoll bezahlt; Straßburg erhielt noch mancherlei besondere Zollfreiheiten. Angesichts der viel ungünstigeren Verhältnisse in deutschen Landen war es darum kein Wunder, daß der elsässische Rhein noch geraume Zeit reiche Frachten trug. Allein Straßburg konnte trotzdem seine alte Machtstellung unter den Rheinstädten nicht dauernd behaupten, und die Straßburger Schiffer mußten in den Jahren 1681, 1749 und 1771 einen Teil ihrer frühern monopolistischen Vorrechte abtreten. Das selbstthätige Walten der großen Handelsstadt hörte auf; die eigennützig wohlwollende Bevormundung im Geiste des Colbert'schen Systems tritt an dessen Stelle.

Während die Straßburger Schifferzunft in der deutschen Zeit das Fahrwasser ihres Stromgebietes jährlich zweimal hatte untersuchen und reinigen lassen, macht sich unter den Franzosen die strategische Ausbeutung des Ufers durch Festungen hüben und drüben und Forts auf den Inseln weit kräftiger bemerkbar, dann der Uferbau zum Landschutze und die Grenzregelung des Strombettes. Im achtzehnten Jahrhundert suchte man sogar durch Faschinen den Rhein hinüber auf die deutsche Seite zu treiben, so daß viele Inseln französisch wurden. Zum besondern Vorteil der französischen Rheinschiffahrt aber dürfte diese schleichende Annexion wohl schwerlich gereicht haben. Allein hundert Jahre nach Straßburgs Fall sehen wir auch schon deutsche Schriftsteller des Elsasses vertraut mit der Phrase, daß der Rhein „die natürliche Schutzwehr des Landes" gegen Deutschland sei.

Der vollkommene Verfall des elsässischen Rheinverkehrs kam erst in neuerer Zeit, zunächst bedingt durch die Aufnahme der vordem ausnahmsweise freier gestellten Provinz in das Zollsystem des französischen Reiches. Daher namentlich rasches Sinken seit 1815. Im Jahre 1812 waren noch über 52000 Ztr. zu Wasser in Straßburg ein= und über 221000 Ztr. ausgelaufen, im Jahre 1823 war diese Einfuhr auf etwas mehr als 12000, die Ausfuhr auf nicht ganz 44000 Ztr. gesunken. Die Illschiffer waren

damals wichtiger geworden für den elsässer Wasserverkehr als die
Rheinschiffer! Und das Wichtigste, was man von den Nach=
kommen jener „Enckerzunft" erzählen konnte, die im Mittelalter
so stolz und selbständig in Straßburg gewaltet hatte, war, daß
dieselben jetzt der französischen Armee die trefflichsten Pontoniers
lieferten.

Jener alte Verkehr auf dem Flusse wird nun freilich in
unsrer Zeit nicht wiederkehren, auch wenn die alemannischen
Stammesbrüder des rechten und linken Ufers politisch wieder
geeinigt sein werden. Denn selbst das Dampfschiff kann auf
dieser schwierigen Stromstrecke nicht mehr mit der Lokomotive
wettarbeiten. Aber der Verkehr der Rheinlinie und der ört=
liche Gütertausch von Ufer zu Ufer muß und wird darum dennoch
wachsen. Die magische Verbindungskraft des deutschesten Flusses
ist nicht verloren, und Elsaß wird wieder rheinisches Land sein.
Seit vielen Jahren befuhren keine Dampfschiffe mehr den Straß=
burger Rhein. Da wollte Ludwig Bonaparte wieder eine Dampf=
flotille von Straßburg rheinab gehen lassen, Kanonenboote, um
unsere Rheinstädte zusammenzuschießen. Diese Rheinflotte ist aber
(ähnlich der „Rheinarmee") gar nicht in den Rhein, sondern bloß
in die Ill gekommen, um hinterher bei Paris als Seineflotte
wieder aufzutauchen. Unterdessen befahren aber wirklich wieder
Dampfschiffe regelmäßig den Rhein zwischen Mannheim und
Straßburg, friedliche Boote, um den unglücklichen Straßburgern
Lebensmittel und Waren und Gäste zu bringen. Möge diese er=
neute Rheinfahrt ein gutes Zeichen sein, daß das wiedereroberte
Elsaß sich uns als echtes Rheinland wieder verbinde!

Weit hervorstechendere Sorgfalt als auf den Fluß, der das
Elsaß nach Deutschland zieht, wendete die alte französische Regie=
rung auf die Landstraßen, welche die Provinz nach Frankreich
ziehen sollten. Schon in den ersten Jahrzehnten des vorigen
Jahrhunderts rühmte man dort die ausgezeichneten königlichen
Straßen. Ein anonymer Schilderer des Landes schreibt im Jahr
1734 von den neuen vorderelsässischen Heerstraßen: „sie sind so

gut, daß es eine rechte Lust ist durchs Land zu reisen, inmaßen sie denen gepflasterten Heerstraßen der alten Römer nicht viel nachgeben und nicht nur in der Mitte erhöht und auf beiden Seiten etwas abhängig gebaut, sondern auch mit tiefen und breiten Gräben versehen sind, dahin sich alles Wasser verläuft." Es waren also schon förmliche Chausseen, wie man sie damals in Deutschland fast überall noch vergebens suchte. Auch die königlichen Postwagen verkehrten vor hundert Jahren im Elsaß weit zahlreicher und geregelter als drüben im Reiche, und daß man dies als eine auszeichnende Merkwürdigkeit ansah, bezeugt uns Billing, der es in seiner Geschichte und Beschreibung des Elsasses (1782) der Mühe wert hielt, die vollständigen Routen, Fahrpreise und Abfahrtszeiten gleichsam als ein historisches Moment mitzuteilen. Es mußte die Bewohner des „Straßenlandes" bestechen, daß der neue französische Herr den natürlichen Beruf ihrer Heimat so richtig erkannte und förderte.

Alle Wege führen aber nach Rom, das heißt in Frankreich nach Paris. Darum mußte der alte natürliche Hauptstraßenzug des Elsasses, welcher dem Rheine parallel von Süd gen Norden geht, allmählich hinter jene Querstraßen zurücktreten, die durchs Gebirg zur Metropole Frankreichs führen. Hier erstanden jetzt die kühnsten und kunstreichsten Straßenbauten; von ältern Reisenden wird ihrer mit Bewunderung gedacht. Seit Napoleons Zeit hat sich dann dieser Umschlag im Straßencharakter des Elsasses vollendet, und auch die modernen Eisenbahnen folgten demselben Zuge. Die Linie Basel-Weißenburg mag für den Landesverkehr von größter Wichtigkeit sein, aber Straßburg-Paris ist es für den Weltverkehr. Das alte Elsaß war ein rheinisch-deutsches Transitland gewesen, das neue wurde eine „Etappe" zwischen Deutschland und Frankreich.

Wie wunderbar half dabei den Franzosen die Gunst der Zeit! Mit dem Westfälischen Frieden, der Elsaß an Frankreich brachte, entwickelte sich gleichzeitig Paris zu einem europäischen Mittelpunkte der Industrie, des Gewerbes, des Luxus und der

Moden. Die deutschen Industrie= und Handelsstädte dagegen lagen elend darnieder. Ein Jahr nach jenem Friedensschlusse trat Colbert in Mazarins Dienst, wo sich ihm der Weg öffnete, ganz Frankreich nachgehends wirtschaftlich und finanziell zu organisieren und damals wenigstens zum Vorteile des Landes — handels= politisch in sich abzuschließen. Was bot das Deutsche Reich angesichts einer solchen durchgreifenden und imponierenden Politik! Wie argwöhnisch freilich die neue centralisierende Ordnung des wirtschaftlichen Lebens deutscherseits aufgefaßt wurde, dafür zeugt eine kleine Flugschrift aus dem Jahre 1697 unter dem Titel: „Muster der überklugen Französischen Würthschafft, wie solche von denen Königl. Intendanten an einigen überwaltiaten Orthen will eingeführt . . . werden." Sie enthält, deutsch und französisch, lediglich den Abdruck einer Ordre an die „hohen Gerichtsherren", worin denselben sechsundzwanzig Fragen über Gegenstände der politischen, sozialen und wirtschaftlichen Statistik ihres Bezirkes vorgelegt werden. Der Herausgeber sah in diesen Fragen — sie deuten auf Colberts frühere Instruktionen zurück — eine selbst= redende Urkunde französischer Kniffe. Uns bekunden sie einfach den Fortschritt zur amtlichen Wirtschaftsstatistik, und wir würden uns freuen, wenn wir aus deutschen Landen nur auch recht viele gleichzeitige Proben solcher „überklugen Wirtschaft" beibringen könnten. Nicht bloß durch Gewalt, auch durch wirtschaftspolitische Ordnung wurde das Gesicht der Elsäßer gen Paris gewandt.

Allerdings sah dann die Ordnung mitunter auch der Gewalt verzweifelt ähnlich. Das friedliche Straßennetz, worin man die Elsäßer fing, war zugleich ein Netz der Kriegsstraßen. In diesem Doppelsinne erbauten die Franzosen schon 1682 ein steinernes Denkmal der geographischen Frontumkehr des Elsasses — Vau= bans Straßburger Festungswerke. Sie zeigen jenen Frontwechsel in mathematischen Linien. Die deutsche Reichsstadt hatte sich (nach dem Plane aus dem fünfzehnten Jahrhundert) in zwei Thoren (dem Nikolaus und Johannisthor) unmittelbar dem Rheine und Deutschland geöffnet; das französische Straßburg da gegen kehrte seine festgeschlossene Citadelle dem Rheine zu und ist bis auf diesen Tag die einzige Rheinstadt, welche dem Fluß den Rücken wendet und mit dem Gesicht ins Land hineinsieht. Wer von der Kehler Brücke kommt, der muß erst um die halbe Stadt herumgehen, bis er Einlaß findet, wer von Paris kommt, der ist sogleich mitten in der Stadt. Wie die Zeitgenossen den Bau jener Citadelle ansahen, welche die Stadt verkehrt hat, das ist in dem „Curiosen Staats-Gespräch eines Franzosen und Holländers" von 1684 in folgenden Worten ausgedrückt: „Der König hatte seine Parole gegeben, nichts wider die Freiheit dieser Stadt anzufangen, und gleichwohl bemächtigt er sich selbiger nicht allein mitten im Frieden, sondern läßt noch dazu eine Citadelle da bauen, gleich als wenn das erste Verbrechen nicht groß genug wäre, sondern man müsse es noch denkwürdiger durch ein anderes machen."

Es wird neuerdings öfters gesagt, Straßburg, in deutscher Hand, sei berufen, das oberrheinische Köln zu werden. Ein sehr treffendes Wort. Damit es aber nicht bloß ein Wort bleibe, müßte der Stadt vor allem die Schnürbrust der Vaubanschen Werke ausgezogen und die Festung nach moderner Art weiter hinausgerückt werden. Auf der Stätte der geschleiften Citadelle aber müßte die Stadt sich auswachsen gegen den Rhein hin; denn solange sie nicht deutsche Rheinstadt wird, ist sie auch kein Köln. Das römische Argentoratum wandte sich (trotz Schöpflins entgegenstehender Ansicht) gleich dem französischen Strasbourg vom Rheine ab, beide blickten nach Gallien; das neue deutsche Straßburg wird sein Gesicht zum Rheine und gegen Deutschland kehren wie die stolze Reichsstadt des Mittelalters.

Die Franzosen befestigten sich im Elsaß nicht bloß durch die Landstraßen, sondern auch durch Kanäle. Bei diesen Kanalbauten sind aber zwei Perioden zu unterscheiden. Im achtzehnten Jahrhundert canalisirte man hier zu militärischen Zwecken. Vauban ließ den Breuschkanal graben für den Straßburger Festungsbau, den Kanal von Neubreisach für diese Feste, den Selzkanal zur Materialbeifuhr nach den Weißenburger Linien. Diese Kanäle, wie andre noch kleinere, dienten dann nachgehends auch dem friedlichen Lokalverkehr. Sie machten das Land im Innern regsamer und förderten jenen selbstgenügenden Partikularismus, in welchem sich der deutschgesinnte Elsässer vor der Revolution beruhigte.

Anders zu Napoleons I. Zeit. Damals war das Elsaß schon als gleichartiges Glied den übrigen Provinzen Frankreichs angereiht und gravitierte nicht mehr nach Deutschland wie im Mittelalter, noch in sich selbst wie stellenweise von 1648 bis 1789, sondern nach Frankreich. Dieses Frankreich aber verbindet Meere und Flüsse, Landschaften und Städte in einem so planvoll durchgebildeten Kanalsystem wie kein andrer Großstaat des Kontinents, und in dieses großartige System mußte auch das Elsaß unlösbar verflochten werden. Es geschah durch seine zwei Hauptkanäle — vom Rhein zur Rhône und vom Rhein zur Marne. Hier begegnet uns ein bezeichnendes Datum. Im Jahre der Besiegung Preußens, 1806, ließ Napoleon den Rhein-Rhônekanal beginnen, und aus dem Jahre der Besiegung Oesterreichs, 1809, stammt das erste Projekt zum Rhein-Marnekanal. Freilich ruhte das letztere dann wieder bis in die zwanziger Jahre und ward erst in noch viel späterer Zeit vollendet, und auch den Ausbau des Rhônekanals erlebte Napoleon nicht. Schon in der alten Königszeit (1755 und 1773) hatte man an diesen Kanal gedacht, und die Abschnitte seiner Erbauung und Benutzung werden durch seine drei Namen bezeichnet: zuerst nannte man ihn bonapartistisch den „Napoleonskanal", dann bourbonisch „Canal Monsieur" und zuletzt nach gar keinen großen Herren „Rhein-Rhônekanal". Je nachdem man die Sache oder den Namen betrachtet, trägt dieser Kanal den nachdenkenden Elsässer daher recht in das Herz des französischen Staates, welcher Land und Volk so wunderbar zu centralisieren verstand und doch seit nun bald einem Jahrhundert nicht zwanzig Jahre lang dieselbe Dynastie, ja auch nur dieselbe Staatsform festhalten konnte. Doch das ist nur eine Kanalfahrt im Geiste. Bei der wirklichen Fahrt auf jenen beiden Kanälen aber wird der Elsässer wenigstens merken, wie klug die Franzosen dahin gearbeitet haben, das Gesicht des ganzen Elsasses umzukehren, indem sie die Straßen umkehrten. Rhône und Rhein — um Viktor Hugos Sprache zu reden - münden jetzt in die Seine. Hatte man doch schon bei der neuen Landeseinteilung des Jahres 1790 das elsässische Stück des Rheinlaufs wie einen abgeschlossenen französischen Fluß aufgefaßt, indem man das Oberelsaß den „Oberrhein", das untere, aller deutschen Geographie zum Trotz, den „Niederrhein" taufte. Nur durch die Präposition macht der Elsässer noch einen wunderlichen Unterschied. Hagenau liegt, elsässisch gesprochen, im Niederrhein, Düsseldorf am Niederrhein. Dieser oberrheinische Niederrhein wird nun hoffentlich auf der neuen deutschen Landkarte verschwinden.

Die zwei Kanäle, obgleich zum Rheine mündend, lenkten doch das Land vom Rheine ab, zugleich halfen sie aber auch die alte durch Natur und Geschichte so einheitliche Provinz Elsaß dezentralisieren, im Einklang mit den zwei neufranzösischen Departements. Mülhausen am Rhônekanal konnte jetzt als zweite volkswirtschaftliche Hauptstadt des Elsasses mit Straßburg in die Schranken treten. Dieses Mülhausen gilt für ganz besonders franzosenfreundlich, obgleich es, die jüngste Französin unter den elsässischen Städten, erst seit 1798 zu Frankreich gehört. Durch die Zölle, mit welchen der Franzose die Straßen sperrte, zwang er die widerstrebende Stadt in seine freie Republik, und durch die Wege, welche sich darauf den Mülhäuser Fabrikanten gen Westen öffneten, wurden sie nachgerade die besten Franzosen.

Bekanntlich war die Freie Stadt Mülhausen seit dem sechzehnten Jahrhundert ein der schweizerischen Eidgenossenschaft „zugewandter Ort" gewesen und hatte bis zur Revolution in freiem Verkehr gestanden mit dem umgrenzenden Elsaß. Durch eine Armee wurde Straßburg im September 1681 unblutig bezwungen; Mülhausen von 1792—98 durch bloße Zollwächter. Als im Jahre 1792 die Abgeordneten Mülhausens den pariser Nationalkonvent um Beseitigung der neuen Zollschranken baten, mit denen die französische Republik den kleinen schweizerisch-deutschen Freistaat erstickend umstrickte, erwiderte man ihnen, sie möchten nur französisch werden, dann schwinde der Zoll von selbst. Und als sie dies nun 1798 notgedrungen und schweren Herzens wirklich wurden, rief der französische Bevollmächtigte Johann Ulrich Metzger bei der Uebergabe prophetisch aus: „Ich sehe euere Stadt durch Handel, Gewerbe und Betriebsamkeit, durch Eröffnung von Kanälen, die bei euch durchgeleitet werden, zu einem der ansehnlichsten Orte anwachsen. Euere Kinder werden den Tag segnen, der euch an uns anschließt, denn er verheißt auch Nahrung und Sicherheit." Diese Prophezeiung hat sich erfüllt

gottlob! — oder leider Gottes! Das mächtige moderne Aufblühen der mülhauser Industrie datiert beiläufig vom Jahre 1800, während die ältere bis zur Mitte des achtzehnten Jahrhunderts zurückgeht. Die ersten großen Unternehmer trugen fast durchaus deutsche Namen, und die meisten dieser Firmen lauten auch heute noch deutsch. Manche derselben haben selbst Zweigunternehmen überm Rhein. Allein das Mülhauser Geschäft gravitierte nach Frankreich hinüber, wie es ja nicht anders sein konnte infolge der Zollgrenzen und der Straßen, die bei Mülhausen naturgemäßer noch zum Westen ziehen als bei Straßburg, und zum französischen Süden obendrein.

Und dabei war auch der Zeitpunkt der verspäteten Annexion äußerst günstig den französischen Sympathien. Die napoleonische Politik, todbringend für so vielerlei deutsche Betriebsamkeit, kam den Mülhauser Fabriken wie gerufen. Es galt zunächst die Konkurrenz der Schweiz zu besiegen, was durch die Spinnmaschinen (seit 1806) gelang. Als sich die Großindustrie Süddeutschlands nach langem Schlummer wieder reich und mächtig erhob, stand die oberelsäßische Industrie längst fest und fertig. Kein Wunder, daß sich hier der Fabrikant ganz besonders Frankreich verpflichtet hielt, welches ihm den großen Vorsprung der Zeit geschafft. Französische Arbeiter und Pariser Geschäftsverbindungen kamen hinzu; Pariser Geschmack, Pariser Muster gaben der deutschen Industrie dieser Thäler noch eine besondere Auszeichnung, und dieser Einfluß — mächtiger als er in Straßburg der Natur der Geschäfte nach sein konnte — erstreckte sich zudem nicht bloß auf die Stadt Mülhausen, sondern auf das ganze Industrieland, welches sich vor ihren Mauern (oder richtiger vor ihren Dampfschloten) weithin durch Gebirge und Ebene dehnt.

Es gibt mancherlei Gründe, weshalb das Oberelsaß so viel Französischer geworden ist als das untere Land. Ich habe einige schon angeführt und werde andere später noch berühren. Die Elsäßer Baumwollfabriken liefern die Hälfte des Bedarfs von ganz Frankreich. Das ist ein eroberndes Wort. Und so wurde denn namentlich der Oberelsäßer handelspolitisch dem Franzosentum erobert, zuletzt mit Dampfeskraft und Dampfeseile, und handelspolitisch müssen wir ihn auch wieder zurückerobern. Das kann aber gut geschehen; denn leichter und naturgemäßer führen die Wege aus den Vogesenthälern zum Rhein und über den Rhein als über die Berge. Ein unverdächtiges Zeugnis hört man von den süddeutschen Fabrikanten. Sie wissen sehr wohl, daß mit dem Eintritte des Elsasses in unsern Zollverband ein gewaltiger Mitbewerber ihnen erwachsen wird, und manche meinen, die Annektierten mit ihrer größern Kapitalkraft würden besser fahren als die Annektierenden mit ihren billigeren Arbeitskräften, und man möge deshalb den Mülhausern ihren Weg nach Paris nicht gar zu streng verschließen, sondern im Friedensvertrage durch Herabsetzung der französischen Einfuhrzölle auf Baumwollgarn und Gewebe noch ein kleines Pförtchen offen lassen, welches die älteren deutschen Fabrikanten dann auch mit benutzen könnten. Das dürfte wohl zu bedenken sein. Ja, man vernahm sogar vereinzelte süddeutsche Stimmen, welche geradezu abmahnten vom Wiedererwerb des Elsasses, und hinter den politischen Gründen steckte offenbar die Baumwolle.

Für uns liegt in alledem nur der Beweis, daß wir auch die Straßen und das Gesicht der Oberelsäßer wieder nach Deutschland umkehren können.

II.

Kriegsland.

Das Elsaß ist durch Natur und Geschichte zur Kriegsbühne vorbestimmt wie kaum ein zweiter Landstrich Mitteleuropas. Man hat einseitig bald den Rhein, bald die Vogesen eine natürliche Grenzwehr genannt; richtiger wäre es, das ganze Elsaß samt dem Sundgau, Fluß, Ebene und Gebirgswall zusammen, als ein großes verschanztes Lager zu betrachten, um welches sich die Nachbarvölker seit Jahrhunderten gestritten, und dessen Besitz die dominierende Stärke nach rechts oder links entscheidet.

Was die Geschichte von alten Entscheidungsschlachten erzählt, die seit der Römer Zeiten im Elsaß geschlagen wurden, das ist dem Gedächtnisse des Volkes wohl längst entschwunden, aber der Gedanke blieb doch immer selbst dem Elsässer Bauern in Sage und Wahrsagung lebendig, daß sein Land der Wahlplatz großer Völkerkämpfe gewesen sei und daß dereinst noch einmal die letzte Entscheidungsschlacht auf seinen Fluren solle ausgefochten werden. Im Nordfelde bei Mülhausen und auch sonstwo im Elsaß sah man vordem das wilde Heer durch die Luft ziehen, an vergangenen Krieg erinnernd und kommenden verkündend; unter dem Lügenfelde bei Sennheim liegen die Heerscharen der gottlosen Söhne Ludwigs des Frommen gebannt und klirren nachts mit den Waffen; aber auch Friedrich Rotbart sitzt dort unter dem Bibelstein, oder im Schlosse zu Kaisersberg bei Kolmar oder in der Burg von Hagenau, der Zukunft wartend. Wie man aber in Thüringen, nach Bechsteins Zeugnis, den Kaiser Napoleon vor Jahren nachts auf dem Kyffhäuser sah, wo er den alten Barbarossa abgelöst hatte und an seiner Statt träumend am Steintische saß, so war auch dem französisch aufgeklärten Elsässer Bauer damals Napoleon nicht auf Sankt Helena gestorben, sondern nur durch ein englisches Lügenbulletin der Welt entrückt, um dereinst, als der wahre Barbarossa wiederzukommen mit Mohren und Türken in erneuter Macht die Welt zu beherrschen.

In Luthers „Tischreden" heißt es: „Da sprach Magister Philippus Melanchthon: Es ist eine sehr alte Prophecey, daß der König von Frankreich für Straßburg soll geschlagen werden, und ist der Wahrheit ähnlich; denn diese Stadt liegt an der Gräntz und im ersten Anlauff, ist eine Vestung, dieselbige wird der Kayser und Frantzoß zum ersten angreiffen, Andern zum Exempel." August Stöber in seinen „Sagen des Elsasses" (1852) berichtet, daß jene Weissagung auf eine große Entscheidungs=schlacht bei Straßburg noch immer nicht ganz verklungen sei, in der benachbarten Pfalz sowohl wie im Elsaß. Viele Elsässer Sagen sind Kriegssagen — sogleich beim Einzug über die Weißen=burger Linien begrüßt uns der liedergefeierte Lindenschmied krie=gerisch — und wo die ältere Geschichte des Landes nicht etwa von Kunst und Wissenschaft handelt, da erzählt sie vom Kriege. Erinnert doch auch der Spitzname der Straßburger in seltsamem Spiele an das tragische Schicksal der Stadt, wie es ihrer Kriegs=lage zwischen Deutschland und Frankreich entsprang. Die Straß=burger heißen oder hießen die „Meisenlocker". Als nämlich der französische König Heinrich II. im Jahre 1552 Metz, Tull und Verdun dem Deutschen Reiche weggenommen unter dem Vorwande, diese Städte gegen den Kaiser zu schützen, waren die Straßburger stutzig geworden, welche gleichfalls solchen „Schutz" vom Könige erbeten hatten. Und da dieser nun vor ihrer Stadt lagerte und sich mit einem verdächtig starken Gefolge hineinbegeben wollte, schossen sie ihm, wie die Sage erzählt, eine Kugel ins Zelt aus ihrem alt=berühmten Geschütz, die „Meise" genannt. Dieser unerwartete Willkomm lockte aber den König so wenig, daß er vielmehr um=kehrte, und so blieb die Stadt vorerst noch vor dem Schicksal ihrer lothringischen Schwesterstädte bewahrt; die Straßburger aber hießen seitdem die Meisenlocker. Als im Jahre 1681 König Ludwig XIV. wiederum mit heuchlerischen Mienen nach Straßburg zog, verstan=den die Bürger das „Locken" nicht mehr, die Meise schwieg und wurde darum von den neuen Herren alsbald nach Breisach geführt und in eine königlich französische Kanone umgegossen.

Um die bösen Kinder zum Schlafe zu bringen, drohte der Elsässer zu verschiedenen Zeiten mit viererlei Kriegsschreck, entsprechend vier Blutperioden des Landes; sie sind: der Hunnenschreck, der Schinder- oder Armengeckenschreck, der Schwedenschreck und der Pandurenlärm. Die Hunnen und Schweden — Völkerwanderung und Dreißigjähriger Krieg — erklären sich von selbst; unter den Schindern sind jene französischen Söldnerhorden der Armagnaken (armen Gecken) gemeint, welche nach der Schlacht von Sankt Jakob (1444) plündernd und verwüstend das Elsaß durchzogen; der Pandurenlärm aber bezieht sich auf die Heimsuchung des Unterelsasses durch Trenck und seine Panduren im Jahre 1744. Dagegen scheint eine Schreckenszeit, viel grausiger als die kurze Pandurenhetze, der Franzosenschreck der neunziger Jahre, da die Jakobiner mit dem Fallbeil herrschten und gegen das Deutschtum des Volkes wüteten, in jenem Sinne nicht sprichwörtlich geworden zu sein. Mit einem Schrecken, auf den man stolz war, brachte man die kleinen Kinder nicht mehr zur Ruhe, sondern höchstens das deutsche Gewissen der großen Leute.

Alle diese Züge fordern zum Nachdenken auf. In der spätern deutschen Zeit, seit dem Ausgange des Mittelalters, fühlte sich der Elsässer mehr und mehr in unsicherm Lande, auf wankendem Boden. Die Erinnerung an vergangene Verwüstungskämpfe, welche die Kriegsbühne seiner Heimat mit Blut getränkt, der bange Schauer vor kommenden noch zermalmenderen Entscheidungstagen erfüllte lebhafter die Einbildungskraft des Volkes und suchte seine Aussprache in alten Sagen und Prophetenworten. Mit der französischen Eroberung wurde es langsam anders. Der Franzose sagte dem Elsässer, daß nun alles fertig und abgemacht sei, ein unantastbarer Zustand hergestellt für ewige Zeiten. Die Würfel waren gefallen, wenn auch nicht in einer großen Schlacht mit Türken und Mohren, und von den Turkos wußte man noch nichts. Das Elsaß als Kriegsland aber wußte nun endgültig, wohin es gehörte: es war das große Bollwerk Frankreichs gegen Deutschland, und obgleich Bollwerke

eigens gemacht sind, um angegriffen zu werden, so war doch die
Eroberung dieses Bollwerkes mit Zerstörung und Frontumkehr
einem französischen Kopfe zuletzt gar nicht mehr denkbar. Diese
und ähnliche Ideen haben die Franzosen selbst dem letzten elsässi=
schen Bauern langsam, aber fest einzuprägen gewußt, und wenn
das Volk auch während der Revolutionskriege noch zweifelte, so
gab doch das Kaiserreich, und sogar in seinem Sturze, die starke
Bürgschaft, daß es also sein und bleiben müsse. Und dann
vollends während der langen Friedenszeit seit 1815 lernte man
den festgegründeten Zustand als den ganz notwendigen hinnehmen.

Die alten beunruhigenden Kriegssagen und Prophezeiungen
verblaßten, und da sich das Volk durch sie doch immer wieder in
seine deutsche Vergangenheit zurückträumte, so machte man sie
wohl auch verblassen. Um so eifriger erzählte man ihm Sagen
und Anekdoten ganz andrer Art in der Schule und Zeitung, im
Buch und Kalender. Sie handelten von den siegreichen französi=
schen Helden und Heerführern, die seit Vauban und Turenne bis
auf Hoche und Desaix und Napoleon und seine Generale durch
das Elsaß gezogen waren. Diese Kämpfer hatten dem Lande
Ruhm und Ruhe gebracht und ihre Denkmale standen hier vor
aller Augen. Es liegt mir ein Büchlein vor als Probe weit=
verzweigter populärer Agitation, wie sie von den Franzosen seit
Jahrzehnten im Elsaß geübt wurde. Dieses Büchlein führt den
Titel „Recueil de légendes, chroniques et nouvelles Alsa-
ciennes" und ist 1849 zu Mülhausen erschienen zum Vorteile
des Asile-agricole in dem benachbarten Cernay. Es beginnt mit
einer alten deutschen Sage des Elsasses, aus Grimms „Haus=
märchen" ins Französische übersetzt, und bewegt sich dann eine
Weile weiter in jener deutschen Sagenwelt, die beim elsässischen
Volke so besonders reich blühte und so fest gewurzelt blieb, daß
sie die Franzosen nicht austilgen konnten, wohl aber mitunter
fälschten. Darauf folgen Kriegsgeschichten aus der Franzosenzeit zur
Verherrlichung nationaler Helden und zuletzt eine wohl aus Wahr=
heit, Volkssage und Tendenzlüge zusammengewobene Geschichte,

deren Held ein volkstümlicher Freischütze — franctireur — des Jahres 1814, welcher mit seiner Bande den alliierten Truppen in den Vogesen auflauerte. Dieser Mann — er schreibt sich, augenscheinlich als ein echter Nationalfranzose: Nikolaus Wolf — ist der Inbegriff von Tapferkeit, Vaterlandsliebe und großherzigem Pathos, sein Gegner, ein badischer Offizier, hingegen so feig, prahlerisch und gemein wie nur möglich. Stil und Gedankengang des Erzählers erscheinen als eine wahre Vorschule der französischen Zeitungsphrasen aus dem Sommer und Herbst 1870. Daß die Franzosen Deutschland jahrelang mit Krieg überzogen und ausgesogen hatten, war ganz in der Ordnung gewesen, aber daß die Verbündeten nun ihrerseits den ungebetenen Besuch auf dem geheiligten Boden Frankreichs zurückgaben, ein namenloser Frevel. So dachte Nikolaus Wolf: „Indigné de voir sa patrie livrée à la honte d'une invasion, il avait résolu de faire payer cher aux alliés l'affront que recevait la France" — u. s. w.

Der befehdete Boden, worauf man lebte, hatte sich im Gefühl des elsässischen Volkes zuletzt in den unangreifbaren Boden verwandelt. Und was ich hier an der Hand der Sage und Anekdote als Auffassung des bildungsarmen Mannes angedeutet, das läßt sich noch viel bestimmter an der Hand der Geschichte und im besonnen klaren Urteile der Gebildeten verfolgen.

Die neuere Geschichte des Elsasses gliedert sich alsdann, im Hinblick auf das Land als Kriegsbühne, in drei Perioden. In der ersten wurde das Land geplagt vom Kriege, in der zweiten blieb es verschont vom Kriege, und in der dritten profitierte es vom Kriege. Eine sehr behagliche Klimax, die zugleich der steigenden Französierung entspricht; im Sommer 1870 ist aber die Klimax abgebrochen worden.

Ich erstrecke die erste dieser Perioden vom Beginn des Dreißigjährigen Krieges bis zum Jahre der Besitznahme Straßburgs (1681). Es war eine Zeit der Gefahr, des Schreckens und der Unruhe; die Prophezeiung von der großen Schlacht schien sich mehr als einmal erfüllen zu wollen. Die Straßburger wußten bis zuletzt nicht, wohin sie sich wenden sollten: im Jahre 1661 löste die Freie Reichsstadt Kanonenschüsse bei der Geburt des Dauphin, und im Jahre 1667 bei der Geburt des kaiserlichen Erbprinzen; seit dem letzten September 1681 aber kanonierte sie gar nicht mehr. Schöpflin in seiner „Alsatia illustrata" schließt zwar die Periode der Unruhe schon mit dem Westfälischen Frieden, der eben Elsaß an Frankreich brachte: „ab hoc demum tempore firmus certusque perstitit Alsatiae status." Allein das Bewußtsein der Festigkeit und Sicherheit wird weder in der gleichzeitigen Litteratur so unbedingt ausgesprochen, noch darf man die Erschütterungen des holländischen Krieges von 1672—79 übersehen, die sich im Elsaß stark genug bemerklich machten. Sehr richtig bemerkt der elsässische Geschichtschreiber Strobel, daß gerade durch den Westfälischen Frieden ein Zustand für das Elsaß geschaffen wurde, der, statt Frieden zu bringen, nur so lange denkbar war, als Deutschland und Frankreich ohnehin im Frieden lebten. So kam denn auch bald genug der Krieg wieder ins Land. Dagegen war Frankreichs Gewaltherrschaft durch die Wegnahme von Straßburg besiegelt, und nun begann die elsässische Friedensperiode. Friede zu haben, wenn überall Friede herrscht, das ist nichts Besonderes; aber im Frieden zu sitzen, wenn ringsum der Krieg tobt, das ist beneidenswert. Und dieses Glück schmeckten die französischen Elsässer zum erstenmal in Ludwigs schmachvollstem Raubkriege gegen Deutschland, im Orleansschen Kriege von 1689—97. „Während dieses Krieges," so schreibt Aufschlager sehr charakteristisch, „lernten die Elsässer und namentlich die Straßburger einsehen, wie viel sie durch ihre Vereinigung mit Frankreich gewonnen hatten. Die Provinz blieb unversehrt, indes die benachbarten Länder Deutschlands alle Lasten und Leiden des Krieges tragen mußten." Ja wie zum Trumpfe wurde Straßburg in denselben Tagen durch Bauwerke verschönert, wo man drüben die Pfalz verbrannte und das Heidelberger Schloß in die Luft sprengte. Es ist eine französierende Tendenz späterer elsässischer Geschichtsauffassung, den gefesteten friedenssicheren Zuſtand des Elſaſſes möglichſt hoch hinaufzurücken, ſo daß er mit der vollſtändigen franzöſiſchen Beſitznahme zuſammenfällt, wie ſie ſich 1681 vollendete.

Allein deutſchgeſinnte Männer, und darunter wohl auch genug Elſäſſer, hatten im Wendepunkte des ſiebenzehnten und achtzehnten Jahrhunderts doch noch ganz andre Gedanken. Sie finden ſich in den Geſchichtsbüchern minder ſcharf ausgeſprochen als in den Flugſchriften und Pamphleten, welche damals, in ſolidem Quartformat gedruckt, aber faſt immer ohne Autornamen und Druckort, die Stelle des modernen Leitartikels ausfüllten. Ich habe eine ziemliche Anzahl ſolcher Schriften gefunden, welche tapfer ins Feld ziehen gegen die franzöſiſche Vergewaltigung von Elſaß und Lothringen und mehrenteils vor und nach der Wegnahme Straßburgs oder während des Orleansſchen Krieges erſchienen ſind, dann aber auch in den Siegestagen Eugens und Marlboroughs (1704—1709), wo endlich das Strafgericht über Frankreich gekommen ſchien. Einige Titel- und Gedankenproben ſeien dem Leſer zum Verſuche dargeboten:

„Der abgezogene Frantzöſiſche Staats-Rock und deutſche Schutzmantel" (1675). Hier wird die Gewaltthätigkeit Frankreichs und die Ohnmacht des Reiches in vielen ſehr ſcharfen Zügen gemalt, die Deutſchen werden zur Einigkeit aufgefordert. Denn ſchon „durch die gar zu leichte Ueberkommung" des Elſaſſes werden die Franzoſen verſucht ſein, den Fuchspelz von 1648 demnächſt in einen Wolfsbalg zu verkehren. — Auch in einem „zeitvertreibenden Discurs von den franzöſiſchen Niederlagen" (Schlacht von Saßbach u. ſ. w.) unter dem Titel: „Die Federn ſtieben, der Hahn mauſet ſich," wird zur Einigung der Deutſchen ermahnt, damit der deutſche Adler dem galliſchen Hahn noch weiter die Federn rupfen könne. Die Natur dieſes Hahnes iſt mit gutem Witz gezeichnet in der Schrift: „Das Franzöſiſche Trapülier-Spiel", wo wir die Staaten und Diplomaten Europas am Spieltiſch mit dem Franzoſen ſehen, der ſie faſt alleſamt überliſtet. Zuletzt erforſcht der Franzoſe ſein Gewiſſen und redet mit ſich ſelbſt:

„Mein Spiel ist zwar nicht recht, allein punctum honoris gehet für alles; entweder Kaiser sein oder nichts, und darum werde ich besparat spielen." — Der „Französische Apologist", eine Flugschrift von 1674, sagt unter anderm: „Es ist Frankreichs gewöhnlicher Gebrauch, daß es seine Freunde, wie der Schnitter die Garbe, mit der einen Hand zusammendrückt und mit der andern abschneidet." — Der „Gründliche Bericht von dem jetzigen jämmerlichen Zustande der Cron Frankreich" (1689) versichert: „Die neuerworbenen Unterthanen sind recht wie Löwen und Wölfe, sie knirschen mit den Zähnen und sind allezeit parat, sobald sie ihre Zeit ersehen, um sich zu beißen. Die Franzosenherrschaft ist ihnen ein Greuel." — Zum Lesen in gegenwärtigem Augenblick reizt besonders ein Schriftchen: „Vorschläge wie der Frantzose aus dem Elsaß und aus dem gantzen Römischen Reiche gantz und gar ausgerottet werden kann," vom Jahre 1705. Unter den weitgreifenden Vorschlägen steht obenan, daß sich die Alliierten, welche damals das Unterelsaß teilweise genommen hatten, des ganzen Elsasses bemächtigen müßten, als des steten Schlupf- und Ausfallwinkels der Franzosen. Von Straßburg heißt es damals noch: „Die Bürger sind dem römischen Reiche gewogen und würden lieber unter dieser Freiheit als unter der Franzosen schwerem Joche stehen." — Den im Jahre 1870 gerichteten schändlichen Satz, daß man Krieg nach außen anfangen müsse, um die Revolution im Innern zu beschwören, finde ich schon in einer Schrift von 1688 den Franzosen zugeschoben; sie heißt: „Politische Gedanken über die Praetentiones von Frankreich." Der Verfasser sagt: „Vor allen Dingen sind die Franzosen in immerwährendem Krieg, um das Feuer ihrer Jugend gegen die Benachbarten auszustoßen" u. s. w. Andre Broschüren suchen durch staatsrechtliche und rechtsgeschichtliche Beweise die Anmaßungen der Franzosen zu widerlegen, so: „Nullitas iniquitasque reunionis Alsatiacae" (1708); „Libertas Argentoratensium stylo Rysvicensi non expuncta (1707). Besonders zahlreich sind jene weitgreifenden Schriften, welche die alte Streitfrage erörtern, ob Karl der Große ein französischer König in Deutschland oder ein deutscher in Frankreich gewesen sei. Denn auch aus dieser Frage schlug man Kapital für oder wider den deutschen Länderraub der Franzosen, namentlich in Bezug auf Lothringen. Hierher gehören Büchlein, deren Titel schon klar genug sprechen, wie: „Christianissimus christianizandus, ou le moyen de réduire la France à un estat plus chrestien" (1678); „Francopolitae wahrer Bericht von dem alten Königreich Lothringen und klarer Beweis, daß die französischen von den carolingischen fränkischen Königen anmaßlich hergeleiteten Sprüche .... nichtig und unrichtig seien" (1682) und viele ähnliche.

Es weht ein frischer, patriotischer Geist in diesen oft hölzern genug geschriebenen Broschüren: man glaubte damals noch keineswegs überall, daß der Streit ums Elsaß schon endgültig entschieden sei. Aber als im Rastatter Frieden alle Hoffnungen abermals getäuscht worden waren, beruhigten sich die Elsässer völlig in dem Gedanken, daß ihr Land zwar dem Fremdling dienstbar, dafür aber eine kriegssicherere Freistatt geworden sei statt einer Kriegsbühne. Und das Elsaß hat nachher in der That bis zum Jahre 1793 keinen Krieg gesehen, mit einziger Ausnahme eben jenes Pandurenlärms im Oesterreichischen Erbfolgekriege. Die schlimme Episode währte aber nicht zwei Monate; sie erschien nur wie ein kurzes Donnerwetter, welches uns den blauen Himmel gleich darauf um so voller empfinden läßt.

So waren also die Elsässer in der deutschen Zeit vom Kriege geplagt, in der alten französischen vom Kriege verschont worden, und zwar um so mehr verschont, je länger sie Frankreich angehörten. Etwas zusammengesetzter ist die Natur der dritten Periode — seit der großen Revolution. Ich möchte sagen, es war die Zeit, wo die Elsässer vollends gar die dämonischen materiellen Vorteile des Krieges kennen, den ideellen Kriegsruhm in einzelnen ihrer eigenen Söhne feiern lernten, ja selber aus einem Friedensvolke ein soldatisches Volk wurden, während sie doch wiederum die Kriegsnot nur vorübergehend am eigenen Leibe spürten, auch darin wieder augenfällig begünstigt vor ihren deutschen Stammesbrüdern überm Rheine.

Da die erste Hälfte dieser Periode am tiefsten auf die Volksstimmung der Gegenwart einwirkte, will ich sie etwas genauer darstellen.

Noch kurz vor dem Ausbruche der Revolution (1782) schreibt ein guter einheimischer Kenner von Land und Leuten: „Die Thalleute in allen Gegenden des Elsasses sind fast durchweg eigensinnig, auf ihre alten deutschen Freiheiten erhitzt und mißtrauisch gegen Fremde; hingegen wohlthätig, getreu und offenherzig gegeneinander, nur vor dem Soldatenstande haben sie eine starke Abneigung." Wie gründlich hat sich das geändert! Und merkwürdig genug hat der Elsässer die Erhitzung für seine alten deutschen Freiheiten und die Abneigung gegen Fremde und gegen den Soldatenstand fast gleichzeitig und im engen Zusammenhange abgelegt.

Als im Jahre 1793 die Oesterreicher siegreich ins Unterelsaß drangen und bis vor Straßburg kamen, wurde freilich der mauerfeste Glaube an die unantastbaren Grenzen Frankreichs und die Immunität des Elsasses von Kriegsnöten etwas wankend. Schon bei der ersten Nachricht vom Fall der Weissenburger Linien gerieten die Straßburger in gewaltige Bestürzung, und man glaubte lieber die übertriebensten Gerüchte von völliger Niederlage der Franzosen, als die beruhigende Gegenbotschaft, welche nur von geordnetem Rückzuge erzählte. (Um so schwerer kam es dann umgekehrt die Straßburger im Jahre 1870 an, die Siegeslügen der Franzosen nicht zu glauben.) Eine Belagerung gewärtigte man damals sofort und mit Schrecken. Als die Oesterreicher in Hagenau einrückten, wurden sie mit Jubel empfangen. Die Bewohner vieler katholischer Dörfer des Unterelsasses zogen ihnen mit weißen Fahnen als Befreiern entgegen, als Befreiern doch wohl zunächst von der Herrschaft des Pariser revolutionären Atheismus, während bekanntlich umgekehrt gerade katholische Dörfer des Unterelsasses im Sommer 1870 ganz besonders von den Pfaffen verhetzt waren gegen die deutschen Sieger, welche sie vermeintlich in die Bande der Ketzerei schlagen würden!

Aber die Strafe für den Zweifel an Frankreichs endlichem Siege und für die deutschen Sympathien folgte 1793 auf dem Fuße. Nachdem die Oesterreicher bald wieder zurückweichen mußten, wanderten an 50 000 Menschen aus der Gegend von Hagenau aus, in nur allzu begründeter Furcht vor der Rache der französischen Revolutionstribunale. Die „heilige Propaganda" zu Straßburg machte den Elsässern begreiflich, daß deutsch gesinnt gleichbedeutend sei mit aristokratischer, pfäffischer, antirepublikanischer Gesinnung, und aus einer Verteidigung der selbständigen Straßburger Jakobiner (in der Zeitschrift „Argos") ersehen wir, daß man auch deutsch und „erzwungen", erkünstelt, als Synonyme gebrauchte, während das Naturgemäße immer französisch war. Der Straßburger Maire Monet wies in einer Volksrede nach (21. Floréal II), daß der Hauptgrund für den Erfolg, den die Feinde der Republik im Elsaß gehabt, in dem germanisme der Bevölkerung zu suchen sei, bei welcher noch vor kurzem „Franzos" oder „Wälscher" als ein Schimpfwort gegolten habe. Nur durch Ausrottung deutscher Sprache und Sitte könne man eine ewige Scheidewand zwischen der Freiheit und Sklaverei errichten und das Elsaß völlig mit der Republik verschmelzen. Darum sollte man die von deutschgesinnten Bürgern verlassenen Güter bei Weißenburg und Hagenau an die Familien verdienter französischer Soldaten verteilen, verdienten Elsässern dagegen Grundstücke im Innern Frankreichs anweisen: dann erst würde die Grenze des rechten und linken Rheinufers eine unzerstörbare Volksgrenze werden und die „germanische Barbarei" im Elsaß verschwinden.

Der rasch vorübergegangene Einfall der Oesterreicher vermochte also den Glauben durchaus nicht zu brechen, daß allein unter dem Banner Frankreichs eine Assekuranz gegen die Rückkehr der alten Kriegsdrangsale gegeben sei. Im Gegenteil. Dem mißlungenen Versuche des Feindes und dem wankenden Glauben der Hagenauer war die Strafe auf dem Fuße gefolgt. Von außen drohte der kleine Schrecken, aber wer sich vor ihm fürchtete, der verfiel dem großen Schrecken im Innern. Die „eine und unteilbare Republik" wurde nun zum ehernen Dogma, welches sich unter dem Kaisertume noch befestigte. Nicht bloß Frankreich hatte gesiegt, auch seine Staatsform; Republik und Cäsarismus besiegten die Welt; nicht bloß in dem Territorialverbande mit Frankreich, auch in der Form des französischen Staatslebens schien die Unnahbarkeit des Grenzlandes verbürgt. Und was diese damals in der That mit gewaltiger Lebenskraft erfüllte Form geleistet hatte, das glaubte man später auch von der nachgemachten toten Form wieder hoffen zu dürfen, ein Wahn, der sich heute schon so furchtbar gerächt hat und doch noch immer den Sinn der Franzosen bestrickt und des deutschen Elsässers obendrein. Der letztere verlernte dabei ganz die Begriffe „Staat" und „Nation" zu unterscheiden und verlor alles Verständnis für deutsches politisches Leben. Er sah nur noch die äußere Ohnmacht der deutschen Zustände, den innerlich arbeitenden politischen Geist des Volkes ahnte er nicht, und die deutschen Flüchtlinge, welche jahrelang in Straßburg weilten, werden ihm denselben schwerlich enthüllt haben.

Die Zeit Napoleons I. war in vielem Betracht sehr günstig für das Elsaß. Schon unter dem Direktorium konnte der Elsässer mit übereinandergeschlagenen Armen zusehen, wie der Krieg bei den Nachbarn jenseits des Rheines wütete, während sein Heimatboden verschont blieb. Die alte Kriegsbühne war jetzt Zuschauerbühne geworden. Das empfanden die Straßburger wohl niemals stolzer und befriedigter als in den letzten Septembertagen 1805 (der September ist ein merkwürdiger Monat für Straßburg), wo Napoleon mit Josephine in der Stadt verweilte, umgeben von seinen Feldherren und dem glänzendsten Hofstaate, indes die große Armee von Boulogne bereits durch die Pfalz und das Elsaß nach Deutschland marschiert war. Napoleon ging dem Siegestage von Austerlitz entgegen. Josephine hielt während des Winters

Hof in Straßburg, bis der Kaiser am 22. Januar 1806 als Triumphator zurückkehrte. Die „Porte d'Austerlitz" (heute wieder das alte „Metzgerthor") empfängt darum bedeutsam den aus Deutschland kommenden Reisenden, während sich auf der von Deutschland abgekehrten Südwestseite das „Nationalthor" öffnet. Als Napoleon zum zweitenmal in Straßburg erschien, am 15. April 1809, da galt es einem neuen Feldzuge zur Beugung Oesterreichs, und ein Jahr später hielt Marie Luise, die österreichische Kaisertochter, als Gemahlin des französischen Eroberers ihren festlichen Einzug in Straßburg. So wurden die denkwürdigsten Tage der Stadt in jener staatenzertrümmernden Zeit vielmehr Tage des Glanzes, leuchtende Erinnerungstage weltgeschichtlicher Ereignisse für Kind und Kindeskind. Eine Periode, welche für die deutschen Brüder am andern Ufer zerstörende Kriegszeit gewesen ist, war für die Elsässer eine Zeit des Friedens, des besondern Aufblühens von Landbau und Industrie. Ja der Krieg selber brachte diesen sicheren Grenzstrichen ganz neue Formen gewinnreichen Verkehrs. Die Truppenmassen, welche über die Grenze zogen erhielten hier den höheren Kriegssold, verzehrten viel und zahlten baar, Armeedepots wurden gebildet, Lieferanten fanden hier den vorteilhaftesten Ort, und der kriegerische Hofstaat Napoleonischer Marschälle und Generale wog im Verbrauchen oft einen fürstlichen Hofhalt auf. Aehnlich ging es, beiläufig bemerkt, auch in Mainz, und die Mainzer haben wenigstens diese schöne Zeit der französischen Zeit lange nicht vergessen. Die Straßburger aber hatten obendrein das gleiche Glück und gleiche Vorteile schon einmal hundert Jahre früher vorgekostet, während des Orleansschen Krieges. Da mochte man wohl auch eine Fortsetzung in aller Zukunft erwarten.

Freilich kam statt ihrer zunächst die Kehrseite in den Jahren 1814 und 1815. Aber auch damals fügte es sich, daß die Kriegsnot, welche das Elsaß traf, nur wie eine Episode erschien. Der Hauptstoß gegen Frankreich wurde nicht hier im Südosten geführt, die oft prophezeite Entscheidungsschlacht nicht bei Straßburg geschlagen. Die beiden Belagerungen der Stadt in jenen zwei Kriegsjahren

konnten den festen Platz nicht gewinnen, der von nun an um so
mehr auf seine Jungfräulichkeit pochte; und als fremder Einfluß
beim Friedensschlusse die Heimkehr des Elsasses zu Deutschland
vereitelte, berief man sich zu Gunsten Frankreichs geradezu auf
das unbesiegte Straßburg. Ursache genug, daß wir's 1870 ernst-
licher mit der Belagerung nahmen. Zwar wurden im zweiten
Pariser Frieden die Kantone Landau, Dahn, Bergzabern, Kandel
von Frankreich abgelöst und die französische Grenze von der
Queichlinie zur Lauterlinie zurückgedrängt. Allein diese Rückgabe
geraubten Gutes war zu klein, um den Aberglauben an die
„heiligen Grenzen" Frankreichs und an die unbedingte Kriegssicherheit seines elsässischen Grenzwalles zu brechen, und doch groß
genug, um den Groll gegen Deutschland und den Anspruch auf
Wiedererwerb derart lebendig zu erhalten, daß ein besonnener
Gelehrter wie Ernst Renan (in seinem offenen Briefwechsel mit
Strauß) selbst nach der Schlacht von Sedan Landau noch als ein
Besitztum bezeichnen konnte, welches ein allgemeiner Friedenskongreß
Frankreich zurückgeben müsse, um unverrückbare Grenzen und stete
Freundschaft zwischen den beiden großen Nachbarn herzustellen!

Zweimal war Frankreich hart daran, das Elsaß zu verlieren: 1709 und 1815, und beidemal wurde ihm wie durch ein
vom Himmel gefallenes Glück die kostbare Provinz doch noch
gerettet. Die Schlacht von Malplaquet hatte im erstgenannten
Jahre Ludwig XIV. so weit gebracht, daß er selbst das früher
von Holland vergebens geforderte Elsaß als Friedensopfer darbot. Allein unversehens wandte sich in der letzten Stunde das
Blatt durch eine Kette von Glücksfällen, unter welchen der Sturz
des Herzogs von Marlborough am meisten betont zu werden pflegt.
Wir haben uns wohl manchmal an der Intrigue ergötzt, wie sie
Scribe im „Glas Wasser" geistreich heiter im französischen Sinne
darstellt, ohne uns zu erinnern, daß dieses Glas Wasser auch
über das Schicksal unsres Elsasses mit entschieden hat. Das
andre Mal — im Jahr 1815 — war es statt einer Intrigue von
Hofherren und Hofdamen eine Intrigue der Diplomatie, welche

ebenso unerwartet das schon fast verlorene Elsaß den Franzosen wieder in den Schoß warf. Sie bietet zu keinem Lustspiele Stoff. Aber es ist ein Wunder, daß die Elsässer an den französischen Glücksstern glaubten und immer noch glauben?

Das alte Elsaß, das Land der Kriegsnot, wurde unter den Franzosen vielmehr ein Land des Kriegsglücks, es kam aus der Kriegsgefahr in Kriegssicherheit. Die Franzosen dürfen einfallen in fremdes Land, aber kein Fremder darf einfallen in Frankreich; das wäre völkerrechtswidrig. Kein Wunder, daß sich bei einer so günstigen Umkehrung deutsche Art und Gesinnung völlig in französische umschmolz.

Dasselbe Ergebnis zeigte sich aber auch noch auf einem andern nahe liegenden Punkte. Während sich das alte Elsaß mit der Franzosenherrschaft aussöhnte, weil sie ihm mindestens Ruhe sicherte, und die Elsässer in der ruhigen Zeit des vorigen Jahrhunderts als ein wenig kriegerisches Volk erschienen, wurden sie seit den Revolutionskriegen geradezu ausgezeichnete Soldaten und bildeten eine Spezialität in der französischen Armee, vorab unter der Reiterei. Wenige Provinzen Frankreichs haben während jener großen Kriegsperiode soviel namhafte Generale geliefert wie das Elsaß. Es war als habe sich die geistige Triebkraft des Volkes, in den Friedenskünsten zurückgehalten durch die nationale Halbwüchsigkeit, darum doppelt stark in der Kriegskunst Luft gemacht. Die erste siegreiche Schlacht der revolutionären Franzosen gegen die Preußen wurde, so sagen die Elsässer, von einem Elsässer geschlagen, von Kellermann bei Valmy; und in der Schlußscene der Napoleonischen Kriege kämpfte ganz zuletzt der Elsässer Rapp bei Straßburg noch gegen die Verbündeten, obgleich dort die Niederlage von Waterloo, ja der Einzug der Sieger in Paris bereits bekannt geworden war. Lefèbvre, der Müllersohn aus Rufach, gewann sein Titulaturherzogtum (in partibus infidelium) an der äußersten Nordostecke Preußens, als Herzog von Danzig; und der Elsässer Kleber fand als Republikaner zwar keinen Herzogshut, aber doch frische Lorbeern unter dem ägyptischen Gluthimmel. Ortener, Dentzel und andre wären noch zu nennen neben vielen elsässischen Offizieren, deren wenigstens die Spezialgeschichte der Napoleonischen Kriege mit Ehren gedenkt.

In dem Rundschreiben des stellvertretenden Ministers Grafen de Chaudordy von Tours, 10. Oktober 1870, ist es für unmöglich erklärt, daß das Herz Frankreichs sich je von den Gegenden lossage, „welche so vieles so edel ertragene Unglück und so vieles so glorreich vergossene Blut durch ein unauflösliches Band mit ihm verbinden". Auf das Band der nationalen Blutsgemeinschaft berufen wir uns beim Elsässer; der Franzose auf die kriegerische Blutsverbrüderung.

Als Deutschland vor siebenzig Jahren am tiefsten darniederlag, stieg das Elsaß zu hohem Gedeihen; als wir danach vom Kriege zertreten wurden, erfreute es sich des Friedens; als wir uns dagegen wieder erhoben hatten, begann für jenes Bruderland nach dem Sturze Napoleons ein Jahrzehnt traurigen Verfalls. In der Königszeit des achtzehnten Jahrhunderts, wo die Elsässer noch überwiegend deutsch geartet waren, nahmen sie nicht teil an der großen Politik und am Kriegsruhme; in den Tagen der Republik und des Imperators dagegen, wo sie von Herzen Franzosen wurden, tauchten plötzlich politische und kriegerische Talente auf. Es war nicht mehr das mattherzige Paktieren des Unterworfenen mit dem stolzen Sieger wie bis dahin, sondern die Elsässer standen jetzt selbst inmitten der Sieger, sie imponierten den Franzosen, während ihnen gleichzeitig die Franzosen imponierten. Das sind Thatsachen, welche uns tief in die Seele schneiden, aber sie sind wahr und lösen neben hundert andern das völkerpsychologische Rätsel, warum die deutschen Elsässer heute so schwer daran wollen, aus künstlichen Halbfranzosen wieder zu werden, was sie von Natur sind, ganze Deutsche.

Ich beende dieses zweite Kapitel, indem ich es an mein erstes anschließe. Die innere Umkehrung des Landescharakters als Kriegsbühne bedingte auch einen äußern, einen geographisch-militärischen Frontwechsel, welcher dem Frontwechsel des friedlichen Straßenlandes parallel läuft.

Topographen aus der Zopfzeit schreiben, drolliger- und doch ernstgemeinterweise, der Name Elsaß heiße eigentlich „Edelsaß" und rühre von den vielen Edelsitzen her, von den hundert Burgen und Festen, deren Trümmer heute noch — ein echt deutsches Landschaftsbild — so manchen elsässischen Waldberg bekrönen. Diese alten Festen beherrschten aber vorab die Vogesen, und abgesehen von der Burg aller elsässischen Burgen von Straßburg, waren früher auch viele Städte in den Vogesenpässen und hart am Ostsaume der Vogesen, wo sich das Gebirg zur Ebene öffnet, durch ihre festen Mauern ausgezeichnet.

Das kehrte sich um in der Franzosenzeit. Jetzt wird unter Vaubans leitendem Geiste das Burgenland Elsaß ein Festungsland im modernen Sinne; die meisten und stärksten Festungen aber werden am Rhein erbaut, ja das Elsaß schob seine Brückenköpfe, wo es nur konnte, zeitweilig sogar über den Rhein. Wenn ein Land dem Nachbarlande kulturgeschichtlich den Rücken kehren will, so weist es ihm fortifikatorisch die Zähne. Ein solches Bild gewährt der Anblick elsässischer Landkarten aus dem vorigen Jahrhundert. Hüningen, Neubreisach mit der „Strohstadt" auf der Rheininsel, Kolmar, Schlettstadt, die Straßburger Citadelle mit der befestigten Insel und dem Kehler Brückenkopf, Fort Louis im Rheine, Lauterburg, die Weißenburger Linien — halb Wall, halb „Gebücke" aus verflochtenen Zweigen und Stämmen vom Berg zum Rheine und endlich Landau: das waren die Zähne, welche das Elsaß Deutschland wies, während seine neuen Straßen und Kanäle uns den Rücken kehren. Freilich hatten auch die Vogesenpässe noch manche starke Feste, Belfort voran, doch in weit minderem Zusammenhange als die Rheinebene.

Ein charakteristisches einzelnes Beispiel dünkt mir hier Elsaß-Zabern. Den wichtigsten Paß beherrschend, der vom untern Lande ins innere Frankreich führt, und im Knotenpunkte mehrerer Straßen gelegen, war es schon zu Römerzeiten eine starke Festung, und die uralten dicken Mauern mit zweiundfünfzig Türmen wurden noch im siebzehnten Jahrhundert stellenweise für Römerwerk erklärt. Da ließ Louvois im Jahre 1677 die Mauern der damals noch bischöflich=straßburgischen Stadt schleifen, und man begnügte sich später mit der Deckung des Passes, welche das unfern auf der Höhe gelegene Pfalzburg gewährte. Heutzutage würde Zabern als Festung die Straßburg=Pariser Eisenbahn sperren, während Pfalzburg an der Landstraße in die Ecke geschoben ist. So lag denn im Sommer 1870 die ganze Bahnlinie von Hagenau bis Tull sofort den deutschen Heeren offen. Wäre Zabern auch nur auf vierzehn Tage zu halten gewesen, welche Schwierigkeiten hätten sich im entscheidendsten Zeitpunkte unsrer Südarmee entgegengestellt! Aber das ganze Elsaß, als „Bollwerk gegen Deutschland", war schon von Vauban in dem Sinn gedacht, daß der Rhein den schlechthin zu verteidigenden Grenzgraben bilde. Und die spätere Zeit, welche den französischen Boden schon für „heilig und unantastbar" ansah, ging über das Vaubansche Verteidigungssystem des Landes kaum hinaus, ließ es aber hier und da lückenhaft werden. Die deutschen Kanonen haben im gegenwärtigen Jahre zum öftern alte Vaubansche Werke begrüßt, und die moderne Spezialkarte des Elsasses zeigt uns bei Neubreisach, Schlettstadt, Straßburg, Pfalzburg wie bei den Festungsfragmenten von Weißenburg und bei unserm Landau überall noch die wohlbekannten Grundformen der Bauart jener Zeit. Diese Festen entstanden eben in neuer Form, als Frankreich die Front des ganzen Elsasses umkehrte. Später aber, nachdem das Vaubansche System veraltet war, dünkte das Elsaß den Franzosen nicht mehr der natürliche Walplatz zwischen Frankreich und Deutschland, sondern vielmehr ein Ausfallgebiet, woraus sie hervorbrachen, aber wohin niemand mehr hereinbrechen werde. Und so versäumte man das Land auf die stärkste Verteidigung im modernen Stile einzurichten. Die Elsässer hätten sich dann ja wohl gar statt des französischen Dogmas von den unantastbaren Grenzen der alten deutschen Sage erinnert, daß auf ihrem Boden der große Entscheidungskampf ausgefochten werden solle.

III.
Zwischenland.

Ich unterscheide zweierlei Art von Französierung des Elsasses. Die eine bezweckte die **politische** Verschmelzung der Provinz mit dem Staate, und machte die Bewohner französisch gesinnt, indem sie ihr Interesse, ihren Dank, ihre Teilnahme zu gewinnen suchte. Sie ward auch am frühesten anerkannt von Leuten, die sonst gute Deutsche sein und bleiben wollten. So geschah es durch die Straßen und Kanäle, so durch die sichernde Kriegspolitik und die geordnet zentralisierende Verwaltung des Großstaates.

Die andre Art dagegen stieß auf frühen und zähen Widerstand. Sie wollte unmittelbar deutsche Sitte und Sprache ausrotten und französische an ihre Stelle setzen, sie traf also geradeswegs die **Nationalität**. Vielleicht war jene mittelbare, mitunter sogar absichtslose Französierung von tiefer greifendem Erfolge; die unmittelbare, oft gewaltthätige war aber ohne Zweifel augenfälliger. Darum nahm man sie meist allein in Betracht, wo von dem durch List und Zwang entdeutschten und verwälischten Volke des Elsasses geredet wird.

Beide Arten zu französieren, die feine politische und die grobe nationale, haben ihre besondere Chronologie; sie waren nicht immer gleichzeitig, wechseln, ergänzen und verbinden sich vielmehr in verschiedenen Perioden. So traten seit dem Raube Straßburgs die bewußten, vordringlichen Angriffe auf deutsche Art und Sprache derb in den Vordergrund, während sie nach Ludwigs XIV. Tode eine geraume Weile gleichsam in der Schwebe blieben. Zur Revolutions- und Kaiserzeit überwog die politische Anziehungskraft des französischen Reiches als der sieggewaltigen Großmacht, und man mochte es fast für überflüssig halten, die Elsässer zum Französisch-Sprechen zu zwingen, da sie es ja von selbst lernten samt ihren Rheinbundsbrüdern uberm Rheine. Anders lag die Sache seit 1815 und namentlich seit 1830. Der

Gedanke des nationalen Staates war in den Befreiungskriegen auch bei dem deutschen Volke erwacht; nicht aus Gründen des historischen Rechts, sondern wegen des nationalen Volkszusammenhangs hatte die öffentliche Meinung Deutschlands das Elsaß zurückgefordert. Und diese echt moderne Idee, daß der Staat aus dem Volke erwachse und die natürliche Volksgemeinschaft die einzig dauerhafte Grundlage aller Staaten sei, schlug immer tiefere, breitere Wurzeln. Man mußte also die Elsässer möglichst rasch und gründlich ihrer angestammten Volksgemeinschaft entreißen, um allen künftigen Ansprüchen dieser Art vorzubauen. Und obgleich die Elsässer politisch wirklich bereits korrekte Franzosen waren, blieben sie national, in ihrem angeborenen Volkstum doch noch immer gar zu deutsch und inkorrekt. Daher steigerte die französische Regierung ihre Angriffe auf deutsches Wesen im Elsaß in dem Maße, als das Nationalitätsprinzip lebendiger von allen Völkern Europas erfaßt und auch, soweit möglich, praktisch gefordert wurde. Ludwig Philipp und Napoleon III. bezeichnen zwei Steigerungsgrade dieser Angriffe. Der dritte Napoleon aber mußte schon um deswillen ganz besonders energisch gegen jeglichen Bestand deutschen Wesens vorgehen, weil er in Italien als der Vorkämpfer des Nationalitätsprinzips aufgetreten war und sich die Elsässer doch nicht mit seinem eigenen Prinzip abstreiten lassen wollte. Seine Maßregeln gegen das Deutschtum der französischen Provinz waren freilich weit feiner als die plumpen Ordonnanzen Ludwigs XIV., aber eben darum auch weit gefährlicher.

Dies der allgemeine Gang. Ich greife mir hier aber zunächst nur eine Episode aus diesem zweihundertjährigen Prozesse der Französierung, um zu zeigen, wie und warum das Elsaß dennoch fortwährend in der nationalen Schwebe blieb, ein Zwischenland, welches nicht nur kraft seiner Volksnatur, sondern selbst infolge der französischen Maßregeln niemals ganz französisch werden konnte.

Es besteht ein seltsamer Widerstreit zwischen der äußern politischen Verfassung und der im Elsaß geübten französischen

Kulturpolizei bis zum Jahre 1789, ein Widerstreit, der das Volk fast mit gleicher Stärke nach Paris hinüber- und nach Deutschland herüberzog, also sich gegenseitig nahezu aufhob. Und da dieses Hin- und Herziehen gleicherweise von der französischen Regierung sanktioniert war, so birgt es eine reizende Ironie.

Man lege sich staats- und verwaltungsrechtliche Aktenstücke von zweierlei Art auf die rechte und linke Seite, so hat man diesen ironischen Widerstreit schwarz auf weiß und in strenger juristischer Form beurkundet. Rechts liegen jene Dekrete der „Ordonnances d'Alsace," welche französische Sprache, Sitte und bürgerliche Einrichtungen befehlen, und links die Verträge des Westfälischen Friedens, die Kapitulation von Straßburg und jene Ordonnanzen, durch welche der Ritterschaft und einzelnen Städten noch immer ein schmaler Fortbestand alter Vorrechte verbrieft wurde. Wir sehen da ein Sonderleben, eine bunte Mannigfaltigkeit, die uns dann doch wieder mehr alt deutsch als neu französisch anmutet.

Um deutlicher zu reden, hebe ich charakteristische Züge aus den Akten rechts und links hervor. Zunächst Maßregeln der unmittelbaren Französierung.

Eine Verordnung vom Jahre 1685 gebietet allen Richtern Magistraten, Notaren und Gerichtsschreibern, ihre Akte französisch abzufassen, bei Strafe und Gefahr der Nichtigkeit. Es ergeht ein Befehl an alle Elsässer, sich französisch zu kleiden, der aber nicht auszuführen war. Wir mustern die Namen der Militärgouverneure und Civilintendanten der Provinz von 1618—1789 und finden lauter Franzosen; wir sehen uns die Präsidenten des obersten Gerichtshofes, des „hohen Rates in Kolmar" an und entdecken von 1658—1789 zwischen lauter französischen nur zwei deutsche Namen. Die Jesuiten werden dem Lande aufgedrungen und lehren in den höhern Schulen lateinisch sprechen und französisch denken; sie bekämpfen das Luthertum und im Luthertume das Deutschtum. Die elsässischen Protestanten sollen, laut einer Ordonnanz von 1681, ihre Kinder nicht im Auslande — d. h. zunächst in Deutschland —

erziehen lassen, damit sie draußen keine Grundsätze annehmen, welche „den Gehorsam gegen den französischen Staat" erschüttern könnten. Die Aufhebung des Edikts von Nantes konnte zwar de jure auf das Elsaß keine Anwendung finden, weil hier eben die staatsrechtlichen Verträge, welche ich auf die andere Seite gelegt habe, den Rechten der Protestanten ihre ganz eigene Grundlage gaben; allein de facto verfuhr man doch in einzelnen Fällen genau wie im übrigen Frankreich, wo das Edikt widerrufen war. Ein redender Zeuge dieses widersprechenden Maßes ist das Dorf Ueberach bei Hagenau. Hier siedelten sich hugenottische Familien an, welche 1685 wegen des aufgehobenen Edikts aus Frankreich nach dem Elsaß geflohen waren. Sie verloren aber hier ihren Protestantismus und bewahrten nur bis heute ihre französischen Namen inmitten einer ganz deutschen Bauerschaft.

So haben es die Franzosen von Anbeginn an grobem und sanftem Drucke des Gesetzes wie der Gesetzwidrigkeit nicht fehlen lassen, um die elsässer Deutschen französisch sprechen und denken zu lehren. Und wenn auch die erste Generation starr widerstand, so ward doch schon die zweite weit fügsamer.

Aber die Franzosen standen sich selbst wiederum im Wege durch die territoriale Verfassung, die sie dem Elsaß gegeben oder doch widerstrebend gelassen hatten. Da komme ich denn auf die zweite, auf die Gegengruppe meiner lehrreichen Aktenstücke. Frankreich hat das Elsaß bekanntlich stückweise, nach und nach, hinweggenommen; die Hauptstücke 1648 und 1681. Betrachtet man's aber genau, so haben die Franzosen das was ihnen heute als das ganze und unteilbare Elsaß vorschwebt, nur siebzehn Jahre besessen, von 1798—1815. Denn Mülhausen kam erst 1798 hinzu, und Landau mit der Umgegend 1815 wieder hinweg. Das heißt sie hatten das Elsaß nur ganz zu einer Zeit, wo es offiziell gar kein „Elsaß" mehr gab. Auf den Spezialkarten des achtzehnten Jahrhunderts sieht dann ferner das königlich französische Elsaß noch gar nicht wie ein rechtes Stück Frankreich aus, sondern immer noch vielmehr wie ein Stück Deutschland, vorab das Unterelsaß.

Hier verwirren sich die Linien und Farben kleinerer und größerer
Gebietsteile so bunt wie nur irgend überm Rheine im heiligen
römischen Reiche. Da gibt es Exclaven pfalz-zweibrückenschen
Landes neben markgräflich badischen, landgräflich hessen-darmstädti-
schen, gräflich hanauischen, bischöflich speirischen und straßburgischen Besitzungen; Leiningen-Dachsburg und Westerburg tritt auch
teilnehmend hinzu, Horburg-Würtemberg, Fleckenstein u. a. Auch
der zahlreiche ritterschaftliche Adel behauptet daneben noch Ueberreste seiner territorialen Privilegien, „sofern sie den französischen
Gesetzen nicht entgegenstanden", und obgleich thatsächlich aller
Adel mittelbar geworden war, nannte man doch bis zur Revolution die unterelsässische Ritterschaft die „unmittelbare", die ober-
elsässische die „mittelbare Ritterschaft" — lediglich in Erinnerung
vergangener Reichszeiten, wo der Adel des obern Landes unter
österreichischer Hoheit gestanden, während er sich im Niederelsaß
als reichsunmittelbar behauptet hatte. Das war gerade so, wie
der Elsässer vor hundert Jahren noch im Kopf nach altem deutschen Gelde rechnete, nach Kronen, Gulden, Schillingen, Rappen,
Batzen und Plapperten, indes ihm die französischen Münzen längst
als die offiziell allein gangbaren durch die Hände liefen.

Nun standen freilich jene buntscheckigen reichsfürstlichen Enclaven unter französischer Hoheit und die Reichsfürsten selbst
galten in Betracht dieser Ländereien als Vasallen der Krone
Frankreich. Allein dessenungeachtet verleugnete sich ein engerer
Zusammenhang jener reichsfürstlichen Länderstreifen mit Deutschland nicht, namentlich im Gegensatze zu den andern elsässischen Ge-
bietsteilen, welche dem französischen Scepter allein und unmittelbar
unterworfen waren. Es mag paradox klingen und ist dennoch
eine einfache Wahrheit: der Partikularismus zersetzte Deutschland
äußerlich, aber er kräftigte es von innen, und aus dem Partikularismus erwuchs bei uns allezeit das Nationalbewußtsein. So
trug auch der in dem Elsaß des dreizehnten Jahrhunderts fortlebende
deutsche Partikularismus und Individualismus wesentlich dazu
bei, die Elsässer deutsch zu bewahren, deutsch in ihrer Passivität

und Abschließung. Und wie bei schwebenden Gegenständen ein kleines Gewicht, ein leiser Anstoß die Richtung bestimmen kann, so zog das Kleinleben die abgeschlossenen Leute immer wieder politisch, sozial und — wenn das verpönte Wort erlaubt wird — auch gemütlich nach Deutschland hinüber. Die Kleinwirtschaft konnte sie nicht mit starkem Impulse wecken, aber sie träumten in ihr doch den Traum der alten Zeit fort bis auf bessere Tage. Und was ein Volk lange geträumt hat, kann in der Stunde des Erwachens von mächtigem, von höchst realem Einflusse werden.

Ein weiteres Bild centrifugaler Gliederung des Gebietes zeigt uns die kirchliche Landkarte des Elsasses im achtzehnten Jahrhundert. Heutzutage ist die Sache sehr einfach: die elsässischen Katholiken gehören zum Bistum Straßburg, welches seinerseits wiederum dem Erzbistum Besançon untergeordnet ist. Ganz anders vor der Revolution. Damals hatten fünf Bistümer teil am Elsaß: Straßburg, Metz, Basel, Speier, Besançon — also nur eins, welches im Centrum des Landes gegründet war, neben zwei, die in fremden Staaten, und zwei, die in fremden Provinzen ihren Mittelpunkt hatten. Dazu besaßen die Lutheraner ihre eigenen „Konvente" und Konsistorien; die vier reformierten Gemeinden dagegen erhielten ihre Pfarrer mehrenteils aus Bern und Basel, und die Pfarrer bezogen auch ihren Unterhalt teilweise aus der Schweiz. Also auch hier eine Zerstückelung, die weit mehr deutsch als französisch aussah. Aber gerade durch diesen Gegensatz zum französischen Wesen bewahrte sich auch anderswie das deutsche. Als die Revolution und Napoleon centralisierten und ausebneten, da wich das Deutschtum aus all den tausend kleinen Winkeln, worin es sich eingeklammert und verborgen hatte. Wäre das hundert Jahre früher geschehen, dann würde das Elsaß heutzutage kaum weniger französisch sein als das westliche Lothringen.

Darum blieben auch die elsässischen Bauern deutscher als die Städter, weil der Bauer allezeit partikularistischer ist. Indem er über seine Gemeinde, seinen Gau nicht hinausging, kam er auch nicht recht nach Frankreich. Er behielt die deutsche Sprache, nicht aus nationalem Bewußtsein, sondern weil er kein Französisch gelernt hatte. Wozu hätte er das auch im Kleinleben seines Dorfes gebraucht? Und weiter blieb auch das Deutsch der Gebildeten hier vorherrschend mundartlich bis auf diesen Tag, weil ihre ganze Bildung mundartlich war. Der gebildete Elsässer spricht, wie bekannt, noch immer kein sonderlich reines Französisch, allein er spricht das Französische dialektfreier als das Deutsche. Denn im Französischen ging er über die Provinz hinaus, zum großen Staate, in die Welt; im Deutschen kehrte er in seinen engsten Heimatgau zurück. Leute, welche kein Verständnis für Seele und Herzschlag der Mundarten besitzen, nennen das elsässer Deutsch grob, roh, ungeschlacht. Es ist nicht gröber als andere Dialekte, aber es hat sich spröder in sich selbst zurückgezogen, weil die lebendige Wechselwirkung mit der deutschen Gesamtsprache unterbunden war. Hieraus quillt sogar ein eigentümlicher Vorzug: die große Menge origineller, uralter und echt deutscher Ausdrücke, welche dem Elsässer eigen ist. Seine Mundart teilt diesen Vorzug wie den ungerechten Vorwurf des Groben und Ungeschlachten mit dem Schweizerdeutsch aus ganz verwandten Gründen. Nur mit dem Unterschiede, daß der gebildete deutsche Schweizer, wenn er „gut deutsch" spricht, ein besseres Deutsch redet als der gebildete Elsässer, wenn er sich im Hochdeutschen versucht. Denn die Schweiz lag seit geraumer Zeit näher bei Deutschland als das Elsaß, es gingen mehr Brücken über den Bodensee als über den Oberrhein, und seit der Schweizerischen Dichterschule zu Bodmers Zeit hat sich die schweizerische Litteratur inniger mit der gesamtdeutschen verwachsen als die elsässische, welche neuerdings fast durchaus provinziell blieb.

Das Elsaß — Land und Leute — ist bis auf diesen Tag ein sehr unbekanntes Land geblieben, eine Insel, deren Küsten zwar jeder kennt, deren Inneres aber noch zu entdecken ist, nicht für die Elsässer selbst, aber für Deutschland und wohl auch für Frankreich. Die neuere elsässische Litteratur birgt einen sehr reichen Schatz historischer, topographischer, statistischer Mono-

graphien, aber sie verbirgt ihn eben auch. Ueber die Provinzial=
grenze hinaus sind diese Schriften und Aufsätze wenig bekannt
und oft dem Forscher schwer erreichbar. Auch die Lokalkunde
spann sich hier in sich selber ein. Hätten die Deutschen mehr
über ein so merkwürdiges Land gelesen, so hätten sie es auch
fleißiger bewandert. Auf zehn deutsche Fußwanderer, welche die
innersten Winkel der Schwarzwaldthäler ausspähen, wird man
kaum einen finden, der die Geheimnisse der Vogesenthäler mit
eignen Augen erforscht hat. Die Franzosen haben die versteckten
Reize des Waskenwaldes eifriger aufgesucht, dafür war ihnen
aber das deutsche Volkstum der Bewohner unzugänglich. So
blieb das Innere dieses Zwischenlandes verschlossen nach beiden
Seiten. Welch seltsamer Widerspruch bei einem Straßenlande,
das so offen an der Heerstraße zweier Nationen liegt, von Frem=
den so viel durchreist und doch von Fremden so wenig durch=
wandert! Das wird anders werden, sowie die Zwitterlage auf=
hört, und der Elsäßer sich wieder deutsch wird fühlen können über
seine bloße Provinz und Mundart hinaus.

Im Oberelsaß und im Sundgau ist man heutzutage härter
französisch als im Unterelsaß. Ich brachte schon einige Gründe
für diese Erscheinung; hier tritt ein neuer hinzu. Dem Ober=
lande ward der konservierende Partikularismus des vorigen Jahr=
hunderts in weit minderm Maße zu teil. Im Unterlande lagen
die vielen reichsfürstlichen Enclaven, dort blühte das reichsstädtische
Sondertum am kräftigsten, dort kreuzten sich auch höchst mannig=
fach die religiösen Bekenntnisse. Oben dagegen überwog das glatte
und reine französische Besitztum mit den unselbständigen Städten,
es überwog der Katholizismus. Die elsäßer Katholiken befreun=
deten sich vor hundert und zweihundert Jahren weit rascher mit
den französischen Beamten und andern französischen Einwanderern
als die Protestanten, vorab als die Lutheraner, welche sich religiös
wie volkstümlich und sozial spröde in sich selbst zurückzogen.
Schon als ecclesia pressa behüteten sie in ihrem Sondertum um
so eifriger das deutsche Wesen und sind Ludwig XIV. ohne

Zweifel als Erzpartikularisten erschienen. Deutsch, lutherisch, reichsstädtisch-spießbürgerlich, bauerndumm, zopfig, aristokratisch, partikularistisch, reaktionär, separatistisch — das klappte alles zusammen und war ein Lob oder ein Schimpf, je nachdem man's mit deutschen oder französischen Augen ansah. Aber welch ein edler Kern verbarg sich doch in diesem zweideutigen Gewirre!

Deutsche Kleinstaaterei in einen fremden Großstaat eingekeilt — das war die schärfste Signatur des Zwischenlandes Elsaß vor der Revolution. Zum gelehrten Belege kann ich mich auch auf Bücher berufen und zwar auf sehr viele Bücher, nämlich auf die ganze elsässische Litteratur. Nicht bloß was in den Büchern geschrieben steht, sondern mehr noch wie sie geschrieben sind, gibt uns dafür Zeugnis. Wenn je durch das Zerreißen eines politischen Bandes zugleich der tiefste Riß in die ganze Litteratur- und Kulturgeschichte eines Volkes gemacht wurde, so geschah es bei der Trennung des Elsaßes vom Deutschen Reiche. Man hat dieses Phänomen jetzt, wo es uns so unmittelbar vors Auge gerückt wird, wo „Elsaß" eine Tagesfrage geworden ist, schon öfters betont und untersucht. Ich begnüge mich hier mit den Thatsachen, welche uns die Resultate des „deutschen Partikularismus und Provinzialismus im fremden Großstaate" litterarisch beurkunden.

Es hat zu allen Zeiten litterarisch berühmte Elsässer gegeben — jedoch mit einem kleinen Unterschiede der Perioden: die berühmten Schriftsteller vor der französischen Besitznahme sind berühmt in aller Welt; nach der Besitznahme fast durchweg nur im Elsaß. Nicht weil das Land ärmer geworden wäre an Talenten, aber die Talente hatten keinen Boden mehr in dem Zwischenlande. Man könnte sogar meinen, die Talente seien zahlreicher geworden; in Strobels „Geschichte des Elsaßes" wird wenigstens die Zahl der „Namhaften" in Wissenschaft und Kunst bei den spätern Abschnitten immer größer. Wägt man freilich die Namen, so kommt einem der Gedanke, die Qualität solle da durch die Quantität ersetzt werden, und während sich die ältern Großen

von selbst geboten, scheine man die jüngern gesucht und dann
allerdings sehr viele gefunden zu haben. So ist es in der That.
Und dieses Suchen kommt aus sehr ehrenwerter Quelle. Der
gebildete Elsässer weiß wie altberühmt seine Heimat ist in der
Geschichte der deutschen Geisteskultur; er will diesen Vorzug auch
heute nicht verloren geben; aber die Geistesarbeit ging ins Kleine,
sie konnte in den exakten und verwandten Wissenschaften über die
Landesgrenzen hinausgreifen, nur gerade auf den Gebieten, wo
sie deutschen Boden unter den Füßen haben muß, in Poesie,
Litteratur und Geschichtschreibung, blieb sie provinziell. Der Fleiß
versiegte nicht, aber es versiegte die zeugende erobernde Kraft.
Mit rührender Pietät schätzte der deutschgesinnte Elsässer die
poetische und historische Kleinarbeit seiner Landsleute; es war
dankbar sich im Elsaß litterarisch hervorzuthun; denn man be-
durfte in der Provinz der eingeborenen Talente, man suchte sie,
und mancher andere deutsche Gau könnte sich ein Exempel nehmen
an dieser liebevollen Schätzung einheimischer Leistungen. Nur
ist dann wieder die Kehrseite, daß das Geleistete gar zu einheimisch
blieb. Indem sie sich in sich selbst zurückzog, rettete die elsässische
Litteratur deutsche Form und deutschen Gehalt. Sie war zuletzt
vergleichbar einer Lampe, welche genau so viel Oel erhält, daß
sie nicht erlischt, aber sie leuchtet nicht. Wie schätzten wir auch in
Deutschland diese schwach genährte, selbstgenügsame Lampe; denn
wir hofften immer, daß sie dereinst wieder hell aufflammen werde!

Vor der französischen Zeit war die elsässische Geisteskultur
in zwiefacher Weise ausgezeichnet: durch ihren Universalismus
und durch ihr tonangebendes Vorangehen.

Fast in jedem Kapitel der deutschen Kulturgeschichte des
Mittelalters und der Reformationszeit wird man irgendwie einmal
ins Elsaß gewiesen. Ich nenne nur einige Hauptkapitel: Geschichte der Poesie von Otfried von Weißenburg bis Gottfried
von Straßburg und dann weiter herab auf Sebastian Brandt
und Moscherosch, — Baukunst, Bildnerei und Malerei, Straßburg voran, als Vorort der deutschen Bauhütten, — Geschichte

der Mystik: Tauler, die Meister Eckhart und Nikolaus, – Geschichte der Beredsamkeit: Geiler von Kaisersberg, deutsch in lateinischer Rede, deutsche Chroniken: Closener und Königshofen, Humanismus: Wimpheling, Beatus Rhenanus, Sturm, dazu Geschichte der Städteverfassungen, der Zünfte und Gewerbe, der Erfindungen, der Volkssage und des Volksliedes. Das sind nur fragmentarische Andeutungen; man könnte seitenlang Namen und Arbeitskreise aller Art hinzufügen, und in dieser wahrhaft universellen Menge würden dann wieder zahlreiche epochemachende Namen zu unterstreichen sein, welche einen neuen Aufschwung auf ihrem Gebiete eröffneten.

Nur universell arbeitende Völker stehen wahrhaft groß in der Kulturgeschichte, nur vielgestaltige Perioden sind rechte Hauptperioden, ja selbst beim Einzelmenschen ist der große Genius immer in gewissem Maße Universalist; das bloße Talent hingegen kann einseitig sein. So war auch das alte Elsaß universell und bahnbrechend zugleich in seinen großen Männern. Und hiermit erschien es dann nicht wie eine Grenzprovinz, ein bloßes Anhängsel von Deutschland; es lag kulturgeschichtlich im Centrum der deutschen Nation, als ein tonangebendes Hauptglied. Ein vorgeschobenes Nebenland hätten wir allenfalls verschmerzen können, aber ein solches Haupt- und Centralland deutscher Zunge niemals.

Darum war es auch das bitterste, daß es den Franzosen nahezu gelungen wäre, selbst die unzerstörte deutsche Bildung im Elsaß zu einem vereinzelten Fragment und Anhängsel zu machen. Die elsässische Geistesarbeit ist einseitig geworden und statt voranzugehen, folgte sie nach, seit zwei Jahrhunderten, ja sie hinkte oft gar verspätet hinterdrein. Aus der deutschen Kunstgeschichte ist das französische Elsaß geradezu verschwunden, seine Geschichtschreiber wurden Lokalhistoriker, die Poeten wandten sich von den größern Formen und Stoffen zur kleinern lyrischen und erzählenden Gattung und dichteten mit wenigen Ausnahmen nur für die engern Landsleute. Schöpflin schrieb im Jahre 1760 wie man zu Leibniz' Zeiten geschrieben hat. Pfeffel erzählt in den neunziger Jahren seine oft feinen und sinnigen Fabeln, nicht wie ein Zeitgenosse Schillers und Goethes, sondern wie der nächste Nachfolger Gellerts und Hagedorns. Strobels Geschichts= werk ist ein nützliches, lehrreiches Buch, aber ohne die Jahreszahl auf dem Titelblatt würde man nicht erraten, daß der Verfasser in der Periode Leopold Rankes gearbeitet hat. Die vereinsamte Provinziallitteratur zog nicht mehr, sie ließ sich ziehen. Das neuere Elsaß hat schreibende Gelehrte von Namen, aber keinen einzigen wissenschaftlichen Schriftsteller von nationalem Range. Gelehrte können von Haus aus Weltbürger sein, der Schrift= steller gehört immer zunächst seiner Nation.

Ich werfe noch einen besondern Blick auf die ältern deutschen Historiker der französischen Zeit. Sie haben zum Teil sehr wertvolles für ihre Provinz und also mittelbar auch für Deutschland ge= leistet, aber während wir ihren ehrlichen Fleiß bewundern, ver= missen wir den innigen, geheimnisvollen Verband mit dem natio= nalen Leben, den nationalen Herzschlag. Ich gebrauche absichtlich diese dunklern bildlichen Worte, denn ich weiß recht gut, daß fast der ganzen historischen Litteratur Deutschlands im achtzehnten Jahrhundert der klar bewußte nationale Standpunkt fehlte; man schwankte zwischen dem Partikularisten und dem Kosmopo= liten. Dennoch war z. B. Schiller von nationalem Geiste beseelt trotz seines weltbürgerlichen Bekenntnisses. Er bot seinen deutschen Lesern zur anregenden Unterhaltung die „Denkwürdigkeiten des Marschalls Vieilleville", in welchen der Franzose so ruhmredig erzählt, wie Deutsch=Lothringen vom Reiche abgewandt und unter das französische Joch gebeugt wurde, und ahnte wohl kaum, daß diese Schrift den deutschen Sinn eigentlich viel mehr ärgern als anregen könne. Dennoch war er ein Prophet und Herold des deutschen Geistes. Die partikularistischen Elsässer dagegen schwanken hin und her zwischen treuer Liebe für heimische Altertümer, land= schaftlichem Kleinleben und dem Bestreben, französische Geschichts= auffassung doch wieder im großen und ganzen einzubürgern.

Der alte Straßburger Chronist Twinger von Königshofen
betont noch scharf, daß durch Karl den Großen „das Reich und
kaiserliche Würdigkeit" an die Deutschen gekommen sei — „und
also gehörte Ober-Frankrich, das ist welsch Frankrich, zu disem
diutschen Lande, und nint das diutsche gein Frankrich". Johannes Schilter gibt Königshofens Chronik heraus im Jahre 1698,
gewiß ein patriotisches Werk, aber welch jämmerlich unpatrio-
tischer Ton klingt uns da gleich aus der Vorrede entgegen: „und
weil das heil. römisch Reich deutscher Nation die Straßburgischen
Lilien der großmächtigen Liliencron erblich einverleibt" . . . so
wolle Gott den König segnen . . . „daß, gleichwie diese Stadt
und ganze Provinz die nunmehr überwundenen schweren Kriegs-
jahre über, mitten zwischen den wütenden Kriegsflammen unter
Ihro königl. Majestät Schutzflügeln unbeschädigt in Ruhe gesessen, also auch ferner . . . Glanz und Flor von Straßburg
in re litteraria und commerciis auch die vorigen Rechte und
Freiheiten" erhalten werden mögen. Da haben wir schon, kaum
siebzehn Jahre nach dem Raube Straßburgs, den ganzen, halb
französischen, halb elsässisch-deutschen Spießbürger, der mit Ruhe
und Frieden und dem Flor von Gelehrsamkeit und Handel sein
deutsches Gewissen abfindet.

Bei einem Gange durch die elsässische Geschichtschreibung
der letzten zwei Jahrhunderte werden wir zwischen Teilnahme
und Aergernis fortwährend hin- und hergeworfen; es ist eine
rechte Zwischenlitteratur im Zwischenlande. Sie bewahrte die
alte deutsche Kunde und örtliches deutsches Gemeinbewußtsein,
aber im Hintergrunde steht dann wieder der Franzose und lenkt,
selbst äußerlich oft, den deutschen Historiker. So ist Schöpflins
quellenhaftes Hauptwerk, die „Alsatia illustrata" (1760 und
1761), dem Könige Ludwig XV. als servatori Alsatiae gewidmet, und in der Vorrede berichtet uns der Verfasser, daß der
französische Minister d'Aguesseau, dem er vor Jahren zu Paris
eine Ueberschau seiner elsässischen Studien vorgelegt, es vermittelt
habe, daß er unter den Auspizien des Königs an das Werk habe

gehen können. Dasselbe hat dann auch gar manche Stellen, die man eher aus der Feder eines Franzosen als eines Deutschen erwarten würde. Schon die Einteilung der Perioden ist in diesem Sinne charakteristisch, zumal sie auch in andern Geschichtsbüchern des Landes typisch erscheint: Alsatia Celtica, Romana, Francica, Germanica, Gallica. Da wird also die „fränkische Periode" von der „deutschen" unterschieden, natürlich den Franzosen zuliebe, welche die alten Franken als Franzosen auffassen, sie geht bis 870, wo, nach dem Ausspruche eines andern elsässischen Historikers, „Ludwig der Deutsche das Elsaß mit Deutschland vereinigte". Nun sind aber die Elsässer in der Hauptsache eigentlich Alemannen bis auf diesen Tag; diese Alemannen aber treten bei den französierenden Historikern des Landes möglichst in den Hintergrund, während die politische Herrschaft der Franken um so stärker betont wird, obgleich sie alemannischen Stamm, Sitte, und Mundart hier am Oberrheine durchaus nicht aufgesogen hat. Aber aus den Alemannen waren eben schlechterdings keine Franzosen zu machen, aus den Franken ging's eher. Auch die Gleichstellung der keltischen Urzeit mit den spätern wirklich geschichtlichen Perioden mußte die keltisch-romanischen Franzosen heimatlich anmuten. Es leuchtet ferner ein, daß bei den obigen Perioden kein folgerechter Einteilungsgrund festgehalten ist, indem der nationale mit dem politischen vermengt wird. Denn Kelten und Deutsche waren die Elsässer als Volk, in nationalem Betracht; Römer, Franken und Franzosen sind sie dagegen national niemals gewesen, sie standen nur politisch als Kelten und Alemannen unter römischer und fränkischer, zuletzt als Deutsche unter französischer Herrschaft. Aber gerade die Verwechselung von Nation und Staatsvolk wurde seit 1648 so echt elsässisch und ist nachgerade verhängnisvoll geworden für den deutschen Volksgeist des Landes. Darum ist es keine Splitterrichterei, wenn ich jene auch weiterhin landesüblich gewordene Periodengliederung table: sie hat einen politischen Hintergrund. Die Franzosen legten sich dann den gelehrten Bau in ihrer Art mit gehörigem Leichtsinne zurecht, und so lese ich in einem populären französischen Geographiebuch von 1777: „L'Alsace fut autrefois sous la domination des rois de France jusqu'à Othon I. Elle appartenait ensuite à la maison d'Autriche. Enfin elle retourna à la France par le traité de Munster, en 1648." Da haben wir die ganze elsässische Geschichte kurz und bündig: französisch vorn und französisch hinten und in der Mitte eine kleine österreichische Episode.

Auch bei den elsässischen Historikern unsers Jahrhunderts wird uns zweierlei Anstoß nur selten erspart: die Provinz ist den Schriftstellern ein Ersatz für das verlorene Deutschland, und die Vorteile, welche der französische Staat bietet, sind das Schmerzensgeld für die hart geschädigte und gefährdete Nationalität.

So weit von der partikularistischen Abschließung des Elsasses, ihrem Nutzen und Schaden.

Im vollen Gegensatze hierzu erscheint auf den flüchtigen ersten Blick ein andrer Gesichtspunkt, unter welchem man die Provinz im achtzehnten Jahrhundert betrachtet hat. Man nannte sie nämlich damals ein „offenes Land", zum Unterschiede von „geschlossenen Ländern", weil das Elsaß nicht einheitlich und gleichförmig zusammengesetzt, namentlich aber weil es nicht durch Zoll- und andere Sperren so streng von den Nachbarstaaten abgeschlossen war wie das übrige Frankreich. Ich habe diesen Gegenstand schon in anderm Sinne berührt, als ich oben von dem „Straßenlande" sprach und von dem echt elsässischen Gedanken, daß das ganze Gebiet eigentlich an sich eine große offene Heerstraße, ein Transit- und Speditionsland sei; — ein Gedanke, der auch heute wieder aufzutauchen scheint, indem jene Elsässer, welche nachgerade einsehen, daß sie nicht französisch bleiben dürfen und doch auch nicht deutsch werden wollen, das politisch monströse Projekt einer neutralen Miniaturrepublik mit Begierde aufgreifen.

Aus dem achtzehnten Jahrhundert wird, jenem frühern Charakter des „offenen Landes" entsprechend, ein fortlaufender starker Zug der Ein- und Auswanderung berichtet. In den größern Städten gab es ganze Straßen, wo lauter Fremde wohnten:

Franzosen, Italiener, Schweizer, Schwaben, Preußen. Weniger, aber doch vereinzelt, soll sich dergleichen in den reichen halbstädtischen Dörfern der Ebene gefunden haben, in den Gebirgsdörfern fast gar nicht. „Da wohnen lauter Elsässer", wie mein Gewährsmann, Billing, schreibt. Es war also eine städtische Einwanderung, ein verlangsamter Reisezug, und wohl größtenteils bemittelterer Leute. Auch Strobel bemerkt, daß die vielen Fremden aus höhern Ständen, Russen, Engländer und Deutsche, welche damals neben den vornehmen Franzosen in Straßburg verweilten, zur Verschmelzung der schroff geschiedenen nationalen Elemente (d. h. zur Französierung der alten einheimischen Familien) nicht wenig beigetragen hätten. Der französische Ton kam von außen, und nicht bloß über die Vogesen, denn fast jene ganze gebildete Reisewelt hatte damals den französischen Ton.

Neben andern Annehmlichkeiten des „offenen Landes" lockte ohne Zweifel auch gerade seine Zwischenstellung zwischen zwei großen Nationen die zahlreichen Gäste herbei; man war in Deutschland oder in Frankreich, wie man's nahm, und brauchte nicht einmal vors Thor zu gehen, und hatte obendrein deutsche und französische Schulen nebeneinander und in Straßburg sogar eine protestantisch=deutsche und eine französisch=katholische Universität. Es war wieder etwas Aehnliches wie heutzutage mit der Schweiz, dem internationalen Gasthause. Darum begreifen wir's wohl, daß Goethe, Herder, Jung=Stilling und andre in Straßburg sich zusammenfanden, im „elsässischen Halbfrankreich", wie Goethe sagt. Nach der Revolution wären sie schwerlich mehr dorthin gezogen. Auch Graf Metternich, der nachmalige Fürst und Staatskanzler, studierte vor den neunziger Jahren in Straßburg Völkerrecht und andre nützliche Wissenschaften. Als Deutscher (und obendrein vom linken Rheinufer) hätte er hier wohl ein Herz für das deutsche Elsaß fassen und im Jahre 1815 den Engländern und Russen nicht so geschwind nachgeben sollen, als sie uns Elsaß und Lothringen abstritten. Allein Elsaß war in jener Metternichschen Studienzeit noch das internationale Zwischen=

land gewesen, und in den Tagen des zweiten Pariser Friedens war das „Goethesche „Halbfrankreich" dann leider schon ein Zweidrittelfrankreich geworden, und Metternich am Ende gar nur noch ein Drittelbeutscher. Neben jenen Fremden, die zu längerem und kürzerem Aufenthalte in die Städte einzogen, wanderten und reisten aber auch viele Elsässer fortwährend nach Deutschland. Die Thatsache wird als eine auffallende von den Zeitgenossen hervorgehoben, ja man sieht in diesem Gehen und Kommen der deutschen Aus- und Einwanderung sogar nebenbei einen Grund für das treue Festhalten des elsässischen Volkes an deutscher Art. Viele süddeutsche Familien, welche in zweiter oder dritter Generation aus dem Elsaß stammen und sich heute dessen wieder besonders erinnern, zeugen für jene Auswanderung. In den letzten fünfzig Jahren werden ihrer aber nicht mehr viele herüber- und hinübergezogen sein. Das Elsaß war inzwischen ein geschlossenes Land, der Rhein war viel breiter geworden. Auch der Verfasser gehört einer solchen altstraßburgischen Familie an, die zu Großvaters Zeit zunächst in die Pfalz auswanderte. Mein Großvater war ein so guter Deutscher wie irgend jemand, dazu ein Kosmopolit im Geiste der Revolutionsperiode, und unbeschadet dessen aber stets auch ein treuer Straßburger, der während fünfzig Jahren sein elsässer Deutsch nicht verlernte und bis zu seinem späten Tode seine Zeitrechnung jahraus jahrein nur nach dem elsässischen Kalender machte, nämlich nach dem „Straßburger hinkenden Boten".

So war also das Elsaß des achtzehnten Jahrhunderts: ein „offenes Land", welches sich nach allen Seiten hin austauschte, gebend und empfangend, und (trotz des bereits vollzogenen Frontwechsels der Straßen und Festungen) jedenfalls gegen Deutschland noch offener stand als späterhin. Andrerseits aber auch ein kleinstaatlich individualisiertes Land, dessen Bewohner sich in vielerlei Besonderung abschlossen und zurückzogen. Endlich aber auch eine französische Provinz, die man (trotz jenes Gegenzuges nach außen und innen) immer glatter und fester dem großen

Einheitsstaate einfügte. Diese drei Thatsachen widersprechen und befehden sich, und doch mußten sie sich miteinander vertragen. In einem tieferen Sinne als dem bloß geographischen oder ethnographischen ward dadurch jenes frühere Elsaß ein „Zwischenland". Da zerhieb die Revolution den Knäuel mit **einem Streiche**: sie zerstörte die alten Besonderheiten, löste Rechte und Unrechte auf, strich sogar das mehr als tausendjährige „Elsaß" von der Landkarte, fügte die Departements des Ober- und Niederrheins als gleiche Brüder zu den übrigen, schloß das offene Land und gab ihm sein Centrum nicht mehr in sich selbst, sondern im Centrum des Staates. Jetzt war das Land kein Zwischenland mehr, es wußte endlich einmal wieder genau, wohin es gehörte. Nun aber klammerten sich die Elsässer so fest an dieses neue Centrum, daß sie vor lauter Festigkeit wieder charakterlos wurden. Bekannt ist, wie man in dieser Provinz und besonders in Straßburg die chronischen Pariser Revolutionen nebst dem entsprechenden Wechsel der Dynastien und Staatsformen allezeit äußerst geschwind und begeistert anerkannt hat. Und doch sind die Elsässer sonst durchaus keine Windfahnen, sie können gut deutsch, treu und trotzig sein; sie fügten sich vor zweihundert Jahren schwer und langsam in den französischen Staat und haben heute, wie es scheint, den besten Willen, sich noch viel widerstrebender in den deutschen Staat zu fügen. So war es auch nur Treue gegen das Pariser Centrum, um derentwillen sie alle Pariser Drehungen so hurtig und widerstandslos mitmachten; sie drehten sich um ihre eigene Achse. Hatte das Zwischenland zur ersten Revolutionszeit doch endlich in diesem Pariser Centrum seinen lang entbehrten, ausschließenden politischen Schwerpunkt wiedergefunden! Darum waren die politischen Sympathien der Provinz bei all den acht französischen Revolutionen des neunzehnten Jahrhunderts doch mehr der Republik und dem Bonapartismus geneigt als dem alten Königshause. Denn Napoleon und die Republik hatten das Volk erst zu ganz festen Franzosen gemacht und die alte Kriegsbühne des Landes, wie man glaubte, bombenfest obendrein. Der deutsche

Elsässer als Staatsbürger ist schlechthin moderner Franzose. In dieser Eigenschaft hat die große Masse des Volkes nebenbei dann auch alle Kenntnis und alles Verständnis des deutschen Staatslebens verloren. Sie konnten dasselbe allerdings weder in den letzten Ueberlieferungen ihres alten provinziellen Partikularismus finden, noch in ihrer modernen französischen Bildung. Das Deutsche zu lernen brauchen sie zunächst nicht durchweg, aber deutsch lernen und Deutsches kennen lernen thut den meisten not — von den Dorfschulen bis zur Hochschule der Wissenschaft wie des Lebens hinauf.

Die Rückkehr des Elsasses zu Deutschland ist aus sehr vielen Gründen gerechtfertigt und wird in sehr vielen Stücken ein Heil für Deutschland wie für das Elsaß sein. Der Stratege, der Volkswirt, der Nationalpolitiker, der Historiker, der Mann des Verstandes wie des Gefühls — ein jeder hat da seinen besondern Ausgangspunkt und doch kommen alle zuletzt überein, daß das Elsaß deutsch werden und bleiben müsse: natürlich hält dann jeder seinen Grund allemal für den gewichtigsten und die Aussicht, welche er in die Zukunft eröffnet, für die großartigste. Ich bescheide mich, zum Schlusse eine kulturgeschichtliche Auffassung anzudeuten, welche sich mit den andern wenigstens gut verträgt; denn sie schließt alle mittelbar in sich.

Der deutsche Norden ist seit der Reformation von Stufe zu Stufe kulturmächtiger und dann auch politisch mächtiger geworden als der deutsche Süden. Selbst im Einflusse der Mundart, Sitte und Stammesmischung ist Norddeutschland immer weiter nach Süden vorgedrungen. Dazu verlor aber Süddeutschland auch bedeutende Landstriche politisch, andere sogar zugleich national an das Ausland, durch Eroberung, wie Elsaß und Lothringen, durch freiwilliges Ausscheiden, wie die deutsche Schweiz, durch unfreiwilliges, wie Deutsch-Oesterreich. Auch die Niederdeutschen haben in diesem Sinne manches verloren, doch ohne Vergleich weniger als die Oberdeutschen; sie gewannen allmählich die starke Grenze, während im Süden die schwache lag, gar oft benagt und durchbrochen. Nun sehe ich ganz ab von unsern deutschen Staaten, ich fasse nur jenes gesamte Deutschland ins Auge, wie es jetzt der Krieg geeinigt hat und der Friede einigen wird. Süddeutsches und norddeutsches Volkstum, Sitte, Mundart und charakteristische Geisteskultur wird bleiben selbst in einem deutschen Einheitsstaate, und es ist ein Glück, daß das alles bleiben wird; denn in den Wettarbeiten dieser Unterschiede liegt die Unverwüstlichkeit, die ergänzende Verjüngung der deutschen Gesamtkraft verbürgt. Darum ist es denn dem Süddeutschen gar nicht übel zu nehmen, wenn er die vielfach geschwächte Kulturmacht seiner Stämme wieder zu steigern und zu kräftigen wünscht. Und der erste äußere Zuwachs, der ihm seit Jahrhunderten wieder zu gute kommt, ist nun eben dieses Elsaß und Deutsch-Lothringen? Das alte Elsaß war kein Nebenland, sondern ein Hauptgebiet oberdeutscher Volkstüchtigkeit, tonangebend, universell schaffend. Mit Deutschland verbunden kann es künftighin der alten Größe wieder nachstreben. So hat der deutsche Süden den nächsten ideellen Gewinn von den Siegen des Jahres 1870, wie auch ihm der strategische Gewinn einer endlich festen Grenze am unmittelbarsten zufällt. Und da ist es dann eine wunderbar glückliche Fügung, daß der Süden diese neue und sichere Basis zu höherem Aufschwunge doch nur gewann unter der Führung und dem entscheidenden Vorkampfe der norddeutschen Großmacht in einem „deutschen Kriege". Indem der Norden dem Süden Raum und Luft schaffte und ihn höher hob, schließt sich der alte Streit, welcher fortan nur noch ein Wettstreit sein soll. Die Südstaaten brauchen kein Land zu gewinnen überm Rheine als Lohn für ihre Kriegshilfe; mag das Elsaß preußisch werden: den ideellen Lohn trägt doch unmittelbar der Süden davon in dem Zuwachs eines alten Hauptlandes oberdeutscher Kultur. Darum soll auch der norddeutsche Fürst, welcher Deutschland erneute, indem er Norddeutschland festigte, Süddeutschland mehrte und solchergestalt Süd und Nord verband, der Kaiser der Deutschen sein, gleichviel, ob er sich dann Kaiser, König oder Herzog nenne.

www.ingramcontent.com/pod-product-compliance
Lightning Source LLC
Chambersburg PA
CBHW020533300426
44111CB00008B/643